1000 SNEAKERS DEADSTOCK
LA COLECCIÓN IDEAL

TEXTO
FRANÇOIS CHEVALIER
+
FOTOGRAFÍAS
CHARLES MICHALET

BLUME

Larry Deadstock

Antes de convertirse en una tienda de *sneakers* de referencia en París, Larry Deadstock, esta es ante todo la historia de cuatro amigos reunidos en torno a una pasión común: coleccionar zapatillas raras.

De las primeras ventas en eBay al rastro de Clignancourt, de las ferias especializadas a las acampadas, estamos ante el relato de una aventura colectiva que continúa con la creación de un libro.

¡Disfruten de la lectura, amigos!

PRÓLOGO

Hay quien va por la vida sin fijarse en los pies de los demás. Un par de *sneakers* no es un detalle sin importancia: significa mucho. Todos tenemos una relación especial con lo que llevamos puesto, ya sea funcional o pasional. Tanto si le prestamos una atención especial como si no le damos ninguna importancia, transmite cosas sobre usted: quién es, qué le mueve, qué le hace vibrar, qué le ayuda a avanzar, qué persigue... Un par de *sneakers* es un indicador cultural, porque sí, estamos hablando de cultura. Es una cultura, una cultura real. No una subcultura, no una cuestión de nicho; no, los tiempos han cambiado. Igual que la vida de Larry y de tantos otros que, durante años, han trabajado en la sombra, recuperando rarezas e importaciones, rozando las zonas grises, en un mundo paralelo, subterráneo.

Durante años, junto a su grupo, han rebuscado, desordenado y echado mano de alguna triquiñuela para sobrevivir gracias a su pasión. Su trabajo, la reventa de *sneakers*, no tiene nada que ver con encubrir objetos robados. Se trata de una profesión nueva, legal. Como en el mercado del arte, un par de *sneakers* tiene un precio. Es una obra de arte. Cuando tuve la oportunidad de conversar con Tinker Hatfield para *Clique*, me encontré cara a cara con un artista. Su sensibilidad, su talento y su maestría le permiten sentir el pulso de una época, de una generación, e imaginar el futuro en un par de *sneakers*. Lo mismo ocurre con los creadores entre bastidores que pensaron, diseñaron, innovaron y supieron ennoblecer el arte de la *sneaker*. Es la calle la que la ha elevado al rango de arte, y la reventa lo acompaña.

Gente de la calle que crea empresas, una red, un mercado mundial por y para los entusiastas. Un saber que no se enseña en ninguna escuela; una pasión que solo se puede explicar con la mirada, en los ataques de risa o en las lágrimas de tristeza al evocar ciertos modelos que recuerdan a momentos de alegría, héroes de nuestra infancia o amigos perdidos. Un par de *sneakers* es capaz de evocar todo esto. Todo esto, todos esos pares que nunca volveremos a ver, no tienen precio, pero es posible que quede uno en Larry. El *stock* ha muerto, larga vida al rey Larry.

Mouloud Achour

De las Nike Air Max 95 Neon concebidas por Sergio Lozano, la primera estrella de la reventa en la década de 1990, hasta la extravagante New Balance 992 revisitada por el diseñador Joe Freshgoods en 2020, cada modelo de nuestra selección forma parte de la historia de la cultura *sneaker*.

Para acompañar al lector en este descubrimiento de nuestros pares imprescindibles, hemos creado unas identificaciones temáticas. Déjese llevar...

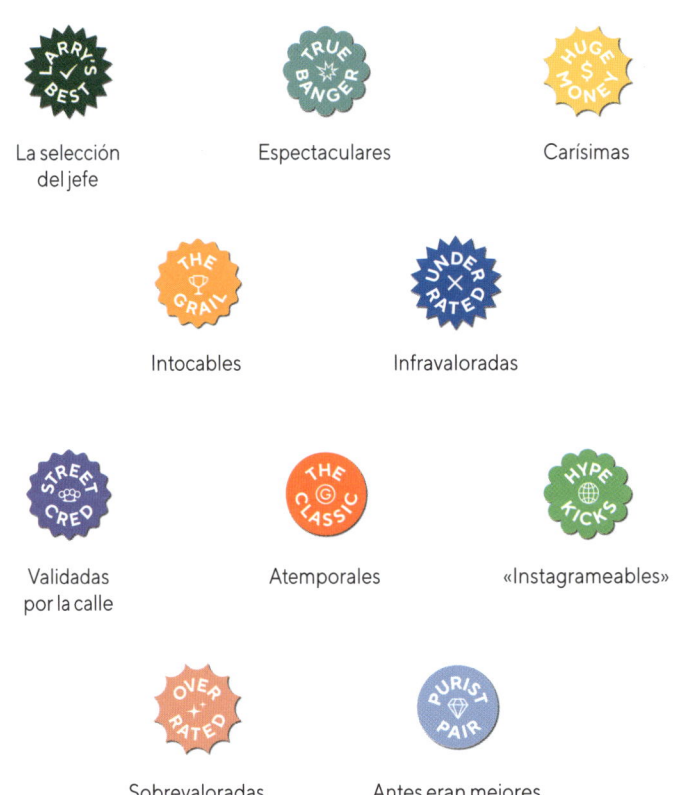

La selección del jefe

Espectaculares

Carísimas

Intocables

Infravaloradas

Validadas por la calle

Atemporales

«Instagrameables»

Sobrevaloradas

Antes eran mejores

CONTENIDO

EL RONALD MCDONALD DE LAS DEPORTIVAS

Larry, la mascota de la tienda

Hace más de quince años que me especialicé en la reventa de *sneakers*. Empecé en eBay y continué con mi página de Facebook. Necesitaba un nombre profesional, y en **2008** creé el personaje de Larry Deadstock. «Larry» viene de mi nombre de rapero: Larry Linka. En cuanto a «Deadstock», es obvio. En aquel momento vendía mucho *vintage*, y siempre me ha gustado rebuscar en los mercadillos. Todos los fines de semana salía a la búsqueda.

Primera parada en Montreuil antes de terminar la jornada en Clignancourt, donde me formé con mi maestro Jedi, Z (alias «el farmacéutico»), pionero de la reventa de *sneakers* en París. En Montreuil metí las manos en las enormes pilas de ropa y encontré un montón de chaquetas de chándal Nike que compré por 1 euro cada una. Las metía en la lavadora para revenderlas y las vendía hasta por 60 francos. Lo *vintage* es bonito, pero los productos tienen una vida útil limitada. Así que decidí pasar a otra cosa.

En **2010** abrí mi primer salón, Solemart. Al mismo tiempo, empecé con las acampadas. Allí conocí a Mehdi. En aquel momento siempre había las mismas treinta o cuarenta personas. Yo acampaba varias veces al mes en House of Hoops, Opium, Colette, o en el Nike de Châtelet. Además, trabajo en un ayuntamiento, pero me aburro como una ostra. Solo pienso en zapatillas. Mi coche está lleno de pares y organizo encuentros en mi lugar de trabajo. Así conocí a Fakrel en 2011; le vendí unas Jordan 11 Cool Grey. Poco después me contactó Romain. Nos llevamos bien enseguida, hasta el punto de que nos fuimos los cuatro a Nueva York. Se había formado el equipo dinámico: Mehdi, Fakrel, Romain y yo, Larry. La primera feria que organizamos juntos fue un Sneakers Event para el que unimos nuestras fuerzas a fin de tener una mesa sólida llena de *sneakers* raras. Con las ferias nos dimos a conocer antes de tener la tienda. Hemos participado en unos sesenta eventos. Viajábamos por toda Europa con un camión cargado hasta los topes de pares ultralimitados.

En **2014** todavía no teníamos la idea de montar una empresa juntos, pero le pedí a un amigo grafitero, Kombo, que me diseñase un logo inspirado en el color de unas zapatillas Saucony, las Shadow 6000 Only in Soho. Ese logotipo se sigue utilizando a día de hoy. Al año siguiente, Romain (como buen emprendedor) me preguntó si me gustaría montar un negocio de verdad. Me lo pensé seriamente porque a veces gano tanto en un fin de semana como en un mes trabajando en el ayuntamiento.

Por fin nos lanzamos en **2016**, y nuestra colaboración se materializó en forma de página web. ¿Cómo deberíamos llamarnos? En aquel momento, los nombres de las otras tiendas eran similares y a menudo encontrábamos los mismos juegos de palabras con *sneakers, kicks, heat*... A nosotros no nos parecía suficientemente personalizado. El nombre de Larry Deadstock, que también era mi alias en las redes sociales, ya había circulado bastante, y eso nos animó a mantenerlo. Organizábamos eventos en directo en Facebook, con subastas semanales con un gran seguimiento e invitados como Busta Flex o Seth Gueko.

Con la apertura de nuestra tienda física, en 2018, nuestro deseo consiste en mantener este espíritu de camaradería de las tiendas de toda la vida, sobre todo las de discos. Yo interpreto el personaje de Larry, que es un poco como la mascota de la tienda. Desde el principio, yo quería ser el Ronald McDonald de las deportivas. Me gusta hacer el tonto, es mi personalidad. En mi actitud, me inspiro mucho en lo que vi en Nueva York. Los yanquis no tienen miedo de reírse de sí mismos, de meterse en situaciones raras. Es importante no tomarse a uno mismo demasiado en serio.

En nuestro barrio, *rue* de Saintonge, jugamos un poco al Monopoly para ofrecer una experiencia original a nuestros clientes. ¡Tienen que sentirse como en Eurodisney! Además de nuestra tienda principal, que ofrece más de 1500 pares diferentes, en 2019 se puso en marcha Larry et la chocolaterie, una tienda de comestibles con dulces americanos y japoneses raros. Un año más tarde, Larry les bons tuyaux, una tienda dedicada a la recompra de *sneakers* con un rincón que ofrece pares Very Near Deadstock (VNDS) a precios buenísimos, completó la trilogía. En Larry Deadstock tenemos una regla de oro: cuando un cliente sale de la tienda, aunque sea con las manos vacías, al menos se lleva una anécdota. ∎

LA REVENTA

UN SEGUNDO MERCADO EN CONSTANTE EVOLUCIÓN

El sector de la reventa de *sneakers*, que al principio fue un nicho de mercado poco regulado (en los años noventa), se ha ido estructurando y profesionalizando poco a poco ante el volumen exponencial de transacciones, que ahora ascienden a miles de millones. Acampadas, ferias especializadas, sorteos, puertas traseras... Un repaso a la tumultuosa historia de la reventa, desde su mala reputación hasta su democratización.

Enero de 2022, en el barrio de la Bastilla de París. Un transeúnte se cruza con dos jóvenes que cargan con un pequeño montón de cajas de New Balance 550 a la salida de una tienda Foot Locker. Comprueban las tallas y los colores de sus productos después de participar en un sorteo. Las NB550 ① , muy codiciadas, figuran entre las sensaciones del momento. Desconcertado y curioso, el cuarentón (que había coleccionado alguna que otra Air Jordan OG en los años noventa) pregunta: «¿Las zapatillas las habéis comprado para usarlas o para revenderlas?». La respuesta es clara: «Para revenderlas, señor». Hoy en día, esta escena que revela las nuevas prácticas vinculadas a un creciente mercado de segunda mano en pleno desarrollo se ha convertido en algo habitual delante de las tiendas de *sneakers* y otros establecimientos especializados. ¿Cómo hemos llegado hasta aquí?

① NB550
AIME LEON DORE
Para lanzar la 550, NB colabora con el sello del neoyorquino Teddy Santis y hace saltar el polvorín.

En la década de 1990, la reventa de *sneakers* era un nicho reservado principalmente a los coleccionistas de zapatillas de baloncesto en busca de importaciones y a los amantes del *look* hiphop que solo encontraban las

deportivas deseadas en Estados Unidos o Japón. A principios de la década de 2000, el sector evolucionó con la aparición de colaboraciones y programas de reedición impulsados por fabricantes de equipamiento deportivo deseosos de relanzar sus modelos estrella de las décadas de 1980 y 1990. Las marcas, con Nike, Jordan Brand y Adidas a la cabeza, empezaron a aplicar tratamientos especiales a determinados pares y a colaborar con el sector del *streetwear* desarrollando nuevas escenas locales en Europa, Norteamérica y el Este asiático.

En cuanto a los aficionados, el despliegue de internet facilitó la circulación de la información. Antes solo podíamos confiar en las revistas, los fanzines... y el ingenio. El sitio de subastas eBay y los foros de debate como Sneakers.fr en Francia o NikeTalk en Estados Unidos permiten que los entendidos revendan pares de colección. En 2005, en Nueva York, Damany Weir (un pionero de la reventa de zapatillas que se inició en una época en la que había que tomar un avión para comprar modelos raros) abrió las puertas de Flight Club, una tienda de consignación que se convertiría en el templo de los coleccionistas.

LANZAMIENTO DE LA COLABORACIÓN JORDAN 5 SUPREME EN LONDRES, 2015.

② DUNK SB PIGEON

Modelo lanzado en 2002, integrado en el Nike SB City Pack en homenaje a Nueva York, París, Tokio y Londres.

③ NIKE AM180 OPIUM

Lanzada en 2005, esta *sneaker* sigue siendo considerada una de las creaciones más bellas sobre la base de una 180.

NIKE STORE, CAMPOS ELÍSEOS, MARZO DE 2014

Acampada por las Nike SB High Tiffany.

NUEVA YORK, OCTUBRE DE 2013

El equipo de Larry Deadstock en el preestreno de las Gel Lyte Volcano, un par que elevaría la temperatura de la reventa.

PARÍS, JUNIO DE 2015

Posando delante del NikeLab de París con motivo del prelanzamiento de las Jordan 1 Shattered Backboard.

LA ÉPOCA DE LAS ACAMPADAS: ¡EL PRIMERO EN LLEGAR SE LO LLEVA!

Las colaboraciones de edición limitada se convirtieron en la norma. Se impuso la ley de la oferta y la demanda, aparecieron las acampadas y los *sneakerheads* ocupaban la calle, a las puertas de la tienda correspondiente, antes del lanzamiento, aunque eso significase esperar toda la noche para comprar un par exclusivo. En Nueva York, el 22 de febrero de 2005 marcó un punto de inflexión. La acampada con motivo del lanzamiento de las Dunk SB Pigeon ② de Jeff Staple provocó disturbios en el Lower East Side. «Antes de la revuelta, la cultura de las *sneakers* era *underground* y estaba reservada a los frikis. Después de este episodio, los banqueros de inversión entraron en mi tienda y dijeron: "Antes teníamos la costumbre de comprar puros y vino. Ahora solo vamos a comprar zapatillas de deporte"», explicaría más tarde el diseñador estadounidense. No hubo que lamentar peleas en Francia, donde aquel mismo año se produjo una de las primeras acampadas a gran escala, en el barrio parisino de Halles, con motivo del lanzamiento de las Nike Air 180 ③ en colaboración con Opium. El ambiente fue más bien apacible. De madrugada, los propietarios ofrecieron café a los participantes. Por regla general, las reediciones y los programas especiales suelen desvelarse en una cuidada selección de tiendas: la desaparecida Colette en París, Atmos en Tokio, Dover Street Market en Londres, Undefeated en Los Ángeles.

En París, la comunidad que componía las acampadas representaba a un centenar de entusiastas de Jordan, zapatillas de baloncesto y *running*. Aproximadamente una de cada cinco personas compraba para revender en esas acampadas que empezaban la víspera a última hora de la tarde y duraban hasta la apertura de la tienda, a la mañana siguiente. La regla era sencilla: ¡el primero en llegar se lo lleva! En aquella época, un revendedor se embolsaba una media de 100 euros de margen por venta. Los precios se fijaban directamente en la acampada o en eBay, y en grupos de Facebook a partir de 2010. La comunidad *sneakers* se fue extendiendo poco a poco a todos los continentes. Las ventas se intensificaron en los foros y en eBay, que adquirió la plataforma de pago Paypal en 2002. Con esa adquisición se aseguraron las transacciones y se contribuyó en gran medida al desarrollo del mercado de la reventa, ya que antes los internautas eran mucho más reacios a comprar en línea. El sistema se actualiza cada semana con el valor de las zapatillas y la hora de lanzamiento. En la actualidad todo está muy bien orquestado, con información precisa con varios meses de antelación, pero por aquel entonces no se conocían las fechas exactas de los lanzamientos. Así, las acampadas representaban una buena forma de presionar a los responsables de las tiendas para obtener información.

A medida que proliferaron las acampadas, se fueron formando grupos con la prebenda de ser añadido a la lista correspondiente por un amigo. En un momento dado, las cosas se descontrolaron con la llegada de los «soldados», apodados «Gremlins» (en referencia a la película de Joe Dante de 1984 en la que unas pequeñas criaturas asolan una ciudad imaginaria). Al principio, los soldados recibían una paga por el servicio. ¿Su misión? Recuperar un par para otra persona. A fuerza de participar, se convirtieron en revendedores. La acampada fue durante mucho tiempo la forma más justa de recompensar a aquellos que querían comprar al menos un par.

«En la actualidad, los gigantes de la reventa en línea, como StockX (la auténtica referencia en cuanto a precios) y su competidor directo, GOAT, son dos empresas que fueron valoradas en más de 3700 millones en 2021».

④ ÁMSTERDAM, JUNIO DE 2017

Una muestra de nuestra selección para el Sneakerness.

⑤ PARÍS, MARZO DE 2016

Sneakers Event en el Carreau du Temple, una de las mayores convenciones de Francia.

PARÍS, NOVIEMBRE DE 2013

Primera edición de Sneakers Event en Quartier Général.

PÁGINA SIGUIENTE

Montaje de nuestro expositor en el Sneakerness, siempre de buen humor.

La intervención y la proliferación de Gremlins acabaron con el carácter igualitario para establecer una nueva regla: la del más fuerte o los más numerosos. Durante la época de las acampadas, era habitual poner el precio de un par en el último momento. Para el lanzamiento de las Nike Air Yeezy 2, en 2012, acampamos durante una semana delante de la tienda Nike de Châtelet. Un chico de 15 años no había conseguido su par y su padre fue a preguntar cómo podía resolver el problema. Chris, de la tienda parisina Retroshop, le respondió que le quedaba un par y fijó el precio en 1800 euros. Todo el mundo pensó que era demasiado. El padre no pensó en negociar; simplemente dijo que tenía 1500 euros en efectivo y que iba al cajero automático a sacar el resto del dinero. El valor se definió en aquel instante. Aquel día conseguimos trece pares. Miramos a Chris y le dijimos que no venderíamos ni un solo par por menos de 1800 euros. Fue entonces cuando tomamos conciencia del valor del producto: teníamos oro en las manos.

EVENTOS O FERIAS DE SNEAKERS: ¡SOLO EFECTIVO!

Entre 2006 y 2015, para comprar, ver o tocar pares raros había que ir a los «eventos», una especie de grandes ferias dedicadas a las zapatillas, lejos del ambiente a veces hostil de algunas acampadas. Aquellas reuniones de entusiastas se celebraban los fines de semana en almacenes o salas de exposiciones. El programa incluía pares excepcionales, DJs, street food y buen rollo. Al otro lado del Atlántico, la SneakerCon, fundada en Nueva York en 2006, es el referente en su género. La primera edición se celebró en plena Time Square, y los pares se vendían en subasta. Dos años más tarde, en Europa, fue un suizo, Sergio Muestra, quien provocó hostilidades en Berna con la feria Sneakerness ④. El joven y visionario empresario pretendía crear «el paraíso europeo de las sneakers». Sneakerness se celebraría en diferentes ediciones por toda Europa: de Colonia a Varsovia, pasando por Ámsterdam, Moscú y París. Entre los pioneros europeos, cabe mencionar también a Solemart,

lanzado en Alemania en 2009 a través del intermediario de Hikmet Sugoer. El carismático responsable de la tienda berlinesa Solebox fue el impulsor de la versión parisina, la primera convención de este tipo en Francia, organizada en julio de 2010 en coproducción con Michael Dupouy, autor de All Gone (un almanaque que recopila las mejores sneakers del año). No obstante, el imprescindible fue Sneakers Event ⑤, inaugurado en 2013. Creado por Ben Coshi, propietario de la tienda de sneakers Clockers de París, Sneakers Event iría creciendo de forma gradual hasta 2018, fecha en que se trasladó al prestigioso Carrousel du Louvre, en pleno centro de la capital. Los vendedores, en su mayoría revendedores y algunas tiendas independientes, ofrecen todo un espectáculo. La idea consiste en «tomar mesas» como en una venta de garaje o un mercadillo y exponer el propio stock en expositores más o menos elaborados. Se trata de la cita definitiva para los «husmeadores», pero también para las personas que van en busca de un par original y descubren un universo singular. Entre la expansión de los sitios de reventa y la profesionalización de los revendedores, el entusiasmo por las ferias ha disminuido. Ahora, el público tiene acceso a las zapatillas desde su sofá. El equipo de Larry Deadstock ha desarrollado una buena parte de su experiencia en estos eventos por toda Europa en busca de las mejores sneakers.

LOS SORTEOS: ¿UN SISTEMA MÁS JUSTO?

En Francia, los sorteos aparecieron con el lanzamiento de las Adidas Yeezy 350 V2, en febrero de 2016. Este fue el detonante, pero en Estados Unidos el sistema ya se había probado para el lanzamiento de varias exclusivas en forma de boletos numerados distribuidos unos días antes. Las marcas y los minoristas aplican este método del sorteo para contrarrestar las acampadas nocturnas, que plantean demasiados problemas de seguridad. En Estados Unidos, el lanzamiento de las Jordan 11 Concord (2011) se descontroló en varias ciudades. Lo mismo ocurrió en Francia, donde la venta de las Jordan 13 →

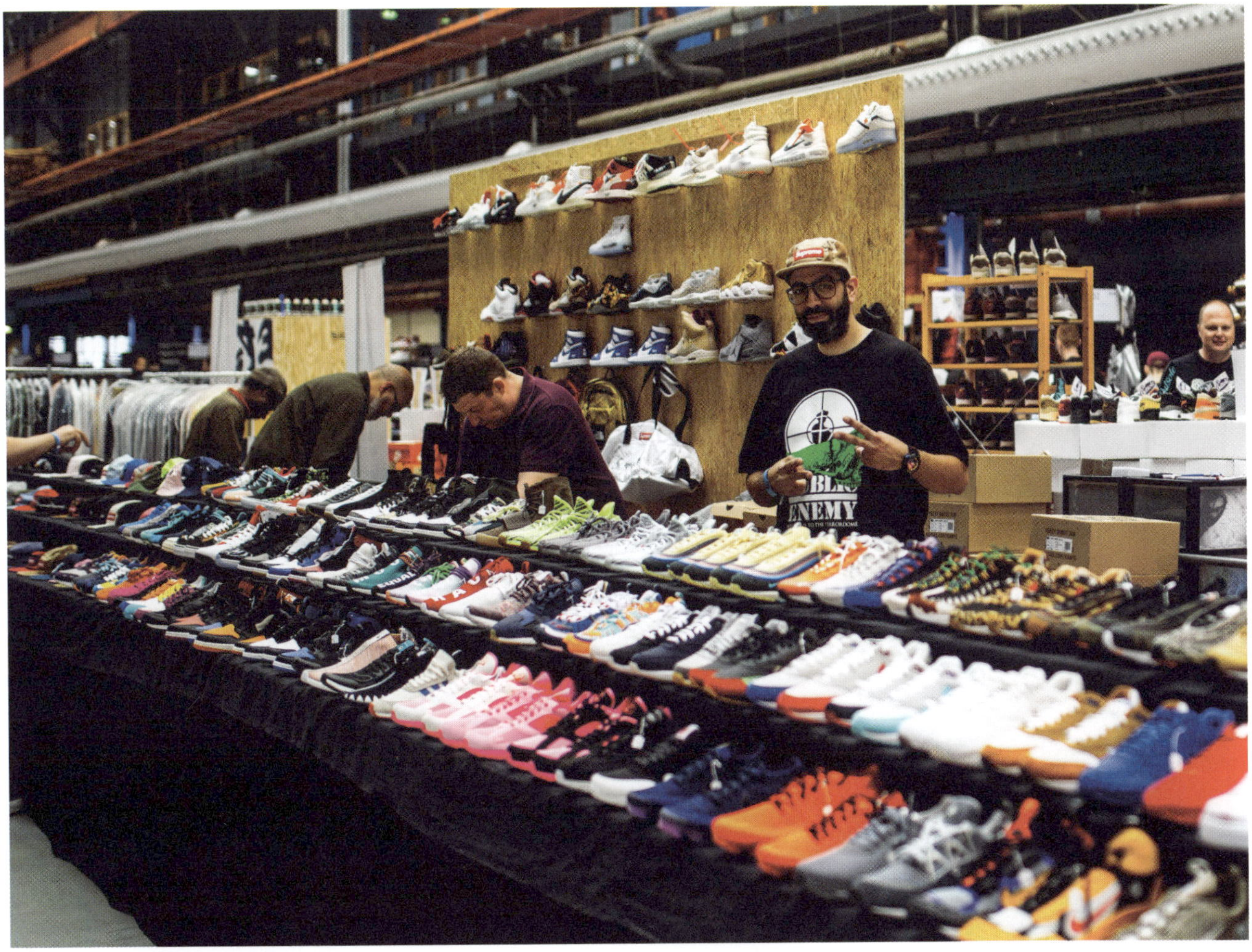
ENEMY

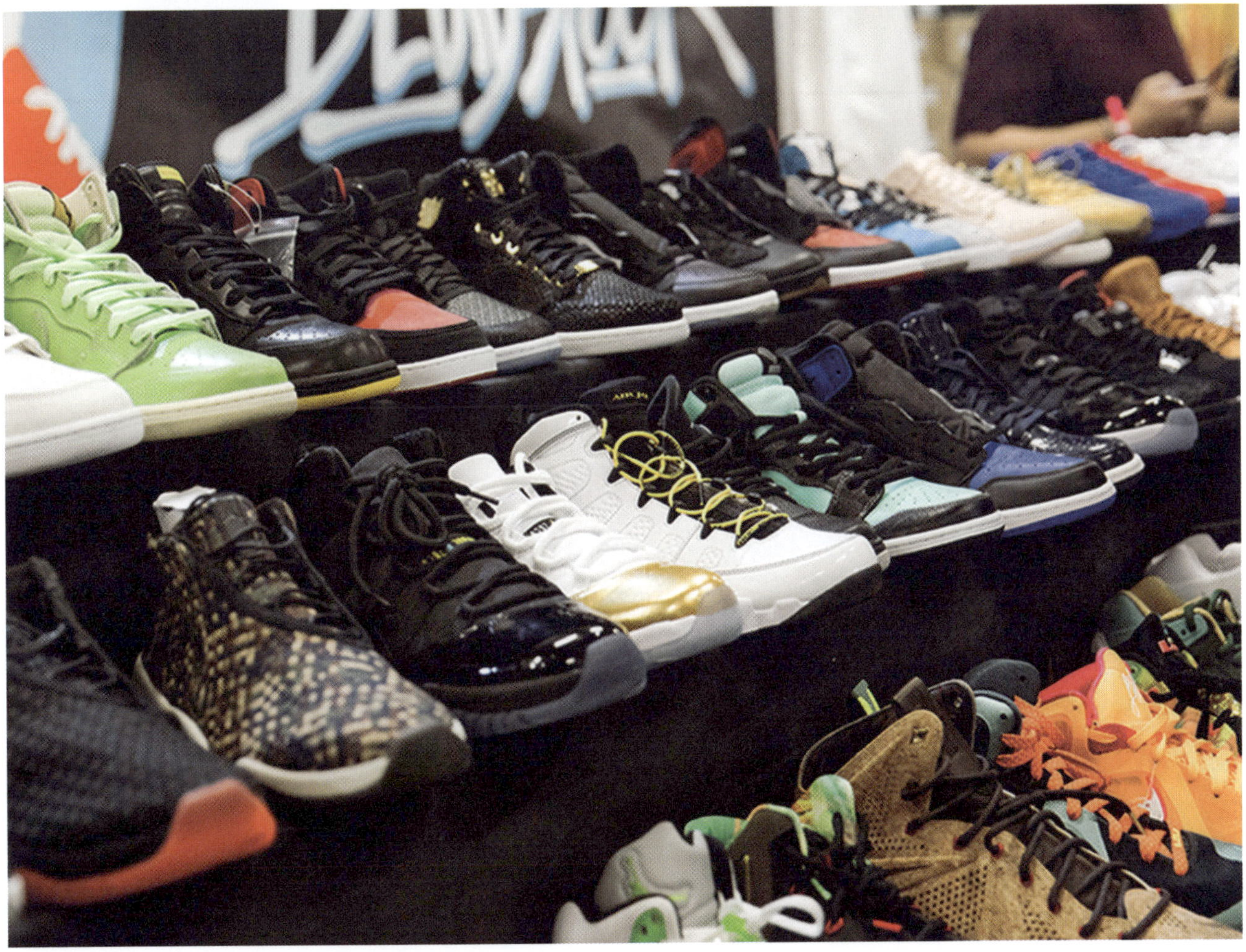

Ray Allen de House of Hoops se convirtió en un caos. ¡No salió ni un solo par de la tienda! Este acontecimiento llevó a la creación de la Unión de consumidores de *sneakers,* que reclamó una regulación más estricta. Los primeros sorteos no siempre fueron un éxito en lo que respecta a la experiencia del cliente. Hay que acudir a las tiendas y esperar durante horas junto a los soldados, que también asisten a los sorteos. En el lanzamiento de las primeras Adidas Yeezy 350 , en 2015, la cola no disminuyó durante dos días delante del escaparate del Foot Locker de Châtelet, solo para formalizar las inscripciones. Y todo eso sabiendo que de los 6000 inscritos, solo 200 afortunados serían elegidos...

Al mismo tiempo, se desarrolló la práctica de la puerta trasera para evitar aglomeraciones a las puertas de las tiendas... y aumentar los beneficios. Antes de un lanzamiento, algunas tiendas independientes con cuentas *premium* vendían con una revalorización parte o la totalidad de las existencias de una colaboración a un revendedor «de confianza». Al principio fueron las tiendas independientes; después, al aumentar el mercado de las colaboraciones, los profesionales entraron en juego. Se trata de una transacción de «trastienda» o «de contrabando», casi siempre en efectivo y, por supuesto, prohibida por las marcas bajo pena de incumplimiento de contrato. La implicación de las marcas, presionadas por los clientes insatisfechos, provocó una mejora de la regulación. En un principio, los sorteos se anunciaban en una simple publicación de Instagram. Era preciso comentarla indicando nombre y talla... Sin embargo, ese proceso no garantizaba ninguna transparencia para el cliente. Solo se ganaba el derecho a comprar.

Con la aceleración del mercado de la reventa en internet y las aplicaciones especializadas hemos llegado a una fase en la que todo consumidor puede convertirse en vendedor rápidamente accediendo a los baremos de cotización. La proporción de revendedores presentes en los eventos ha ido aumentando de manera progresiva. Cada consumidor es un revendedor en potencia.

DE PARIA A PRESCRIPTOR: EL REVENDEDOR, ESLABÓN ESENCIAL DEL *AFTER MARKET*

Durante mucho tiempo, el mundo de las *sneakers* no tuvo muy en cuenta a los revendedores. Sin embargo, el diseño de productos de gran valor añadido fabricados en series limitadas fomenta la especulación, como es lógico. Mientras no existieron estructuras oficiales y una regulación clara, las marcas, los minoristas y los clientes consideraban que la reventa era una actividad amoral. Los altercados asociados a las aglomeraciones delante de las tiendas no contribuyeron a mitigar esa imagen de dudosa reputación. Para empeorar las cosas, en Francia el término utilizado tenía una connotación negativa, ya que *resell* («reventa») se confundía con la palabra francesa *recel* («receptación»). «*To resell*» es un verbo inglés que significa «revender un producto comprado en un entorno autorizado», mientras que el *recel* (en francés) es «el acto de ocultar, retener o transmitir algo, o actuar como un intermediario para transmitirlo sabiendo que la cosa procede de un crimen o un delito» según la definición del Código Penal. ¡No estamos hablando precisamente de lo mismo!

Con el tiempo, la tendencia se fue invirtiendo a medida que el mercado secundario se convirtió en la única forma de conseguir *sneakers* agotadas. En 2017, el éxito salvaje de las Air Max 97/1 , diseñadas por Sean Wotherspoon (uno de los revendedores más famosos de Estados Unidos), contribuyó en gran medida a modificar la opinión de las marcas y el público en general sobre la reventa de zapatillas inéditas. Del papel de paria se pasó al de eslabón importante, creíble y experto, de la cadena de comercialización. En 2021, el 50 % de los zapatos vendidos en el mundo fueron *sneakers*, en un mercado global estimado en 81 000 millones de dólares. Cifras que marean. Al mismo tiempo, el mercado posventa también se encuentra en pleno auge, y se espera que represente entre el 15 y el 25 % del sector del calzado deportivo para 2025. Entre las cinco marcas más revendidas se encuentran, por orden, Jordan Brand (+ 54 % de media con respecto al precio de venta), Nike (+ 46 %), New Balance (+ 39 %), Adidas (+ 32 %) y Converse (+ 30 %). Los gigantes de la reventa en línea como StockX, una auténtica referencia, y su competidor directo, GOAT, son dos empresas que fueron valoradas en más de 3700 millones de dólares en 2021. Las tiendas físicas se multiplican en los cinco continentes; solo en París existen unas diez tiendas especializadas en la reventa de *sneakers*. No cabe duda de que la reventa ha cambiado de dimensión. ∎

6 BOX YEEZY 350

Uno de los modelos más vendidos y revendidos de la línea.

7 AIR MAX 97/1 SEAN WOTHERSPOON

Un par híbrido que mezcla las Air Max 97 y las Air Max 1. ¡Un auténtico grial!

EL FARMACÉUTICO DE LOS MERCADILLOS

EN CASA DE SU MADRE, SU COLECCIÓN DE SNEAKERS ESTABA ENTERRADA EN EL ARMARIO, DEBAJO DE LA ROPA, EN EL FALSO TECHO...

POR EXTRAÑO QUE PAREZCA, NUNCA HE SIDO UN GRAN FAN DE JORDAN...

«JAPÓN HA INFLUIDO EN EL MERCADO DE REVENTA DE *SNEAKERS*».

Un aficionado al manga que se pasó a las *sneakers* y que empezó a viajar regularmente a Japón a finales de los años noventa, Z. (apodado «el farmacéutico» en el mercadillo de Clignancourt), experimentó los inicios del mercado de reventa en eBay y en las tiendas de consignación de Tokio. Un raro testimonio de una época en la que la palabra «reventa» no tenía el mismo significado que hoy.

¿Cuál fue el primer par de Jordan que compró?

Z.: El primer par que compré con mi dinero fueron unas Jordan 12 Obsidian, en 1997. Las compré por 599 francos, en oferta, en lugar de 899. Había ganado algo de dinero trabajando en verano para una empresa de limpieza en Boulogne. Con el resto de mi sueldo, fui al mercadillo de Clignancourt a buscar los otros colores de las Jordan 12. Una cosa llevó a la otra y conseguí los cinco colores. Luego empecé con los otros modelos de Jordan. En el caso de las 11, había colores específicos para determinados países, y eso dio lugar a algunas situaciones divertidas.

Por ejemplo, las Jordan 11 UNC [1] solo estaban disponibles en Estados Unidos y en el aeropuerto de Tel Aviv. Obtuve esa información de un amigo de Boulogne que las había comprado en la tienda de ese mismo aeropuerto.

¿Cómo llegó a la colección Jordan?

Z.: Por extraño que parezca, nunca he sido un gran fan del jugador, es decir, prefería ver jugar a Barkley, pero sí era fan del diseño de las Air Jordan. Las veía más como una escultura o un objeto. Me gustaba más poseer el objeto que llevar puesto un par de Jordan. Empecé a coleccionarlas en serio con mi primer sueldo, a finales de los noventa. Poco a poco fui rescatando todos los modelos que había visto en los pies de mis compañeros de clase, hijos de las clases medias de Boulogne. Como le pasa a mucha gente coleccionista de mi generación, es una forma de venganza personal: compré los pares que no podía permitirme cuando era un chaval.

¿Cómo logró enriquecer su cultura *sneakers* en una época en la que no existía internet en casa?

Z.: Gracias a un colega argelino que tenía más dinero que yo y que coleccionaba revistas japonesas como *Boon,* una revista especializada en moda y *streetwear.* Me prestó un número especial sobre Jordan [2]. Estaba

realmente centrada en la calle, pero no reservada en exclusiva para los adictos a las zapatillas, con sugerencias de estilismos para combinar los pares con la ropa. También publicaban números especiales, llamados «Extra», sobre un modelo concreto. El más famoso es el dedicado a las Air Max 95 Neon [3]. Los japoneses nunca hacen las cosas a medias. Los redactores compraron un par y lo cortaron con una sierra de calar para mostrar el interior de la zapatilla o la burbuja de aire. *Boon* me ayudó a mejorar mi cultura *sneakers* porque incluía reseñas de todos los modelos lanzados en el año. Descubrí pares que nunca había visto. Más tarde, *Street Jack* tomó el relevo. Estas revistas ofrecían la tendencia del momento, como Instagram hoy.

El mercado japonés de reventa de zapatillas cambió antes que el mercado europeo. ¿Cuál cree que fue el punto de inflexión?

Z.: En Japón, el mercado de la reventa de *sneakers* empezó a principios de los años noventa y explotó literalmente a mediados de esa década. El par que lo cambió todo fueron las Air Max 95. La cantante islandesa Björk, de la que los japoneses son ultrafans, empezó a lucir diferentes pares de las AM95 en las fotos de prensa. Los japoneses siguieron su ejemplo y así es como las 95 se convirtieron en un exitazo. Era un par muy popular que se volvió muy caro.

¿Ese entusiasmo le convenció para viajar a Japón con frecuencia a fin de satisfacer su pasión?

Z.: Lo que me despertó el deseo de ir a Japón por primera vez en febrero de 1997 fue la cultura manga, mi primera pasión, no las zapatillas. En un principio yo coleccionaba manga y productos relacionados: figuras de *Los Caballeros del Zodíaco, Dragon Ball, shitajikis,* pósteres de todos los dibujos animados importados a Francia... Los pocos artículos que compré especialmente para la reventa me permitieron pagar los viajes. Gracias a esos viajes desarrollé un pequeño negocio de →

[1] JORDAN 11 COLUMBIA BLUE

Este modelo bajo de 2001 se reeditó en 2017 con el mismo éxito de siempre.

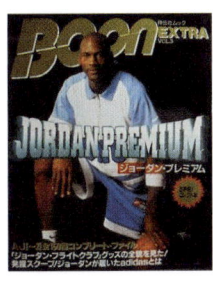

[2] REVISTA *BOON*

Un número de la revista japonesa *Boon* dedicado por completo a Michael Jordan.

[3] REVISTA *BOON*

Una página del número especial dedicado a las Air Max 95, un auténtico icono en Japón.

manga, y en cuanto tuve bastante dinero compré *sneakers* para completar mi colección. Ya vendía un montón de artículos en eBay y me pareció natural pasarme a las zapatillas. Dos años después de comprar mis primeras Jordan 12 Obsidian ④, había acumulado unos cien pares de la línea.

Por aquel entonces, ¿a dónde había que ir para comprar *sneakers* raras en Tokio?

Z.: Pasaba mucho tiempo en las tiendas de consignación, el equivalente a nuestras tiendas de compraventa, pero especializadas en la reventa de zapatillas de colección. PX Megastore era la referencia. Mirase donde mirase, me quedaba pasmado. También estaba LA Avenue; me hice amigo del dueño, que también recompraba existencias. Todo dependía de si el cliente necesitaba dinero en efectivo de inmediato o si podía esperar. Le revendí varios pares de Jordan 1 White Navy Silver. Su mostrador era increíble, con zapatillas que no había visto en mi vida: Dunk Undefeated, Air Force One Puerto Rico, Air Terra Humara HTM ⑤, Woven HTM ⑥... Y un día va y me habla del «85-15» y me explica el truco: «Tú depositas un par, yo me llevo el 15 % de comisión de la venta y el resto es para ti». Fue entonces cuando me di cuenta de que se podía ganar dinero con las *sneakers*. A principios de la década de 2000, varios de nosotros detectamos el filón. Un buen ejemplo es el de Damany Weir: antes de montar Flight Club en Nueva York, empezó su negocio en eBay y viajó mucho a Japón para traer modelos que no se podían encontrar en Estados Unidos. Japón ha influido mucho en el mercado de la reventa de *sneakers*. En aquellos años, los principales actores de hoy sacaron sus ideas de Tokio.

¿Cuál era su *modus operandi*?

Z.: Mi apetito creció y empecé a analizarlo todo, como en el manga. Tenía una pequeña cámara Sony y, con el permiso del encargado de LA Avenue, fotografié todos los pares de su escaparate. Recorría las otras tiendas especializadas recomendadas por *Boon* y *Street Jack* y compraba pares que ya no estaban disponibles en Francia, modelos que acababan agotándose y desaparecían de la circulación. Y yo, a través de todas aquellas revistas japonesas que coleccionaba, conocía los precios. Iba tanteando el terreno, intentando traer zapatillas con un alto potencial de reventa. Y en la otra dirección, en Francia, había pares a 30 euros que revendía hasta por cuatro veces el precio en Japón.

④ AJ12 OBSIDIAN
Las Jordan 12 Obsidian se reeditaron en 2012.

⑤ NIKE AIR TERRA HUMARA HTM
Una silueta creada por el diseñador Peter Fogg.

⑥ NIKE WOVEN HTM
El diseño de la Nike Air Woven es obra de Mike Aveni.

⑦ JORDAN 1 CO. JP WHITE NAVY SILVER
Una zapatilla muy popular en Japón a principios de la década de 2000.

¿Qué par le permitió lograr su primer gran éxito en Japón?

Z.: El primer par que vendí en Japón fueron unas Jordan 1 CO.JP White Navy Silver ⑦, la reedición de 2001. En Japón hubo un entusiasmo especial por este par; el precio estaba entre 180 y 230 euros, y en Foot Locker de Francia se vendía a 39,99. Cuando digerí esta información, me centré en las Jordan 1. De vuelta en Francia, cogí el coche para vaciar todas las tiendas Foot Locker de la zona de París. Incluso llegué hasta Gante, en Bélgica. Me hice con todo lo que encontré. En total, algo más de 200 pares. Establecí una regla con mis mejores amigos del instituto: cuando encontrábamos pares con precios de liquidación, decíamos que era pecado dejarlos tirados en las tiendas. Unas Jordan 1 por menos de 40 euros... Teníamos que salvarlas de la miseria, de la «*end zone*», ese lugar del almacén de Foot Locker donde acaban los últimos pares sin vender.

¿Hasta dónde le llevó esta obsesión por las Jordan 1?

Z.: Me acerqué a uno de los responsables de Courir, cuya sede estaba en Fresnes. Fui hasta allí para hablar con un tipo al que le expliqué que estaba interesado en su *stock* de Jordan 1 sin vender en provincias, porque no quedaba casi nada en la región de París. Mandó recuperar todos los pares y llevarlos a un almacén, y me citó. En los lanzamientos de 2001 se incluía una tarjeta y un llavero, pero a veces la caja se encontraba en mal estado; eso influía en el precio, pero me permitió negociar un buen descuento. Tuve que hacer una selección, pero el botín fue enorme: entre 500 y 700 pares. No tenía dinero para pagarlo todo de una vez, así que le pedí amablemente que me dejase pagarle en tres veces. Fue un gran negocio, porque el precio de la White Navy Silver había vuelto a subir en Japón: de 230 a 300 euros.

¿Cómo almacenó todos esos pares?

Z.: En aquella época todavía vivía con mi madre y había zapatos por todas partes: mi colección estaba enterrada en el armario, debajo de las chaquetas, en el falso techo... En mi habitación se empezó a formar una columna de suelo a techo y me entraron ganas de tener una columna de Jordan 1. Después guardé una pequeña reserva en el local que mi padre tenía en Boulogne.

¿Podría poner una cifra a su tren de vida en aquella época?

Z.: Me ganaba bien la vida; entre 15 y 20 000 francos al mes, aunque no suficiente para elaborar un plan de →

Boon EXTRA

【超】進化スニーカーＡ級保存版

SHODENSHA MOOK
Vol.5

ジョーダンXII
最速スクープ！

NIKE
エアマックス

空前のブーム！

全搭載
247

初期型から限定コレクション
激レアコレクション

エアフォースI

NB, FILAほか
注目スニーカーWARS！

BOON EXTRA, 1996

La Air Max 95 Neon protagoniza la portada de un número de *Boon*.
Esta zapatilla fue determinante en la historia de la reventa en Japón.

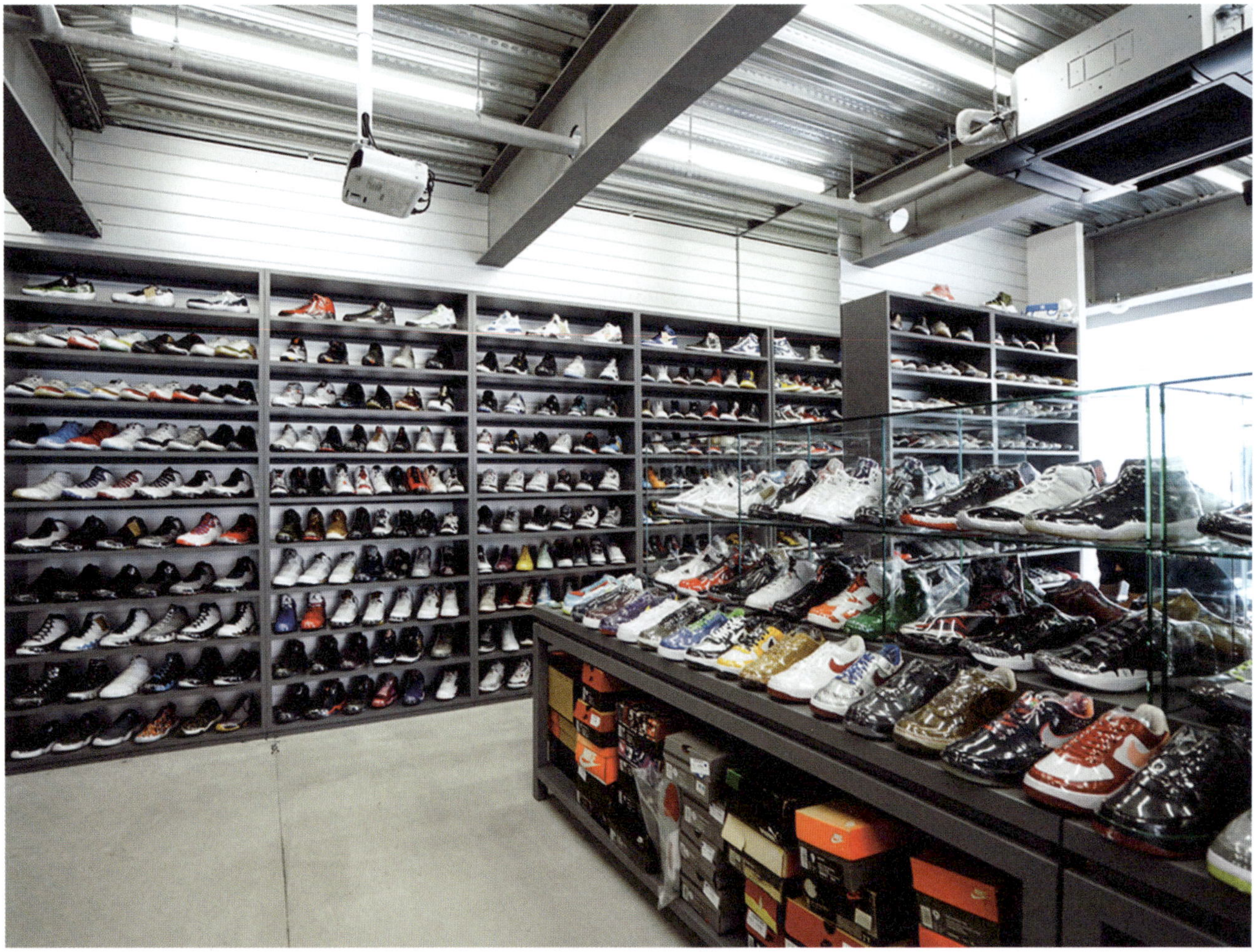

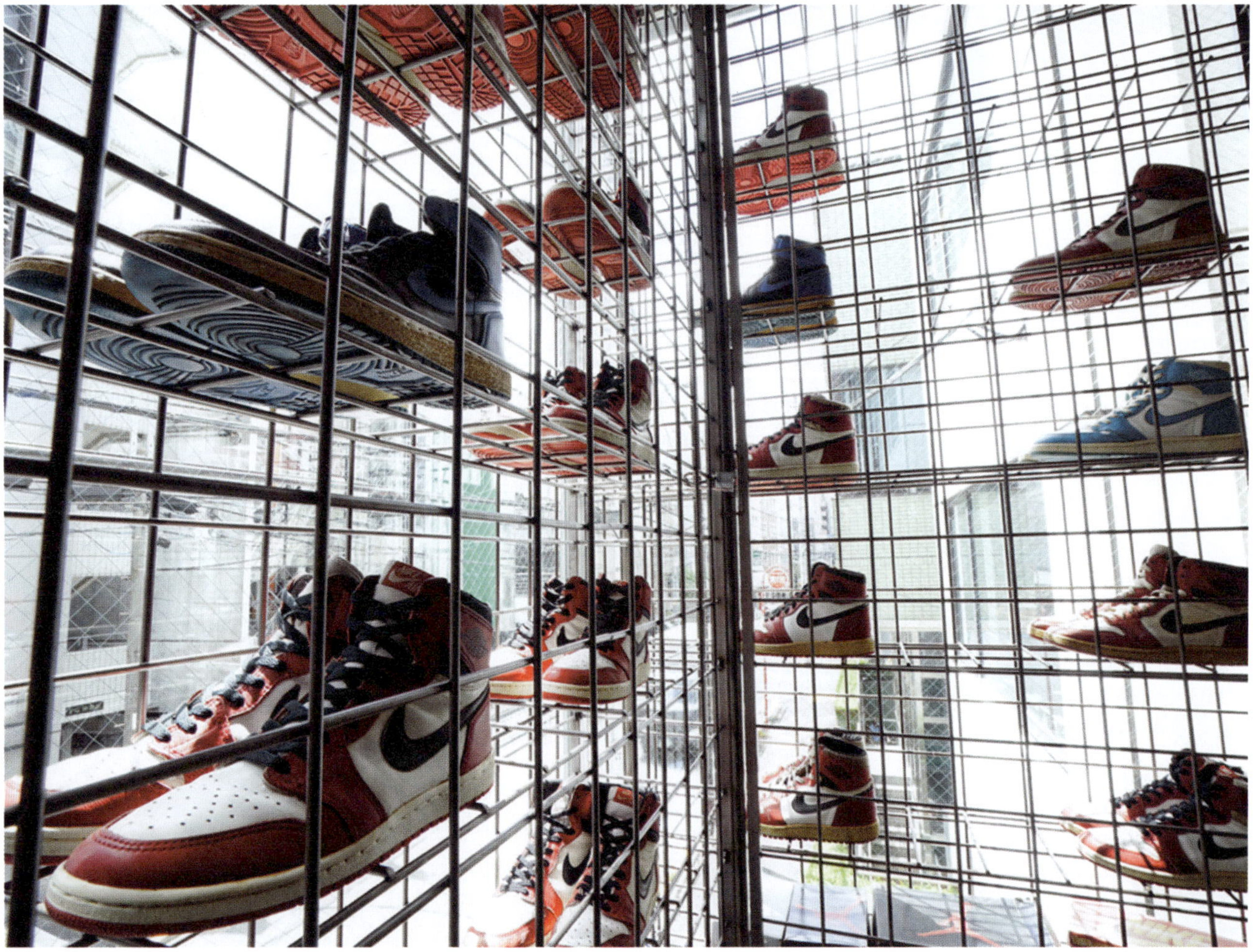

negocio a largo plazo. Pero yo vivía mejor que nunca, viajaba con frecuencia a un país al que todo el mundo soñaba con ir, y mi pequeño negocio de manga y *sneakers* me permitía amortizar los billetes de avión (que costaban el doble que una ida y vuelta a Estados Unidos). Hay que poner las cosas en contexto: 10 000 francos era un supersueldo en la época. Mi padre trabajaba en una tiendecita de 25 metros cuadrados, en la planta baja de un inmueble de Boulogne, y guardaba las bobinas de hilo y las telas en el apartamento de arriba. En total, el alquiler le costaba 2000 francos mensuales (300 euros). La misma superficie debe costar ahora el triple, por lo menos.

¿Y para pasar la aduana?

Z.: Compré bolsas grandes para llevar mis mangas a un almacén de Tokio. Son bolsas que me permitían guardar hasta veinte pares con las cajas plegadas. Las llevaba en bandolera; yo decía que eran «el cofrecito de la armadura» en referencia a *Los Caballeros del Zodíaco*, que siempre llevaban su armadura en su caja. De vez en cuando, mi hermano iba a Japón en mi lugar y también conseguía algunos pares. Las traíamos a cuentagotas para evitar que nos pillaran.

¿Cuántos eran en este sector en Francia?

Z.: La reventa de *sneakers*, a principios de los años 2000, era un nicho. La única persona que conocía en Francia que vendía pares en grandes cantidades era Vincent Le Thuy, que más tarde trabajó para la revista *Sole Collector*. Me dijo: «Si encuentras pares de determinados modelos, no lo dudes, me llamas, te los compro y te doy tu pasta». Vincent tenía clientes americanos que le compraban *stocks*.

En la segunda mitad de la década de 2000 abrió una tienda en el mercadillo de Clignancourt...

Z.: Entre 1997 y 2004 hice 33 viajes a Japón. Después me tomé un descanso del negocio de las *sneakers* y volví en 2006 de un modo un poco más estructurado. Según recuerdo, las condiciones para crear una empresa se habían flexibilizado. En la actualidad, el estatus de emprendedor es mucho más propicio para desarrollar ese tipo de negocio, pero en la época muchos clientes pensaban que yo llegaba a fin de mes con mi pared de *sneakers* y que trabajaba el resto de la semana en un supermercado, cuando en realidad era mi actividad prin-

cipal. Conocía el historial de todos mis pares, como la posología de un medicamento. Eso llevó a que me conociesen como «doctor» o «farmacéutico». Las *sneakers* son como una droga, y cuando uno tiene dolor de cabeza necesita un medicamento. ¡Y estamos dispuestos a pagar un precio muy alto!

¿Qué pares se revendían bien?

Z.: Mi botín de guerra en el mercadillo no eran las ediciones limitadas o las colaboraciones, sino por ejemplo las Blazer Vintage Quickstrike ⑧ compradas en Berlín por 20 euros y revendidas por tres o cuatro veces ese precio. O un lote de Trainer 1 que hallé en Maastricht a 18,70 euros y que algunos chavales de barrios humildes me compraban por 100 pavos porque el velcro les recordaba al de las Trainer Huarache. Antes no se cometían las mismas locuras que ahora.

¿Cuál era el significado de la palabra «reventa» en aquella época?

Z.: En realidad, la palabra «reventa» no formaba parte de mi vocabulario. El término con el significado que se le da hoy empezó a ser utilizado a finales de la década de 2000, cuando se fabricaron las ASICS Patta ⑨, las Air Max 1 Parra ⑩ o las Nike Air Yeezy ⑪ en edición limitada. Todo el mundo venía a buscar su par, pero algunos tipos las compraban para utilizarlas y una ínfima parte para revenderlas. El coleccionista tiene que financiar su colección y la pasta no cae del cielo. No hay que olvidar que, entre los adictos a las *sneakers*, no todo el mundo trabaja en finanzas. Hay muchísima gente que gana el salario mínimo. Al principio, la mala imagen del revendedor surgía del rechazo del coleccionista que no conseguía su par de zapatillas frente a un tipo que compraba una serie limitada para revenderla con una plusvalía. Ahora la gente compra una zapatilla que acaba de salir con la idea de revenderla rápidamente. Todos los pares de zapatillas que yo vendía estaban fuera de producción. Eran pares de coleccionista. ∎

⑧ BLAZER VINTAGE QUICKSTRIKE

Una *sneaker* concebida inicialmente para el baloncesto.

⑨ ASICS PATTA

Colaboración que contribuyó a la evolución de la definición de «reventa».

⑩ AIR MAX 1 PARRA

Una Air Max 1 diseñada por el artista neerlandés y fabricada en serie limitada.

⑪ NIKE AIR YEEZY 1

Primera colaboración de Nike con el rapero Kanye West.

WORM, 2022

Institución tokiota de la *sneaker*.

NIKE

en 10 fechas clave

1964

EL CORREDOR DE MEDIO FONDO PHILIP «PHIL» KNIGHT Y SU ENTRENADOR, BILL BOWERMAN, UNEN FUERZAS PARA CREAR BLUE RIBBON

Empresa ubicada en la costa oeste de Estados Unidos y especializada en la importación de zapatillas de correr japonesas.

1971

LA EMPRESA PASA A LLAMARSE NIKE EN REFERENCIA A LA DIOSA GRIEGA DE LA VICTORIA

No fue la primera opción de Phil Knight, que prefería el nombre de Dimension Six. Carolyn Davidson diseñó el logotipo en forma de coma.

1982

LANZAMIENTO DE LAS NIKE AIR FORCE 1

1985

ASOCIACIÓN CON MICHAEL JORDAN

1987

LANZAMIENTO DE LAS NIKE AIR MAX 1

1997

CREACIÓN DE LA MARCA JORDAN EN COLABORACIÓN CON NIKE

1999

MUERTE DE BILL BOWERMAN

2003

ADQUISICIÓN DE CONVERSE

2017

COLABORACIÓN CON OFF-WHITE

2022

***FORBES* ESTIMA LA FORTUNA DE PHIL KNIGHT EN 47 000 MILLONES DE DÓLARES**

AIR MAX 1

1987

LARRY'S BEST · TRUE RANGER · THE CLASSIC ©

CAP.

01

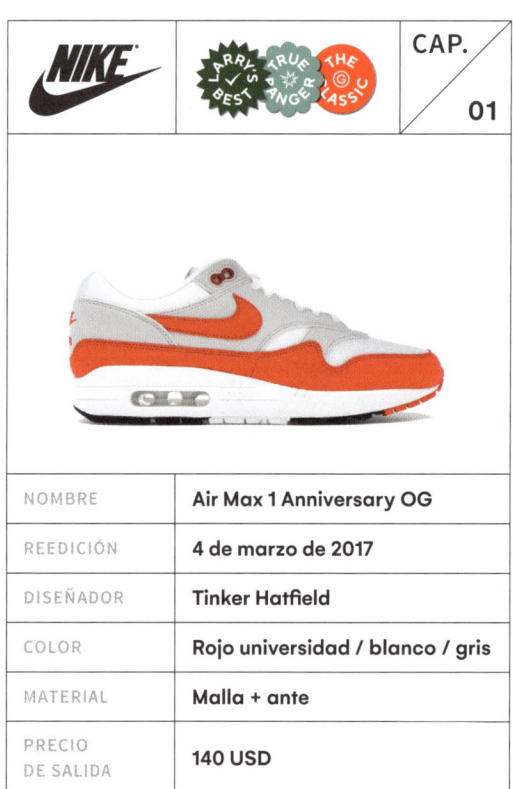

NOMBRE	Air Max 1 Anniversary OG
REEDICIÓN	4 de marzo de 2017
DISEÑADOR	Tinker Hatfield
COLOR	Rojo universidad / blanco / gris
MATERIAL	Malla + ante
PRECIO DE SALIDA	140 USD

LA PROVOCACIÓN DE TINKER HATFIELD

AIR MAX 1, 1987

HISTORIA

A mediados de la década de 1980, a pesar del éxito de las Air Force 1, Adidas seguía dominando el mercado del equipamiento deportivo y Nike se consideraba una marca de *running* cuyos modelos iban de capa caída en su mayoría. En un intento de invertir esa tendencia, Rob Strasser (vicepresidente de Nike) eligió a Tinker Hatfield para que se incorporase al departamento de calzado en 1985. Licenciado en arquitectura por la Universidad de Oregón, Hatfield fue contratado por primera vez en 1981 para diseñar las oficinas de la empresa con sede en Beaverton. Hatfield aportó toda su creatividad al servicio de la cultura *sneaker* inspirándose en otras disciplinas (empezando por el arte contemporáneo, ya que el Centro Pompidou le sirvió de base de trabajo para las Air Max 1). Hatfield admiraba la estructura al aire libre del museo parisino diseñado por el arquitecto italiano Renzo Piano en la década de 1970, formada por tubos de colores y escaleras mecánicas voladas. «Piano quería que el Centro Pompidou fuese visible desde lejos, sorprendente e incluso provocador. Eso es lo que yo quería hacer con las Air Max 1, llevando mi visión todo lo lejos que pudiese... sin que me despidieran», explicó el diseñador estadounidense, que optó por diseñar una Air Max 1 con una cámara de aire visible en homenaje a Beaubourg, un edificio con las tripas «al Air». Sin embargo, los equipos de *marketing* de Nike no eran muy partidarios de esa innovación: existía el riesgo de que la burbuja de aire debilitase las zapatillas.

Peter Moore, creador de las Air Jordan 1 y las Dunk, apoyó el proyecto de Tinker Hatfield, que finalmente logró lo que se había propuesto. En 1986 se fabricó una primera versión de las Air Max 1 con una ventana muy grande bajo la suela. Sin embargo, las pruebas de perforación de la cámara de aire no fueron concluyentes.

En la versión original, lanzada el 26 de marzo de 1987, se redujo la ventana y se rectificó el defecto. Las Air Max 1 forman parte de un *pack* que incluye las Air Safari ①, las Air Revolution ②, las Air Trainer ③ y las Air Sock. Se trata de una zapatilla de *running* flexible y con buena amortiguación, disponible en dos colores: rojo deportivo y azul universitario.

El anuncio que acompañó al lanzamiento de las Air Max 1 utilizó la canción *Revolution* de los Beatles, lo que provocó un embrollo legal con Apple Records, la discográfica del grupo de *rock* inglés. Para George Harrison, uno de los cuatro miembros de los Beatles, el episodio suponía una puerta abierta a la comercialización de su música, y no le apetecía encontrarse en el futuro en un anuncio de «salchichas» o de «ropa interior femenina». Los derechos de autor se fijaron en 250 000 dólares. En vista del éxito de la campaña publicitaria, los abogados de Apple Records solicitaron un incremento de 15 millones de dólares. Al final, el caso se resolvió de manera amistosa, sobre todo gracias a la intervención de Yoko Ono, la viuda de John Lennon, que calmó los ánimos a cambio de un cheque cuyo importe continúa siendo secreto.

CULTURA

En 1987 salió a la venta el álbum *Bad* de Michael Jackson y la NES (consola de videojuegos lanzada por Nintendo) llegó a Europa. En cuanto a la Air Max 1, impulsó las ventas de Nike y provocó un cambio de mentalidad en la empresa, que aceptó quebrantar sus propios códigos al mostrar la cámara de aire mientras proclamaba alto y claro que su producto era revolucionario. Los diseñadores tenían más libertad para asumir riesgos, para atreverse. En Francia, la calle ignoró a las Air Max 1 en el momento de su lanzamiento. En un principio apareció como un producto de importación de Estados Unidos utilizado por los modernos que tenían la cabeza en el país norteamericano (básicamente los corredores de bolsa). Un par de lujo que rondaba los 800 francos. ¡La revolución no está al alcance de todo el mundo! En la déca-→

① AIR SAFARI
Su diseño ha inspirado muchos modelos, incluidas las líneas Jordan y Mercurial.

② AIR REVOLUTION
Junto con las Air Sock, se trata del par más limitado del grupo.

③ AIR TRAINER
Una zapatilla multideporte popularizada por Andre Agassi y John McEnroe.

CUSHIONING: A SIDE-BY-SIDE COMPARISON.

The Nike Air Max has 22% more cushioning than any other running shoe. Plus stability you'd never expect in such a well-cushioned shoe. All thanks to a system for which there's really no comparison. Nike-Air. A revolution in motion.

Women's Air Max

Men's Air Max

THE NIKE STORE

> «En 2002, con motivo del 15.º aniversario de las Air Max 1, Nike confió una colaboración a la tienda Atmos y abrió las compuertas a una nueva práctica de *marketing* de la zapatilla deportiva que consiste en trabajar con actores locales».

da de 1990, las Air Max 1 fueron eclipsadas por las nuevas siluetas de Nike, y no fue hasta principios de la década de 2000 que el modelo fue redescubierto en Francia, sobre todo con colaboraciones japonesas. En 2006, el rapero francés Grems incluyó unas AM1 OG rojas en la portada de su álbum, con el escueto título de *Airmax*. «Tu estatus social está en tus pies», canta el artista grafitero. Nike celebra el Día Air Max desde el 26 de marzo de 2014.

REVENTA

En la década de 2000, los japoneses desarrollaron un increíble amor por Nike, que les pagó con la misma moneda. Japón, donde viven numerosos coleccionistas de ropa *vintage* y *sneakers,* es uno de los núcleos culturales de Asia. El *streetwear* japonés se exporta a Estados Unidos y Europa. En 2002, con motivo del 15.º aniversario de las Air Max 1, Nike confió una colaboración a la tienda Atmos 4 y abrió las compuertas a una nueva práctica de *marketing* de la zapatilla deportiva que consiste en trabajar con actores locales. Atmos se inspiró en el estampado de las Air Safari, otro diseño de Tinker Hatfield que formaba parte del grupo original, utilizado en el guardabarros de las Air Max 1. ¡El par es magnífico! Nike empezó a explotar su catálogo antiguo, y no solo con reediciones, sino desarrollando planes específicos. Como apunte negativo, las Air Max 1 tienen una esperanza de vida crítica. Con el tiempo, la suela se despega o se agrieta. Los grandes coleccionistas prefieren comprar pares usados. En 2005, Nike propuso al artista holandés Parra el diseño de un par de zapatillas en una edición limitada 5 de 24 unidades. La idea básica consistió en inspirarse en el logotipo naranja y azul de la cadena de supermercados Albert Heijn. Sin embargo, la empresa neerlandesa cambió su identidad visual al mismo tiempo. Parra revisó su copia y optó por un color que recordaba al famoso barrio rojo de Ámsterdam. La leyenda también cuenta que se trataba del negativo fotográfico de un color previsto, constatado por error, y que

finalmente lo conservó mezclando sus influencias del arte post-pop con gotas de pintura en la suela. En la lengüeta y el talón aparece el logotipo «Amsterdam». De esta edición «Capital Series» se fabricaron 250 unidades. También existe un par para amigos y familiares, con una firma bordada en la coma.

Entre 2002 y 2010, una serie de colaboraciones notables vio la luz en la que se considera la edad de oro de las Air Max 1. En 2010 se produjo un ligero declive, ya que la silueta original perdió categoría. Las AM1 aparecieron como lanzamientos generales, se produjeron pocas colaboraciones interesantes y surgió un problema con el diseño que molestó a los fans del par. Consciente de su error, Nike rectificó en 2017 con una reedición Anniversary impecable en cuanto a colores OG, forma, caja.... Un producto muy robusto y de edición limitada que se revende por 400 euros. El de 2017 fue un buen año, ya que Nike también lanzó las Air Max 1 Master, que son una compilación de los modelos más emblemáticos.

LA ANÉCDOTA DE LARRY

El 25 de junio de 2013, Nike organizó el Sneaker Ball (un evento para celebrar las Air Max 1) en el Centro Pompidou. Conseguí que el maestro Tinker Hatfield, que estuvo presente para la ocasión 6, me firmase mi par. Me acerqué a él a toda prisa para asegurarme de no perderme el momento y me dijo algo así como: «¡Tranquilo, no te preocupes, me ha quedado muy claro que quieres que te firme tus Air Max!». Y así lo hizo. Desde entonces, ese par está expuesto como un trofeo en nuestra tienda. ∎

4 AM1 ATMOS (2002)
Reeditada en 2016, con ante en lugar de lona en la parte delantera.

5 AM1 AMSTERDAM
Diseñadas por el artista local Piet Parra como homenaje al barrio rojo de Ámsterdam.

6 TINKER EN EL POMPIDOU
Recuerdo del encuentro entre Tinker Hatfield y el equipo de Larry Deadstock.

«TINKER HATFIELD ES EL MEJOR DISEÑADOR DE LA HISTORIA»

POR

THIBAUT DE LONGEVILLE

¿Cómo se convirtió en una leyenda de la cultura *sneaker* un arquitecto de formación contratado por Nike a principios de los ochenta para diseñar sus oficinas? El cineasta Thibaut de Longeville, cofundador y director artístico de Quai 54, repasa la huella indeleble del genio de Hatfield.

LOS DIRECTORES DE LA CATEGORÍA RUNNING DE NIKE SE OPUSIERON TANTO A LAS AIR MAX ONE COMO LOS ALTOS DIGNATARIOS DE LA ADMINISTRACIÓN DE PARÍS ~~ACABARON~~ ACABARON DETESTANDO EL CENTRO POMPIDOU.

Inspirarse en un lugar como el Centro Pompidou para diseñar un par de zapatillas deportivas todavía parece un gesto extremadamente audaz. ¿Se adelantó Tinker Hatfield a su tiempo?

T. D. L.: Tinker Hatfield es un diseñador visionario y, claramente, se adelantó y continúa adelantado a su tiempo. Además de mis dos documentales en los que desempeña un papel destacado (*Respect The Architects* y *Sneakers, le culte des Baskets*), el episodio dedicado a él en la serie de Netflix *Abstract: l'art du design* es una prueba elocuente de ello. En este campo, ¿quién podría estar más adelantado a su tiempo que el cerebro al que se le ocurrió abrir un agujero en la suela de una zapatilla de correr para dejar visible su sistema de amortiguación y, prácticamente el mismo año, un par de zapatillas que se atan solas para montar en un monopatín volador ①? ¿Quién, treinta años después, acabó materializando aquel sueño de ciencia ficción de la película *Regreso al futuro* creando el sistema de cordones automáticos «E.A.R.L.»?

La Air Max 1 es el punto de partida de una larga serie de modelos icónicos...

T. D. L.: Lo que me parece destacable del diseño de las Air Max 1 ② es la multiplicidad de innovaciones que presenta al mismo tiempo: innovación técnica con la mayor cápsula de aire jamás insertada en una plantilla; innovación de *marketing* con la idea de hacer visible esa burbuja de aire; innovación visual con el uso de colores vivos en las zapatillas de correr, que hasta entonces habían sido exclusivamente blancas. Puede que hoy veamos las Air Max 1 como un diseño sencillo y clásico, pero fue un proyecto extremadamente radical para su época y, en opinión de las personas más importantes de Nike en aquel momento, tenía todas las posibilidades de fracasar. Se pueden establecer muchos paralelismos con el Centro Pompidou: la idea de hacer visible y ostentoso lo que se supone que debe permanecer oculto (las entrañas de un edificio, o el sistema de amortiguación de una zapatilla deportiva); la idea de resaltar un diseño con colores chillones que se ven desde lejos (colores primarios para Beaubourg, rojos y azules para las Air Max 1); una clara voluntad de escandalizar a los poderes

establecidos (el mundo de los museos públicos y de la arquitectura en el caso del Pompidou, el universo del *running* en el caso de las Nike)... Ambos proyectos fueron recibidos con la misma resistencia en el seno de sus respectivas organizaciones responsables: los directores de la categoría de *running* de Nike detestaron y lucharon contra las Air Max 1 del mismo modo que ciertos altos dignatarios del ayuntamiento de París y del Ministerio de Cultura detestaron el Centro Pompidou.

Tiene por costumbre inspirarse más allá del deporte...

T. D. L.: Cuando tuve la oportunidad de reunirme con Tinker Hatfield para hablar sobre su proceso y fuentes de inspiración, dijo algo que desde entonces se ha repetido con frecuencia: «Cuando te sientas a crear un diseño, ya sea de un coche, una tostadora, un edificio o una zapatilla deportiva, lo que creas es, de hecho, la síntesis de todo lo que has visto y hecho en tu vida hasta ese momento». Detrás de casi todos los modelos icónicos que ha diseñado hay una historia de inspiración fuera de lo común: los aviones de combate en el caso de las Jordan 5, las polainas que llevaban los gánsteres de las películas de Hollywood para las Jordan 11, las patas de pantera para las Jordan 13, y muchos más ejemplos.

① MAG

Un par muy futurista que hizo soñar a toda una generación después del estreno de *Regreso al futuro 2* (1989).

② AIR MAX 1 OG RED

El primer par con una burbuja de aire visible.

«Una huella indeleble en la cultura pop».

¿Existen otros ejemplos de diseñadores de *sneakers* que se hayan inspirado en un monumento, en un lugar cultural o en una obra de arte y hayan tenido un éxito comparable?

T. D. L.: No conozco ningún ejemplo de este tipo que haya tenido tanto éxito como las Air Max 1. Sin embargo, desde la llegada de Tinker y el fenomenal éxito de sus diseños, su proceso de inspiración fue tomado como ejemplo por Nike y otras marcas. Desde entonces, a todos los diseñadores de Nike se les invita a viajar con frecuencia fuera de Estados Unidos y a buscar más allá de los universos deportivos para encontrar inspiración en áreas como la arquitectura, el diseño de automóviles, la pintura, la moda y la cultura. Esto puede parecer totalmente normal a día de hoy; sin embargo, que yo sepa, nadie trabajaba de esta manera en esta profesión antes de él. Ahora tenemos que distinguir entre lo que es el *storytelling* de los malos diseñadores que aseguran haberse inspirado en la torre de Pisa o en la pintura de Joan Miró para cambiar tres colores en un modelo que no han creado y las historias auténticas, reveladoras e inspiradoras como las de Tinker.

¿Qué lugar ocupa Tinker Hatfield en la historia del diseño de calzado deportivo?

T. D. L.: El número uno, sin duda. Ningún otro diseñador podría presumir de haber creado tantos modelos radicalmente innovadores, uno tras otro, para atletas tan emblemáticos, y con tanta resonancia más allá del deporte. Podríamos decir ya que Tinker Hatfield es el mejor diseñador de la historia del calzado deportivo si su trabajo se hubiese limitado a la creación de los modelos Air Jordan más icónicos de la gama. Solo con eso ya ocuparía el pedestal del sector. Sin embargo, Tinker es también el diseñador de los icónicos modelos que llevaron John McEnroe, Andre Agassi, Pete Sampras... y la que

podría considerarse la lista de los atletas más destacados, radicales e iconoclastas de la historia del deporte, aparte de Muhammad Ali. Además del calzado para atletas de competición, algunas de sus creaciones permitieron abordar una práctica deportiva de un modo radicalmente distinto: por ejemplo, las Air Trainer, que propiciaron la aparición y la popularización del *cross training*, con el multideportista Bo Jackson como su figura emblemática.

Tinker Hatfield no solo ha diseñado modelos para *running*, baloncesto o tenis. También ha trabajado para el cine...

T. D. L.: Diseñó las Air Max 90 ③, las Air Safari, las Air Huarache ④ (de *running,* baloncesto y *cross training*), las Air Raid ⑤, las Zoom Talaria, las Mowabb y muchos otros modelos extraordinariamente icónicos. Tinker es el diseñador de las zapatillas de Marty McFly en *Regreso al futuro* y de Batman en los dos episodios dirigidos por Tim Burton. Tinker es el diseñador del calzado más popular en la cultura hiphop y en lo que se conoce como «cultura *sneaker*». Hay que decir que los modelos que ha diseñado han trascendido el mundo del deporte, de manera casi sistemática, para tocar la cultura de la calle, el hiphop, la moda, el cine y otras formas de creatividad, y dejar una huella indeleble en la cultura pop internacional. ∎

③ AIR MAX 90

Llamada inicialmente Air Max 3.

④ AIR HUARACHE

Lleva el nombre de una sandalia de la época precolombina.

⑤ AIR RAID

«For Outdoor Use Only»: este par, lanzado en 1992, fue diseñado para la práctica del *streetball*.

TINKER HATFIELD EN 2009

El diseñador con una Jordan 11 Concord
en la mano izquierda.

Pompidou™ Center Day

AV3735-002 | PARÍS | 20/09/2018

Master Friends and Family

910772-100 | 25/03/2017

Chien Ming Wang

378358-111 | NUEVA YORK | 10/07/2009

Lemonade

CJ0609-700 | 26/11/2020

Anniversary Aqua

908375-105 | 02/03/2018

Orange Magma

DC1454-101 | 30/07/2020

Tinker Sketch to Shelf

CJ4286-101 | 13/07/2019

Anniversary Red

908375-100 | 04/03/2017

Air Max Day 3.26

665873-106 | 26/03/2014

Patta™ 5th Anniversary Chlorophyll

366379-100 | 29/09/2009

SH Treeline

DR9773-300 | 07/05/2022

Watermelon

AH8145-106 | 20/03/2018

Hunter Green

DC1454-100 | 30/07/2020

Parra™

AT3057-100 | 21/07/2018

London

CV1639-001 | 19/03/2020

OG Blue

908375-101 | 11/03/2017

Patta™ Purple Denim

394805-100 | 01/12/2009

USA

604139-162 | 04/02/2002

Anniversary Obsidian

908375-104 | 15/12/2017

Grand Piano

359558-111 | 01/01/2009

**Parra™
Friends and Family**

AQ9973-100 | 21/07/2018

SP Concepts™ Heavy

DN1803-900 | BOSTON | 12/03/2022

SP Concepts™ Far Out

DN1803-500 | BOSTON | 26/03/2022

SP Concepts™ Mellow

DN1803-300 | BOSTON | 05/03/2022

**Pompidou
Center Night**

AV3735-001 | PARÍS | 20/09/2018

Liquid Silver

635786-002 | 02/11/2017

Liquid Gold

635786-770 | 02/11/2017

Wabi-Sabi

DQ8656-133 | 26/03/2022

CLOT™ KOD

313227-161 | HONG KONG
01/05/2006

Amsterdam

CV1638-200 | 19/03/2020

Milan

587922-226 | 20/04/2013

Travis Scott Cactus Jack Wheat Lemon

DO9392-701 | 23/05/2022

Curry

908366-700 | 10/05/2018

Atmos™ Animal Pack 2.0

AQ0928-700 | TOKIO | 17/03/2018

Animal Pack

315763-761 | 23/12/2006

Travis Scott Cactus Jack Baroque Brown

DO9392-200 | 27/05/2022

Atmos™ Animal 3.0 Giraffe

AQ0928-902 | 20/07/2019

Atmos™ Animal Camo

454746-902 | TOKIO | 23/02/2013

BRS

314199-381 | 01/02/2006

Safari OG

302740-281 | 01/01/2002

Safari New

665873-200 | 14/03/2016

Keep Ripping Stop Slippin

332326-801 | 21/06/2008

Safari

AR4583-800 | 15/06/2018

Susan Missing Link

CK6643-100 | 12/04/2019

Atmos™ Viotech

302740-251 | TOKIO | 01/01/2003

London Underground Roundel

651321-106 | 14/12/2013

Urawa

309740-611 | 01/01/2004

THE CLASSIC

Parra Amsterdam AMS

313188-241 | 01/08/2005

THE GRAIL

Chinese New Year Longevity

CU8861-460 | 18/01/2020

Patta™ Denim Corduroy

366379-400 | 01/12/2009

Parra Patta™ Cherrywood

394805-600 | 13/03/2010

THE GRAIL

Atmos™ Elephant

908366-001 | TOKIO | 18/03/2017

TRUE BANGER • HUGE $ MONEY • THE CLASSIC

Ben Drury

314252-011 | 01/09/2006

112 Clark Kent

330159-071 | NUEVA YORK | 12/07/2008

Tokyo Maze

CI1505-001 | 13/04/2019

Kid Robot

311745-001 | 11/02/2005

THE GRAIL

Patta™ Lucky Green

394805-001 | 01/01/2010

Powerwall Morning Glory

314199-002 | 01/01/2006

Master

910772-001 | 25/03/2017

UNDER RATED

Hufquake

318361-031 | SAN FRANCISCO | 01/01/2017

STREET CRED

225462-22INNP18_330 × 225 × 115

AIR MAX 1 PATTA THE WAVE

2021

La tienda holandesa amplía su historia
de éxito con las Air Max l.

PARTE SUPERIOR

PARTE POSTERIOR

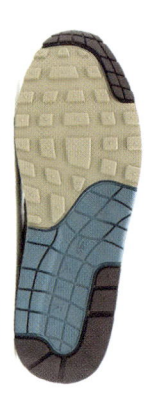

SUELA

SKU: **CZ9084 200**	DISEÑADOR: **Patta Amsterdam**	1.ᵉʳ C: **Monarch + Aqua**
MATERIAL: **malla + ante + cuero**	PRECIO DE SALIDA: **160 €**	FECHA DE LANZAMIENTO: **4 nov. 2021**

Patta es la historia de una tienda de zapatillas con sede en Ámsterdam cofundada por dos artistas de la escena hip-hop: el DJ Edson Sabajo y el MC Guillaume «Gee» Schmidt. El dúo holandés de origen surinamés puso en marcha su propio establecimiento en 2004.

Fue un gran éxito y Patta, que significa «zapato» en surinamés coloquial, se convirtió en una referencia en Europa. Uno de los puntos de inflexión en la historia de la tienda se dio en 2009 con una colaboración que ofrecía cinco versiones de las Nike Air Max 1. Once años después, la tienda holandesa y la marca del *swoosh* volvieron a formar equipo para revivir el entusiasmo por las AM1. Con el nombre de «Patta The Wave», el *pack* se caracteriza por las ondas que recorren el guardabarros y las combinaciones de colores unificadores. El embalaje se reelaboró con el logotipo de la tienda. Los modelos están disponibles en Patta y en tiendas europeas seleccionadas, así como en la página web de Nike. Esta primera remesa se compuso de cuatro Air Max 1 que salieron a la venta entre octubre y diciembre de 2021: las Monarch, con una base de malla gris y un guardabarros de color ocre, y con el *swoosh* en miniatura de la parte delantera marcando la diferencia; las Noise Aqua, con su guardabarros de ante azul; las Rush Maroon, con guardabarros en cuero de color ciruela, y las Black, con su muy esperada combinación de colores, en cuero brillante. Un modelo más raro, disponible solo en Patta y en la aplicación SNKRS de Nike, y cuyo precio de reventa se duplicó rápidamente. Una segunda oleada de Air Max 1 Patta, llamada The Next Wave, salió a la venta en 2022. Fabricadas con los mismos materiales, presentan colores distintos: las Dark Russet en cuero marrón envejecido y las White con una suela amarillenta que contrasta con la parte superior. ∎

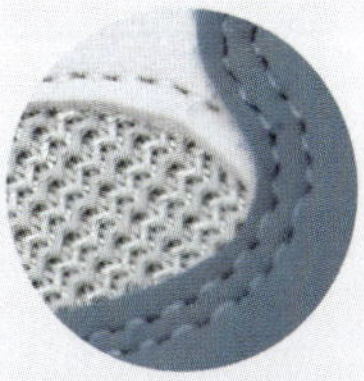

PARTE SUPERIOR

LENGÜETA

Patta
AIR MAX

Guardabarros

Guardabarros en forma de ola, la característica especial de toda la colección «Patta The Wave».

Media suela

Suela amarillenta para dar un aire vintage a la zapatilla.

Logotipo

Miniswoosh bordado en el guardabarros, que recuerda a las primeras Air Max 1 Patta de 2009.

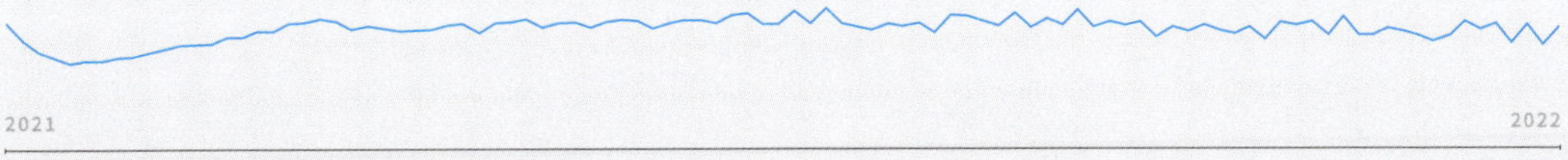

2021

2022

220 € - 480 €
PRECIO MÍNIMO / MÁXIMO

20%
VOLATILIDAD

350 €
PRECIO MEDIO DE VENTA

290%
COTIZACIÓN MÁXIMA

EL *PACK*

De izquierda a derecha y de arriba abajo, las seis combinaciones de colores de las Air Max 1 Patta The Wave: blanco, Dark Russett, negro, Rush Maroon, Aqua Noise y Monarch.

AIR MAX 90

1990

NIKE	LARRY'S BEST · STREET CRED · THE CLASSIC	CAP. 02

NOMBRE	**Air Max 90**
REEDICIÓN	**4 de noviembre de 2020**
DISEÑADOR	**Tinker Hatfield**
COLOR	**Infrarrojo**
MATERIAL	**Malla + cuero + ante**
PRECIO DE SALIDA	**140 USD**

UN ICONO GAMBERRO

AIR MAX 90, 1990

HISTORIA

Cuando salieron al mercado, su nombre oficial era Air Max 3. En la década de 2000, el equipo de *marketing* de Nike las rebautizó como Air Max 90 en respuesta a la presión popular. Se trata de un par equipado con la tecnología Air, concebida en un principio como celebración del éxito de las Air Max 1. Tanto en términos de diseño como de tecnología, las Air Max 90 presentan una burbuja más grande que sus predecesoras, las Air Max 1 (1987) y las Air Max 2 (1989), una característica que se repitió en 1991 con las Air Max BW ① («Big Window»), un revestimiento de malla, una suela más resistente y piezas de plástico, en particular las punteras, que le dan un aspecto de alta tecnología. El innovador sistema de cordones se adapta a todas las morfologías. También se mejoró la comodidad en comparación con la Air Max 1. Su aspecto agresivo y su línea sugieren una huida hacia delante, subrayando la idea de velocidad y movimiento.

CULTURA

Las Air Max 90 son llamativas, y sus colores OG contribuyeron a su éxito gracias a la combinación de blanco, gris y rojo anaranjado, llamado en un principio rojo radiante y rebautizado después como infrarrojo. Se trata de un producto excepcional diseñado originalmente para correr, pero que permitió a Nike entrar de lleno en el terreno del *lifestyle*, ya que las Air Max 90 eran ya unas favoritas de la calle. Nos encontramos en una época en la que la tendencia seguía siendo las zapatillas de baloncesto voluminosas, en particular las Air Jordan 5. Este par también atrae a los trabajadores de oficina.

Como anécdota, el presidente George Bush fue fotografiado a punto de echar a correr con unas Air Max 90 y Nike le rindió homenaje con un modelo Air Pres. En Estados Unidos, el par salió a la venta por 110 dólares. En 1990, ese precio triplicaba el de un modelo básico. Por tanto, estaba dirigido a los corredores con dinero y también se convirtió en un calzado de matón presumi-do, precisamente porque era muy caro. En los suburbios franceses, forma parte del atuendo de los carteristas junto con el chándal Lacoste y la sudadera Ellesse. Es un signo externo de riqueza que también utilizan los raperos, desde el grupo belga Benny B hasta Rohff, que luce las zapatillas en la portada de *La Fierté des nôtres*. Las Air Max 90 son un icono gamberro. En el norte de Europa, esta zapatilla está más asociada a los movimientos de música alternativa: tecno, *rave, grime, gabber*, etcétera.

REVENTA

Las Air Max 90 no se revendieron hasta la llegada de las primeras colaboraciones, como Patta ② y Powerwall, a mediados de la década de 2000. La colaboración más significativa fue con la japonesa Atmos, autora de las Duck Camo ③. Lanzadas en 2013, se basaron en los códigos de las Infrared e incorporaron un estampado de camuflaje.

LA ANÉCDOTA DE LARRY

A principios de la década de 1990, el rap francés estaba todavía en pañales. Y entonces llegaron unos belgas con un increíble estilo americano: Benny B, Perfect y DJ Daddy K. En la portada de su primer álbum, en primer plano, aparecen Benny B y Perfect luciendo con orgullo unas Air Max 90; Daddy K, a la derecha, lleva unas Air Command Force. Tengo once años y me interesa el hiphop, así que me engancho de inmediato. Este grupo desempeñó un papel muy importante en mi amor por las *sneakers*... Más de treinta años después, tengo la suerte y el privilegio de dedicarme a esto, lo que me permitió conocer a Daddy K y comprarle más de 400 pares. Posee una inmensa colección que conserva con mucho cariño. ¡Tiene auténticas joyas! Daddy K, un tipo superamable, también nos mostró su colección de figuras Goldorak antes de invitarnos a su local preferido, Le Nil (un restaurante marroquí en pleno centro de Bruselas). Y así se cierra el círculo.∎

① AM BW

Las BW son protagonistas en las contraculturas europeas, en particular el *gabber* y el *grime*.

② AIR MAX 90 PATTA

Primera colaboración entre la tienda holandesa y Nike.

③ AM 90 DUCK CAMO

La obra maestra de Atmos, que se revende a precio de oro.

JUST DO IT. *Pull on a pair of Nike Air Max® running shoes. Feel the unrivaled cushioning of the Nike Air-Sole®. Feel the resilience of the flex grooves. Feel the support of the thermoplastic support straps. Don't feel the impact of the road.*

Lisa Martin, world-ranked marathoner; Mark Coogan, world-ranked steeplechaser.

Women's and Men's Air Max

Kaws

346115-111 | NUEVA YORK |
02/11/2017

Mixtape side A

CI6394-100 | 15/06/2019

Dizzee Rascall

346115-191 | LONDRES | 02/11/2017

Off-White™ the Ten

AA7293-100 | 09/09/2017

Flyleather Ruohan Wang

CZ3992-900 | BERLÍN | 24/09/2020

Hufquake

312334-011 | SF | 01/01/2007

Powerwall Sunblush

314206-661 | 2006

Homegrown Orange State Magazine

BMQ486M2C1 | 2007

Curry

700155-107 | 17/12/2015

Escape

718303-002 | 13/12/2014

Liberty

654846-400 | 05/07/2014

Livestrong

372446-171 | 01/01/2009

Denham

CU1646-400 | ÁMSTERDAM
25/09/2020

Infrared

CT1685-100 | 09/11/2020

King of the Mountain

315728-611 | 14/06/2008

Patta Homegrown Grass

315728-331 | ÁMSTERDAM
12/01/2006

Off-White™ Desert Ore

AA7293-200 | 02/07/2019

Maharishi

CJ4040-991 | 30/08/2019

Bacon DQM

310766-161 | NUEVA YORK |
01/01/2004

London Underground Roundel

651322-106 | 14/12/2013

Reverse Duck Camo

CW6024-600 | 26/03/2020

Washed Denim

700875-400 | 20/09/2014

Atmos™ Duck Hunter Camo

333888-025 | TOKIO | 05/10/2013

Warhawk

315728-381 | 26/05/2007

Viotech OG

CD0917-600 | 29/08/2019

Powerwall

314206-581 | 01/01/2005

Hurley Phantom 4D

502482-001 | 08/07/2011

The Basement Glasgow

CI9111-003 | 05/10/2019

Moon Landing

700098-007 | 20/07/2014

Mars Landing

CD0920-600 | 16/03/2019

Atmos™ Black Tiger Camo

333888-024 | 27/11/2013

Off-White™ Black

AA7293-001 | 07/02/2019

Mixtape side B

CI6394-001 | 22/06/2019

Hyperfuse Independence Day White

613841-110 | 29/06/2013

Hyperfuse Independence Day Red

613841-660 | 29/06/2013

Hyperfuse Independence Day Blue

613841-440 | 29/06/2013

AIR MAX 90 ATMOS DUCK CAMO

2013

Uno de los mayores éxitos de la galaxia Atmos, fundada por Hommyo Hidefumi en el año 2000.

PARTE SUPERIOR

PARTE POSTERIOR

SUELA

SKU: **333888 025**	DISEÑADOR: **Atmos Tokyo**	C: **negro / clorofila / infrarrojo**
MATERIAL: **ante**	PRECIO DE SALIDA: **170 USD**	FECHA DE LANZAMIENTO: **5 oct. 2013**

Como los creadores de Patta, el fundador de Atmos, Hommyo Hidefumi, empezó a coleccionar zapatillas deportivas en la década de 1990, cuando estudiaba en la Universidad de Filadelfia. El japonés recorrió la costa este de Estados Unidos en busca de zapatillas raras para revenderlas hasta por veinte veces su precio en Japón. De ese modo se convirtió en pionero de la reventa en Tokio.

En 1996, Hommyo Hidefumi abrió su primera tienda, Chapter, situada en el barrio de Harajuku y especializada en la reventa de *sneakers* y *streetwear vintage*. Chapter se convirtió en el centro neurálgico del *streetwear* en Tokio. Impresionados por su colección, los empleados de Nike le ofrecieron recomprar una parte de sus archivos. En 2000, el revendedor nipón creó Atmos al estilo de las tiendas neoyorquinas. Su primera colaboración con

Nike llegó en 2002 con las famosas Air Max 1 Safari, con las que se demostró toda la creatividad de Hirofumi Kojima, diseñador jefe de Atmos. Las siguientes colaboraciones dejaron su huella en la historia de las *sneakers* en el panorama internacional: entre ellas, las Air Max 1 Viotech (2003), el famoso *pack* Nike x Atmos Animal (2007) o las clásicas Air Max 1 Elephant (2007 y 2017). En cuanto a las Air Max 90, las Duck Camo siguen siendo uno de los modelos más populares. Lanzadas en exclusiva en Tokio en 2013, retoman la paleta cromática de las Infrared con una buena dosis de camuflaje. El *swoosh* con imitación de piel de serpiente y la parte superior de ante negro hacen de este par un imprescindible. La calidad y las exclusivas de Tokio se traducen en una explosión de los precios de reventa. El precio se triplicó desde el lanzamiento, y para hacerse con un par nuevo hoy mismo habría que pagar cantidades de cuatro cifras. ∎

GUARDABARROS

PARTE SUPERIOR

Parte superior
Estampado Duck Hunter Camo, camuflaje de origen americano creado en 1942 para la Segunda Guerra Mundial.

Guardabarros
Logotipo Air Max y color infrarrojo, el mismo de las primeras Air Max 90.

Puntera
Uso de un ante negro de calidad para aportar contraste al conjunto.

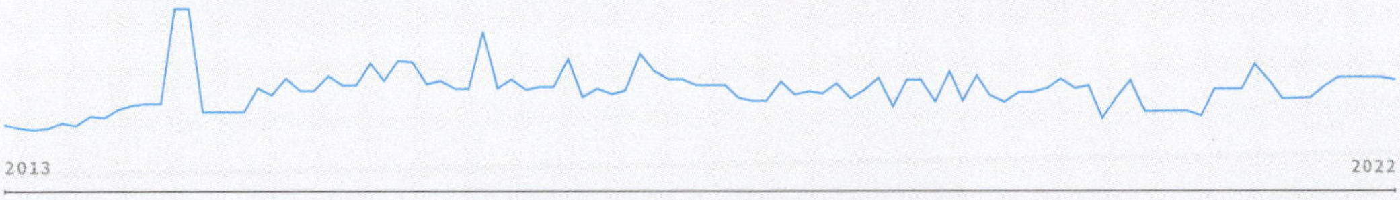

2013   2022

250 € - 800 €
PRECIO MÍNIMO / MÁXIMO

15%
VOLATILIDAD

700 €
PRECIO MEDIO DE VENTA

450%
COTIZACIÓN MÁXIMA

AIR MAX 95

1995

CAP.

03

NOMBRE	Air Max 95
REEDICIÓN	17 de diciembre de 2020
DISEÑADOR	Sergio Lozano
COLOR	Amarillo neón / negro / grafito
MATERIAL	Malla + ante
PRECIO DE SALIDA	170 USD

EN LOS ORÍGENES DE LA REVENTA

AIR MAX 95, 1995

HISTORIA

En un principio, su nombre oficial fue Air Total Max. El diseño de este par se confió al joven Sergio Lozano ⎵1⎵, que contaba con cuatro años de experiencia en Nike y que dio sus primeros pasos sobre todo con la gama ACG, el *training* y el tenis. En 1995, el *running* empezó a despegar como estilo de vida y las Air Max 95 se convirtieron en objeto de deseo. Lozano empezó reformulando lo que veía desde la ventana de su despacho de Oregón: un lago, un bosque, la lluvia...

Sin embargo, el *storytelling* no fue del agrado de su mentor, Tinker Hatfield. Así, Lozano regresó a sus cuadernos y se detuvo en un libro de ciencias naturales de la biblioteca de la sede de Nike, cerca de Portland. Se inspiró en la anatomía del cuerpo humano para crear la nueva silueta de las Air Max 95. Los diferentes materiales recuerdan a los músculos, el cuerpo y la piel. Las unidades de aire, que por primera vez también son visibles en la parte delantera de la suela, simbolizan una columna vertebral. Las capas superpuestas de tejido recuerdan a los músculos bajo la piel.

Con su amortiguación óptima, se trata de un modelo agresivo y robusto, diseñado sobre todo para corredores corpulentos. Lozano diseñó el empeine en color gris para minimizar las manchas. La primera gama cromática (color, C), en tonos grises muy oscuros, no acabó de convencer, de ahí la idea de integrar un amarillo fosforescente a fin de animar el conjunto. Para dar un toque moderno, el diseñador utilizó 3M, un material reflectante. Colocado a un lado, el *swoosh* no resulta muy visible, una elección deliberada de Lozano. La introducción de Flywire y un sistema de lazada rápida proporciona una mejor sujeción del pie.

CULTURA

Este par funciona bien en Japón porque representa el estilo de vida neoyorquino con su toque *fat,* hiphop, si-

milar a las siluetas de las botas Timberland y Lugz... En Estados Unidos, una primera oleada de raperos (entre ellos Big Pun, Ghostface Killah, Raekwon y Fredro Starr) lució las Air Max 95. Después llegó el turno de Eminem y The Game. Este último se convirtió en el embajador de las Air Max 95; su tema «Hate It or Love It», con la colaboración de 50 Cent (2005), contiene el siguiente remate: *«I'll kill you if you try me for my Air Max 95»* («Te mataré sin intentas quitarme mis Air Max 95»). Como anécdota, Fabolous afirma que mandó pintar su Lamborghini Murcielago con los colores de sus Air Max 95 verdes. Más recientemente, tras su ruptura con Kanye West, Kim Kardashian publicó en Instagram una foto en la que aparece luciendo unas Air Max 95. ¿El resultado? Un aumento inmediato de las ventas. En el sector deportivo, el baloncestista LeBron James es un gran admirador de estas zapatillas. Incluso existe una colaboración con su nombre: las Air Max 95 LeBron ⎵2⎵.

REVENTA

En Japón, a finales de la década de 1990, para comprar unas Air Max 95 había que desembolsar la cantidad de 1000 dólares. Empresas estadounidenses como Small Earth y Farley Enterprise detectaron el negocio y buscaron lotes de remanentes para revenderlos en el mercado japonés al doble o el triple del precio original. A finales de la década de 1990, el bombo en torno a las Air Max 95 fue tal que los periódicos, sobre todo en Osaka, informaron de episodios de robos en los que las víctimas acababan en calcetines en plena calle. Pequeñas bandas organizaban robos de *sneakers,* algo extremadamente raro en Japón. Como muestra de su éxito, las AM95 se reeditaron en sus colores originales al menos en diez ocasiones: en 1997, 1998, 1999, 2003, 2006, 2008, 2010, 2012, 2015 y 2020.

LA ANÉCDOTA DE LARRY

La mujer de Romain le prohíbe llevar Air Max 95 porque, en su opinión, son zapatillas de delincuente. ∎

⎵1⎵ SERGIO LOZANO
El diseñador estadounidense en las oficinas de Nike, durante una sesión de trabajo.

⎵2⎵ AM 95 NRG LEBRON
Apodadas «Home Team», tienen un pie de cada color en referencia a la camiseta de los Lakers.

1-800-217-4590

Grape

609048-030 | 21/12/2013

Doernbecher Iron Man

507450-180 | 05/11/2011

Dave White Fox

872640-600 | 29/09/2016

Dave White Rabbit

872640-200 | 23/09/2016

Animal Atmos™ 2.0

AQ0929-200 | 17/03/2018

Animal Atmos™ 1.0

314993-261 | TOKIO | 23/12/2006

Stüssy Olive

834668-337 | 12/12/2015

Naija

CW2360-300 | 28/09/2020

Running Man Parra™

307272-101 | 15/02/2008

Keep Rippin

AV7014-002 | 18/10/2018

Doernbecher Spiderman

839165-064 | 19/02/2019

Doernbecher Captain America

318351-411 | 06/07/2013

Supreme™ Lux Red

CI0999-600 | 07/11/2019

Supreme™ Lux Blue

CI0999-400 | 07/11/2019

Loopwheeler

CQ7853-001 | TOKIO | 07/12/2019

OG Neon

CT1689-001 | 12/17/2020

Gunsmoke Pink Foam

CJ0588-001 | 03/06/2020

What the Air Max

810374-078 | 19/09/2015

Mita Sneakers
Ueno Prototype

554970-070 | TOKIO | 02/02/2013

Size ?™ AM Day

CW5378-001 | 26/03/2020

Stash

314074-401 | NUEVA YORK | 25/03/2006

Carhartt™ WIP Camo

AV3866-001 | 06/12/2018

Comme des Garçons™
Black Grey

CU8406-101 | 18/01/2020

Sole Collector
Cowboy Special

341350-031 | 17/03/2006

AIR MAX 95 RUNNING MAN

2008

El artista holandés Parra reveló
su universo surrealista en unas Air Max 95.
Imprescindibles.

PARTE SUPERIOR

PARTE POSTERIOR

SUELA

SKU: **307272–101**	DISEÑADOR: **Piet Parra**	C: **blanco / negro / azul frío**
MATERIAL: **malla + ante**	PRECIO DE SALIDA: **170 USD**	FECHA DE LANZAMIENTO: **15 ene. 2008**

No siempre es fácil salir airoso frente a dos competidores fuertes.

Eso consiguieron las Air Max 95 Running Man, presentadas en 2008 en un *pack* que incluía las Air Max 90 Chlorophyll-White-Solar Flare de Misha, fundador de la marca australiana Perks & Mini, y las Cortez de ante azul con *swoosh* plateado de Todd James, un artista neoyorquino que se inició en el grafiti bajo el nombre de REAS.

Dos hombres superados en este caso por Pieter Janssen, alias Piet Parra. Ilustrador, artista gráfico, tipógrafo y diseñador, entre otras cosas, el holandés es tan polifacético que resulta difícil, si no imposible, encasillarlo. En cuanto a estas zapatillas, encontramos el universo de sus exposiciones con personajes surrea-

listas, con tonos y colores saturados (lo más habituales, azul cielo, rojo, rosa y pastel). En la lengüeta, el logotipo de Air Max se sustituye por el bordado de un brazo ondulante, mientras que la parte inferior de la suela exterior revela un conejo. Las Air Max 95 de Sergio Lozano, diseñador original de la silueta que abandonó Nike a finales de 2020, se presta a la perfección al ejercicio para un artista de esta talla.

El par fue lanzado por Patta, la tienda del grupo de Ámsterdam con el que el artista mantenía vínculos, y en algunas *boutiques* con una cuenta Quickstrike. Si este modelo, pieza exclusiva para cualquier coleccionista que se precie, falta en su armario, sepa que deberá desembolsar entre 800 y 1500 euros, según el estado y la talla del par, para llenar ese vacío. ∎

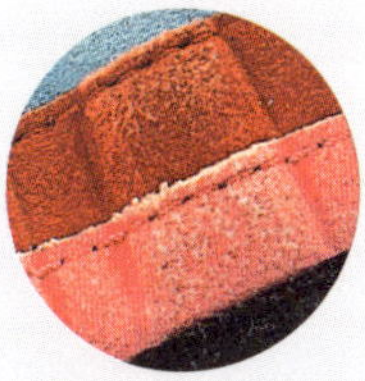

PARTE SUPERIOR

PUNTERA

Lengüeta
Un brazo de color rosa bordado sustituye al logo de Air Max inicialmente previsto para las Air Max 95.

Media suela
La burbuja de aire, la media suela y el guardabarros del mismo color hacen que los detalles coloridos de este par destaquen más.

Guardabarros
Ondulaciones con los colores favoritos de Parra, el artista.

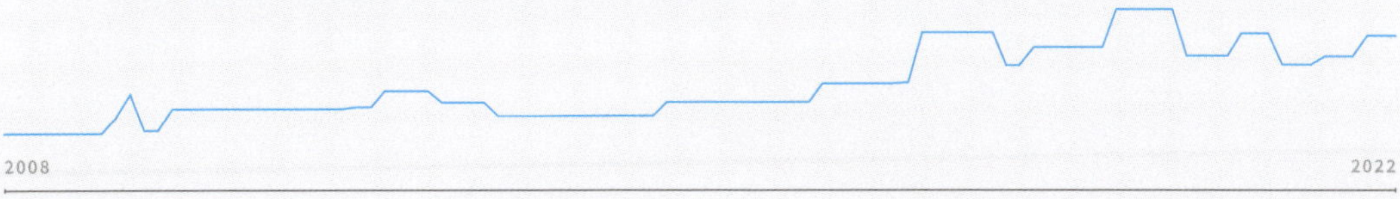

2008   2022

200 € - 720 €
PRECIO MÍNIMO / MÁXIMO

10%
VOLATILIDAD

575 €
PRECIO MEDIO DE VENTA

425%
COTIZACIÓN MÁXIMA

AIR MAX 97

1997

	CAP. 04

NOMBRE	Air Max 97 Metallic Gold
REEDICIÓN	17 de enero de 2018
DISEÑADOR	Christian Tresser
COLOR	Dorado / blanco / negro / rojo
MATERIAL	Malla + cuero + 3M
PRECIO DE SALIDA	160 USD

UN PAR PARA TÍOS CON PASTA

AIR MAX 97, 1997

1 AM UPTEMPO 97

Un par de zapatillas de baloncesto en la más pura tradición de los años noventa.

2 AM 93

El primer par en incorporar una burbuja de aire de 270 grados, inspirada en una jarra de leche.

3 AM 98

La tecnología Air se aprovechó al máximo con una almohadilla casi integral.

4 AM 97 SKEPTA

El color de esta colaboración recuerda a las Air Tuned Max 99.

5 AM 97 EMINEM

Este par incluye una mención a «Shady Records», el sello del rapero de Detroit, en la parte delantera.

HISTORIA

Nike se propuso crear un modelo que rompiese moldes para el décimo aniversario de las Air Max 1. La empresa americana reclutó con ese fin a Christian Tresser, un antiguo empleado de Reebok, obsesionado con la innovación, que trabajaba en los sectores del *running* y el fútbol. Para las Air Max 97, en un principio llamadas Air Max Total 3, Tresser se inspiró en las ondas de agua creadas por las gotas de lluvia en un estanque. La elección del color gris metalizado OG se explica por su pasión por el ciclismo de montaña: el tono recuerda al aluminio, un material muy presente en ese tipo de equipamiento en la década de 1990. Las partes reflectantes en 3M simbolizan la escorrentía hacia la unidad de aire. Los cordones y los ojales quedan ocultos.

Por primera vez, la tecnología Air fue visible en toda la suela, lo que añadía un aire futurista, pero también suscitó preocupación por la posible fragilidad de la amortiguación. Las Nike Air Max Uptempo 97 [1], diseñadas para el baloncesto, cuentan con la misma equipación. La fabricación requiere un método de moldeado por soplado, idéntico al que se utilizó para las Air Max 93 [2]. Su acogida resultó tibia, ya que el par se presentó en otoño de 1997, unos meses antes del lanzamiento de las Air Max 98 [3], en la primavera del año siguiente, y no permaneció en el candelero durante mucho tiempo. Era una época en la que Nike intentaba maximizar el éxito de sus modelos con una rotación rápida.

CULTURA

Las Air Max 97 son unas zapatillas para discotequeros y gente con dinero. Una periodista de moda inglesa, desconcertada por esa faceta ostentosa, escribió: «Debo admitir que al principio me parecieron horribles, pero este tipo de horror es fascinante». A finales de la década de 1990, las AM97 se pusieron de moda entre el público femenino. Las Spice Girls las llevaban. Antes de las AM97, las Air Max tenían vida propia en el deporte, la calle y el rap; a partir de finales de la década de 1990 hicieron su entrada en el mundo de la moda. En Italia, numerosos disyóqueis y diseñadores las llevaban tratando de transmitir un espíritu de ruptura porque rompía con los códigos. Los italianos rebautizaron las Air Max 97 como «las Silver». Posteriormente, los equipos de *marketing* de Nike tejieron un *storytelling* en torno al tren de alta velocidad japonés, y las AM97 se convirtieron en las Silver Bullet. En 2007 se lanzó un programa especial en las tiendas Nike de Roma y Milán para celebrar los 10 años. En 2017, la marca lanzó una versión dorada de las Silver Bullet con la bandera italiana en la lengüeta para dar las gracias a sus fieles seguidores.

REVENTA

En el Air Max Day 2017, Sean Wotherspoon ganó un concurso de diseño: fue la primera vez que Nike colaboraba con un revendedor, y marcó un punto de inflexión. El par es magnífico y, como revendedores, nos decimos que todo es posible. Irónicamente, Wotherspoon revendió su propio par en su tienda. Aquel mismo año, Skepta reinterpretó unas Air Max 97 [4], míticas en las calles de Londres, con el color de unas Air Tuned Max 99 (el primer par que se compró). El rapero británico quería rendir homenaje a Marruecos, a donde viaja con frecuencia.

LA ANÉCDOTA DE LARRY

En 2006, Nike lanzó una colaboración con Eminem [5] en ocho ejemplares firmados por el rapero. Nueve años después, Romain la compró por 2000 euros en Leboncoin a un coleccionista que se desprendía de la colección. «La transacción se hizo un domingo por la mañana en una estación de servicio antes de llegar a Saint-Ouen», recordó. La utilizamos como herramienta de comunicación en eventos. Más tarde vendimos esa colaboración por 3500 euros. La historia se explica en un artículo de la revista *Forbes*. Su valor actual se estima en 50 000 dólares. ∎

Undefeated™ White

AJ1986-100 | LOS ÁNGELES |
16/09/2017

BW Skepta

AO2113-100 | LONDRES | 18/05/2018

Off–White™ Serena

AJ4585-600 | 28/08/2018

Shanghai
Kaleidoscope

CI1508-400 | 13/04/2019

Off–White™ Menta

AJ4585-100 | 18/10/2018

Silver Bullet

884421-001 | 14/12/2016

LX Swarovski™
Silver Bullet

927508-002 | 07/09/2017

Swarovski™ Gold

927508-700 | 26/12/2018

Metallic Gold (Italia)

AJ8056-700 | 18/01/2018

Undefeated™ Green

AJ1986-300 | LOS ÁNGELES |
11/04/2017

Sean Wotherspoon

AJ4219-400 | 26/03/2018

Cristiano Ronaldo
Portugal Patchwork

AQ0655-600 | 24/04/2018

Eminem

BMN866-M1-C1 | 01/01/2006

Rio Digi Camo

693202-331 | 26/06/2016

Country Camo (Alemania)

AJ2614-204 | 21/12/2017

Country Camo (Reino Unido)

AJ2614-201 | 21/12/2017

Country Camo (Francia)

AJ2614-200 | 21/12/2017

Country Camo (Estados Unidos)

AJ2614-205 | 21/12/2017

Country Camo (Italia)

AJ2614-202 | 21/12/2017

Skepta Ultra

AJ1988-900 | LONDRES | 02/09/2017

Country Camo (Japón)

AJ2614-203 | 09/12/2017

Swarovski™ Black (W)

927508-001 | LOS ÁNGELES | 16/09/2017

Neon Seoul

CI1503-001 | 13/04/2019

Undefeated™ Black

AJ1986-001 | LOS ÁNGELES | 16/09/2017

AIR MAX 97 UNDEFEATED

COMPLEXCON 2017

El sello de Los Ángeles fundado en 2002 por Eddie Cruz y James Bond celebró su 15.º aniversario colaborando con Nike en unas Air Max 97.

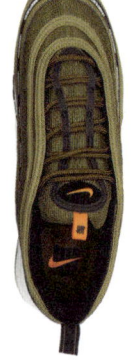

PARTE SUPERIOR

PARTE POSTERIOR

SUELA

SKU: **AJ1986 300**	DISEÑADOR: **Undefeated**	C: **verde militar / naranja neón**
MATERIAL: **malla + cuero**	PRECIO DE SALIDA: **180 USD**	FECHA DE LANZAMIENTO: **4 nov. 2017**

Creada en 2002 por James Bond y Eddie Cruz, Undefeated es una de las tiendas más apreciadas entre los coleccionistas de zapatillas.

Presente en Estados Unidos y Japón, «UNDFTD» propone desde sus inicios una selección muy llamativa y encadena las colaboraciones con Converse, New Balance, Adidas, Timberland y, por supuesto, Nike. Las ediciones ultralimitadas representan la marca de la casa. En la década de 2000, por ejemplo, lanzaron 24 ejemplares de las Dunk Splatter, 48 de las Dunk High Ballistic y 72 de las Jordan 4 Olive. Estas últimas, lanzadas en 2005, supusieron la primera colaboración entre Jordan Brand y un minorista. Hoy se venden por casi 25 000 euros. En 2017, con motivo del 15.º aniversario de la tienda, la colaboración entre Undefeated y Nike dio lugar a las Air Max 97. Se comercializaron dos ver-

siones: un primer par blanco con un ribete verde y rojo con el nombre de la tienda, solo disponible en Undefeated, y un segundo par en negro con el mismo tratamiento, disponible en algunos minoristas seleccionados. Su silueta gamberra inspirada en «Gucci» fue todo un éxito.

Dos meses más tarde, el lanzamiento de un modelo con la famosa paleta cromática Olive provocó enormes colas y altercados en la ComplexCon de Long Beach (California) en 2017. En una edición muy limitada, el par alcanza fácilmente un precio de 1500 dólares. Este color tan codiciado volvió a estar disponible en 2020 en grandes cantidades, pero el entusiasmo ya se había apagado. ∎

PARTE SUPERIOR

CONTRAFUERTE

Parte superior
*Banda central continua
con la marca
Undefeated.*

Lengüeta
*Lengüeta naranja
con el logo «5 strikes»
de Undefeated.*

Parte superior
*Dos bandas reflectantes
en 3M alrededor de
toda la zapatilla.*

Parte superior
*Color emblemático
de la marca Undefeated.*

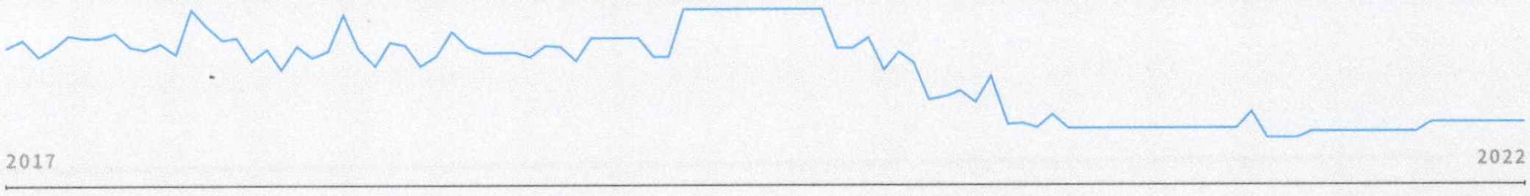

2017   2022

500 € - 2000 €
PRECIO MÍNIMO / MÁXIMO

35%
VOLATILIDAD

1500 €
PRECIO MEDIO DE VENTA

1100%
COTIZACIÓN MÁXIMA

AIR MAX 180

1991

NIKE		CAP. 06

NOMBRE	Air 180
REEDICIÓN	15 de marzo de 2018
DISEÑADOR	Tinker Hatfield
COLOR	Bright Ceramic
MATERIAL	Malla + cuero sintético
PRECIO DE SALIDA	130 USD

EL OPIO DEL PUEBLO

AIR MAX 180, 1991

1 MICHAEL JORDAN
MJ posa con el fotógrafo Walter Looss Jr. durante una sesión en 1992.

2 AM 180 DIZZEE RASCAL
Colaboración con el rapero británico en 2005. Solo 60 pares vieron la luz del día.

3 AM 180 OPIUM
Primera gran colaboración entre Nike y una tienda francesa.

4 AM 180 COWBOY
Una colaboración limitada a 140 ejemplares numerados con *Sole Collector*, la revista especializada.

HISTORIA

Esta *sneaker* debe su nombre a la burbuja de aire, visible en 180 grados. Fue la primera vez que dicha burbuja estaba en contacto directo con el suelo. Los colores OG son deliberadamente llamativos, en consonancia con el espíritu de la década de 1990: rosa, ultramarino, morado, naranja, verde manzana. Aparte de la burbuja de aire, el diseño de las Air Max 180 no fue innovador. En conjunto, las AM 180, con su silueta aerodinámica, retomó los códigos tradicionales del *running*. Se trata de un par diseñado principalmente para los atletas. Por ejemplo, no se abusa de las inserciones, y eso hace que las zapatillas resulten muy clásicas en comparación con otros modelos de la época, como las Air Max 90 (menos uniformes).

Además, la campaña de Nike resultó muy manida con su copia de la idea de «revolución», ya utilizada en 1987 con las Air Max 1. Las ventas de estas zapatillas fueron escasas. Sin embargo, Michael Jordan las lució en una imagen en la que alababa los méritos del Dream Team antes de los Juegos Olímpicos de Barcelona, en 1992 **1**, y dio al par un impulso comercial.

CULTURA

En 2005, las Air Max 180 experimentaron un renacimiento, sobre todo en Estados Unidos gracias a Kanye West, que poseía un par limitado diseñado por Nike tras el lanzamiento de su primer álbum, *The College Dropout*. El mismo año, en el Reino Unido, Nike ofreció una colaboración similar a Dizzee Rascal **2** poco después de *Showtime*, su segundo proyecto.

Un año más tarde, Eminem tuvo su propio programa especial: un solo par vendido en subasta.

REVENTA

En 2005, la tienda Opium del barrio parisino de Les Halles diseñó un magnífico par con cuero negro, camufla-je, cordones amarillo fosforescente y láser en la parte posterior **3**. Previamente, Phil Knight en persona (el jefe de Nike), intrigado por la tienda y su selección de pares OG, hizo posible la conexión. Aquella colaboración marcó un punto de inflexión en la historia de las *sneakers* en Francia, ya que suscitó interés al otro lado del Atlántico, además de provocar la primera gran concentración en París. Para la ocasión se creó especialmente un *pack* de edición limitada a 49 unidades que incluía una chaqueta. Aparte de este golpe de efecto en Europa y de algunas otras series muy llamativas (Nom de Guerre, Sole Collector **4**), las Air Max 180 siguen siendo un par con poca reventa.

LA ANÉCDOTA DE LARRY

Para comprar las Air Max 180 Opium, Mehdi acampó delante de la tienda. «Llegué el día anterior con mi silla de *camping* justo cuando cerraba la tienda, sobre las 8 de la tarde, para ver qué se cocía. El primero en llegar se apuntaba en la lista, fue todo muy cordial. Era una época en la que se acampaba para conseguir un par que después se utilizaba, no para revenderlo. Además, Châtelet está en la corte de los Milagros, así que pasar una noche allí no era una faena. ¡Al contrario! En aquellos eventos casi siempre estaban los mismos coleccionistas, y la acampada era un pretexto para volver a vernos. A la mañana siguiente, los tipos de Opium compraron cruasanes y pagaron el café». ∎

History of Air
313103-131 | 01/01/2005

Bright Ceramic
615287-101 | 15/03/2018

Ultramarine
310155-141 | 18/06/2009

Size?™ Urban Safari
615287-108 | 07/05/2013

Easter
314187-131 | 01/03/2006

Ice
AV3734-400 | 22/08/2018

Powerwall Atomic
314200-331 | 01/01/2006

Comme des Garçons™ White
AO4641-600 | 01/02/2018

Berlin
BV7487-001 | 30/03/2019

Powerwall Mango
314200-661 | 01/01/2006

Powerwall Coral
314200-881 | 01/01/2006

Comme des Garçons™ Pink
AO4641-602 | 01/02/2018

College Drop
BMN008M5C1 | 2005

Size?™
412174-001 | 11/05/2010

Comme des Garçons™ Black
AO4641-601 | 01/02/2018

Size?™ Urban Safari
615287-034 | 2013

Nom de Guerre
311743-993 | 01/01/2005

Ralph Steadman
BQ0739-993 | 12/03/2018

Dizzee Rascal
BMN158M5C1 | LONDRES | 01/01/2005

Cowboy Sole Collector
311743-361 | DALLAS | 20/01/2006

Bacon
AV7023-200 | 01/11/2018

Size?™
AV5189-001 | 05/10/2018

Cool Grey
AV7023-001 | 24/10/2018

Marcello Morandini
BQ0739-992 | 12/03/2018

Fire
AV3734-001 | 22/08/2018

Opium Paris
312973-561 | 17/12/2005

Black Pink Blast
AQ9974-001 | 20/05/2018

Powerwall Black Purple
314200-002 | 01/01/2006

AIR MAX 180 OPIUM

2005

En 2005, la tienda de zapatillas pionera de la reventa en París colaboró con Nike en unas Air Max 180.

PARTE SUPERIOR

PARTE POSTERIOR

SUELA

SKU: **312973 561**	DISEÑADOR: **Opium Paris**	C: **ciruela oscuro / cometa rojo**
MATERIAL: **cuero**	PRECIO DE SALIDA: **150 €**	FECHA DE LANZAMIENTO: **17 dic. 2005**

Un equipo de verdaderos entusiastas, una impresionante selección de Nike y una de las pocas tiendas con una cuenta Tier Zero. La tienda Opium Paris ya era una referencia en 2005 cuando Nike la eligió para revisitar una de las zapatillas de *running* más bonitas de su generación, las Air Max 180 de 1991.

Para el lanzamiento, el 17 de diciembre, varias decenas de campistas esperaron pacientemente su turno en la rue du Cygne, en el barrio de Les Halles. Los 49 primeros clientes se fueron con el par en una caja especial. El embalaje consistía en una enorme caja negra numerada a mano, tres pares de cordones y una magnífica chaqueta Windrunner. Las AM180 Opium presentan un cuero suave perforado de primera calidad, visto anteriormente en muy raras ocasiones (recuerda al de las Air Max 1 Kid Robot). Las perfo-raciones en la puntera y la zona del tobillo mejoran la ventilación. El estampado de camuflaje se realizó con láser, un procedimiento que nunca se había utilizado en unas zapatillas Nike. La lengüeta y el interior de la zapatilla también presentan el mismo estampado, realzado con el amarillo fluorescente explosivo del logo Air 180. Ese mismo color se reutilizaría en los cordones adicionales, pero sobre todo en la burbuja de aire visible en 180 grados.

Aquella acampada de diciembre de 2005 nos recordó que las *sneakers* solo eran un pretexto, en muchos casos, para pasar una tarde con compañeros que comparten la misma pasión. Diecisiete años después, numerosos coleccionistas de zapatillas sueñan con el lanzamiento de alguna retrospectiva (por ejemplo, una reedición de aquel famoso ejemplar en piel de serpiente). ∎

SUELA

CONTRAFUERTE

Puntera

Cuero perforado de primera calidad en la puntera y el contrafuerte.

Lengüeta

Lengüeta de neopreno con motivos de camuflaje y un «180» bordado en amarillo fosforescente.

Media suela

Burbuja de aire visible a 180 grados con el mismo color que el «180» bordado en la lengüeta. El segundo juego de cordones es del mismo tono de amarillo.

Contrafuerte

Logo de Nike Air bordado con hilo rojo sobre el camuflaje color desierto que adorna también la lengüeta y el interior de la zapatilla.

2005   2022

250 € - 500 €   **—**   **350 €**   **330%**

PRECIO MÍNIMO / MÁXIMO   VOLATILIDAD   PRECIO MEDIO DE VENTA   COTIZACIÓN MÁXIMA

AIR FORCE 1

1982

NOMBRE	**Air Force 1 Low '07**
REEDICIÓN	**24 de noviembre de 2007**
DISEÑADOR	**Bruce Kilgore**
COLOR	**Blanco sobre blanco**
MATERIAL	**Cuero**
PRECIO DE SALIDA	**110 USD**

EL PAR PERFECTO

AIR FORCE 1, 1982

1 LOS «ORIGINAL 6»

Los seis jugadores de baloncesto ataviados como pilotos para el lanzamiento de las zapatillas.

2 MARION FRANK RUDY

El inventor de la almohadilla de aire posa con una maqueta.

3 TAILWIND

El primer par de Nike dotado de la tecnología Air.

4 AIR APPROACH

Una bota de senderismo cuya silueta recuerda a las Air Force 1.

HISTORIA

Las Air Force son obra de Bruce Kilgore, un empleado de Nike que comenzó su carrera en la industria del automóvil y el diseño de electrodomésticos. Con las Air Force 1, Nike pretendía sustituir a las Blazer, unas zapatillas de baloncesto que tuvieron su apogeo en la década de 1970, y competir con las Chuck Taylor All Star de Converse, la referencia en su campo. Su nombre evoca el avión en el que viajan los presidentes estadounidenses desde 1953. Es un símbolo de la altura que los jugadores de baloncesto podrían alcanzar con este modelo, y confiere a la zapatilla un toque VIP e imponente. La campaña de lanzamiento contó con seis jugadores de baloncesto de la NBA: Michael Cooper, Moses Malone, Bobby Jones, Jamaal Wilkes, Mychal Thompson y Calvin Natt, que pasaron desde entonces a ser conocidos como los «original 6» 1. Para su publicidad, Nike se lo jugó todo a la carta de la aviación.

Eran los inicios de la tecnología Air. En 1977, Marion Frank Rudy 2, antiguo ingeniero aeronáutico de la NASA, inventó un sistema de amortiguación inspirado en las cápsulas de gas. Bajo la suela del calzado deportivo se encapsula un gas inerte en plástico. El primer modelo que usó la tecnología Air fue el Tailwind, en 1978 3. El diseño de las AF1 recuerda al de la Air Approach 4, un modelo de senderismo. Sus características: una unidad de aire oculta bajo el talón para una mayor amortiguación, un empeine de cuero, una correa que refuerza la sujeción del tobillo en la parte superior, una combinación de colores con predominio del blanco y un *swoosh* gris metalizado, una puntera perforada y cordones. La palabra «air» se sitúa por primera vez en la parte posterior de la media suela. Atención: se trata de un par con fama de que talla bastante grande.

A pesar de su éxito, las Air Force 1 dejaron de fabricarse en 1984, ya que Nike favoreció una estrategia de renovación rápida de los modelos. Sin embargo, la demanda era fuerte porque los jóvenes se identificaban con Moses Malone, estrella de los Sixers de Filadelfia (campeones de la NBA en 1983). En los barrios obreros de la Costa Este, de Nueva York a Baltimore pasando por Filadelfia, las Air Force 1 High se pusieron de moda. Frustrados por la falta de colores, algunos chavales personalizaban sus pares con rotuladores.

En 1984, dos comerciantes independientes con tiendas de artículos deportivos en Baltimore, Paul Blinken de Cinderella Shoes y Harold Rudo de Charley Rudo's Sports, se reunieron con ejecutivos de Nike para convencerles de que retomasen la fabricación de las Air Force 1 High. La empresa aceptó su propuesta a cambio de un pedido de 1200 pares en dos nuevos colores: blanco-azul y azul-marrón. Dos tercios del pedido fueron para Charley Rudo y un tercio para Paul Blinken. Aquella operación comercial con colores exclusivos en edición limitada fue una primicia para la época, y podría considerarse como la precursora de la colaboración.

Harold Rudo recuerda que vendió 100 pares el primer día. Las existencias se agotaron rápidamente y, como era de esperar, el dúo retomó las negociaciones con Nike. En aquella ocasión se les unió Greg Vaughn, de The Downtown Locker Room (otra tienda de Baltimore). El trío de distribuidores fue apodado «The Three Amigos», y acordaron un pedido de 1800 pares.

A partir de 1986, de manera progresiva, las Air Force pasaron de ser unas zapatillas de baloncesto a unas de calle. El último jugador de la NBA que las llevó en la cancha fue Rasheed Wallace, que se retiró en 2013. Él sacó de nuevo a la luz el modelo en una época en la que los profesionales ya no lo utilizaban.

CULTURA

A principios de la década de 1990, las Air Force 1 White on White en su versión de corte bajo eran las zapatillas →

STARTING THIS SEASON,
AIR WILL BE SOLD BY THE BOX.

Air Force I.
A shoe so revolutionary, the game of basketball may never be the same.

PERMAFOAM SOCKLINER:
Molds to pressure pattern of foot for personalized fit.

FULL-GRAIN LEATHER UPPER

HINGED EYELET:
For better ankle mobility.

VARIABLE WIDTH LACING SYSTEM:
Adjustable for a snug, comfortable fit.

DIPPED ACHILLES PAD:
To prevent irritation of Achilles tendon.

SPENCO REARFOOT PADDING:
Provides heel security, while cushioning and protecting Achilles tendon.

PROPRIOCEPTUS BELT:
Exerts slight pressure to the base of the tibia and fibula so the body can monitor ankle joint positioning and decrease chance of injury.

CONCENTRIC CIRCLE OUTSOLE:
For optimum traction and minimal resistance on the pivot.

NIKE-AIR MIDSOLE:
Provides up to 30% more cushioning than conventional midsoles. Reduces impact on muscles and joints. Helps reduce leg fatigue.

AIR FORCE 1™

NIKE
Beaverton, Oregon

PUBLICIDAD DE LAS AIR FORCE 1, 1982

Gráfico detallado de las Air Force 1 en el marco
de la campaña publicitaria de Nike.

> «En 2002, Nelly lanzó una canción, *Air Force Ones*, en homenaje al modelo diseñado por Bruce Kilgore. Emitido en bucle en la MTV, el clip aumentó la popularidad de las zapatillas, que se impusieron como un clásico del gueto neoyorquino».

que había que llevar sí o sí en Nueva York. Los traficantes de drogas y otros delincuentes las adoptaron por su aspecto fresco y pasaron a ser apodadas «Uptown», en referencia al Upper Manhattan, que incluye Harlem. Las AF1 conocieron una segunda carrera después del deporte y pasaron a ser un icono de la cultura hiphop. El par viajó en los pies de numerosos raperos, incluido Dr. Dre (que solo lleva Air Force Low blancas) en la Costa Oeste.

Damon Dash, cofundador de Roc-A-Fella records con Jay-Z, procede de Harlem. Afirmó que llevaba un par nuevo de Air Force 1 cada día. De forma similar, Fat Joe (un gran coleccionista de *sneakers*) popularizó un ritual: lame la suela de su flamante par recién sacado de la caja. Lógicamente, el rapero del Bronx recibe modelos personalizados con el apelativo «Terror Squad» ⑤, el nombre de su pandilla. Las AF1 constituyen un signo externo de riqueza, y los chicos que realmente son como hay que ser deben tener un par limpio, esa es la regla: *Fresh out the box!* («como recién sacadas de la caja»).

Sin embargo, había que tener los medios... En aquella época no era raro ver a neoyorquinos caminando por la calle con un cepillo de dientes para limpiar sus Air Force 1.

En 2002, Nelly lanzó una canción, *Air Force Ones* ⑥, en homenaje al modelo diseñado por Bruce Kilgore. Emitido en bucle en la MTV, el clip aumentó la popularidad de las zapatillas, que se impusieron como un clásico del gueto neoyorquino.

En 2007, Rakim, Nas, Kanye West y KRS-One grabaron el tema *Classic (Better Than I've Ever Been)*, coproducido por DJ Premier y Rick Rubin, para celebrar los veinticinco años de las Air Force 1. El clip del *single*, publicado por Nike Records, fue dirigido por el francés Thibaut de Longeville, autor del documental *Just for Kicks* (2005). En Europa, las Air Force 1 fueron un éxito en

Londres a finales de la década de 1990 en versión monocroma (blancas o negras). Los londinenses adoptaron un particular sistema de cordones, en cruz, de abajo hacia arriba. A principios de la década de 2000, la cadena JD Sports recibió las primeras ediciones limitadas destinadas exclusivamente al Reino Unido. En 2003 aparecieron dos versiones inspiradas en los carnavales de Río de Janeiro (Brasil) y de Notting Hill ⑦ (Londres), en un ambiente festivo y con colores naranja, verde y amarillo en el primer caso, y verde, naranja y negro en el segundo.

En Francia, a mediados de la década de 1990, las zapatillas fueron utilizadas por tipos con la mirada puesta en Nueva York y que querían parecerse a Method Man. Las Air Force 1 forman parte del *look* gorra New Era-cortavientos Helly Hansen-*baggy* Fubu. Después de 2000 se quedaron un poco anticuadas y encontraron su camino entre los raperos más *underground*, ya que son el símbolo del rap de la vieja escuela, el Boom bap. Las Air Force 1 son un éxito de ventas que han tenido varias vidas y, recientemente, el mercado femenino se ha disparado. Es tan habitual verlas en los pies de las estudiantes de los suburbios como en un barrio de lujo. Las Air Force 1 han sido sometidas a más de 3000 tratamientos diferentes, un récord, y se han vendido decenas de millones de ejemplares desde su lanzamiento, en 1982. En 2021, las AF1 seguían siendo el segundo par de zapatillas más vendido del mundo. Perfectas en diseño, cuarenta años después, las Air Force 1 continúan siendo relevantes.

🩰 REVENTA

A principios de la década de 2000, Nike lanzó un importante programa para los coleccionistas, «CO.JP» («Concept Japan»), con pares fabricados exclusivamente para el mercado japonés, un hervidero de la naciente cultura *sneaker*. Muchos coleccionistas estaban al acecho en busca de modelos raros. En aquella época, el mercado en línea todavía no existía y se ne-→

⑤ **AF1 TERROR SQUAD**

Unas Air Force 1 con los colores del sello de Fat Joe.

⑥ **CLIP** *AIR FORCE ONES*, **NELLY**

El rapero de las tiritas siempre ha sido fiel a las Air Force 1.

⑦ **AF1 NOTTING HILL**

Esta paleta de colores se inspiró en el carnaval caribeño de Londres.

8 AF1 LINEN

Las «*sneakers* favoritas» del diseñador Ronnie Fieg.

9 AF1B 3M SNAKE

Air Force 1 B, una serie conocida por sus colores y sus materiales originales.

10 THE SECOND COMING

En 2007, varias estrellas de la NBA celebraron los 25 años de las Air Force 1.

11 AF1 ROC-A-FELLA

Las Air Force 1 estampadas con el logotipo del sello de Damon Dash y Jay-Z.

12 PÁGINA SIGUIENTE

Damon Dash con unas Air Force 1 en 2002.

cesitaba un contacto local o en una compañía aérea para hacerse con un par. Entre los modelos icónicos, las Air Force «Linen» 8 salieron en 2001 en colores orgánicos (beis, rosa) y con un cuero de alta calidad. Es uno de los griales de las *sneakers* en Estados Unidos, y solo se reeditaron en 2016 a petición de Ronnie Fieg con motivo de la feria Art Basel de Miami. «Las Linen 8 son mis zapatillas favoritas, punto final», aseguró el jefe de Kith, el distribuidor exclusivo del modelo retro. También en 2001, Nike continuó con serie denominada «Air Force 1 B». Presentaba un colorido Wheat en referencia a las Timberland, un básico del estilo de vida neoyorquino; una Hong Konget y una 3M Snake 9. Este *pack* también se reeditó en 2018. Otro programa notable, «HTM», responde a las iniciales de tres nombres de pila: Hiroshi Fujiwara, el creador de Fragment; Tinker Hatfield, el GOAT («el más grande de todos los tiempos») del diseño, y Mark Parker, director ejecutivo de Nike en aquel entonces. Se trata de tres figuras importantes en la historia de la marca de la coma. Este programa permitiría lanzar tecnologías innovadoras y nuevas siluetas. Lo mejor de lo mejor.

En 2007, año del 25.º aniversario de las AF1, Nike reelaboró un anuncio que imitaba el de 1982. Aparecían varias estrellas de la NBA 10, como Kobe Bryant, Rasheed Wallace, Tony Parker, Paul Pierce, LeBron James... Cada jugador cuenta con un modelo con su imagen, más un modelo con los colores de su franquicia. También se pusieron a la venta unas Air Force 1 Lux Anaconda en piel de serpiente y unas Crocodile Lux en auténtica piel de cocodrilo, hechas a mano en Italia, que se vendieron por 2000 dólares el par. El fabricante de equipamiento estadounidense demostró que era capaz de fabricar productos de muy alta gama. En 2008, Nike lanzó su programa «One World» y colaboró con artistas de todo el mundo y de diferentes ámbitos (moda, música, arte contemporáneo, etcétera). Michael Lau, Questlove, Pedro Winter y Booba, entre otros, participaron en el

diseño de su propio par de Air Force 1. Entre 2008 y 2012, en plena época dorada de las *sneakers* y la reventa, fuimos testigos de una serie de colaboraciones vinculadas al mundo del grafiti y el arte callejero: con Mister Cartoon, Kaws, Stash, Krink...

En 2012, con motivo del 30.º aniversario de las AF1, Nike evolucionó su producto con una nueva tecnología: la suela Lunarlon, que aportaba una amortiguación mejorada y mayor ligereza. Sin embargo, fue acogida con cierto rechazo por la comunidad. Diversos programas situaron a las Air Force 1 en el mapa de la moda: Supreme, Acronym, Riccardo Tisci (director creativo de Givenchy)... El par se convirtió en un aval de la moda urbana para las marcas. Con motivo de su 35.º aniversario, en 2017, Nike volvió a hacerlo con un programa llamado «AF100», en el que participaron Virgil Abloh, Travis Scott, Errolson Hugh, la reedición de la colaboración con el sello Roc-A-Fella fabricada en 2000 11...

LA ANÉCDOTA DE LARRY

A partir de finales de la década de 2000, el programa «Bespoke» ofreció la oportunidad, mediante cita previa, de trabajar en un modelo a medida con un diseñador de Nike en un estudio situado en el 21 de Mercer Street, Nueva York. El precio del par se fijó en 820 dólares, con entrega en un plazo de dos meses con hormas de madera. Una de las creaciones más bellas fue obra de un parisino, JB, muy cercano al equipo de Larry Deadstock. Para su cita en el estudio llevó un *short* Carhartt cargo en *ripstop* porque soñaba con tener unas Air Force 1 de ese material. Los chicos del estudio, que no estaban muy entusiasmados con la idea en un principio, acabaron encantados. JB, un apasionado de los conceptos, posee más Bespoke: unas Darth Vador, unas Yoda, unas Louis Vuitton... ∎

KB LEE

FUE DISEÑADOR DE UNDEFEATED

«LAS AIR FORCE 1 ESTÁN VINCULADAS A LAS CONTRACULTURAS».

Presentado como el «padrino del *streetwear* coreano» por Hypebeast, KB Lee se ha ganado su apodo en vista de su brillante currículum. Este coreano de nacimiento se curtió en la industria musical trabajando para J Dilla y Kanye West, y aprendió diseño de *sneakers* en Undefeated. Más tarde trabajó por cuenta propia como consultor creativo mientras desarrollaba su propia marca, Emotionally Unavailable.

Háblenos de su carrera antes de trabajar para Undefeated.

KB: Nací en Corea del Sur, pero mi familia se trasladó muy pronto a Estados Unidos. Crecí en Los Ángeles. Cuando tuve edad para trabajar, me especialicé en diseño gráfico. Empecé como autónomo en la industria musical. Trabajé para sellos discográficos en proyectos con estrellas del rap como Jay Dilla y Kanye West antes de que fuese una superestrella. La suerte es que se hizo famoso y un día llevó en un programa de televisión una camiseta que yo había diseñado. A partir de entonces empecé a interesarme en serio por la moda y a diseñar ropa para marcas de *streetwear* como Stüssy, Union y X-Large.

¿Cómo empezó en Undefeated y qué aprendió allí?

KB: Me iniciaron Eddie Cruz y James Bond, los dos cerebros de la marca. Creyeron en mi talento, lo que llevó a que me contratasen como director creativo. Aprendí mucho del contacto con ellos... En primer lugar, aprendí a diseñar zapatillas correctamente. Era un sueño para mí. No digo que sea más fácil diseñar tus propias camisetas, pero quizá sea más accesible que diseñar un calzado, realmente era algo que me parecía intocable. Es un proceso largo, se necesita entre un año y un año y medio para aprender, pero es muy emocionante. Ver a la gente llevando mi ropa por la calle me provoca cierta emoción, pero cruzarme a una persona con mis *sneakers* en los pies ¡es una sensación todavía más increíble!

¿Cuál es su definición de un buen par de *sneakers*?

KB: El calzado tiene que ser cómodo, tienes que sentirte bien con él, eso es lo más importante. Y también debe ser único. Hay tantas *sneakers* increíbles... Un buen par de zapatillas debe destacar entre la multitud y, al mismo tiempo, combinar con la ropa que llevas. Lo ideal sería que tus zapatillas estén ligadas a tu historia personal: un recuerdo agradable, tu infancia, un encuentro...

Por encima de todo, ¿qué recuerda de su experiencia en Undefeated?

KB: Undefeated es a la vez un minorista y una marca líder cuyos principales socios son grandes fabricantes de equipamiento deportivo: Nike, Adidas, Converse, Puma... Trabajar con ellos me permitió conocer a mucha gente importante y crearme una red sólida. Pero lo que más recuerdo es la confianza que me dieron Eddie Cruz y James Bond. Me dieron la oportunidad de viajar por el mundo y descubrir nuevas culturas, desde Francia hasta Japón. Aquellos viajes alimentaron mi confianza y eso se ha reflejado en la calidad de mi trabajo.

Las colaboraciones entre Undefeated y Nike casi siempre han tenido éxito. ¿Cuál es su análisis al respecto?

KB: Las dos marcas han creado productos extraordinarios juntas. Undefeated ha participado en muchos clásicos, desde las Dunk hasta las Jordan 4, que vivieron un nuevo auge gracias a la marca [1]. ¡Todo el mundo hablaba de ese par! Undefeated ha demostrado la manera correcta de colaborar en diferentes estilos, entre el deporte y la moda. Si la memoria no me falla, la primera zapatilla que diseñé para Undefeated fue una New Balance, pero después pasé a trabajar en varios proyectos con Nike y, en cada ocasión, estaba súper emocionado... Todos los materiales y todos los colores que tenía a mi disposición eran muy interesantes.

Ha trabajado en numerosos proyectos. ¿Cuáles son los ingredientes de una colaboración fructífera?

KB: Se necesitan dos grandes marcas que trabajen juntas y una narrativa sólida. Las dos entidades tienen que aportarse algo mutuamente. Todos deben beneficiarse de la colaboración. →

[1] AJ4 UNDEFEATED
Par icónico que contribuyó a hacer de UNDFTD una marca a tener en cuenta.

AIR FORCE 1 EMOTIONALLY UNAVAILABLE

2 AF1 EMOTIONALLY
UNAVAILABLE

Primera colaboración
entre Nike y un diseñador
de origen surcoreano.

3 AF1 HIGH CANVAS

Par imprescindible en
la cultura *sneaker* en Seúl.

4 NIKE VANDAL HIGH OG
TERMINATOR

Modelo popularizado por la
película de culto *Terminator*
(1984), de James Cameron.

5 PÁGINA SIGUIENTE

KB Lee, exdirector creativo
de Undefeated.

Tras dejar Undefeated hacia 2012, trabajó en varios proyectos, incluido el desarrollo de la marca Emotionally Unavailable como director creativo...

KB: Es una marca que dirijo con el artista Edison Chen, que también fundó la tienda de *sneakers* Juice y la marca de moda urbana CLOT en Asia. Siempre he dedicado mucho tiempo al diseño sin perder de vista el aspecto del *marketing*. Para desarrollar Emotionally Unavailable pensé que sería una buena idea colaborar con Nike en un proyecto de *sneakers* y tuve la oportunidad de diseñar mis propias Air Force 1 en 2019 **2**.

¿Qué significa la Air Force 1 para usted?

KB: En mi mente es una zapatilla que se asocia con recuerdos de la infancia, como el grupo de rap coreano Seo Taiji and Boys, y con las contraculturas, el baile hiphop, el *skate*... Es más, en Corea del Sur, las Air Force 1 tienen un estatus especial en mi generación, sobre todo las Canvas High **3**, que era un modelo raro, realmente difícil de encontrar en aquel momento. Mientras trabajaba en ese proyecto tenía en mente las Nike Vandal High **4**, que aparecen en *Terminator*. Quería que fuesen igual de potentes. Sugerí a Nike un diseño en el que predominase el color rojo, que recordara al logotipo en forma de corazón de Emotionally Unavailable, una cremallera que sustituyese al sistema de cordones y una correa beis personalizada. Mi propuesta fue aceptada de inmediato.

¿Cuál es su estado de ánimo cuando crea un nuevo producto?

KB: Mi trabajo consiste en desarrollar diseños y presentar al público nuevas siluetas. Soy diseñador y creador, pero sigo siendo un consumidor que ha mantenido un punto de vista apasionado.

¿En qué se inspira?

KB: Cada día me inspiran las cosas que me rodean: los objetos que veo, las ciudades a las que viajo, la gente que conozco... La mayoría de las veces, mi inspiración surge de una conversación con un amigo, con mi madre, con un cliente... La inspiración puede venir de cualquier parte.

Con Emotionally Unavailable, colaboró con la exitosa serie coreana *Squid Game* (*El juego del calamar*) en una colección cápsula de camisetas y sudaderas...

KB: Netflix es uno de mis clientes, y me gusta mucho esa serie, que tuvo un éxito increíble en todo el mundo. Tengo una conexión muy fuerte con mi país de origen, voy allí con frecuencia y siempre estoy atento a lo que pasa allí. Es muy emocionante participar en este tipo de proyecto. Da sentido a mi trabajo, y eso es lo más importante. ∎

'07 White
315122-111 | 24/11/2007

Roc-A-Fella (AF100)
A01070-101 | NUEVA YORK | 30/11/2017

Cactus Plant Flea Market
DD7050-100 | LOS ÁNGELES | 10/09/2020

Supreme™ I/O Michael Lau
349538-111 | HONG KONG 12/01/2008

Lux Anaconda
315583-111 | 01/01/2007

Kith™ Paris
CZ7927-100 | 26/02/2021

Off White™ The Ten
AO4606-100 | 01/11/2017

Taiwan
845053-105 | 09/03/2018

Supreme™ Comme des Garçons™ Shirt
923044-100 | 18/05/2017

West Indies 2
306350-111 | 01/05/2003

Acronym™ Bright Crimson
698699-116 | BERLÍN | 19/09/2015

Retro Puerto Rico
CJ1386-100 | 01/06/2020

Year of the Rabbit
318988-100 | 29/01/2011

Scarr's Pizza
CN3424-100 | NUEVA YORK | 08/08/2019

Valentine's Day Love Letter
DD3384-600 | 13/02/2021

Ueno Sakura
309360-001 | 01/01/2005

Stüssy™ Fossil
CZ9084-200 | 11/12/2020

Linens (Co.JP)
630117-261 | 01/01/2001

Flyleather
Ruohan Wang
CZ3990-900 | BERLÍN | 24/09/2020

Easter
845053-500 | 17/04/2017

CLOT™
Rose Gold Silk
CJ5290-600 | HONG KONG
25/01/2020

Mark Smith
Cashmere Laser
308423-771 | 01/01/2003

Chamber of Fear
Complacency
311729-001 | 01/01/2005

1World Krink™
318985-002 | 01/11/2008

5 Boroughs Pack
Bronx
318931-400 | 30/07/2010

5 Boroughs Pack
Queens
318931-300 | 30/07/2010

5 Boroughs Pack
Manhattan
318931-600 | 30/07/2010

Chamber of Fear
Temptation
311729-151 | 01/01/2005

Undefeated™ Purple
313213-551 | LOS ÁNGELES |
13/05/2006

Entourage George
BMB490-M5-C1-FT | 01/01/2006

What The LA

CT1117-100 | 01/11/2019

5 Boroughs Pack
Staten Island

318931-401 | 30/07/2010

Vibe

306033-141 | 01/01/2003

Off–White™ MCA
University Blue

CI1173-400 | 20/07/2019

Mr Cartoon Blue
Tattoo

311368-401 | LOS ÁNGELES |
13/10/2005

5 Boroughs Pack
Brooklyn

318931-003 | 30/07/2010

Mr. Cartoon
Brown Pride

307334-221 | LOS ÁNGELES |
01/01/2005

Orange Skeleton
Halloween

CU8067-800 | 28/10/2020

Year of the Dog

313404-611 | 01/01/2005

Atmos™

630033-044 | TOKIO | 01/01/2001

Atmos™ Pop The Street

CU1929-605 | TOKIO | 02/11/2019

Mr. Cartoon Livestrong

378126-071 | LOS ÁNGELES |
04/07/2009

Booba

352567-601 | BOULBI | 06/12/2008

Questlove

318931-671 | PHILLY | 16/08/2008

Stephan Maze
Georges Laser

308427-331 | 18/02/2012

What The NYC
CT3610-100 | 17/10/2019

Hufquake
315206-301 | SAN FRANCISCO | 04/04/2006

Stash IO Premium
313213-441 | NUEVA YORK | 01/01/2006

Carhartt WIP™ Ale Brown
AV4113-200 | 06/12/2018

Hong Kong
845053-300 | 22/02/2018

Undefeated™ Green-Olive
313213-032 | LOS ÁNGELES | 14/05/2006

Supreme™ Camouflage
573488-330 | 15/11/2012

Courir™
305200-011 | 01/01/2002

G-Dragon Para-Noise
AQ3692-002 | SEÚL | 23/11/2019

Supreme™ x Comme des Garçons™
AR7623-001 | 11/08/2018

Colin Kaepernick
CQ0493-001 | 12/23/2019

Lunar Acronym™
698699-001 | BERLÍN | 09/17/2015

Eminem Shady Records Black
BMB592-M2-C1 | DETROIT | 2004

Bearbrick™
512518-220 | 21/01/2011

HTM 2 Black Croc
305895-002 | 01/01/2014

The Black Album

306033-011 | 01/12/2003

**Chamber of Fear
Fearless Warrior**

BMB787-M2-C1 | 01/01/2005

**DJ Clark Kent
Black Friday**

349703-001 | NUEVA YORK |
01/11/2018

DJ Premier

395178-001 | NUEVA YORK |
09/01/2020

A Ma Maniére™

CQ1087-001 | 07/12/2019

**Off–White™ Black
White**

AO4606-001 | 19/12/2018

Vlone™

AA5360-001 | NUEVA YORK |
11/02/2017

**Off White™ MoMA
Black**

AV5210-001 | 27/01/2017

BHM

318775-008 | 01/01/2010

1World Kaws™

318985-001 | 01/01/2008

**Crocodile Lux
25th Anniversaire**

315583-221 | 06/01/2007

Louis Vuitton™

19/07/2022

Playstation™

BMK067-M7-C1-FT | 01/01/2006

Colette x Busy P

318985-041 | PARÍS | 01/01/2008

Off–White™ Volt

A04606-700 | 19/12/2018

Comme des Garçons™ White

DC3601-100 | 23/10/2020

ACW™

AQ5644-991 | LONDRES | 31/10/2017

Stash One Night Only

307064-001 | NUEVA YORK | 01/01/2002

Tisci White Mid

677130-120 | 21/03/2014

PSNY Grey

AO9292-001 | 05/09/2018

Alyx White Black

CQ4018-101 | 16/01/2020

Bobbito Mac n Cheese

318431-771 | 01/01/2007

Undefeated™ Red

652806-660 | LOS ÁNGELES | 28/02/2014

Supreme™ World Famous

698696-610 | 23/10/2014

Varsity Purple

823297-500 | 23/10/2015

Head Automatica

311748-221 | NUEVA YORK | 2004

Levi's™ Exclusive Denim

CV0672-844 | PARÍS | 26/08/2019

RIO

693208-331 | 26/06/2016

Special Field Air Force 1 Faded Olive

859202-339 | 2016

Bobbito Beef n Broccoli

318431-321 | NUEVA YORK | 01/01/2007

Pendelton™ ID

624054-111 | COREA DEL SUR | 1998

Pigalle™ Black Gold

677129-090 | PARÍS | 26/04/2014

Nitro Microphone

315189-002 | 12/09/2009

Sheed Black Patent

302640-011 | 01/04/2001

Valentine Rose

624038-061 | 2002

Vlone™ Paris Fashion Week

773255-906 | 26/06/2017

Lux Triple Black

624056-001 | 09/11/2001

PACK AIR FORCE 1 LOW STÜSSY

2020

En diciembre de 2020, la marca pionera de *streetwear* fundada por Shawn Stussy reformuló por primera vez unas Air Force 1.

PARTE SUPERIOR

PARTE POSTERIOR

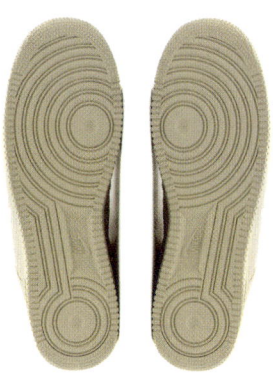

SUELA

SKU: **CZ9084 200**	DISEÑADOR: **Stüssy**	C: **negro + hueso**
MATERIAL: **lona**	PRECIO DE SALIDA: **130 €**	FECHA DE LANZAMIENTO: **11 dic. 2020**

Creada en 1984 por Shawn Stussy, Stüssy comenzó como una marca de ropa de surf que se ha convertido en un referente en el sector del *streetwear*.

A principios de la década de 1990, sus ventas ascendían a 20 millones de dólares. En 1996, Shawn Stussy vendió sus acciones a Frank Sinatra Jr. (sin ningún parentesco con «La Voz»), uno de sus inversores originales.

Sinatra Jr. se convirtió en presidente. A pesar de las numerosas colaboraciones con Nike (Huarache, Dunk High, Dunk SB, Air Max 95), la marca para la que James Jebbia trabajó durante un tiempo antes de fundar Supreme tendría que esperar hasta 2020 para trabajar en unas Air Force 1. Dos paletas monocromas, el modelo Fossil y el modelo Black, se lanzaron en diciembre de 2020. Los pares se fabricaron con el mismo tejido de cáñamo sostenible utilizado en las Nike Air Zoom Spiridon Cage 2 Stüssy Fossil lanzadas unos meses antes. Cuentan con el logo de la doble S bordado en la puntera, que también aparece con *strass* en el talón, y el logotipo clásico en la lengüeta. En cuanto al *swoosh* de Nike, está bordado tono sobre tono, igual que la suela del mismo color.

Disponible exclusivamente en tiendas y en el sitio web de Stüssy, el modelo Fossil tuvo un lanzamiento más limitado. En cuanto a las Black, se comercializaron en tiendas especializadas y en la página web de Nike. Lógicamente, la Fossil ha sido más buscada en el mercado de reventa, donde su precio se duplicó o incluso triplicó. ∎

PUNTERA

CONTRAFUERTE

Swoosh

Logotipo de
Nike bordado tono
sobre tono.

Contrafuerte

Logotipo de Stüssy en
un medallón engastado
en strass en el talón.

Parte superior

Tejido de cáñamo en toda
la zapatilla, en color hueso
característico de Stüssy.

Puntera

Logotipo de Stüssy
bordado en la puntera
y tono sobre tono.

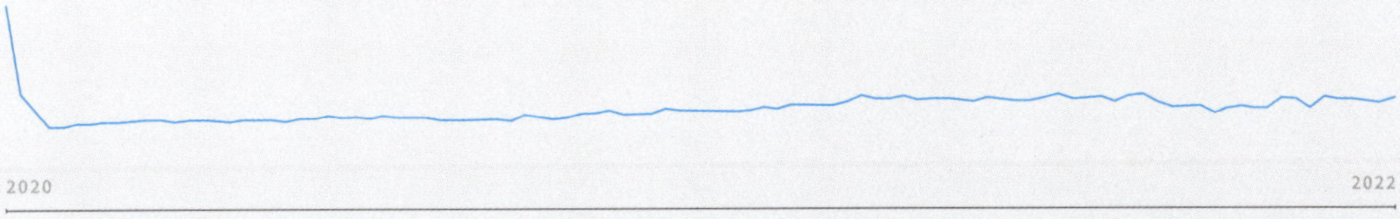

2020   2022

200 € - 500 €   **15%**   **450 €**   **385%**
PRECIO MÍNIMO / MÁXIMO   VOLATILIDAD   PRECIO MEDIO DE VENTA   COTIZACIÓN MÁXIMA

EL *PACK*

La colaboración consta de dos pares:
Fossil, el color característico
de Stüssy, y Full Black.

SUPREME
EN EL PANTEÓN DE

SB Blazer
Supreme™ Red
313962-601 | 21/04/2006

Dunk High Pro SB
Supreme™ Red Stars
307385-161 | 08/08/2003

Air Max Plus
Supreme™ Black
DA1472-600 | 15/10/2020

Air Max 98
Supreme™ Varsity Red
844694-600 | 28/04/2016

DE LA CONTRACULTURA

En menos de treinta años, la marca de monopatín fundada por James Jebbia se ha convertido en un imperio del *streetwear*. Adquirida en 2020 por VF Corporation, por 2100 millones de dólares, Supreme es una de las pocas

Y NIKE:
LA COLABORACIÓN

Air Force 1 High
Supreme World™ Famous Red
698696-610 | 23/10/2014

Air Foamposite One
Supreme™ Red
652792-600 | 03/04/2014

SB Air Trainer 2
Supreme™ Red
317646-661 | 08/11/2007

Nike SB Dunk Low
Supreme™ Red Cement
304292-131 | 19/07/2012

A LA ALTA COSTURA

marcas que puede poner su logotipo en las bolas de petanca sin perder un ápice de *street credibility*. Un gran poder de

marketing que hace salivar a las casas de alta costura y a los fabricantes de equipamiento deportivo por igual.

DUNK

1985

NIKE	OVER·RATED · THE CLASSIC · HYPE KICKS	CAP. 07

NOMBRE	**Dunk High**
REEDICIÓN	**4 de julio de 2021**
DISEÑADOR	**Peter Moore**
COLOR	**Negro / blanco**
MATERIAL	**Cuero**
PRECIO DE SALIDA	**110 USD**

ESTAS NO SON UNAS JORDAN 1

DUNK, 1985

⌐ HISTORIA

Tras el éxito de las Air Force 1, Nike quiso confirmar su avance en el mercado de las zapatillas de baloncesto. El diseñador Peter Moore trazó la silueta de las College Colour High, primas de las Air Jordan 1 (lanzadas el mismo año con pocos meses de diferencia, y cuyo diseñador también fue Moore). Como su nombre indica, el par estaba diseñado para el baloncesto universitario, muy valorado en Estados Unidos: la audiencia de la Final Four de la March Madness es mayor que la de las finales de la NBA. Sin embargo, fue el término «Dunk» el que se impuso al final, ya que Nike quería rendir homenaje a Joe Fortenberry, el creador de ese icónico movimiento de baloncesto y miembro del Team USA en 1936. En el marco del programa «Be True To Your School», Nike colabora con varios de los mejores equipos del campeonato de la NCAA (Kentucky, Michigan, Georgetown, St. John's...), con colores a juego con el logotipo de cada universidad. Las Dunk se venden en los respectivos campus a un precio relativamente asequible para los aficionados.

Además de su parentesco con las Air Jordan 1, las Dunk se inspiraron en las líneas de tres modelos anteriores: las Terminator, las Air Force 1 y las Legend, salidas del mismo molde que las Dunk. Sin embargo, este modelo básico, sin burbuja de aire, quedó obsoleto rápidamente, sobre todo ante la creciente competencia de la «jordanmanía» de mediados de los años ochenta.

1 DUNK WU TANG
Sean Wotherspoon, el célebre revendedor estadounidense de visita en la tienda en 2019, con la Dunk Wu-Tang de Tex Lacroix en la mano.

2 DUNK STÜSSY
Una colaboración histórica con un pionero del *streetwear* ampliada en 2005 con una versión Low.

⌐ CULTURA

En la década siguiente a su lanzamiento, la suela fina pero sólida de las Dunk se hizo cada vez más popular entre los aficionados al monopatín. A continuación, el par sufrió una serie de ajustes en la lengüeta (de nailon) y el *swoosh* (más grueso). También se ofreció una versión baja para adaptarse mejor a las necesidades de este deporte, y se realizó un gran esfuerzo para aumentar su durabilidad. Su precio moderado hizo que se ago-

tasen rápido y le permitió seducir a una clientela más amplia. Las Dunk se convirtieron en un imprescindible a finales de la década de 1980, hasta el punto de aparecer en numerosos vídeos de *skate*.

En 1999, Nike reeditó por primera vez el *pack* «Be True To Your School» añadiendo algunos colores nuevos y ofreciendo a los miembros del Wu-Tang Clan un par de zapatillas homenaje al álbum de culto *Enter The Wu-Tang (36 Chambers)* 1, limitado a solo 36 copias en todo el mundo. O podrían ser 24, o quizá 48, como sugiere el DJ Tex Lacroix, que lleva años trabajando en el negocio del hiphop. Aquel mismo año, Nike colaboró con varios diseñadores japoneses para sacar modelos exclusivos, con colores inéditos, en ese territorio.

A principios de la década de 2000, el auge de los foros de zapatillas, como NikeTalk, contribuyó a sacar a la luz ejemplares poco conocidos u olvidados. Las Dunk figuraron entre los primeros modelos coleccionados por los amantes de las *sneakers*, entre otras cosas porque existen exclusivas regionales distribuidas únicamente en Japón, Estados Unidos y Europa. Algunas zapatillas que antes eran intocables pasaron a resultar accesibles gracias a internet, lo que desencadenó un turismo vinculado a las zapatillas. Los coleccionistas tomaban más aviones y descubrían nuevas marcas. La reinterpretación del *streetwear* americano por parte de los japoneses también tuvo lugar en esta época y contribuyó al crecimiento de esta línea.

⌐ REVENTA

La primera gran colaboración con las Dunk se produjo en 2001 con Stüssy 2, la marca de ropa de surf y *streetwear*. Con la zapatilla en tres colores, dos modelos altos y uno bajo, la colaboración se vendió en exclusiva en la tienda Stüssy de Londres durante quince días, a razón de 12 ejemplares al día. Esta estrategia creó una demanda sin precedentes. En 2015, las zapatillas *vintage* →

BE TRUE TO YOUR SCHOOL.

Basketball team colors by Nike.

DWAYNE WASHINGTON, EL NÚMERO 31 DE LOS SYRACUSE, CON UNAS DUNK EN 1986.

volvieron a estar de moda y las Dunk se vieron en los pies de tipos bastante elegantes vestidos de *street chic*. Al mismo tiempo, se produjo una renovación de las Air Jordan 1, con su silueta similar a la de las Dunk. En 2020, la versión de caña baja fue un éxito, con una ronda de lanzamientos semanales: con colores OG (universidades de la NCAA ③), reediciones de *packs* de colaboraciones japonesas y otras creaciones de estilo libre dirigidas principalmente a una clientela femenina.

⏤ LA ANÉCDOTA DE LARRY

El veterano del hiphop Tex Lacroix posee un par de las famosas Dunk High Wu-Tang (es probable que sea la única persona en Francia que posee este grial) y se ofreció amablemente a exponerlo en la tienda en 2020. Muchos clientes le hacían fotos y no se atrevían a preguntarnos si aquella pieza de coleccionista estaba en venta. Un día, un gran coleccionista de *sneakers* raras

de Las Vegas vio las Dunk. Empezó a hacernos una oferta que fue subiendo, pero le advertimos de inmediato que se trataba de un modelo de exposición. El cliente no se dio por vencido y nos hizo una oferta indecente: ¡20 000 euros! ¡Por un par ya usado y sin la caja original! Me vi en la obligación de llamar a Tex por teléfono. Me contestó: «Déjame pensarlo, te llamo en cinco minutos». Me di cuenta de que el cliente se impacientaba y Tex me volvió a llamar para darme su veredicto: «No puedo venderlas, son un recuerdo muy importante para mí, me arrepentiría. ¡No las vendo!». El cliente se fue con las manos vacías. ∎

③ DUNK NCAA

Las reediciones de la Dunk baja con los colores de los equipos de la NCAA.

④ PÁGINA ANTERIOR

Mark Jackson, de los St. John's, con las zapatillas en rojo a punto de caer por la jugada de un adversario del Syracuse.

Off–White™ Lot 1
DM1602-127 | 02/08/2021

SP City Market
DA6125-900 | 04/03/2021

Union Passport™ Pack Pistachio
DJ9649-401 | 11/02/2022

Medium Curry
DD1390-100 | 29/03/2021

Community Garden
CZ9747-900 | 10/09/2020

Ceramic
DA1469-001 | 19/11/2020

Veneer
DA1469-200 | 10/11/2020

Viotech
CT5050-500 | 10/12/2019

Plum
CU1726-500 | 07/02/2020

Beast Pack
312919-001 | 01/01/2006

Haze
306793-012 | NUEVA YORK | 15/07/2003

Staple™ Panda Pigeon
BV1310-013 | 15/01/2019

Off–White™
Lot 50

DM1602-001 | 02/08/2021

Haze

306799-011 | NUEVA YORK | 15/07/2003

Supreme™
Hi pack by any means

DN3741-002 | 03/03/2022

Fragment™ Design
City pack London

407920-604 | 01/01/2008

Wu-Tang

630335-073 | NUEVA YORK | 01/01/1999

Pro Michigan

305050-741 | 01/10/2005

Dubai

393427-071 | 01/01/2010

Ambush™
Blue

CU7544-400 | 18/05/2021

Bodega™
Legend Fauna Brown

CZ8125-200 | BOSTON | 30/12/2020

Undefeated™
Bring Back Back
Ballistic Green

598472-220 | 26/05/2013

Comme
Des Garçons™

917428-001 | 08/02/2017

Undefeated™

312205-461 | LOS ÁNGELES | 05/09/2005

DUNK LOW CITY MARKET

2021

Unas Dunk que rinden homenaje a los orígenes de Nike, cuando la empresa se llamaba Blue Ribbon Sports, en la década de 1960.

PARTE SUPERIOR

PARTE POSTERIOR

SUELA

SKU: **DA6125 900**	DISEÑADOR: **Nike**	C: **multicolor**
MATERIAL: **lona + cuero + tela**	PRECIO DE SALIDA: **110 €**	FECHA DE LANZAMIENTO: **4 marzo 2021**

La empresa de Beaverton, Oregón, presentó uno de los productos más interesantes de 2021, con uno de los diseños más ambiciosos desde el reciente resurgimiento de las Nike Dunk.

El diseño de esta zapatilla hace referencia a Blue Ribbon Sports, el primer nombre de la empresa cofundada por Phil Knight y Bill Bowerman en 1964, antes de decantarse por «Nike» (en 1971). Blue Ribbon era una empresa de importación especializada que revendía la marca japonesa Onitsuka Tiger, precursora de ASICS.

«BRS» se convirtió no hace mucho en una división de Nike en la que los empleados y una comunidad de atletas tienen autorización para tratar de dar vida a sus ideas madurando conceptos innovadores. El colorido de la City Market se equilibra con un *swoosh* transparente, y la estructura se compone de una mezcla de cuero y diversos tejidos (entre ellos, el cáñamo). La inspiración procede de los sacos de arpillera utilizados en los mercados de todo el mundo para envasar arroz o café. Parte de la zapatilla se fabrica con materiales reciclados con vistas a un enfoque de residuos cero. Nike fomenta también el desarrollo sostenible y una nueva forma de consumir. Hay un detalle que se ajusta a la perfección al espíritu de este modelo: las lengüetas con cremallera contienen dos bolsas reutilizables con la inscripción «*Thank You for Caring!*». ∎

LENGÜETA

SWOOSH

Parte superior

Estampado multicolor en diferentes materiales: por ejemplo, cáñamo, cuero y yute (que recuerda a los sacos de arroz).

Lengüeta

Lengüeta cerrada con cremallera que contiene una bolsa reutilizable con el mensaje «Thank You for Caring!».

Swoosh

Swoosh transparente que deja a la vista todos los detalles de la zapatilla.

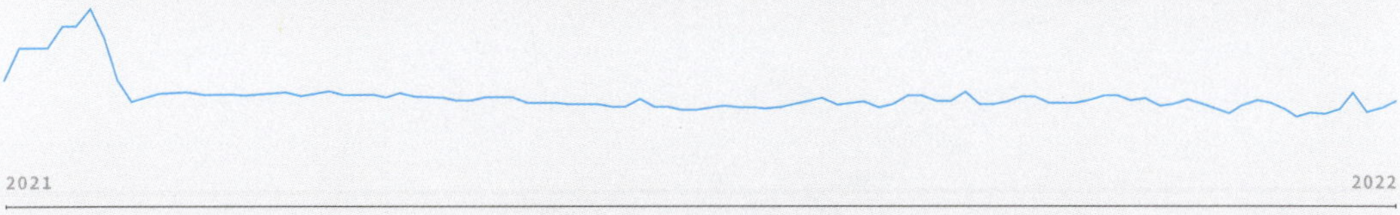

2021   2022

200 € - 350 €
PRECIO MÍNIMO / MÁXIMO

10 %
VOLATILIDAD

280 €
PRECIO MEDIO DE VENTA

321 %
COTIZACIÓN MÁXIMA

DUNK SB

2001

NIKE	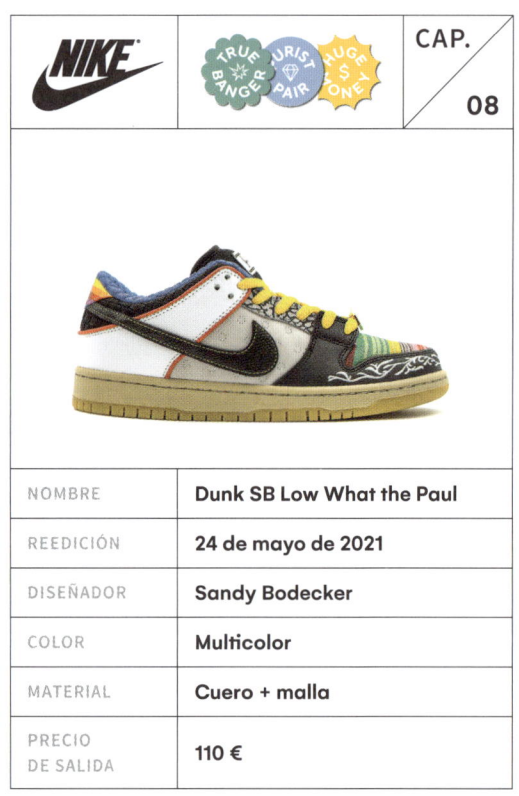	CAP.
	TRUE BANGER · TOURIST PAIR · RUGE ZONE	08

NOMBRE	Dunk SB Low What the Paul
REEDICIÓN	24 de mayo de 2021
DISEÑADOR	Sandy Bodecker
COLOR	Multicolor
MATERIAL	Cuero + malla
PRECIO DE SALIDA	110 €

¿NO LO HACES?

DUNK SB, 2001

HISTORIA

A finales de la década de 1980, los *skaters* neoyorquinos llevaban Dunk. Ofrecían amortiguación y sujeción, lo que las convertía en un buen calzado para la práctica del *skate*. En 1997, Nike intentó conquistar ese mercado con tres modelos diferentes, pero no cuajaron. La acogida fue gélida... La comunidad del monopatín consideraba que Nike no tenía legitimidad. Algunos *skaters* llamaron al boicot de la marca con lemas como: «*Don't Do It*» o «*El skateboard debería pertenecer a los skaters. Punto final*».

En 1999, Sandy Bodecker asumió la dirección de la división de *skateboard* (SB) de Nike para intentar reflotar el negocio. El australiano, que se incorporó a Nike en 1982, había trabajado antes en *running* y fútbol. Basándose en la observación de que los *skaters* rechazaban en bloque todo lo que Nike les ofrecía, Bodecker decidió concentrarse principalmente en las Dunk, uno de los pocos modelos de Nike aceptados por la comunidad. Como la silueta no era nueva, Nike se centró sobre todo en los colores y los tratamientos para reinventar el modelo. Nike añadió al diseño un relleno en la media suela para reducir el impacto; amplió la lengüeta y optó por unos cordones más resistentes.

En 2002, Nike lanzó oficialmente las Dunk SB Low como parte del programa «Color By» con cuatro *skaters*: Gino Iannucci, Reese Forbes, Richard Mulder y Danny Supa. Cada uno se encargó de diseñar una gama de color exclusiva. Los veteranos de las Dunk mordieron el anzuelo y, en pocos meses, los neófitos empezaron a interesarse por las Dunk SB. En la misma época, Zoo York ① y Chocolate figuraron entre las primeras marcas de *skate* en colaborar. Poco después le llegó el turno a Supreme con unas Dunk Low que incorporaban el icónico *elephant print* de las Air Jordan 3 ②. Este par fue una auténtica explosión. En Nueva York fue el grial por antonomasia. El 22 de febrero de 2005, el lanzamiento de las Dunk SB Pigeon ③, del diseñador Jeff Staple (150 pares en *stock*), provocó disturbios en las calles de Nueva York. Los clientes se vieron obligados a salir de la tienda Reed Space bajo escolta policial. Al día siguiente, la noticia apareció en la portada del *New York Post* con el título: «El frenesí *sneaker*». Nike prolongó el interés por las Dunk con temas originales (Concept Lobster, Iron Maiden, Freddy Krueger, etcétera), e incluso con temas subversivos (Skunk, Heineken). A partir de mediados de la década de 2010, la atención de los coleccionistas de zapatillas se desplazó gradualmente a las Adidas Yeezy desarrolladas por Kanye West. Hacia finales de la década de 2010, Nike volvió a lanzar algunas grandes colaboraciones y aprovechó el éxito de Travis Scott, que luce modelos icónicos. Supreme repitió una colaboración con SB. La reanimación gradual del modelo estaba en marcha.

LA ANÉCDOTA DE LARRY

A principios de 2022, una clienta californiana entró en la tienda para comprar unas Dunk StrangeLove ④ valoradas en 1600 euros. Mehdi le ofreció dos opciones: un par por debajo de la cotización, pero amarilleado debido al paso del tiempo, o un par nuevo e inmaculado. La clienta acabó optando por el más caro. «No es para mí, es para mi ex, nos separamos porque me puso los cuernos... Además, es como un reptil...», dijo, imitando a una serpiente. Mehdi le preguntó después por qué le interesaba tanto darle las zapatillas a su ex, y ella se limitó a responder: «*Strange love!*». ∎

① DUNK SB ZOO YORK

Solo existen 444 pares de esta colaboración entre Nike y el sello Zoo York.

② DUNK SB LOW SUPREME

El uso del legendario *elephant print* contribuye a la reputación del modelo.

③ DUNK SB PIGEON

El alboroto causado por esta colaboración dio un vuelco a la historia de la reventa.

④ DUNK SB STRANGELOVE

Modelo creado para San Valentín con la marca de *skate* StrangeLove.

DASHAWN JORDAN CON UNAS DUNK SB

Originario de Phoenix, el *skater* de 25 años
recibe el patrocinio de Nike SB.

SB Mummy

DM0774-111 | 28/10/2021

SB De La Soul

304292-171 | 01/10/2005

SB Street Hawker

CV1628-800 | 22/01/21

SB Sean Cliver

DH3228-101 | NUEVA YORK | 04/03/2021

SB Cali

304292-211 | 01/07/2004

SB Supreme Stars Mean Green

DH3228-101 | NUEVA YORK | 04/03/2021

SB StrangeLove Skateboards

CT2552-800 | 08/02/2020

SB Frame Skate Habibi

CT2550-600 | DUBÁI | 05/12/2020

SB Supreme™ White Cement

304292-001 | 01/09/2002

SB Freddy Kruger

313170-202 | 01/01/2007

SB Pro Parra™ Abstract Art

DH7695-600 | ÁMSTERDAM | 31/07/2021

SB Ben & Jerry's™ Chunky Dunky

CU3244-100 | 26/05/2020

SB Paris

308270-111 | 01/03/2002

SB What The Paul

CZ2239-600 | 24/05/2021

SB Stüssy™ Cherry

304292-671 | LOS ÁNGELES |
01/07/2005

**SB Grateful
Dead Bears Orange**

CJ5378-800 | 18/07/2020

**SB Staple™ NYC
Pigeon**

304292-011 | NUEVA YORK |
01/03/2005

**SB Diamond Supply™
co Tiffany**

304292-402 | LOS ÁNGELES |
01/08/2005

**SB Supreme™
Red Cement**

313170-600 | 19/07/2012

SB What the Dunk

318403-141 | 01/10/2007

SB Concepts Lobster

313170-661 | BOSTON | 31/05/2008

SB Travis Scott

CT5053-001 | 29/02/2020

SB Pushead 1

313233-001 | 01/01/2005

SB Civilist

CZ5123-001 | BERLÍN | 29/08/2020

SB Carpet Company

CV1677-100 | 12/03/2021

SB Concepts™ When Pigs Fly

554673-610 | BOSTON | 23/11/2012

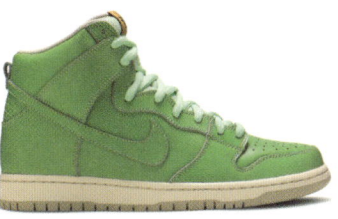

SB Statue of Liberty

313171-302 | 05/03/2011

SB De La Soul

305050-231 | LONG ISLAND
01/11/2005

SB Strawberry Cough

CW7093-600 | 22/10/2021

SB Pro SB FLOM

305050-112 | 2005

SB Pro SB Unkle

305050-013 | 01/09/2004

SB MF Doom

313171-004 | LONDRES | 24/07/2007

SB RESN Gucci™

313171-362 | 01/12/2009

SB Skunk 420

313171-300 | 20/04/2010

SB Iron Maiden

ASK124HJ | 01/01/2003

SB Unlucky

305050-001 | 07/04/2008

DUNK SB HABIBI

2020

En 2020, Nike colaboró por primera vez con un establecimiento situado en Oriente Medio, Frame en este caso.

PARTE SUPERIOR

PARTE POSTERIOR

SUELA

SKU: **CT2550 600**	DISEÑADOR: **Frame Dubaï**	C: **blanco / rojo chicle**
MATERIAL: **cuero**	PRECIO DE SALIDA: **110 €**	FECHA DE LANZAMIENTO: **5 dic. 2020**

Desde 2020, las Dunk SB van viento en popa y Nike hace lo propio con una serie de colaboraciones en las que participan artistas o tiendas de *skate* de prestigio, como Frame.

Fundada en 2017 por Peter Ahn, un coreano expatriado, esta tienda-restaurante se encuentra en el Distrito del Diseño de Dubái. Las Dunk SB Habibi (*habibi* significa «mi amor» o «cariño» en árabe) constituyen la primera colaboración de Nike en Oriente Medio. La deslumbrante ciudad de los Emiratos Árabes Unidos ya cuenta con un par con el que se puede identificar. Un par que surgió tras la victoria de Peter Ahn en un concurso de diseño de las Dunk SB, celebrado en 2019 durante la Cumbre Club 58 de Ámsterdam. Los detalles que vinculan el modelo a Dubái son numerosos: la paleta en rojo, negro, verde y blanco (los colores de la bandera); un motivo arabesco que representa

una fuente cercana al *skatepark* de Dubái; una lengüeta blanca extraíble con un halcón (símbolo del país) y una suela de goma que representa la arena del desierto. Si el concepto resulta sencillo, el resultado es sublime. El doble *swoosh* de terciopelo verde crea un bonito efecto y los cordones, inspirados en la kufiya (el tocado tradicional árabe que se utiliza en la península arábiga) acentúan esta carta de amor de Frame a la ciudad de Dubái.

Las SB Habibi se lanzaron oficialmente un 2 de diciembre, día de la fiesta nacional. Los equipos de Nike y Frame Skate idearon un fantástico minivideojuego con aire retro para la ocasión. Encaramado a un patinete, el jugador tenía que sortear sin incidentes un recorrido plagado de obstáculos con la esperanza de inscribirse en el sorteo. ∎

SWOOSH

HABIBI

LENGÜETA

Lengüeta
Doble lengüeta intercambiable que permite pasar del negro al blanco en un abrir y cerrar de ojos.

Swoosh
Doble swoosh superpuesto, uno en cuero y otro en terciopelo verde, a imagen de los colores de la bandera de los Emiratos Árabes Unidos.

Cordones
Cordones con los colores de la kefiya, el tocado tradicional de Oriente Medio.

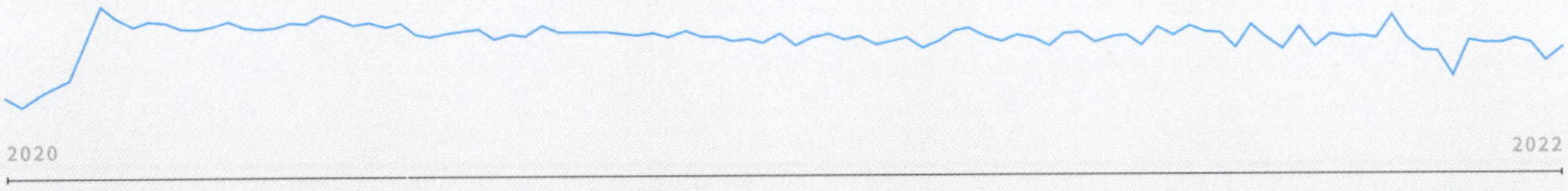

2020   2022

500 € - 800 €
PRECIO MÍNIMO / MÁXIMO

10%
VOLATILIDAD

700 €
PRECIO MEDIO DE VENTA

730%
COTIZACIÓN MÁXIMA

AIR TRAINER

1987

NIKE	LARRY'S BEST · THE CLASSIC · TOURIST PAIR	CAP. 09

NOMBRE	Air Trainer 1
REEDICIÓN	20 de mayo de 2022
DISEÑADOR	Tinker Hatfield
COLOR	Clorofila
MATERIAL	Cuero + nobuk
PRECIO DE SALIDA	120 USD

BO KNOWS !

AIR TRAINER, 1987

— HISTORIA

Fue mientras entrenaba en un gimnasio, al ver a los atletas con diferentes tipos de calzado según el uso (uno para correr, otro para musculación...) cuando a Tinker Hatfield se le ocurrió la idea de diseñar una zapatilla multifuncional. La paleta OG de las Air Trainer Chlorophyll supone un guiño a los colores de su gimnasio favorito, el YMCA de Portland. Esta *sneaker* sólida, con una buena sujeción simbolizada por el velcro, fue diseñada para el atleta estadounidense Bo Jackson, uno de los pocos profesionales de alto nivel que ha jugado en la NFL y la MLB. Sin embargo, no fue el versátil Jackson quien popularizó las Air Trainer. Fue John McEnroe. El tenista, famoso por su carácter, eligió este modelo entre una selección de prototipos que le envió Nike. «Big Mac» no estaba autorizado a jugar con las Air Trainer 1 en competición oficial, pero él tenía su propia manera de hacer las cosas... McEnroe exigió a Nike que le proporcionase una suela específica para jugar en césped y otra para tierra batida. Inmediatamente después, Andre Agassi también las utilizó durante los partidos de 1987, igual que Mats Wilander en el Roland Garros. Las Air Trainer, que se diseñaron originalmente para los gimnasios, fueron impulsadas por el tenis. Nike sacó provecho de las fuertes personalidades de McEnroe y Agassi. El «chico de Las Vegas» tendría una zapatilla de firma, la Air Tech Challenge, y una línea personalizada de pantalón corto vaquero y camiseta fluorescente. La zapatilla también formó parte del sector del *skate* a finales de la década de 1980, lo que dio lugar a un tratamiento SB a principios de la década de 2000 con una serie de colaboraciones notables: HUF Gold Digger 1, Paul Brown y Dawn of the Dead.

En 1988, Nike lanzó las Air Trainer 2 Low, equipadas con una rejilla sintética que también forma parte de las Air Jordan 4. En 2007, Supreme se inspiró en las Jordan 4 para ofrecer una relectura de las Air Trainer 2 SB, principalmente los CW Bred y Fire Red 2.

A finales de 1988, las Air Trainer SC salieron de la fábrica de Nike. Las zapatillas serían rebautizadas como Air Trainer 3 a raíz de su reedición, en la década de 2000. En sus comunicaciones, Nike jugó la carta de la polivalencia. Presentada en el descanso del All-Star Game MLB de 1989, el anuncio de las Air Trainer 3 Medicine Ball 3 contaba con un elenco de lujo que incluía a Michael Jordan, John McEnroe, Wayne Gretzky... Varias estrellas confirmaban el nivel de juego de BO Jackson, que destacaba en diversas disciplinas... e incluso tocando la guitarra. Tras la emisión del anuncio, las ventas aumentaron un 1000 %. *Bo Knows*!

— LA ANÉCDOTA DE LARRY

Mehdi fue en una ocasión a Clientele, una tienda neoyorquina situada en la calle Lafayette, ahora cerrada. Los vendedores eran famosos por su mal humor en un ambiente elitista parecido al de Supreme. «En aquella época yo estaba muy metido en las Trainer; incluso formaba parte de un colectivo llamado Atiens. En el escaparate vi las Trainer SB HUF y las Air Trainer 3 Sertig. Me entusiasmé, tenían mi talla. En Nueva York, por entonces, a veces podías negociar no pagar impuestos si tenías efectivo. Le pregunté al vendedor y no me respondió. Me ignoró. Insistí y me respondió: "Aquí no negociamos los precios". Salí de la tienda enfadado, sin llevarme las zapatillas. Después de diez minutos dándole vueltas, le di el dinero a mi colega para que fuese a comprarlas». ∎

1 AIR TRAINER 1
HUF GOLD DIGGER

Tratamiento propuesto por la marca de HUF, fundada por Keith Hufnagel.

2 AIR TRAINER 2
LOW SUPREME

La tienda Supreme de NYC fue tomada al asalto con motivo del lanzamiento de este par. La policía tuvo que intervenir.

3 AIR TRAINER 3
MEDICINE BALL

Los colores de estas zapatillas se inspiran directamente en el balón medicinal de Bo Jackson, de la marca Horween.

IF BO JACKSON TAKES UP ANY MORE HOBBIES, WE'RE READY.

Who says Bo has to decide between baseball and football? We encourage him to take up everything from basketball to cycling.

And to train for them all in the Nike Air Trainer SC. A cross-training shoe with plenty of cushioning and support for a number of

sports. Or should we say, a number of hobbies?

Air Trainer SC

Air Command Force
Billy Hoyle

684715-100 | 08/11/2014

Air Trainer
Huarache Berry

647591-100 | 26/09/2014

Air Flight
Huarache Lakers

705005-101 | 19/05/2015

Air Tech Challenge II
French Open

621358-116 | 30/05/2014

Air Trainer SC
Bo Jackson

302346-106 | 23/02/2013

Trainer I
Fragment Chino

806942-282 | 27/08/2015

Air Tech
Challenge III

749957-100 | 02/07/2015

Air Flight
Huarache OG

686203-100 | 07/08/2014

Air Tech Challenge II
Hot Lava

643089-160 | 24/01/2014

Air Trainer II
SB Supreme™ White

317646-111 | 08/11/2007

Air Trainer I
Chlorophyll

DM0521-100 | 20/05/2022

Air Trainer III
Medicine Ball

CJ1436-100 | 25/04/2019

Air Force 180 Union

312206-161 | LOS ÁNGELES |
01/01/2005

Air Tech
Challenge IV OG

844606-015 | 20/07/2016

Air Trainer SC Sneaker
Room BCA Pink

585125-600 | 26/10/2018

Air Trainer III Viotech

CZ6393-500 | 01/06/2020

Air Trainer Max 91

309748-005 | 01/09/2014

Air Trainer I 112 Pack

329424-071 | 12/07/2008

Air Trainer
SC High Raiders

302346-013 | 27/05/2017

Air Trainer I SP
Travis Scott Wheat

DR7515-200 | 27/05/2022

Air Trainer I SB
HUF Gold Digger

306193-261 | 01/01/2005

Air Trainer II
SB Supreme™ Black

317646-001 | 08/11/2007

Air Force 180
Olympic

310095-011 | 07/07/2012

AIR TRAINER SC AUBURN

2022

Este modelo con colores icónicos
fue la primera zapatilla de deporte diseñada
oficialmente para Bo Jackson.

PARTE POSTERIOR

PARTE SUPERIOR

SUELA

SKU: **DV2212 100**	DISEÑADOR: **Nike + Bo Jackson**	C: **azul / gris zen claro / naranja ácido**
MATERIAL: **cuero + ante**	PRECIO DE SALIDA: **150 USD**	FECHA DE LANZAMIENTO: **1 mayo 2022**

**La Nike Air Trainer SC Auburn es el primer modelo dise-
ñado oficialmente para Bo Jackson. Eso la distingue de las
Air Trainer 1, que también adoptaron las estrellas del tenis
John McEnroe y Andre Agassi en la segunda mitad de la década de 1980, y las Air Trainer SC2, dos** *sneakers* **que acabaron en los pies de Bo Jackson sin ser zapatillas de firma.**

Atleta completo por excelencia, deportista excepcional que
jugó en la MLB y la NFL, Vincent Edward «Bo» Jackson se convirtió en el valedor de una nueva familia en Nike: la de las «cross
trainer». Eran modelos diseñados para un uso multideportivo,
una especie de navaja suiza para la marca. En 1991, una campaña
publicitaria de Nike presentó a Bo Jackson vestido con varios
conjuntos deportivos, desde tenis y ciclismo hasta *hockey* sobre hielo, fútbol e incluso surf. Las SC Auburn reflejó los colores
del equipo de los Auburn Tigers (naranja, azul y gris), de Alaba-
ma, donde Bo Jackson entrenó antes de convertirse en profesional. Esta zapatilla presenta una de las paletas cromáticas más
icónicas de la serie y el dulce aroma de los años noventa tan
apreciado por nuestros ojos y nuestros pies. Fiel al eslogan de la
campaña («*Bo Knows*»), Nike desarrolló modelos robustos, coloridos y a un precio muy inferior al de unas Air Jordan de la época
(detalle muy importante). Las Air Trainer SC Auburn fueron
un éxito en los escaparates de la cadena de tiendas de deporte
Athletes's Foot, establecida en Francia en la década de 1990. Se
comercializaron a un precio que rondaba los 600 francos. Para
hacerse con unas Jordan 6, lanzadas el mismo año, había que
desembolsar 300 francos más. ∎

NIKE

SUELA

PARTE SUPERIOR

Media suela
*Basada en la de la
Air Cross Trainer 3,
pero con una burbuja
de aire visible.*

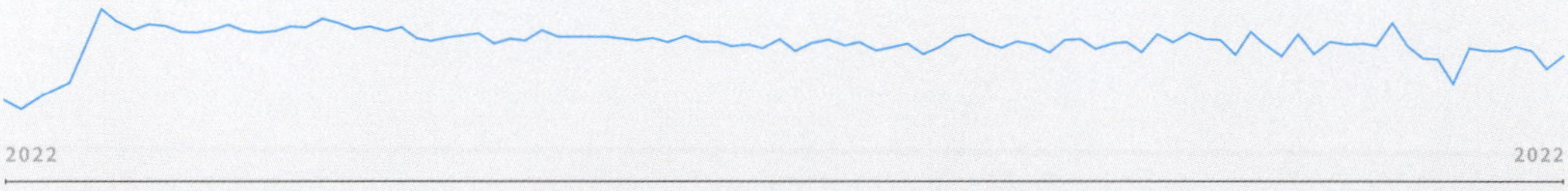

Lengüeta
*Logotipo de Nike en la
lengüeta, con los colores
de los Auburn Tigers.*

Parte superior
*Cuero blanco
perforado que llega
hasta los tobillos.*

2022   2022

150 € - 200 €
PRECIO MÍNIMO / MÁXIMO

10%
VOLATILIDAD

170 €
PRECIO MEDIO DE VENTA

230%
COTIZACIÓN MÁXIMA

KOBE

1996

NIKE	LARRY'S BEST · TRUE HANGER · THE GRAIL	CAP. 10

NOMBRE	Kobe 6 FC Barcelone
REEDICIÓN	18 de mayo de 2011
DISEÑADOR	Eric Avar
COLOR	Mango
MATERIAL	Poliuretano
PRECIO DE SALIDA	130 USD

THE SHOW MUST GO ON

KOBE, 1996

1 ADIDAS EQT ELEVATION

Con este par, Kobe ganó el concurso de mates del All-Star Week-end de Cleveland en 1997.

2 ADIDAS KOBE 1

Inspiradas en el Audi TT Roadster.

3 ADIDAS KOBE 2

La primera tostadora de la marca Adidas.

4 NIKE KOBE 1 LAKERS

La primera zapatilla de firma de la línea Kobe desarrollada por Nike.

5 ANUNCIO DE NIKE KOBE 3

El Aston Martin utilizado para la publicidad de las Nike Kobe 3.

HISTORIA

Durante sus años de instituto (1992-1996), Kobe Bryant participó en el ABCD Camp, un encuentro de verano organizado por Sonny Vaccaro, cazatalentos y especialista en *marketing* deportivo que convenció a Michael Jordan para que fichase por Nike a mediados de los ochenta. Vaccaro vio al joven Kobe y le ofreció un contrato de 1 millón de dólares para fichar por Adidas en 1996, justo antes de dar el gran salto a la NBA. Algo inaudito para un estudiante de la época.

En su año de novato con Los Angeles Lakers, Kobe todavía no tenía una zapatilla con su nombre y utilizaba varios pares: las Top Ten 2000, las Top Ten 2010 y las EQT Elevation 1, que se convertirían en un clásico. El número 8 de los Lakers se calzó sus primeras zapatillas personalizadas la temporada siguiente, en 1997-1998: las KB8, también conocidas como «Crazy 8», ya que su ídolo, Jordan, disputó su «último baile» con los Bulls de Chicago. Las KB8 2 y las KB8 3 salieron la temporada siguiente, pero sin el éxito de su predecesora. Dato curioso: la suela de las KB8 3 sería utilizada años más tarde en las Yeezy 500. En 1999-2000, el creciente impacto de Kobe obligó a Adidas a rediseñar su marca y renombrar su colección. La nueva estrella de los Lakers pasaría a lucir las **Kobe 1** 2, inspiradas en el Audi TT Roadster (su coche favorito). La elección dio sus frutos, ya que Kobe Bryant ganó su primer campeonato de la NBA el 19 de junio de 2000 contra los Pacers de Indiana. El fabricante de equipamiento alemán reveló el «Young Frobe», un logotipo inspirado en el perfil de Kobe con un corte afro.

La temporada siguiente, el año del doblete de los Lakers, se lanzaron las **Kobe 2** 3, sin duda las zapatillas de baloncesto más feas de la historia, a medio camino entre un microondas y una tostadora. Tras su tercer título de la NBA, en 2002, Kobe se convirtió en el digno sucesor de Michael Jordan en la cancha. No satisfecho con su

acuerdo con Adidas ni con los productos que le adjudicaron, Bryant recompró su contrato y pagó 8 millones de dólares de su bolsillo para dejar la firma alemana. El jugador no podría firmar con ningún otro fabricante durante un año. Antes de asociarse con Nike, se le acercaron las principales marcas de baloncesto. Kobe se dio el capricho de utilizar varios pares a lo largo de la temporada: Air Force 1 Mid, Air Flight Huarache, Air Jordan 11, Air Jordan 12, Converse Weapon de Magic Johnson, And 1 Desire, Reebok Question de Allen Iverson... ¡Un festival! En 2003-2004, Kobe utilizó sobre todo las Nike Huarache 2K4 en muchos colores distintos. Ese par fue utilizado por numerosos jugadores de la liga. Un modelo no excesivamente caro y que se agotaba a menudo.

Las **Kobe 1** 4 de Nike, diseñadas por Ken Link, se lanzaron en 2005-2006. Fue el modelo usado por Kobe en su legendario partido de 81 puntos contra los Raptors de Toronto, el día 22 de enero de 2006 en el Staples Center de Los Ángeles.

Las Kobe 2, relativamente similares a las Kobe 1, se distinguen por su nueva tecnología, *free*, situada en la suela para incrementar la flexibilidad.

La campaña de lanzamiento de las **Kobe 3**, o «Hyperdunk 2008», dio lugar a un llamativo anuncio en el que Kobe salta por encima de un Aston Martin 5 ante la atónita mirada de su colega Ronny Turiaf. Kobe también lució el par en un color especial para la campaña del Team USA en los Juegos Olímpicos de Pekín. El «Redeem Team» en operación reconquista salió de China con una medalla de oro al cuello. Las **Kobe 4** fueron el primer modelo bajo de la serie, y marcaron una evolución en el campo de las *sneakers* para baloncesto: el calzado bajo se convirtió en el más utilizado. En 2009, Bryant ganó su cuarto anillo de campeón contra los Magic de Orlando.

Kobe Bryant con unas Adidas a unos minutos de conseguir su primer título de la NBA
en el parqué del Staples Center frente a los Pacers de Indiana.

Las **Kobe 5** ⑥ constituyen una versión más ligera y más baja que su hermana mayor. Con las 5, Nike también aprovechó al máximo las posibilidades en cuando a colores y conceptos detrás de cada lanzamiento. Cualquier excusa era buena para idear un nuevo tratamiento. La demanda aumentó de manera exponencial y se empezó a ver el modelo *off the court,* lo que no ocurrió necesariamente con los modelos anteriores.

Cuando pensamos en Nike y en Kobe, automáticamente pensamos en las «6». No son necesariamente nuestras favoritas para jugar al baloncesto, pero este par tiene algo especial. Inspiradas en la piel de serpiente en referencia a la mamba negra (Black Mamba era el alias de Kobe), se ofrecieron en innumerables colores (Mango, Grinch ⑦, Chaos, 3D...) que continúan siendo clásicos a día de hoy. Fue el inicio de la caza de ciertos pares cuyos precios de reventa se dispararon. Kobe pasó parte de su infancia en Italia, entre los 6 y los 13 años, donde su padre, Joe Bryant, jugó al baloncesto profesional. Kobe tenía debilidad por el Milan AC, el gran club europeo de finales de los ochenta. En un guiño a esa pasión por el fútbol, Nike diseñó unas **Kobe 6** Mango con los colores de una camiseta del FC Barcelona pensadas para el mercado europeo. El 2010 resultó un año de transición para las zapatillas de baloncesto que empezaron a ser codiciadas fuera de su esfera habitual. En Francia, los coleccionistas llegaron a acampar por un par de zapatillas de Kobe o LeBron. En la mayoría de los casos, los compradores no habían jugado al baloncesto en su vida.

Las **Kobe 7** introdujeron el «sistema Kobe», que permite cambiar la suela y tener un empeine alto o bajo dependiendo del perfil del jugador. Kobe se encontraba en un momento de su carrera en el que encadenó una serie de problemas físicos. Algunos observadores apuntaron al hecho de que Kobe jugaba con zapatillas bajas, lo que posiblemente aumentaría el riesgo de lesiones. El diseño de las Kobe 7, de Eric Avar, también supuso una respuesta a esas críticas.

Las **Kobe 9** ⑧ fueron las primeras que utilizaron la tecnología Flyknit, que Nike incorporaría en muchas de las siguientes *sneakers,* desde las Air Force 1 hasta las Air Jordan. Su altísimo empeine se inspiró en las zapatillas de boxeo en un intento de frenar las lesiones de Kobe. Por primera vez, Nike lanzó un *pack* retro, bautizado con

el nombre de «Prelude», a base de la reedición de nueve pares de zapatillas Kobe, de la 1 a la 9, basadas en los momentos más destacados de la carrera de la estrella de los Lakers: su partido de 81 puntos, la derrota frente a los Celtics en 2008, su cuarto anillo de la NBA, la ciudad de Los Ángeles, los Juegos Olímpicos... En 2016, Nike presentó un *pack* «Fade To Black» que incluía los 13 modelos de la marca que utilizó Kobe, desde las Nike Zoom Huarache 2K4 Triple White ⑨ hasta las **Kobe 11** Elite negras. Este es el par que Kobe utilizó en el último partido de su carrera, que tuvo lugar el 13 de abril de 2016 en el Staples Center.

El 26 de enero de 2020, Kobe y Gianna Bryant perdieron la vida junto a otras siete personas en un accidente de helicóptero. Desde entonces, muchos jugadores de la NBA le rinden homenaje de forma regular utilizando sus zapatillas, desde Devin Booker a DeMar DeRozan. El 13 de abril de 2021 expiró el contrato de Kobe Bryant con Nike, pero menos de un año después, el 24 de marzo de 2022, Vanessa Bryant anunció que había llegado a un acuerdo con la marca para relanzar la comercialización de la línea de zapatillas del «Black Mamba»: «Estoy muy orgullosa de que las zapatillas de mi marido sigan siendo las más utilizadas en la NBA y que la demanda de los aficionados de todo el mundo continúe siendo muy grande», afirmó la viuda de Kobe en su cuenta de Instagram.

LA ANÉCDOTA DE LARRY

Mehdi es un gran fan de la serie Kobe de Nike. Para el lanzamiento de las **Kobe 10** HTM ⑩, un *pack* limitado a unas pocas unidades que solo se vendieron en Milán, viajó a Italia en autocar con su hermano pequeño. Así lo explica: «Cuando llegamos a Milán, fue un caos. Había tíos de todas partes, entre ellos bastantes franceses. Conseguí hacerme con tres pares. De vuelta en París, veo que los yanquis están como locos. Al día siguiente, viajé a Nueva York para ofrecerlas en Flight Club. Una vez allí, puse los pares en depósito y se vendieron inmediatamente por unos 3000 dólares el par. Unos meses más tarde, Nike anunció que las Kobe 10 HTM estarían disponibles en Nike Lab. ¡Hice el negocio del siglo!». ∎

⑥ NIKE KOBE 5 LAKERS

La Kobe 5 permitió que la línea irrumpiera en el campo del *lifestyle.*

⑦ NIKE KOBE 6 GRINCH

El modelo utilizado en el partido de Navidad de 2011 luce los colores del célebre personaje.

⑧ NIKE KOBE 9 MID

Las Kobe 9 integran la tecnología Flyknit.

⑨ NIKE ZOOM HUARACHE 2K4 TRIPLE WHITE

Modelo extraído del *pack* «Fade To Black» lanzado en 2016.

⑩ NIKE KOBE 10 HTM

Un par muy codiciado por los revendedores en 2016.

Kobe 5 Protro Undefeated What if White

DB4796-1200 | 27/08/2020

Kobe 5 Big Stage Home

386429-108 | 06/08/2010

Kobe 9 Elite Premium HTM Milan White Multi-color

698595-109 | 08/04/2014

Kobe 5 Protro PJ Tucker

CD4991-004 | 25/09/2020

Kobe 6 Think Pink

429659-601 | 25/08/2011

Huarache 2K4 All-Star

308475-100 | 01/02/2016

Kobe 5 Lower Merion Aces (Away)

386429-005 | 06/03/2010

Kobe 8 Shanghai Fireworks

555035-800 | 01/09/2013

Kobe 6 Grinch

429659-701 | 25/12/2010

Kobe 7 Barcelone Home

488371-301 | 21/07/2012

Kobe 6 Helicopter

429659-005 | 05/03/2011

Kobe 10 5AM Flight

705317-403 | 07/02/2015

**Kobe 5
5 Rings**

386429-702 | 15/10/2010

**Kobe 4 Prelude
(Finals MVP)**

639693-500 | 28/12/2013

**Kobe 5 Protro
Undefeated
Hall of fame**

DA6809-700 | 15/05/2021

**Kobe 7
What the Kobe**

488371-200 | 07/07/2012

**Kobe 8
What the Kobe**

635438-800 | 06/12/2013

**Kobe 6 FC
Barcelone Mango**

429659-800 | 01/01/2011

Kobe 8 Sulfur

555035-001 | 20/12/2012

**Kobe 5 Protro
Bruce Lee**

386429-701 | 06/02/2010

**Kobe 5 Prelude
(Finals MVP)**

639691-700 | 04/01/2014

**Kobe 2 Prelude
(4/50+ Points)**

640222-001 | 14/12/2013

**Kobe 6 Prelude
(All Star MVP)**

640220-001 | 11/01/2014

**Kobe 9 Elite Low
Beethoven**

639045-101 | 16/08/2014

**Kobe 5 Protro
Bruce Lee Alternate**

CD4991-101 | 24/11/2020

**Kobe 5 Protro
Undefeated
What if Multi**

CZ6499-900 | 27/08/2020

**Kobe 6 Supreme™
Chaos**

446442-500 | 09/04/2011

**Kobe 6 ASG Orange
County Sunset**

448693-800 | 17/02/2011

**Kobe 8 Prelude
(Reflection)**

639655-900 | 25/01/2014

Kobe 5 Lakers

386429-071 | 16/01/2010

**Kobe 4 Protro
Undefeated
Los Angeles Lakers**

CQ3869-500 | 24/08/2019

**Kobe 11 Elite Low
Tinker**

822675-060 | 05/05/2016

Kobe 10 All Star

742546-097 | 13/02/2015

**Kobe 4 Protro
Wizenard**

CV3469-001 | 01/12/2019

**Kobe 1 Protro
Undefeated Flight
Jacket**

MNBSKT-156 | 14/07/2018

**Kobe 5
Aston Martin**

386429-004 | 14/05/2016

Kobe 7 Prelude

639692-001 | 18/01/2014

**Kobe 3 Prelude
(Misery)**

640551-005 | 21/12/2013

**Kobe 7
Invisibiliy Cloak**

488371-005 | 18/02/2012

**Kobe 6 Protro
Mambacita Sweet 16**

CW2190-002 | 01/05/2022

**Kobe 9 Elite Premium
Low HTM Milan Black
Multi-color**

698595-009 | 08/04/2014

Kobe 4 Del Sol

344335-011 | 09/02/2009

**Kobe 5
Big Stage Away**

386429-008 | 06/08/2010

Kobe 6 Black Del Sol

429659-002 | 26/12/2010

**6 BHM
(Black History Month)**

429659-011 | 26/02/2011

**Kobe 1
Prelude (81 Points)**

640221-001 | 07/12/2013

**Kobe 9 Elite
Masterpiece**

630847-001 | 08/02/2014

**Kobe 11 Elite
Fade to Black**

869459-001 | 13/04/2016

KOBE 6 PROTRO MAMBACITA

2022

Esta zapatilla, diseñada en homenaje a Gianna Bryant, iba a salir a la venta el día del 16 cumpleaños de la hija de Kobe.

PARTE SUPERIOR

PARTE POSTERIOR

SUELA

SKU: **CW2190 002**	DISEÑADOR: **Vanessa Bryant**	C: **negro / blanco metálico / dorado**
MATERIAL: **cuero**	PRECIO DE SALIDA: **180 €**	FECHA DE LANZAMIENTO: **1 mayo 2022**

En la NBA, la línea Kobe es una institución. Las zapatillas personalizadas del exnúmero 8 (y 24) de los Lakers son las deportivas más utilizadas en los parqués de la gran liga estadounidense.

Quince meses después del accidente de helicóptero que se cobró la vida del exjugador de los Lakers, su hija Gianna y otras siete personas, el 26 de enero de 2020, Vanessa Bryant decidió no renovar el contrato de su marido con la marca del *swoosh*. Tras meses de negociaciones, las dos partes llegaron a un acuerdo en marzo de 2022. Además de los once pares de firma creados durante la carrera de «Black Mamba» y otros seis modelos posteriores a su retiro, se creó una serie homenaje a Gianna. La propia Vanessa fue la responsable del diseño del primer modelo, las Kobe 6 Protro Mambacita Sweet 16. En blanco y negro, con un empeine con efecto de piel de serpiente, el par incluye los nombres «Kobe» y «Gigi» en el talón, en color dorado, así como el número 2 de la exjugadora, que habría cumplido 16 años el 1 de mayo de 2022. Esa fue inicialmente la fecha oficial del lanzamiento, pero se produjo un error por parte de Nike, que sirvió en varias tiendas a pesar de que Vanessa Bryant y sus hijas no habían recibido ni un solo ejemplar.

Aunque Vanessa anunció que ya no deseaba que el modelo se vendiese al gran público, se llegó a un nuevo acuerdo para un lanzamiento antes de finales de 2022. Y una cosa es segura: todos los beneficios se destinarán a la Mamba & Mambacita Sports Foundation, cuyo logotipo aparece en la zapatilla. ∎

KOBE

CONTRAFUERTE

GIGI

CONTRAFUERTE

Parte superior
*Piel de serpiente sintética,
una referencia directa
a «Black Mamba».*

Contrafuerte
*El número 2, la cifra que
lucía la hija de Kobe
cuando fue jugadora.*

Parte superior
*La paleta en blanco y
negro retoma los colores
de la Sports Academy,
el equipo de su hija Gigi.*

2022   2022

600 € - 1350 €
PRECIO MÍNIMO / MÁXIMO

20%
VOLATILIDAD

800 €
PRECIO MEDIO DE VENTA

750%
COTIZACIÓN MÁXIMA

LEBRON

2003

NOMBRE	**Lebron 8 V/2 Low Miami Nights**
REEDICIÓN	**2 de septiembre de 2011**
DISEÑADOR	**Jason Petrie**
COLOR	**Blanco / rojo solar / azul cristal**
MATERIAL	**Flywire**
PRECIO DE SALIDA	**150 USD**

EL REY DE OHIO

LEBRON, 2003

✎ HISTORIA

LeBron James firmó su primer contrato con Nike en el año 2003, a la edad de 18 años, por 90 millones de dólares. Adidas había ofrecido al «King» 100 millones de dólares en diez años, con una cláusula de 3 millones de billetes verdes vinculada a su rendimiento. No fue suficiente para convencer a LBJ.

En 2015, James firmó un contrato de por vida con el fabricante de equipamientos estadounidense. La suma se estimó en 1000 millones de dólares. Es uno de los tres deportistas, junto a Michael Jordan y Cristiano Ronaldo, que han firmado este tipo de acuerdo con la marca del *swoosh*.

La primera zapatilla firmada se bautizó como «LeBron Zoom Generation» o «LZG». El diseñador Aaron Cooper trabajó en exclusiva en ese modelo. La LZG hizo posible el desarrollo de la tecnología Zoom Air fijada en la parte delantera del calzado. «Son las zapatillas más cómodas que he llevado nunca», aseguró LeBron James cuando se las probó por primera vez. El 29 de octubre de 2003, en el Arco Arena de Sacramento, LeBron jugó su primer partido de la NBA con la camiseta de los Cavaliers de Cleveland. La zapatilla se reeditó en 2017. Un nuevo equipo de diseñadores tomó el relevo a partir de las **LeBron 2** y hasta las LeBron 6. Esos modelos, muy resistentes y pensados para los jugadores corpulentos, no entusiasmaron a las multitudes, aparte de los fans del número 23 de los Cavs.

Las cosas empezaron a cambiar a partir de las 7 con la llegada del diseñador Jason Petrie. El renovado interés hizo efecto en 2009 con las **LeBron 7** Red Carpet ①, utilizadas por LBJ en el Garden contra los Knicks de Nueva York. Habría que esperar hasta 2019 para la reedición de las Red Carpet. Jason Petrie perfeccionó la silueta y dio un nuevo impulso a la gama con la incorporación del sistema Air Max 360, una burbuja de aire visi-

ble íntegramente bajo la suela. Hacia 2010 asistimos al final de la edad de oro del *running* y el resurgimiento de la cultura del baloncesto entre los coleccionistas de zapatillas con el lanzamiento de las Kobe 4, las Nike Yeezy y los modelos retro de Jordan. LeBron James dejó Cleveland para trasladarse a Miami al final de la temporada 2009/2010. El King escenificó su marcha de Ohio en un programa de televisión titulado «The Decision» que tuvo más de 10 millones de telespectadores en Estados Unidos. Los seguidores de los Cavs quemaron camisetas con el número 23 de Cleveland. Para apoyar la decisión de LeBron James de jugar en los Heat, Nike recurrió a Don Johnson, el actor conocido por su participación en la serie *Corrupción en Miami,* que interviene al final de un anuncio.

Jason Petrie causó un gran impacto con las **LeBron 8** South Beach ② y su llamativa combinación de colores, que introduciría a la gama en otra dimensión. Un par que atraería todas las miradas. Las South Beach se pusieron a la venta en cantidad limitada, inicialmente en Florida, en algunos House of Hoops en Estados Unidos y en Atmos en Nueva York.

Las **Lebron 8** Low Solar Red y las Sprite acabaron rebajadas en las estanterías, a diferencia de las Miami Nights, de las que se fabricaron 500 pares en todo el mundo y tuvo un cierto éxito en el mercado de la reventa. En 2012, para subirse al carro de las 8, las **LeBron 9** South Beach también fueron apodadas «Miami Vice» en un guiño a Don Johnson, que participó en el anuncio. Muchos chicos que no consiguieron las 8 trataron de conseguir las 9, con un buen potencial de reventa. El *pack* «All-Star Game Galaxy», que contiene las famosas Foamposite, puso el foco en las LeBron 9 Big Bang ③, una locura de par con un naranja fluorescente y una suela que brilla en la oscuridad. Las Lebron 9 Low con los colores del Liverpool FC, del que James se convirtió en accionista minoritario ④, se lanzaron sin el logo →

① LEBRON 7 RED CARPET
A partir de las Lebron 7, el diseñador Jason Petrie tomó las riendas.

② LEBRON 8 SOUTH BEACH
Una *sneaker* que contribuyó al cambio de dimensión de la línea Lebron.

③ LEBRON 9 BIG BANG
Un modelo llamativo que deja huella.

④ LEBRON 9 LIVERPOOL
En 2020, el logotipo del equipo inglés de fútbol apareció en una versión con el verde como color dominante.

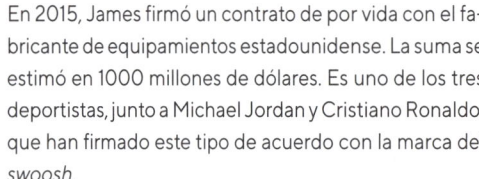

LEBRON, CAMPEÓN DE LA NBA CON LOS HEAT EN 2012.

del mítico club de fútbol inglés a causa de un problema con los derechos. Las Watch The Throne [5], en referencia a la portada del álbum conjunto de Jay-Z y Kanye West publicado en 2011, pueden llegar a alcanzar los 10 000 dólares en la reventa.

Jason Petrie y LeBron James trabajaron como locos e imaginaron más de 50 colores diferentes para cada modelo. Más de 200 modelos de muestra se intercambiaron entre entusiastas. Cualquier excusa era buena: la serie de televisión favorita de LeBron, su bebida favorita... LeBron también tuvo derecho a sus Air Max 95, su silueta favorita de la galaxia Air Max, y unas Air Force 1 del *pack* «Chamber of Fear».

Al acabar 2012, las **LeBron 10** Crown Jewel Fireberry [6], limitadas a 300 unidades en todo el mundo, estaban disponibles únicamente en la web de Nike a un precio de 250 euros. El par está equipado con un chip diseñado para calcular el rendimiento y medir la verticalidad de los saltos. Las LeBron 10 se abrieron paso entre el público no deportista con el *pack* «EXT», que incluye un modelo Cork íntegramente en corcho para celebrar la victoria de los Heat sobre los Thunder de Oklahoma City

el 21 de junio de 2012. En 2020, el nombre de LeBron sirvió para bautizar un edificio en la sede de Nike en Beaverton. Para celebrar los 30 000 puntos del King en la NBA, Dominic Ciambrone (alias «The Shoe Surgeon») fabricó unas **LeBron 15** con auténtica piel de cocodrilo, engastadas en oro de 24 quilates. El par tiene un precio estimado de más de 100 000 dólares. En junio de 2022, la revista *Forbes* calculó que LeBron James fue el primer jugador de la NBA en activo que se convirtió en multimillonario. Durante ese año, el jugador habría ganado 121,2 millones de dólares, de los cuales 80 millones procederían de sus patrocinadores.

LA ANÉCDOTA DE LARRY

En 2012, Mehdi asistió a una convención en Nueva York, la Sneaker Con. Llevaba puestas las **LeBron 8** Miami Nights. «Tenía un número determinado de pares para vender en mi puesto, pero había previsto llevar las Miami Nights. Un chaval quiso comprármelas al principio del evento. Estaba como loco. Le dije que no. Al final del evento, ¡el chaval volvió con su madre! No tengo ni la caja ni las plantillas, porque *son pequeñas*... Acabé proponiéndole un precio de 1500 dólares. El chico se llevó el par de todos modos, sin la caja ni las plantillas». ■

[5] LEBRON 9
WATCH THE THRONE

Un par con la efigie del álbum de rap que vendió 1,6 millones de copias en 2011.

[6] LEBRON 10 CROWN
JEWEL FIREBERRY

Modelo de alta tecnología fabricado en serie limitada.

LeBron 7 MTAG Paris
375664-172 | 01/09/2009

LeBron 15 Performance KITH™ King's Cloak
AJ3936-100 | 16/02/2018

LeBron 7 MVP
CZ8915-100 | 26/06/2020

LeBron 3 Superman Red
AO2434-100 | 02/02/2019

Air Zoom Generation First Game
308214-112 | 05/11/2003

LeBron 7 Media Day
CW2300-500 | 16/05/2020

LeBron 7 Christ the King (CTK)
375664-601 | 01/04/2010

LeBron 7 NFW Red Carpet
CU5133-100 | 29/10/2019

LeBron 4 Graffiti NYC
BAM284-M43-C1 | 11/11/2006

LeBron 8 V2 Low Miami Nights
DJ4436-100 | 21/06/2021

LeBron 9 Low Reverse LeBronald Palmer 2
BOM338-141 | 01/01/2012

LeBron 9 Low LeBronald Palmer
BOM338-141 | 01/01/2012

LeBron x EXT™ Cork
580890-200 | 23/02/2013

Air Zoom Generation Wheat ASG
308214-771 | 13/02/2014

LeBron 9 Big Bang AS
520811-800 | 24/02/2012

LeBron 8 V/2 Christmas
429676-600 | 26/12/2010

LeBron 8 V/2 Low Solar Red
456849-600 | 01/08/2011

LeBron 10 All-Star Area 72
583108-500 | 15/02/2013

LeBron 8 V2 Sprite™
DN1581-400 | 25/06/2021

LeBron 8 Hardwood Classic
CV1750-400 | 28/04/2021

LeBron 9 China (YOTD)
469764-800 | 17/12/2011

LeBron 11 What the Lebron
650884-400 | 13/09/2014

LeBron 8 South Beach (Pre-Heat)
417098-401 | 16/10/2010

LeBron 7 All-Star™ Chlorine Blue
375664-401 | 06/02/2010

Lebron 7 ASG

CU5646-400 | 12/02/2020

**LeBron 10
What the MVP**

618217-300 | 31/05/2013

**LeBron x SP™
Crown Jewel Fireberry**

542244-600 | 22/09/2012

**LeBron 9 PS Elite
South Beach**

516958-001 | 02/06/2012

**LeBron x Celebration
Pack**

628622-900 | 10/08/2013

**Lebron 11
King's Pride**

616175-700 | 12/10/2013

**Air Zoom Generation
Black White Retro**

308214-011 | 23/12/2017

**Lebron 8
Black White Red**

417098-002 | 26/10/2010

**Lebron Zoom 2
Black Crimson**

309378-011 | 06/11/2014

**Lebron 8
112 Pack (Clark Kent)**

186-268612 | 01/08/2011

LeBron 7 Dunkman

375664-006 | 06/03/2010

**LeBron 9
Watch the Throne**

DO9353-001 | 06/01/2022

LEBRON 8 SOUTH BEACH

2010

Esta *sneaker*, que evoca la serie *Corrupción en Miami*, es el par de Lebron más codiciado de la década de 2010.

PARTE SUPERIOR

PARTE POSTERIOR

SUELA

SKU: **417098 401**	DISEÑADOR: **Jason Petrie**	C: **negro rosa / filamento verde brillante**
MATERIAL: **cuero + ante**	PRECIO DE SALIDA: **200 €**	FECHA DE LANZAMIENTO: **16 oct. 2010**

¡Alerta, notición! El 8 de julio de 2010, LeBron James anunció su transferencia a los Heat de Miami en un programa especial emitido por ESPN.

Tras una prematura eliminación de los *playoffs* con su equipo, los Cavaliers de Cleveland, la temporada anterior, el «King» se cuestionó su futuro. Su decisión acabó con el suspense y fue vista como una traición por los aficionados de la franquicia de Ohio, el estado natal de James. Desde el punto de vista comercial, Miami es un mercado más grande que Cleveland. Nike se frotó las manos.

Con el escenario preparado, solo faltaba que Jason Petrie, que se hizo cargo de la línea desde las LeBron 7, diera rienda suelta a su creatividad. Inspirado en el vibrante paisaje de la ciudad, la arquitectura *art déco* y, evidentemente, los colores pastel de la serie *Corrupción en Miami*, las LeBron 8 Pre-Heat, apodadas «South Beach», se convertirían en las LeBron más fascinantes y codiciadas de la década de 2010. Con precios de reventa de cuatro cifras y un entusiasmo jamás visto hacia unas LeBron, las «South Beach» dejaron huella y convencieron a un buen número de consumidores a adoptar una silueta tan imponente. Como prueba de su influencia, las 8 «South Beach» acabaron prestando su nombre a todos los pares dotados con esa característica paleta de colores azul pato y rosa fosforito. ∎

GUARDABARROS

LENGÜETA

Cordones

Cordones rosa fosforito sobre una zapatilla turquesa, los colores de Corrupción en Miami.

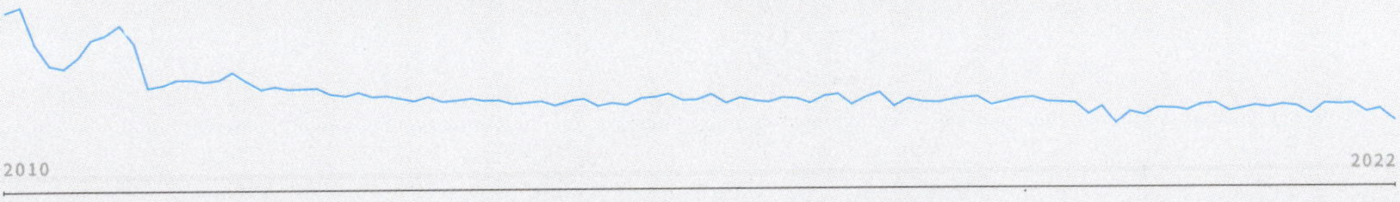

Parte superior

Tecnología Flywire visible; mejora la sujeción.

Media suela

Burbuja de aire visible a 360° sobre una suela transparente «Icy sole».

2010   2022

500 € - 1200 €
PRECIO MÍNIMO / MÁXIMO

25%
VOLATILIDAD

800 €
PRECIO MEDIO DE VENTA

600%
COTIZACIÓN MÁXIMA

AIR FOAMPOSITE

1997

NIKE	OVER RATED · THE CLASSIC · STREET CRED	CAP. 12

NOMBRE	Foamposite One
REEDICIÓN	21 de abril de 2017
DISEÑADOR	Eric Avar
COLOR	Cobre metalizado / negro
MATERIAL	Poliuretano
PRECIO DE SALIDA	230 USD

HATE IT OR LOVE IT!

FOAMPOSITE, 1997

Este modelo se diferencia de la versión One por la presencia del *swoosh* en el lateral.

2 FOAMPOSITE
ONE PARANORMAN

Colaboración creada para la película de animación *El alucinante mundo de Norman,* en 2012.

3 FOAMPOSITE GALAXY

Un par que utilizó el jugador de baloncesto Rajon Rondo en el All-Star de la NBA 2012.

4 FOAMPOSITE SUPREME

Un lanzamiento que provocó conflictos en Lafayette Street, Nueva York.

HISTORIA

A mediados de la década de 1990, Nike se puso en contacto con el diseñador Eric Avar para desarrollar nuevas tecnologías. El fabricante estadounidense de equipamiento deportivo ya era el número uno del mundo en el mercado del calzado deportivo, pero no tenía intención de dormirse en los laureles: la marca lleva la innovación en su ADN. La idea inicial consistió en moldear un material que se adaptase directamente a la forma del pie para poder jugar al baloncesto en condiciones óptimas. Eric Avar y su equipo, que trabajaron en el proyecto durante cuatro años, utilizaron poliuretano líquido caliente que a continuación se moldea para crear una especie de guante sobre la zapatilla. Las primeras pruebas no fueron concluyentes: era imposible considerar la posibilidad de producir el par a gran escala. Después de varios meses de búsqueda de una fábrica capaz de producir las Foamposite en serie, fue el gigante industrial coreano Daewoo, más conocido por sus automóviles, el que resolvió el problema ofreciendo un poliuretano personalizado diseñado especialmente para Nike. La marca deportiva compró el molde a Daewoo por 750 000 dólares, un precio elevado que repercutiría en el precio de las *sneakers* al final de la producción.

En 1997 se lanzaron dos modelos: las Pro 1 y las One, utilizadas por Anfernee «Penny» Hardaway con el logo 1 Cent. Aunque lo llevase el increíble base de los Orlando Magic, el par se destinó originalmente a Scottie Pippen, compañero de Jordan durante la época dorada de los Bulls. Sin embargo, a Pippen la zapatilla le pareció «horrorosa» y declinó la oferta de Nike. Eric Avar se puso en contacto con Hardaway, que disfrutó de cierto éxito con sus dos primeras zapatillas de firma (las Penny 1 y las Penny 2). El base de los Magic, seducido, pidió que le asignasen el modelo.

Las ventas de las Foamposite no fueron excepcionales por varias razones: el par costaba 180 dólares, una suma astronómica para la época; el diseño ultrafuturista, el color azul real, la rigidez... En resumen, si las «foampo» hicieron las delicias de un puñado de jugadores de baloncesto, el público en general no estaba preparado para aquella rareza. El primer modelo retro vio la luz en 2007, en su color original, pero tampoco logró el éxito esperado. A partir de 2010, las Foamposite finalmente atrajeron el interés que merecían con el lanzamiento de pares emblemáticos como las Copper, las Pearl y las Cough Drop. Desde entonces, Nike ha lanzado un sinfín de modelos más o menos exitosos. Con motivo del estreno de la película de animación *El alucinante mundo de Norman (ParaNorman)*, en 2012, Nike organizó un concurso reservado a los estadounidenses para ganar el derecho a comprar unas Foamposite 2 especiales fabricadas en una edición de 800 unidades. Todavía hoy es una de las más caras del mercado.

Las Foamposite del *pack* «Galaxy» 3, con su estampado galáctico, provocaron acampadas interminables alrededor de las tiendas que pusieron el par a la venta. Este modelo se convirtió en un auténtico icono de la cultura *sneaker*, sobre todo en Nueva York, donde las Foamposite estaban consideradas como un signo externo de riqueza. En 2014, la aparición de las Foamposite «Supreme» 4 supuso uno de los lanzamientos más publicitados de todos los tiempos: la actividad se paralizó en varias manzanas a la redonda de la tienda original, en Lafayette Street, lo que obligó a la policía neoyorquina a intervenir y cancelar la acampada «por motivos de seguridad». La venta se trasladó finalmente a la página web de la marca.

LA ANÉCDOTA DE LARRY

Para el lanzamiento de las Foamposite Galaxy acampé con Mehdi delante de la tienda Nike de Châtelet. Sin duda, fue una de las más largas de la historia. En la página de anuncios clasificados Craigslist, un estadounidense incluso se ofreció a cambiar su coche, un Chevrolet Cavalier del 96, por unas Foamposite Galaxy. ∎

Comme des Garçons™

DJ7952-100 | 05/11/2021

University Blue

624041-411 | 01/01/2003

Tianjin

744307-001 | 07/02/2015

Pearlized Pink

314996-600 | 21/11/2012

Knicks

314996-801 | 26/11/2014

Supreme™ Red

652792-600 | 03/04/2014

**Doernbecher
15th Anniversary**

641745-600 | 21/02/2019

Copper

314996-081 | 13/02/2010

Pewter

314996-004 | 19/03/2011

Hologram

314996-900 | 25/12/2015

HOH Penny Royal

314996-512 | 01/07/2008

Sharpie

679085-500 | 04/07/2015

Big Bang

AR3771-800 | 04/01/2018

NRG Galaxy

521286-800 | 24/02/2012

20ᵗʰ Anniversary

895320-500 | 20/01/2017

Eggplant

314996-051 | 05/02/2009

Dr Doom

624041-006 | 23/11/2016

Floral

314996-012 | 14/02/2019

Supreme™ Black

652792-001 | 03/04/2014

ParaNorman

579771-003 | 01/08/2012

Cactus

314996-003 | 20/11/2007

Yeezy

616750-001 | 19/04/2014

Comme des Garçons™

DJ7952-001 | 05/11/2021

Chromeposite

744306-001 | 15/02/2015

AIR FOAMPOSITE GALAXY

2012

Rechazadas en su lanzamiento,
en 1997, las Foamposite se convirtieron en
un absoluto grial en la década de 2010,
sobre todo en su versión Galaxy.

PARTE SUPERIOR

PARTE POSTERIOR

SUELA

SKU: **521286 800**	DISEÑADOR: **Eric Avar**	C: **obsidiana / negro antracita**
MATERIAL: **poliuretano + ante**	PRECIO DE SALIDA: **230 €**	FECHA DE LANZAMIENTO: **24 feb. 2022**

Para entender la locura que invadió a la comunidad *sneaker* **con motivo del lanzamiento de las Foamposite Galaxy, pensemos en el estadounidense que llegó al extremo de ofrecer su Chevrolet Cavalier de 1996 a cambio de un par de la talla 10,5 en la página de anuncios clasificados Craiglist.**

Resultado de la imaginación de Eric Avar, el hombre discreto detrás de la línea Kobe Bryant, este tratamiento vio la luz del día en la All-Star de 2012 en Orlando. Un meteorito acababa de golpear el mundo de las *sneakers*, desatando una euforia comparable a la del lanzamiento de las Jordan 11 Concord. Inspiradas en un escarabajo, las Foamposite Galaxy atribuyen sus méritos a uno de los pares más desacreditados, sin duda muy avanzado a su tiempo en el momento de su lanzamiento, en 1997. En 2012, las cosas habían cambiado. Los lanzamientos de zapatillas de baloncesto suscitaban interés, y este modelo (las primeras Foamposite estampadas) se convirtió en el grial por excelencia. En Nueva York, 600 personas se plantaron delante de Mercer tras anunciar en Twitter la distribución de pulseras, la llave indispensable para tratar de conseguir un par. Cuando se agotaron todas las pulseras, la tienda se vio obligada a cerrar: la policía consideró que era demasiado peligroso. En París, los cuatro días y cuatro noches de acampada ofrecieron un espectáculo totalmente distinto, un ambiente de campamento de vacaciones en la capital. La treintena de campistas rieron juntos, jugaron a las cartas o fumaron chicha mientras esperaban a recoger su preciado billete, todo ello bajo un tiempo apacible para un mes de marzo. Una pregunta continúa sin respuesta: ¿este par ha pasado a la historia por su impresionante diseño, por su narrativa o solo por la locura que generó entre los coleccionistas? ∎

ETIQUETA

Media suela
*Suela fosforescente
que brilla en la oscuridad.*

Parte superior
*El estampado de
una galaxia hace
de este par la primera
Foamposite decorada
de esta manera.*

Swoosh
*Miniswoosh
característico de las
Foamposite One, a
diferencia de los modelos
Pro, que presentan
uno más grande.*

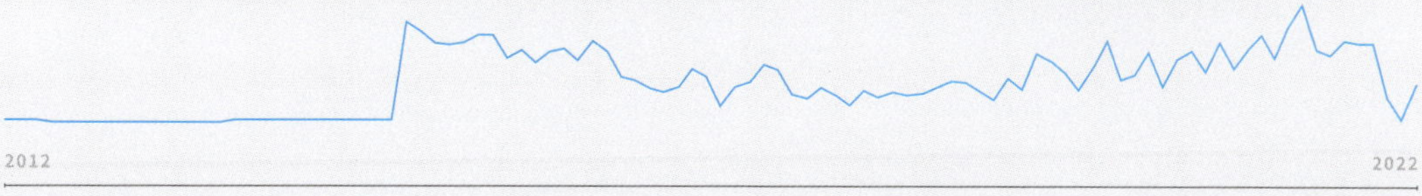

CONTRAFUERTE

2012   2022

800 € - 2000 €
PRECIO MÍNIMO / MÁXIMO

45%
VOLATILIDAD

1400 €
PRECIO MEDIO DE VENTA

870%
COTIZACIÓN MÁXIMA

TEKI LATEX

«LA MOWABB ES UNA NAVE ESPACIAL».

Al desarrollar la línea All Conditions Gear a finales de la década de 1980, Nike quiso modernizar el calzado de senderismo. Recuperada en un principio por el rap neoyorquino *underground* en la década de 1990, la estética de la ropa de montaña sedujo incluso a las grandes casas de moda.

Además del cambio iniciado por Errolson Hugh, ACG aprovechó la tendencia *outdoor* impulsada por marcas como Arc'tetyx para renovarse. Veamos el punto de vista del DJ Teki Latex, exmiembro del grupo de rap TTC, para quien las prendas de exterior no tienen secretos.

¿Cuándo empezó a introducirse en el mundo de la ropa y las *sneakers*?

T. L.: Realmente empecé a prestar atención a lo que me ponía a principios de la década de 2000. En TTC, todo el mundo quería tener un aspecto diferente. Dejé el estilo megagrande de Dipset a lo Cuizinier y el rollo Costa Este de Helly Hansen a lo Tido Berman. Quería quitarme el lastre explorando un registro más masculino. Estaba obsesionado con los polos Ralph Lauren y Lacoste. Las *sneakers,* fue Cuiz quien se interesó primero. Antes del 2000 compraba el calzado sin saber realmente cómo se llamaba. Sabía distinguir entre Nike y Adidas, nada más.

¿Quiénes son las personas que han desempeñado un papel clave en la creación de su estilismo?

T. L.: A mediados de la década de 2000, primero quise inspirarme en el estilo de Big Boi de OutKast, que tiene la misma morfología que yo, y que se vestía como un golfista en la película *Who's Your Caddy?*, estrenada en 2007. También me gustaba Twista, que llevaba chanclas Kangol y se parecía a Ghostface Killah… Tuve una revelación: «¡Pero si esa es mi estética! Una mezcla de colores fosforito, K-way, cultura pop, cosas futuristas…». Y entonces yo callejeaba con la gente de Pigalle. Un día, Charaf Tajer me dijo: «Tío, hay que vestirse *preppy*». Me metió la idea en la cabeza y empecé a desenterrar la ropa de secundaria de Ralph Lauren. Bajo el impulso de Charaf, el danés Silas Adler de Soulland y la gente de Phenomenon, de Japón, construí mi propio estilo, que se constituía entre *streetwear*, piezas de diseño y colores fosforitos.

Háblenos de la influencia de su amigo, el añorado Big-O.

T. L.: Hacia 2010, Diesel me contrató para pinchar en Tokio. Mientras estaba allí, conocí a toda la gente de Swagger, una marca que se deja la piel. Los chicos eran grandes frikis del rap, fans de TTC. Entre ellos estaba el desaparecido Takeshi Osumi [1], alias «Big-O», que acaba de crear su propia marca, Phenomenon. Diseñaba ropa híbrida y era capaz de mezclar una bomber con bolsillos con un bajo de chaqueta en tela vaquera. Combinaciones que hoy podemos encontrar en Balenciaga. Era realmente genial.

¿Cómo fue su trayectoria a partir de ahí?

T. L.: Gracias a mis viajes y a Instagram, empecé a ver las cosas con más claridad. En Japón, la cultura de las prendas de exterior se abrió ante mí. Es decir, cogí esa cosa típica del montañero de combinar colores como de tierra con neopreno, Gore-Tex, materiales sintéticos y de colores… Continué mi investigación sobre las prendas de exterior coleccionando revistas especializadas como *Go Out* [2]. Mejoré en la línea Aqua Gear, que me recordó al videojuego *Windjammers* de Neo-Geo, en el que lanzas una especie de *frisbee* del futuro en la playa. Al mismo tiempo, conseguí identificar lo que me gustaba de ACG y The North Face. En mi entorno, DJ Fab ya iba con un *total look* The North Face en la época de nuestros primeros *freestyles* en *mixtapes* en 1998. Me compré una chaqueta The North Face, pero no sabía que era una chaqueta de montaña. Fue mucho más tarde cuando redescubrí esta cultura, al profundizar en mis conocimientos sobre las prendas importantes. →

[1] TAKESHI OSUMI

Big-O, fundador de la marca japonesa Phenomenon, murió en 2021. Tenía 47 años.

[2] REVISTA *GO OUT*

Revista japonesa especializada en cultura de prendas de exterior.

A partir de ese momento, entendí los diferentes matices entre los modelos y empecé a seleccionar mi ropa para que encajase con la estética *outdoor*.

Una vez que ha encontrado su estilo, ¿no puede haber un desvío?

T. L.: Hace unos diez años que tengo el armario de mis sueños. Ahora sé realmente cómo vestirme. Cuanto más te especializas en las prendas de exterior, más te das cuenta de que no puedes combinar unas zapatillas de baloncesto con ropa de montaña. Sí que tuve pasión por las Foamposite, pero duró poco. Tengo unas cuantas, como las Supreme y las Paranorman. No voy a desprenderme de ellas porque me gustan mucho, pero lo esencial de mi colección es realmente el calzado de exterior, mucho ACG, y también marcas de prendas técnicas.

Cuando se trata de *sneakers*, ¿hay alguien en particular que le haya ayudado a crear su colección?

T. L.: La persona que me hizo volver a las *sneakers*, en una época en la que usaba zapatos *preppy*, fue Tim Bergevin. Un director de *marketing* estadounidense que trabajó para Nike en la década de 2010. Diplo y Harvard Bass le dieron mi nombre para que le presentara gente en París. Tim me dijo: «Si me presentas a todos los DJ guais de París, a cambio no tendrás que volver a comprar otro par de Nike en tu vida». ¡Le tomé la palabra! Tim ya no está, pero mantengo una buena relación con Nike y a veces me llaman para hacer de guía turístico: «Los chicos del equipo de innovación están en París. ¿Puedes llevarles a tus restaurantes y tiendas favoritos para que se inspiren un poco?». Les llevo a Le Vieux Campeur y alucinan. «Es la primera vez que vemos a alguien que no hace escalada, pero que va a una tienda especializada para vestirse e incorporar esas prendas en su estilo de vida», piensan.

¿Cómo se explica que una marca como Nike se interese por las actividades al aire libre?

T. L.: Creo que el noroeste de Estados Unidos y Japón tienen en común el gusto por el senderismo. El clima en Portland es tan imprevisible que la gente necesita calzado todoterreno. Igual que los japoneses que trabajan toda la semana en microambientes en Tokio, y que el fin de semana salen a la naturaleza a acampar siempre que

tienen la oportunidad. La cultura del *camping* y de las prendas de exterior en Japón surge de esta práctica.

El punto de inflexión que introdujo la línea ACG fue la Air Mowabb ③, comercializada en 1991 y diseñada por el imprescindible Tinker Hatfield...

T. L.: Es una zapatilla polivalente que se puede utilizar en una amplia variedad de contextos: *camping*, *trail*, senderismo, ciclismo... «Una excelente zapatilla de *trail*, para pedalear sobre una bicicleta de montaña, subir colinas, saltar arroyos o huir de un oso», prometía el anuncio original interpretado por el estadounidense John Tomac ④, la primera estrella de la bicicleta de montaña. Las Mowabb rompieron con la estética marrón del calzado de montaña «para padres» y representan la gama ACG con sus vivos colores, un tanto psicodélicos, inspirados en el movimiento de escalada libre de la década de 1980. Uno de los pioneros fue el francés Patrick Edlinger, un adepto a la escalada deportiva. Y luego están las Mowabb, que parecen una nave espacial, un par de ciencia ficción al estilo *wildstyle* del grafiti. Las suelas recuerdan al hormigón y las salpicaduras, es algo que resonó entre los grafiteros, y las *inner cities* se reapropiaron del ACG. Según una leyenda urbana, el acrónimo de «*All Conditions Gear*» se convirtió en «*Alcohol, Cocaine and Guns*».

En la década de 1990, hubo un momento en el que la comunidad hiphop neoyorquina se reapropió de la ropa y el calzado de exterior, entre ellos el ACG, las botas Timberland, la línea Snow Beach de Ralph Lauren, los plumones de The North Face...

T. L.: Quien me viene a la mente es Grand Puba, de Brand Nubian, que viste polos y calza Air Revaderchi ⑤ en los programas de televisión. Es el eslabón entre el armario Ralph Lauren y el ACG. Hay un lado *outdoor* en Ralph que es compatible con el calzado ACG. La mayoría de los miembros de Wu-Tang llevan Helly Hansen y Timberland, calzado resistente para caminar por las calles de Nueva York. La comunidad hiphop adoptó este estilo un poco futurista, que encaja con los grafitis. Un grupo como Company Flow estaba muy metido en materia, tan exigente con su música como con su ropa, con toda la locura mochilera neoyorquina de la época. Todos los raperos *indies* son exgrafiteros y llevaban botes de pintura en la mochila, y después vinilos o *mixtapes* que intentaban vender a la salida de los conciertos. →

③ AIR MOWABB

La Mowabb se reeditó en 2022 con un *miniswoosh* en la puntera.

④ JOHN TOMAC

La primera estrella de la *mountain bike* fue la imagen del anuncio de las Mowabb.

⑤ AIR REVADERCHI

Color OG usado por el rapero Grand Puba, de Brand Nubian.

THE BOX IS A SHAPE YOU SHOULD BE PRETTY FAMILIAR WITH BY NOW. AFTER ALL, YOU SLEEP IN ONE, EAT IN ONE, COMMUTE IN ONE, SPEND YOUR FREE TIME WATCHING ONE AND, IF YOUR CONSCIENCE IS BOTHERING YOU, EVEN CONFESS IN ONE. YOU COULD EASILY SPEND YOUR WHOLE LIFE IN A BOX.

BUT YOU COULD JUST AS EASILY GET OUT.

ACG STANDS FOR ALL CONDITIONS GEAR™ BY NIKE, SHOES AND APPAREL DESIGNED FOR ANY ACTIVITY OUTSIDE THE BOX. SHOWN HERE: THE ACG AIR MOWABB™ OUTDOOR CROSS-TRAINING SHOE. TO FIND OUT MORE, CALL 1-800-255-8ACG.

NIKE ACG™

PUBLICIDAD DE NIKE

La combinación de colores naranja / violeta láser de las
Nike Air Mowabb, comercializadas en 1991.

«Todo empezó con Arc'teryx, que dirigió la atención de los creadores hacia la ropa de montaña y orientó las decisiones de ACG».

Aparte de las Mowabb, ¿cuáles son las zapatillas más destacadas de la gama ACG?

T. L.: Tengo debilidad por la Morizaba [6], que fue una de las zapatillas importantes durante la mala racha del ACG en la década de 2000. Este modelo es increíble. En la misma generación, también está la Air Abaziro, que es prima de la Morizaba, con una combinación de gris-negro al estilo de los cartuchos de la consola Sega Mega Drive. Las Air Mada [7] también son importantes. Ha habido muchas versiones más o menos interesantes. La última reedición hasta la fecha es una OG, la Vachetta Tan, lanzada en 2022. Y luego está la Ashiko [8], que es increíble, una especie de bota extremadamente ligera con Flywire. Es mortal. Recuerda a una Hyperdunk, y es lógico porque es el mismo diseñador que hizo todas las Terra...

¿Peter Fogg?

T. L.: Sí, él es el enlace entre las gamas Basketball, ACG y Terra de Nike. Diseñó un montón de zapatillas de *trail* completamente disparatadas en los años noventa: las Humara [9], las Sertig, las Albis, las Goatek... y luego se unió al departamento de baloncesto de Nike. Es un tipo obsesionado con los coches y las motos. Por ejemplo, los cordones de las Terra Humara están inspirados en la rueda de una moto.

¿Cómo consiguió Nike insuflar nueva vida a su línea ACG, que estaba en declive en la década de 2000?

T. L.: Timberland acaparaba todo el mercado de calzado *outdoor*. El aspecto colorido y montañero se quedó anticuado. Era imposible volver a ponerlo de moda. Y entonces apareció Errolson Hugh. El diseñador canadiense que creó la marca Acronym relanzó el ACG. Venía de su base en las prendas técnicas y había trabajado en Burton. Se deshizo de su papel de profesor de geografía e historia para reinventar el ACG con piezas que realmente se ajustan al cuerpo y en las que cada bolsillo tiene una función muy específica. Todas las chaquetas son convertibles y cuentan con un pequeño dispositivo oculto que encaja perfectamente en el atuendo de un ninja urbano.

Además de la influencia de Errolson Hugh, que dejó Nike en 2018, el ACG también se benefició del entu- siasmo por las marcas de prendas técnicas. ¿Cuál es su análisis al respecto?

T. L.: Creo que todo empezó con Arc'teryx, que atrajo la atención de los creadores hacia la ropa de montaña y orientó las decisiones del ACG desde la marcha de Errolson Hugh. El mundo de la moda se dio cuenta de que esa marca canadiense era tan detallista como una gran casa de moda italiana. Tipos como Virgil Abloh y Frank Ocean empezaron a vestir Arc'teryx. Hemos visto a Kanye West de Patagonia y a Supreme superando la oferta con colaboraciones con The North Face en la gama Steep Tech. También están Mammut y Tilak, que tienen una relación muy fuerte con Gore-Tex. No olvidemos a antepasados de las prendas técnicas como Stone Island y C.P. Company. Son marcas con profundas raíces en la ropa de montaña.

Además de las Lava Dome, ¿hay algún otro par anterior al ACG que le llamase la atención?

T. L.: Las Sock Racer [10], unas zapatillas de *running* superligeras con un calcetín integrado, diseñadas principalmente para corredores de larga distancia. En términos de diseño, es un par increíble que se convirtió en una de las favoritas de la calle en Japón. Las Sock Racer dieron lugar a muchos otros modelos, desde las Aqua Sock hasta las Huarache. Es la primera rama del árbol genealógico de las familias ACG y Terra.

¿Y un modelo de *sneakers* experimentales que nunca se pondría?

T. L.: ¡Las Kukini! Para mí, son zapatillas «Luc Besson», no las tocaría ni con un palo, son mocos de extraterrestre... Parecen la versión en zapatos de la cantante con rastas azules de *El Quinto Elemento*, la Diva Plavalaguna. ∎

[6] **NIKE MORIZABA**
Par diseñado para todo tipo de terrenos, incorpora la tecnología Flywire.

[7] **NIKE AIR MADA**
Modelo comercializado por primera vez en 1994.

[8] **NIKE ASHIKO**
Una bota extravagante cuyo nombre se inspira en los pinchos de escalada de los ninjas.

[9] **NIKE HUMARA JACQUEMUS**
En 2022, el diseñador francés Jacquemus revisitó sus Nike favoritas.

[10] **NIKE SOCK RACER**
Una zapatilla de *running* ultraligera, favorita en Japón, que se calza como un calcetín.

EN EL LABORATORIO EXPERIMENTAL DE NIKE

A la vanguardia de las nuevas tecnologías, la unidad experimental de Nike propone siluetas y colores únicos. A fuerza de innovación y de *marketing* atrevido, la empresa de Beaverton multiplicó el número de cruces consanguíneos entre modelos y gamas, suelas y partes superiores, colaboraciones y proyectos especiales.

Conceptos como NikeLab, NikeCraft, Energy (NRG), Special Project (SP) o Tier Zero (TZ), entre otros, son los seudónimos de este intrigante universo. He aquí un intento de clasificar estas *sneakers* mutantes por familias.

SNEAKERS
MEZCLA DE

✏ *WOVEN*: TEJIDO Y AMOR

① **Footscape:** 1995/1996

La Footscape es una zapatilla de *running* que, en ciertos modelos, integra el proceso de fabricación *woven,* que incluye tejido o trenzado. Esta zapatilla dotada de un sistema de lazada lateral tuvo un considerable éxito en Londres a principios de la década de 2000, pero todavía más en Japón. La Footscape fue avalada por los coleccionistas de zapatillas experimentados debido a su toque controvertido y a colaboraciones serias a través de la cuenta Tier Zero.

② **Mayfly:** 2003

Este modelo se creó tras un largo proceso iniciado por Bill Bowerman, cofundador de Nike junto a Phil Knight. Por desgracia, nunca llegó a ver el resultado, ya que falleció en 1999. La Mayfly es una zapatilla de *running* de obsolescencia programada, diseñada para correr un máximo de 100 kilómetros. Cuenta con una suela de *phylon* y un empeine de nailon ultraligero, dos materiales muy frágiles. En 2013 se lanzó una versión más robusta del modelo, con un empeine de nobuk trenzado en la parte central y una gama de colores sobrios pero muy eficaces (Curry, Navy, Grey), que atrajo el interés de los aficionados al calzado.

③ **Woven Chukka y Woven Low:** 2010

La Woven Chukka es un par híbrido que atrajo más a los consumidores y revendedores de zapatillas que a los atletas. Su hermana pequeña, la Woven Low, es extremadamente popular en Japón, explica Teki Latex: «Las Woven Low sin cordones son un icono en Japón. A los japoneses les encanta este tipo de deportivas con forma de zapatilla ancestral. Es algo cultural. Hiroshi Fujiwara, el diseñador japonés que creó Fragment, se asocia a la historia de estas zapatillas. Su influencia en Nike se percibe a ese nivel».

④ **Inneva NRG:** 2012

Un modelo aerodinámico y sutil tejido a mano. La parte superior incorpora un nuevo sistema de cordones que permite ajustar y sujetar el pie según la anatomía del usuario, todo ello montado sobre una suela Nike Free de última generación. El tejido a mano resulta todavía más notable porque se fabrica en Italia. Lógicamente, el primer lanzamiento tuvo lugar en una feria de diseño en Milán. El nombre de la ciudad está grabado en la lengüeta de cuero. La producción se interrumpió debido a la falta de interés por el modelo.

✏ NEOPRENO: UN MONO PARA LOS PIES

⑤ **Air Flow:** 1989

«Cuando un zapato se parece demasiado a la cara de Jar Jar Binks, hay que desconfiar», advierte Teki Latex. Efectivamente, en la familia de los pares raros, la Air Flow tiene su lugar. Antepasada de la Presto, esta *sneaker* fue creada por Bruce Kilgore, el diseñador de las Air Force. El empeine es de nailon, licra y ante sintético. La unidad Air Sole encapsulada en el talón proporcionaba una buena amortiguación. Lanzadas en una época en la que los colores vivos eran una tendencia de peso en Nike, los colores OG de las Air Flow fueron el verde y el rosa fosforito. Estas zapatillas más ligeras constituyen una alternativa creíble a la gama Air Max, lanzada en 1987. No obstante, sus características no bastan para ocultar su mayor debilidad: la fragilidad vinculada a la estructura flexible de pico de pato en la parte delantera.

⑥ **Huarache:** 1992

El diseño de la Huarache se inspiró en los trajes de esquí acuático. Tinker Hatfield creó una silueta minimalista y vanguardista, desprovista del *swoosh*. Entre los materiales utilizados figuran el elastano, una tira de sujeción de goma en el talón y un parche de plástico en la lengüeta. Lanzadas el 3 de noviembre de 1991, el día de la maratón de Nueva York, en un stand abastecido con 5000 pares, las Huarache fueron un éxito inmediato: se vendieron varias decenas de miles de ejemplares durante el resto de 1991. La campaña publicitaria fue interpretada por el velocista Michael Johnson. La zapatilla estuvo disponible más tarde en versión Flight Huarache para baloncesto (un modelo adoptado por Christian Laettner, el duodécimo hombre del Dream Team) y en «Huarache Light», la famosa ultramarina de 1993.

① FOOTSCAPE MOTION
Lazada asimétrica desarrollada para personas con pies anchos.

② MAYFLY WOVEN
Adaptación *lifestyle* de las Mayfly originales.

③ WOVEN CHUKKA
Versión lunar y multicolor de la Woven.

④ INNEVA NRG
Trenzada fabricada en Italia sobre suela *free*.

⑤ AIR FLOW
Antepasado de las Presto en color Cherry.

MUTANTES: GÉNEROS

7 Air Rift: 1995

Bajo la supervisión de Tinker Hatfield, el diseñador Kip Buck desarrolló un modelo a medio camino entre sandalia y zapatilla. Se inspiró en los atletas keniatas que en ocasiones entrenan descalzos. El color OG supone un guiño a la bandera de Kenia, una de las naciones más destacadas en la carrera a pie. La Air Rift toma su nombre del Gran Valle del Rift, un inmenso conjunto geológico de África oriental. Con su forma extraña, esta zapatilla recuerda a las *jikatabis*, el calzado tradicional japonés en el que el dedo gordo queda separado del resto de los dedos. Adoptadas por la comunidad japonesa, el combo de Air Rift y calcetines es un imprescindible en las calles de Harajuku, el barrio de las modas inusuales de Tokio. Apodada «Ninja» por los jóvenes de los barrios populares franceses, la Air Rift tuvo su momento de gloria en Francia antes de quedar un poco relegada al olvido. Una pena para un modelo cuya representante más conocida es Halle Berry.

8 Presto: 2000

«Una camiseta para los pies». Así concibió la Nike Air Presto el diseñador Tobie Hatfield, obsesionado con la idea de correr descalzo. El hermano de Tinker Hatfield tomó prestado el tallaje del mundo de la ropa, con seis tallas que van de la XXS a la XL. El empeine es de malla y neopreno, la media suela es de *phylon* y la suela exterior cuenta con amortiguación de Duralon, un caucho flexible. Los colores llamativos y las partes de plástico translúcido recuerdan extraoficialmente al iMac G3 de Apple. La Nike Air Presto se lanzó a bombo y platillo, con trece modelos con otros tantos anuncios publicitarios. Nike decidió presentarla en los Juegos Olímpicos de Sídney 2000. Veinte años después apareció una versión retro en verde y amarillo, en homenaje a Australia.

✓ FLYKNIT Y FLYWIRE: TECNOLOGÍA Y COMODIDAD

La tecnología **Flyknit** fue desarrollada por Nike a partir de 2012. Inspirada en la resistencia de los cables de un puente colgante, se trata de un tejido de «punto» que se obtiene de la variación de hilos y tejidos en puntos precisos para formar un empeine de una sola pieza. La tecnología se probó por primera vez en un modelo de alto rendimiento llamado Racer Blue Glow 9, utilizado por los miembros del equipo estadounidense de atletismo en los Juegos Olímpicos de Londres, en 2012. La versión Neon Volt hizo las delicias de los coleccionistas de zapatillas. Al mismo tiempo, el par fue objeto de un lanzamiento en el ámbito del *lifestyle*, especialmente a través de los programas HTM y SP. El precio de la versión Trainer 10, utilizada por Kanye West, se disparó en la reventa. En Francia incluso se creó un grupo de Facebook llamado Flyknit France Club. La tecnología Flyknit pasaría a formar parte de numerosos modelos: Kobe, Jordan, Footscape, Magista y Vapormax.

El **Flywire** es un material híbrido compuesto de Vectran, una fibra textil muy resistente y suficientemente flexible para poder coserla. Esta tecnología marcó una evolución significativa en términos de sujeción de los movimientos del pie y comodidad. Los hilos se sitúan cuidadosamente en los puntos de presión y se sujetan en la suela exterior para una resistencia óptima. Las primeras zapatillas de baloncesto que incorporaron Flywire fueron las Nike Hyperdunk en 2008. Desde entonces, esta tecnología se ha utilizado en diversos modelos de firma, como las Nike Air Max 95 y las Vapormax.

✓ LUNAR: CAMINAR POR LA LUNA

La tecnología Lunarlon, más conocida como Lunar, fue desarrollada por los diseñadores Kevin Hoffer y Eric Avar. La suela se inspira en la forma en que los astronautas rebotan en la superficie de la Luna. La espuma Lunarlon se dispersa por toda la zona de impacto cuando se apoya el pie, como si se caminase sobre un cojín. Kevin Hoffer y Eric Avar se dirigieron a dos tipos de deportistas: los corredores de fondo, y los jugadores de baloncesto. A mediados de la década de 2010, esta suela de alto rendimiento se incorporó a numerosos modelos *lifestyle* para dar un soplo de aire fresco a las gamas Air Force 1, Air Max 90 y 180, y a nuevos proyectos (Racer, Trainer y Chukka en Flyknit). ∎

6 HUARACHE

Par validado por «Iron» Mike Tyson.

7 AIR RIFT

Par conocido como «Ninja» en Francia.

8 PRESTO

Combinación de colores de éxito inspirado en el amanecer.

9 FLYKNIT RACER USA

Primera ola de la epidemia Flyknit.

10 FLYKNIT TRAINER

De las pistas de atletismo a las Semanas de la Moda.

TOM SACHS : VIDA EN MARTE

La colaboración entre Nike y el neoyorquino Tom Sachs fue el resultado de un encuentro accidentado, en 2009, entre Mark Parker (entonces director ejecutivo de Nike) y el artista contemporáneo cuyas obras subversivas suponían una crítica a la sociedad de consumo estadounidense.

[1] MARS YARD 1.0

Un ovni fruto de la imaginación del artista estadounidense contemporáneo.

[2] MARS YARD 2.0

Reedición mejorada del modelo de 2012.

[3] MARS YARD OVERSHOE

Una *sneaker* Mars Yard 2.0 se esconde bajo la bota (hubo quien llegó a cortarla).

[4] GENERAL PURPOSE SHOE

Una «*antisneaker*» para todos los días.

En el libro *Sneakers*, de Howie Kahn y Alex French, nos enteramos de que Sachs denigraba a Nike «por hacer cosas de mierda». Decepcionado ante el desagradable comentario, Mark Parker retó al artista a diseñar sus propias zapatillas. Sachs no se amilanó... Aficionado a la astronomía, empezó trabajando con un equipo de diseñadores de Nike en trajes para astronautas de la NASA.

En 2012, después de tres años de investigación y desarrollo, los planetas se alinearon y la primera zapatilla de Tom Sachs en colaboración con Nike vio la luz: las Nike Mars Yard 1.0 [1], de la colección «NikeCraft». Pocos coleccionistas mordieron el anzuelo de esta zapatilla con una paleta inspirada en los colores del planeta rojo, sobre todo porque los materiales utilizados en su fabricación se desgastaban rápidamente. El par se puso a la venta en tiendas de alta gama, como Colette, a un precio bastante elevado para la época. Diez años después, las Mars Yard 1.0 eran un producto económicamente intocable. Insatisfecho con la durabilidad de su zapatilla 1.0, Tom Sachs estaba en contra de la idea de una reedición, un mecanismo comercial que consideraba «demasiado mercantil» o incluso «burdo». No obstante, el artista volvió a poner una pieza en la máquina en 2017 con motivo del Space Camp, un evento estival dedicado a la lluvia de ideas con su equipo. Muy cercana a su hermana mayor, la Mars Yard 2.0 [2] se fabricó con materiales más resistentes. El Vectran del empeine se sustituyó por una malla tricotada de poliéster más adaptada al entorno urbano. El par se distribuyó en una red muy selecta. Tres años después, las reventas explotaron literalmente con cifras de tres ceros. En 2019, la colaboración entre Nike y el artista un tanto «difícil» entró en una nueva dimensión con la Mars Yard Overshoe [3], una especie de bota de nieve ultraconceptual cuyo lanzamiento fue acompañado de un cortometraje titulado *Paradox Bullets*, protagonizado por el artista pop estadounidense Edward Ruscha. La bota incorpora Dyneema, una fibra resistente utilizada en las velas de los barcos. En el interior de la bota, una estructura parecida a la Mars Yard 2.0 sirve de base.

Diez años después del primer lanzamiento, la improbable asociación dio como resultado el General Purpose Shoe [4], una zapatilla para el día a día, básica y cómoda, con un precio de 109,99 dólares. Nike centró su publicidad en una campaña teñida de la ironía característica de Tom Sachs. «Hemos necesitado diez años para diseñar una zapatilla tan sencilla», rezaba el anuncio. La impresión es que el General Purpose Shoe fue pensado para un profesor al final de su carrera. Por otro lado, el lanzamiento reservado exclusivamente para los poseedores del NFT (*non-fungible token,* activo no fungible) NikeCraft resultó menos austero e hizo subir los precios. Tom Sachs afirmó en su cuenta de Instagram que su nueva zapatilla no solo haría las delicias de los revendedores y que estaba previsto un lanzamiento digital menos confidencial para junio de 2022 (después para agosto). La posición de Tom Sachs en Nike es única. El artista ha evolucionado en el papel de diseñador con una libertad muy poco frecuente sin ser un deportista de alto nivel. El éxito de esta colaboración estuvo íntimamente ligado a la reventa. ∎

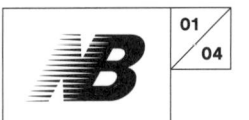

NEW BALANCE

en 10 fechas clave

1906
**WILLIAM J. RILEY FUNDA
LA NEW BALANCE ARCH SUPPORT COMPANY**

1934
ASOCIACIÓN CON ARTHUR HALL

1972
JAMES S. DAVIS ADQUIERE LA EMPRESA

1976
LANZAMIENTO DE LA 320

1982
**ESTABLECIMIENTO DE UNA FÁBRICA
EN FLIMBY, INGLATERRA**

1988
LANZAMIENTO DE LOS MODELOS 574 Y 576

2006
**LANZAMIENTO DE LA 992,
«EL PAR» DE STEVE JOBS**

2018
CREACIÓN DEL GREY DAY

2021
**LANZAMIENTO DEL 2002R
PROTECTION PACK**

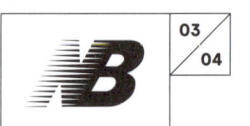
CINCUENTA SOMBRAS DE GRIS

DESDE 1906

1 NB TRACKSTER

Primera zapatilla de carrera desarrollada por New Balance en 1961.

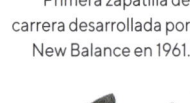

2 NB 320

Una zapatilla de *running* con la «N» cosida en el lateral, el icónico logotipo de la marca de Boston.

3 NB 574

Un éxito de New Balance comercializado en 1988.

4 NB 576

Lanzada el mismo año que la 574, la 576 tuvo unos comienzos más difíciles en el mercado estadounidense.

5 NB 1500

Concebida para la práctica de diferentes deportes.

New Balance es una marca estadounidense de calzado y ropa deportiva fundada en Boston en 1906 por William J. Riley, zapatero y ortopedista de formación. Con sede en Massachusetts, en el noreste de Estados Unidos, la empresa fabricaba principalmente suelas y accesorios para mejorar el ajuste del calzado.

El primer producto «NB» fue un soporte flexible para el arco plantar diseñado con tres puntos de apoyo para ofrecer equilibrio y comodidad. Se dice que a Riley se le ocurrió el nombre de la empresa observando las idas y venidas de las gallinas. Sí, ¡estamos hablando de aves de corral! Cuenta la leyenda que el creador de NB tenía la costumbre de demostrar la eficacia de sus productos con una pata de pollo expuesta en su despacho.

En la década de 1930, Riley se asoció con Arthur Hall, contratado inicialmente como director comercial. Poco a poco, New Balance amplió su experiencia a la fabricación de zapatillas cómodas adaptadas para practicar la carrera a pie, el béisbol, el tenis y el boxeo. Al principio, los directivos de New Balance se negaron a patrocinar a atletas. La empresa quería que los deportistas llevasen sus productos por convicción. En 1954, Arthur Hall cedió su parte a su hija Eleanor y su yerno, Paul Kidd. La pareja continuó vendiendo principalmente soportes para el arco plantar hasta 1961, fecha en la que se lanzó la Trackster 1, la primera zapatilla para correr fabricada con una suela con muescas. Aquel par convirtió a New Balance en pionera del *running*.

El 17 de abril de 1972 es una fecha histórica: James S. Davis, alias «Jim» Davis (el actual propietario y presidente de New Balance), adquirió la pequeña empresa con sus seis empleados por la «módica» suma de 100 000 dólares el día de la maratón de Boston. Allí, por primera vez, se autorizó la participación de ocho mujeres. Jim Davis y su mujer, Anne (que se incorporó a la empresa en 1978), insuflaron una nueva dinámica respetando la herencia de la marca en términos de calidad del producto. El momento fue el oportuno, ya que en la década de 1970 la zona de Boston se convirtió en el epicentro del floreciente mercado del *running* en Estados Unidos.

La 320 2, la primera *sneaker* icónica de NB, salió de la cadena de producción en 1976. Era una zapatilla de *running* relativamente fina, de nailon y ante, con una «N» cosida a cada lado. Este logotipo se convertiría en una marca de fábrica. Las ventas se dispararon y las 320 se convirtieron en líder del mercado según la revista *Runner's World*. A finales de la década de 1980, New Balance comercializó dos de sus zapatillas más famosas: la 574 3 y la 576 4, diseñadas inicialmente como zapatillas técnicas de *running*. Durante mucho tiempo, New Balance mantuvo una imagen de marca clásica y seria, asociada en la cultura popular al *running,* e incluso al buen padre de familia blanco que lee tranquilamente su periódico en el sofá. El gurú fundador de Apple, Steve Jobs, llevó las cosas un paso más allá haciendo de la 992 un icono del *normcore*, un estilo sencillo que consiste en mezclarse con la multitud.

Con el cambio de milenio, como la mayoría de los fabricantes de equipamiento deportivo, NB entró en el juego de las colaboraciones: primero, a través de las líneas UK con la 1500 5, una elección acertada en la medida en que el *running* era una tendencia de peso en el estilo de vida europeo. La gama US también se reavivó a partir de 2007 para convertirse, una década después, en un tótem *hipster* desde Nueva York hasta París. En la segunda mitad de la década de 2010, el enorme éxito de Yeezy, en particular las 700 con su suela protuberante, volvió a poner de moda los *dad shoes*, cosa que benefició a NB, cuyo catálogo está lleno de ellos.

Una escena de la película *Crazy Stupid Love* (2011) se burla amablemente de esta marca «de padres». Muestra a Ryan Gosling en el papel de un estilista que ordena a Steve Carell, un cuarentón en decadencia, que se deshaga de sus viejas 407 deformes ⑥. La empresa de Massachusetts no dudaba en reírse de sí misma, y así lo demostró en la campaña publicitaria de la 990 V5 ⑦, en el año 2019.

Al aceptar la reinterpretación de sus clásicos, NB logró romper con su etiqueta de marca discreta, sobria, en ocasiones rozando la austeridad, sin sacrificar su ADN. ¡El primero de la clase ganó confianza! Con el paso del tiempo, New Balance desarrolló sus propios códigos. Por ejemplo, el color gris es una institución, el equivalente al Bred en Jordan Brand. El Grey Day hizo su aparición en Europa el 21 de mayo de 2018 ⑧. Una buena excusa para crear un modelo especial cada año. Con una cifra de negocio estimada en 4200 millones de dólares en 2018, New Balance ocupó el cuarto lugar en el mercado mundial de artículos deportivos. Con sus propios

centros de producción en Europa y Estados Unidos, NB es el único fabricante de equipos de alcance mundial que fabrica zapatillas deportivas en Occidente. Una oportunidad para seleccionar las *sneakers* y las colaboraciones importantes de la empresa, clasificadas según su origen: *made in England, USA* y *Asia*. Métodos de fabricación como los de las denominaciones de origen controlado, sinónimo de tecnología, comodidad y robustez, sobre todo para Inglaterra y Estados Unidos, que albergan la joya de las fábricas de New Balance. ∎

⑥ *CRAZY STUPID LOVE*
Las New Balance 407 con solera de Steve Carell.

⑦ NB 990 V5
«Las llevan las *top models* en Londres y los padres en Ohio».

⑧ NB 997 GREY DAY
Una versión comercializada con motivo del Grey Day de 2019.

MADE IN USA

NEW BALANCE

NB	THE CLASSIC · TRUE BANGER · HYPE TICKS	CAP. 13

NOMBRE	NB 992 OG
REEDICIÓN	15 de marzo de 2020
DISEÑADOR	Jonathan Bacon
COLOR	Gris / plata
MATERIAL	Ante + malla
PRECIO DE SALIDA	175 USD

PAR DE FAMILIA

DESDE 1906

La marca de Boston no perdió nunca
una oportunidad para promocionar su etiqueta
made in USA, su gama más prestigiosa. Y con razón:
New Balance se enorgullece de producir 4 millones
de pares de zapatillas al año en Norteamérica
cuando sus principales competidores en el sector
del calzado han descentralizado por completo
sus talleres en Asia.

Más allá del eslogan comercial, NB propone
una selección *premium* que muestra su saber hacer.
Un símbolo de esta excelencia es el programa
«Super Team 33», que comenzó en 2007.

Este número simboliza una unidad especial
de 33 empleados (28 obreros y 5 artesanos) que fabrican
zapatos a mano en Skowhegan, una pequeña localidad
de Maine situada en el noreste de Estados Unidos
que alberga a 9000 personas y una de las seis fábricas
estadounidenses de New Balance. Una magnífica
colección temática desplegada en dos años que se
aplicó a los modelos 1400 y 998.

ⅠB 990 O 99X SERIES

LANZAMIENTO: **1982**	COLOR OG: **Gris**

La primera zapatilla de *running* **a 100 dólares.** «Cuando introdujimos la 990, en 1982, fue un verdadero reto. Nadie pensaba que seríamos capaces de vender un calzado de 100 dólares. Realmente nos sorprendió, pero el par despegó inmediatamente», recuerda James S. Davis treinta y cuatro años después del lanzamiento de las 990, que requirió cuatro años de investigación y desarrollo. Para justificar su exorbitante precio para la época, las 990 presentaban tecnologías de vanguardia como el soporte Motion Control Device (MCD) y la suela exterior Superflex. El color gris predominante, estándar de New Balance, contrasta con los códigos *running* de la época, orientados principalmente hacia el «fosforito».

Las 990, símbolo de éxito social, serían la encarnación del estilo New Balance durante los años que siguieron, en varias versiones numeradas ①②③④. Entre las colaboraciones destacadas merece una mención especial la M990 V2 Aimé Leon Dore (2019), bautizada con el nombre de la marca neoyorquina del diseñador Teddy Santis, que se convertiría en DA de la línea US a partir de 2022. La 990 V3 fue rediseñada en 2021 por el establecimiento bostoniano Bodega, y el estilista Joe Freshgoods en una versión Outside Cloths. La 990 V4 recibió un tratamiento Cream de Stüssy en 2017 y un color Navy muy minimalista del personal de JJJJound (el estudio de diseño de Montréal) en 2021. ∎

① NB990 V2

Fecha de lanzamiento:
17 de julio de 2021.

② NB990 V3

Fecha de lanzamiento:
5 de noviembre de 2021.

③ NB990 V4

Fecha de lanzamiento:
14 de enero de 2022.

④ NB990 V5 OG

Fecha de lanzamiento:
13 de febrero de 2019.

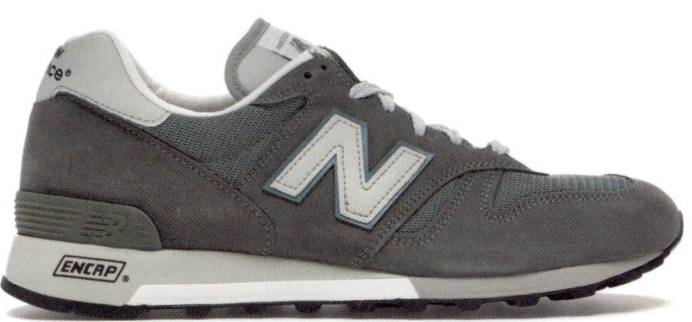

ⅠB 1300

LANZAMIENTO: **1984**	COLOR OG: **Gris azul claro**

Unas zapatillas de lujo. «Hipotecar la casa», era el irónico lema de la campaña publicitaria de 1984... Al fijar el precio de una zapatilla de correr en 130 dólares, New Balance inventó el concepto de zapatillas deportivas de lujo, ¡las «Rolls» del *running*! Los ingredientes de la 1300, que sin duda tiene la mejor amortiguación del mundo, son una suela ENCAP, sistema SL-2 ultraconfortable, color gris con detalles en azul acero, tratamiento de ante de alta calidad, malla metalizada... Es la quintaesencia del *made in USA*, con un lugar en el vestuario de Mike Tyson... ¡y de los traficantes de drogas de Boston!

Los japoneses también se mostraron muy receptivos a las numerosas cualidades de la 1300, un símbolo del saber hacer *made in USA*. De hecho, en 1995, la reedición se presentaría únicamente en suelo nipón antes de convertirse en un grial bajo el nombre de 1300JP ⑤ entre los aficionados a la «N», con un lanzamiento programado cada cinco años. Existe otra versión, la 1300CL, con una suela prestada de la 577. Entre las colaboraciones a tener en cuenta figuran la Alife Rivington Club ⑥, presentada en 2009, y la famosa Salmon Sole ⑦, del inevitable Ronnie Fieg, en 2012. ∎

⑤ NB 1300JP

La reedición 2020 del color JP, al principio exclusivo del mercado japonés.

⑥ NB ALIFE RIVINGTON CLUB

Colaboración con la tienda del Lower East Side neoyorquino.

⑦ 1300 SALMON SOLE

Literalmente, «suela salmón»; reinterpretación del modelo por Ronnie Fieg.

8 NB997 ROSE

Una colaboración que fue portada del número 31 de *Sneaker Freaker*.

9 NB997 CONCEPTS LUXURY GOODS

Parte superior de ante y nobuk naranjas, inspirada en los bolsos Hermès.

10 NB997.5 UNITED ARROWS

El único par de NB que ha utilizado Kanye West en público.

IB 997	
LANZAMIENTO: **1991**	COLOR OG: **Gris**

Tecnología y estilo. La 997 es la última creación del «padrino del *dad shoe*», sobrenombre de Steven Smith. En la carrera por la proeza tecnológica y el estilo, esta silueta innovadora se impondría gracias, en particular, al sistema de amortiguación ENCAP incorporado en una suela C-CAP y pasacintas fabricadas con Hytrel, una cinta termoplástica desarrollada por el fabricante estadounidense DuPont (de Nemours). La 997 se compone de un cuerpo de malla y ante de calidad. Su color es el resultado de una combinación de tres tonos de gris, firma de la casa. Habría que esperar al renacimiento de las zapatillas de *running* y las gamas *made in USA*, en la década de 2010, para tener noticias de este legendario par. La tienda Concepts de Boston produjo una remezcla lujosa de la 997, primero en 2014 **8** con el tema del champán rosado, y después en 2015 **9** con el color naranja de Hermès. También existe una versión intermedia de la 997, la 997.5, fabricada en Asia (donde existe una auténtica fiebre por la muy buscada United Arrows **10**). ∎

11 NB998 CONCEPTS X TANNERY

Una *sneaker* donde predomina el verde y que se vende en una elegante caja roja.

12 NB998 PREMIER

Un modelo inspirado en la industria del automóvil, se vende con una llave de coche y una placa de matrícula en miniatura.

13 NB998 J. CREW

Una versión Concrete Jungle presentada en 2014.

IB 998	
LANZAMIENTO: **1993**	COLOR OG: **Gris**

Una carrera corta. La escalada tecnológica continuó en 1993 con la 998. La colaboración entre DuPont y NB se concretó en la investigación de la suela que combina ENCAP y ABZORB. La silueta relativamente *fat* estaba en línea con la tendencia del *running* de mediados de los noventa, como las Nike Air Max 93, y resultaba perfecta para los tamaños más grandes. La 998 tuvo una carrera corta, exclusivamente estadounidense, para reaparecer quince años más tarde, sobre todo en el programa «Super Team 33», que era bastante confidencial. Habría que esperar a 2013 y la colaboración Concepts x Tannery **11** para reavivar el interés por las 998 entre los coleccionistas de zapatillas. También hubo una serie de colaboraciones interesantes con tiendas yanquis como Premier, en Detroit **12**, o con la marca de ropa deportiva J. Crew **13**. ∎

ⅠⅠB 992	
LANZAMIENTO: **2006**	COLOR OG: **Gris**

14 NB992 WTAPS

Un bonito *branding* ofrecido por la marca japonesa fundada en 1996.

15 NB992 JJJJOUND

El estudio creativo de Montréal creado en 2006 optó por la sobriedad.

16 NB992 KITHMAS

Un diseño de Ronnie Fieg presentado el 25 de diciembre de 2020.

Steve Jobs, embajador. Heredera de la línea 99X, la 992 se lanzó en el año del centenario de New Balance. Una zapatilla con volumen suficiente para formar parte de la categoría *dad shoes* gracias a su mejor embajador, Steve Jobs. El jefe de Apple, que ya era un entusiasta de las 991, lució las 992 en varias ocasiones durante sus *keynotes*. En 2020, para su regreso, el modelo gris OG reeditado de manera inteligente voló de las tiendas de *sneakers*. New Balance dio vida a esa retrospectiva de colaboraciones que permanecerían como clásicos.

La colaboración con la marca de estilo militar WTAPS **14** de Tokio, limitada a 500 ejemplares, incendió internet y provocó una subida de precio. Los quebequenses de JJJJound **15**, con sus dos colores sobrios, colaboraron por segunda vez con la marca. Ronnie Fieg trabajó en las versiones Kithmas **16**, igual que el restaurante parisino Paperboy. ∎

ⅠⅠB 993	
LANZAMIENTO: **2008**	COLOR OG: **Gris**

17 993 COAST GUARD

Equipamiento de los marines y los guardacostas de Estados Unidos.

18 NB993 AIMÉ LEON DORE

El tratamiento de la marca neoyorquina de Teddy Santis, centrado en la herencia del *streetwear*.

Un par de puristas. Más elegante que sus predecesoras, la 993 es una mezcla perfecta entre la 991 y la 992. El modelo, muy popular en Estados Unidos, equipó a los marines y los guardacostas del ejército del país **17**. Las 993 constituyen un par de *sneakers* que Ronnie Fieg y Teddy Santis, nativos de Queens y grandes admiradores de NB, tuvieron el placer de rehacer. Desde hace varios años, Kith distribuye Special Make Up (SMU), producciones exclusivas llamadas «Kithstrike», que no son más

que versiones OG. Aimé Leon Dore tuvo el privilegio de colaborar con NB en el modelo mediante una paleta cromática inspirada en la Air Force 1, Beef & Broccoli **18**. Antes del bombo publicitario bastaba con entrar en eBay o en algún *outlet* americano para conseguir unas 993 OG por 80 dólares... ∎

990 V4 Stüssy™ Cream

M990SC4 | 29/09/2017

HUGE $ MONEY

990 V3 Slam Jam

M990MC3 | MILÁN | 12/10/2019

990 V3 Aries

ARIESARISE990V3 | LONDRES | 17/05/2018

990 V4 Pink Ribbon Faded Rose

M990KMN4 | 08/05/2018

TRUE BANGER

990 V3 Teddy Santis Raw Amethyst

M990TD3 | NUEVA YORK | 15/07/2022

990 V4 Pink Ribbon Komen Pink

M990KM4 | 08/05/2018

990 V4 Shoe City x Eat

M990EAT4 | BALTIMORE | 30/08/2018

990 V3 Todd Snyder Dark Ale

M990V3TDSNY | NUEVA YORK | 13/04/2019

UNDER RATED

990 V3 Joe FreshGoods Outside Clothes

M990JG3 | CHICAGO | 10/09/2021

LARRY'S BEST   TRUE BANGER

990 V3 JJJOUND™ Olive

M990JD3 | MONTREAL | 24/02/2022

990 V3 Bodega

M990BD3 | BOSTON | 16/06/2021

990 OG V5

M990GL5 | 13/02/2019

990 V5 Engineered Garments Grey

M990EGG5 | NUEVA YORK | 23/07/2019

990 V3 Kith™ Daytona

M990KH3 | NUEVA YORK | 16/06/2022

990 V4 Kith™ United Arrows & Sons™

M990KT4 | NUEVA YORK | 15/06/2022

990 V2 WTAPS™

M990WT2 | TOKIO | 03/09/2021

990 V3 Stray Rats™ Joker Grey

M990SR3 | MIAMI | 18/05/2019

990 V4 JJJOUND™

AMUS990MC3 | MONTREAL | 24/11/2018

990 V2 Aimé Leon Dore™ Life In Balance

M990AL2 | NUEVA YORK | 15/11/2019

990 V2 Kith™ Steel Blue

M990KT2 | NUEVA YORK | 30/04/2021

990 V5 Aimé Leon Dore™ Life In Balance

M990AL5 | NUEVA YORK | 15/11/2019

990 V3 Stray Rats™ Joker Black

M990SK3 | MIAMI | 26/09/2018

990 V3 JJJOUND™ Navy

M990SK3 | MONTREAL | 17/10/2021

990 V3 JJJOUND™ Brown Black

M990JD3 | MONTREAL | 12/05/2022

992 Paperboy

M992PB1 | PARÍS | 30/01/2021

992 OG Grey

M992GR | 15/03/2020

992 Levi's™ Grey

M992LV | 06/08/21

992 Concepts Changing Fruits

M992CT | BOSTON | 12/11/2021

992 Packer Shoes Curry

M992PK1 | JERSEY CITY | 12/09/2020

992 Kithmas Burgundy

M992KB | NUEVA YORK | 25/12/2020

992 WTAPS™

M992WT | TOKIO | 01/05/2020

992 JJJJOUND™ Mushroom

M992WT | MONTREAL | 01/05/2020

992 Todd Snyder 10th

M992TA | NUEVA YORK | 01/12/2021

992 Studio F7Y Benjima

M992YN2 | PARÍS | 22/10/2020

992 Kith™ Steel Blue

M992KT | NUEVA YORK | 22/05/2020

992 Joe FreshGoods No Emotions are Emotions

M992JFG1 | NUEVA YORK | 14/02/2020

992 JJJJOUND™ Pine

M992JJ | MONTREAL | 31/07/2020

992 Maroon

M992BA | 16/09/2020

MADE IN USA

993 Kith™ Grey
MR993GL | NUEVA YORK | 21/08/2018

993 Aimé Leon Dore™ Taupe
MR993ALL | NUEVA YORK | 08/11/2021

993 Burgundy
MR993BU | 01/01/2019

993 Kith™ Navy
MR993NV | NUEVA YORK | 21/08/2018

993 US Coast Guards
MR993CGD | 01/06/10

993 US Marines Olive
MR993MAR | 01/06/2010

LARRY'S BEST ✓

993 Aimé Leon Dore™ Beef & Brocoli
MR993ALD | NUEVA YORK | 08/11/2021

993 Kith™ Black
MR993BK | NUEVA YORK | 21/08/2018

997 Aimé Leon Dore™
Pink Tongue

M997ALD | NUEVA YORK |
12/04/2019

Kith™ 997.5 Ronnie Fieg
Mykonos Cyclades

M9975RF | NUEVA YORK | 14/10/2015

997 Jcrew™ Cortado

M997JC3 | 25/03/2017

998 Concepts
C Note

M998TN2 | BOSTON | 14/09/2013

997 Aimé Leon Dore™
Yellow Tongue

M997ALL | 12/04/2019

998 Bodega
Mass Transit

US998MCP | BOSTON | 27/04/2018

997 OG Grey

M997GY | 01/01/2018

998 Concepts
x the Tannery

M998TNY | BOSTON | 05/10/2013

997 Concepts Rosé

M997CPT | BOSTON | 08/11/2014

997 Concepts
Luxury goods

M997TNY | BOSTON | 07/02/2015

997 OG
Kith™ Nonnative

M997KH | NUEVA YORK | 21/11/2018

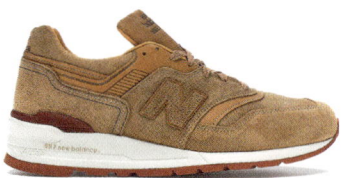

997 Red Wing™

M997RW | 06/09/2019

998 Jcrew™
Concrete Jungle

M998JC4 | 09/04/2014

997 Kith™
United Arrows & Sons™

M997KTI | NUEVA YORK–TOKIO |
21/11/2018

997S Bodega
No Days Off

MS997JBK | BOSTON | 04/04/2019

997 End Clothing
Persian Rug

M997END | NEWCASTLE | 12/12/2019

998 Horween Leather

M998DW | CHICAGO | 01/10/2014

998 Superteam 33
Luggage

M998LCR | 20/01/2008

997 Jcrew™
Butterscotch

M997JC1 | 12/03/2016

998 Kith™ Spring 2

M992KT | NUEVA YORK | 22/05/2020

997.5 Ronnie Fieg
Mykonos Archipelago

M9975KH | NUEVA YORK | 10/10/16

998 Sneaker Freaker
Tassie Devil

CM998SNF | MELBOURNE | 16/03/2013

998 Premier PRMR

M998PRMR | 22/08/2015

998 Kithstrike Bred

998BR | NUEVA YORK | 20/11/2015

1300 Japan Veg Tan
M1300JPV | 19/12/2020

1300 Alife™ Arc Grey
MR1300AR1 | 01/05/2016

1300 Explore by Air
1300GGO | 01/04/2013

1300 Alife™ Arc Teal
M1300AR2 | 18/02/2009

1300 Day tripper
M1300GGB | 01/01/2013

1300 JPJ Made in Japan
M1300JPJ | TOKIO | 17/07/2020

1300 JP3
M1300JP3 | 22/02/2020

1300 1300
Aimé Leon Dore™ Pink
M1300AD | NUEVA YORK | 28/05/2021

1300 Plaid Pack

M1300TB | 14/04/2021

1300 Levis™

M1300LV | 24/04/2020

1300 Ronnie Fieg
Mauve Sole

M1300KI | NUEVA YORK | 24/08/2020

1300 Aimé Leon Dore™
Green

M1300AL | NUEVA YORK | 28/05/2021

1300 Denim Cone Mills

M1300CD | 01/11/2014

1300 Ronnie Fieg
Salmon Sole

M1300NSL | NUEVA YORK | 12/10/2012

1300 Harajuku

M1300AP | TOKIO | 25/06/2020

992 JFG
DON'T BE MAD

2020

El diseñador de Chicago Joe FreshGoods revisitó
una NB 992 en una de las colaboraciones
más atractivas de 2020.

PARTE SUPERIOR

PARTE POSTERIOR

SUELA

SKU: **M992JFG**	DISEÑADOR: **Joe FreshGoods**	C: **rosa / rojo / granate**
MATERIAL: **ante + malla**	PRECIO DE SALIDA: **175 USD**	FECHA DE LANZAMIENTO: **14 feb. 2020**

He aquí una de las reinterpretaciones más bonitas de la New Balance 992, y tal vez la colaboración más atractiva del año 2020. El título de «No Emotions Are Emotions» podría traducirse por algo así como «deje que hable su corazón».

En lo que respecta a los colores, es preciso imaginar una disección rápida del principal órgano vital. Tenemos el rojo de la sangre, el granate y el rosa para los tejidos musculares y un toque de azul cielo que representa las venas a modo de cordones. En la lengüeta de cuero se lee la firma «DBM» («Don't Be Mad»), la marca de ropa creada por Joe «FreshGoods» Robinson. Diseñador autodidacta criado en el West Side de Chicago, a él le debemos, entre otras, la colección «Thank You Obama» junto a Chance the Rapper y, en un registro más gamberro, los gorros «I Wanna F*ck Rihanna».

Limitada a 500 ejemplares en todo el mundo, la NB 992 JFG se lanzó el día de san Valentín, lo que dio lugar a una interminable cola en las calles de Chicago, la ciudad que acogió el All-Star Game NBA aquel fin de semana. En el partido, Kawhi Leonard fue elegido MVP (*Most Valuable Player*, «Jugador más valioso») menos de dos años después de firmar su contrato con New Balance, y de ese modo reconectó también con su herencia en el baloncesto.

En el trascurso del año 2020, el par se revalorizó hasta el punto de alcanzar precios de cuatro cifras en la reventa. En la actualidad forma parte del panteón de las *sneakers* junto a las Air Max Cherrywood x Patta x Parra y las ASICS GLV Volcano de Ronnie Fieg. ∎

CONTRAFUERTE

PARTE SUPERIOR

Lengüeta

En cuero natural, dotada de una zona central en 3M y con la inscripción «DBM» («Don't Be Mad»).

Parte superior

Juego de materiales entre la malla premium y el ante rico en colores, del granate al rojo sangre y el rosa claro, en una paleta que sugiere el corazón humano.

Media suela

Media suela bicolor, blanca y negra, que aporta aerodinamismo a la silueta.

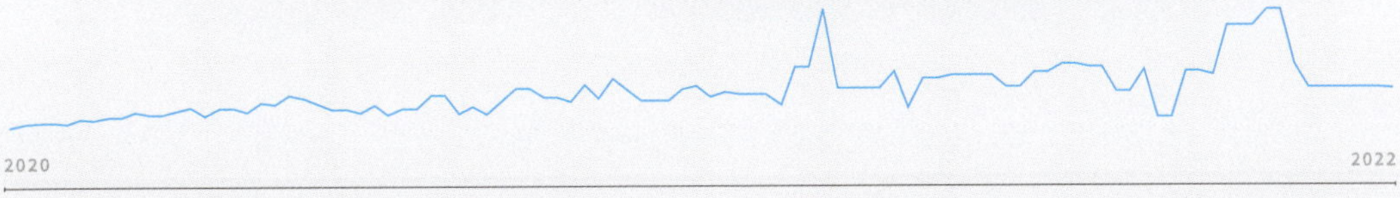

2020 — 2022

350 € - 4250 €
PRECIO MÍNIMO / MÁXIMO

55%
VOLATILIDAD

2000 €
PRECIO MEDIO DE VENTA

2430%
COTIZACIÓN MÁXIMA

SNEAKERS BUFÉ

**Nike Dunk SB
Ben & Jerrys™**

CU3244-100 | 26/05/2020

**NB992 Paperboy
Fried Egg**

M992PB1 | PARÍS | 30/01/2021

**Vans Authentic x Supreme™
Campbell Soup**

OQOD6VL | 12/05/2012

**Adidas Forum Low
M&M's™**

GZ1935 | 01/02/2022

EN LA MESA DE

De las Saucony Shadow 6000, inspiradas en una tostada con aguacate, hasta las Nike Kyrie Irving, con la imagen de los cereales Lucky Charms, las marcas de *sneakers* hallan refugio en la comida y se divierten haciendo malabares

Y COMIDA: LIBRE

**Nike SB Stefan Janoski
Skate Mental
Pepperoni Pizza**

8455711-619 | 17/06/2016

Nike AF1 Low Coffee

DD5227-234 | 01/03/2021

Nike AM90 NRG Picnic

DH5244-600 | 09/02/2022

**NB 920 Beams™ x Paperboy
Stainless Tools**

M920PPB | 08/05/2022

LOS GRANDES

con los logotipos de conocidos dulces y los estampados de los colores de un determinado plato. En ocasiones, los restaurantes son invitados a la mesa, como es el caso de la cafetería parisina Paperboy.

«Todo empezó en el restaurante, como con la mayoría de las marcas con las que colaboramos. En 2019, un equipo de New Balance Boston vino a tomar un sándwich. Hicimos buenas migas porque en Paperboy nos gustan especialmente las *sneakers*; hemos crecido con esta cultura. NB nos propuso una selección de modelos según nuestras afinidades e imaginamos combinaciones de colores relacionadas con la carta del restaurante y el universo culinario.

Así, la primera colaboración fue una 801 Tuna Tataki Sandwich; la segunda, una 992 con los colores de un huevo frito, y la tercera, una 920 que sugiere el acero inoxidable de la cocina».

JAMES DRIDI, JEFE DE PAPERBOY

Nike AF1 Popcorn
CW2919-100 | 10/03/2021

Nike AM1 Strawberry Lemonade
CJ0609-600 | 04/11/2020

Asics GL3 Kobe Beef
1191A347-700 | 01/03/2020

Diadora V7000 x Footpatrol Macchiato
501.1711340 | 25/11/2016

Nike AM1 Watermelon
AH8145-106 | 29/03/2018

Diadora N9000 x Feature LV Pistachio
501170658 | 08/07/2016

Nike SB Blazer Milk Crate
314070-141 | 01/05/2007

NB801 Paperboy Tuna Tataki Sandwich
ML801PBC | 10/02/2020

Nike Dunk SB 7-Eleven™
CZ5130-600 | 26/08/2017

Saucony Shadow 6000 Food Fights
S70595-1 | 09/10/2021

Asics Gel Respector x 24 kilates Virgin Oil
305381-014 | 26/08/2017

Nike Dunk Sb Coffee Lover
313170-213 | 10/05/2016

Nike SB Dunk Hi x Concepts Turdunken
DC6887-200 | 23/11/2020

Nike Dunk SB Lo x Concepts Red Lobster
313170-661 | 31/05/2008

Nike Dunk SB Lo x Concepts Blue Lobster
313170-342 | 20/06/2009

MADE IN UK

NEW BALANCE

			CAP. 14

NOMBRE	**NB1500 UKG**
REEDICIÓN	**23 de octubre de 2010**
DISEÑADOR	**NB + Hanon Shop**
COLOR	**Gris claro / azul**
MATERIAL	**Ante + cuero + malla**
PRECIO DE SALIDA	**140 USD**

LAS JOYAS DE LA CORONA

DESDE 1982

Fue en el noroeste de Inglaterra, y más concretamente en el «pueblo» de Flimby, de menos de 2000 habitantes, donde New Balance instaló su fábrica en el Reino Unido, la única en Europa.

Reconocida por la calidad de su saber hacer, la fábrica emplea a 270 personas que confeccionan en torno a 600 000 pares al año. Las *sneakers* dedicadas al *lifestyle* representan un 20 % de la actividad. Esas zapatillas, que requieren el corte y el ensamblaje de 46 piezas de cuero o tejidos sintéticos, se fabrican de principio a fin. Un funcionamiento de estilo «artesanal» a escala mundial de la producción de *sneakers* y su productividad industrial en el continente asiático.

La etiqueta *made in UK* se lo debe todo a Flimby, que produce una parte selectiva de la gama NB. Un proceso de fabricación a menudo materializado por la presencia de la Union Jack en la lengüeta de las zapatillas, y que crea confusión entre los neófitos.

B 576	
LANZAMIENTO: **1988**	COLOR OG: **Azul marino**

¡Gracias, Bill Clinton! En 1988, los fabricantes de equipamientos deportivos para el *running* tuvieron que hacer frente a la formidable Nike Air Max 1. La respuesta de New Balance a la competencia fue la 576, un conjunto de 27 componentes (frente a la media de diez en los modelos anteriores), incluyendo una media suela C-CAP y tecnología ENCAP, una doble capa de espuma de poliuretano y EVA desarrollada en asociación con la empresa japonesa Moonstar. El sistema, ya probado con la 565, ofrecía comodidad y estabilidad. En lo que respecta al diseño, la 576 es una remezcla inversa de la 675 en cuanto a materiales y colores. No obstante, la 576 pasó desapercibida en Estados Unidos (excepto en Nueva York, donde sí es apreciada). En marzo de 1997, la *sneaker* tuvo su momento de gloria mediática cuando Bill Clinton apareció con unas 576 ① al salir del hospital tras una operación de rodilla. El cuadragésimo segundo presidente de Estados Unidos reavivó un poco el interés por el modelo. Diez años después, la era de las colaboraciones estaba en pleno apogeo en Europa y la tienda londinense Footpatrol presentó unas 576 de cuero *ultrapremium*, Black o Brown, con un gran logo de la «N» en velcro disponible en varios colores. La 576 sirvió de base para asociaciones que ilustran el espíritu británico, como ocurrió en 2010 con la elegante marca de zapatos Grenson ②. ∎

① 576 FOOTPATROL
Una colaboración *premium* con la tienda londinense de *sneakers*.

② NB576 GRENSON
Colaboración con el fabricante de zapatos de Northamptonshire.

B 577	
LANZAMIENTO: **1989**	COLOR OG: **Azul marino**

Un bombazo. La 577, otra *sneaker* imprescindible de Flimby, se presentó en 1989, después de la 576 y con la misma tecnología. Su silueta más agresiva serviría de base a varias colaboraciones europeas, como la famosa Kakkerlak, que significa... «cucaracha» en neerlandés. El par fue producido en 2008 por el equipo de LFSTL, una antigua *boutique* con sede en Róterdam, que trabajó sobre el principio de que una cucaracha puede adaptarse y soportar cualquier entorno. Cada color tiene un significado: el azul petróleo simboliza la industria de la ciudad portuaria; el morado alude a la apertura de espíritu, etcétera. La 577 alimentó los programas dirigidos por tiendas punteras durante todo el año 2010: por ejemplo, los suecos de SNS ③, los australianos de Highs & Lows ④ o los italianos de Stone Island. Algunos de los grandes nombres del diseño, como Ronnie Fieg y Jeff Staple, reelaboraron esta pieza. La 577 también tiene una edición en negro y plata creada en exclusiva para el ejército israelí. ∎

③ NB577 SNS
Un colorido tratamiento de los suecos de Sneakersnstuff.

④ NB577 HIGHS & LOWS
Este *pack* de dos colaboraciones con la tienda australiana sugiere la dualidad Nights & Days.

5 M1500 HANON CHOSEN FEW

Colaboración realizada en 2012 con los escoceses de Hanon, con sede en Aberdeen.

6 M1500 NAZAR EYE

Limitada a 180 ejemplares, esta zapatilla hace referencia al mal de ojo, una creencia muy extendida en Turquía.

7 M1500 TOOTHPASTE

El *pack* creado en 2007 por los berlineses de Solebox contiene un cepillo de dientes.

B 1500	
LANZAMIENTO: **1989**	COLOR OG: **Gris azulado**

La silueta más popular. Diseñada en 1989 por el legendario Steven Smith, autor de varios éxitos (574, 997, etcétera), la 1500 se concibió en un espíritu multideportivo: tenis, baloncesto y, sobre todo, *training*. La idea inicial fue la de transmitir la sensación que se percibe cuando uno se acomoda en un coche de lujo tipo Rolls-Royce. Eso explica la elección de los revestimientos en cuero y ante de la más alta calidad. Probablemente estemos ante la silueta de New Balance más conocida en la actualidad, y la que ostenta el récord de colaboraciones. En nuestro top: la colaboración parisina de 2007 con Colette y la MJC limitada a 190 ejemplares que mezcla la parte superior en ante gris antracita y materiales en carbono, todo ello animado con un toque de fucsia. ¡Una verdadera obra de arte! La propuesta de la tienda escocesa Hanon 5: una Chosen Few con matices de azul en un equilibrio inusual. Y, por último, la M1500 Nazar Eye 6, homenaje a la cultura turca, y la M1500 Toothpaste 7, obra de los berlineses de Solebox en color menta o naranja, inspirada en un tubo de dentífrico y vendida con un cepillo de dientes. Esta última alcanzaría precios elevados en la reventa. ∎

B 991	
LANZAMIENTO: **2001**	COLOR OG: **Gris**

Una magnífica edición de aniversario. El buque insignia de la producción inglesa, la 991 (lanzada en 2001), fue el primer par que incorporó la tecnología ABZORB en la media suela, en la parte delantera, pero sobre todo en el talón, ofreciendo una excelente amortiguación. La suela en caucho Ndurance proporciona una durabilidad máxima a lo largo del tiempo. Para celebrar el 20.º aniversario de la 991, los fans de NB pudieron optar a varios tratamientos, entre ellos una magnífica edición aniversario de color gris lobo en materiales *premium*, que se vendía con una pequeña bolsa y «2001-2021» bordado en los talones. Por supuesto, participaron varias figuras del diseño colaborativo: Patta en primer lugar, con una exclusiva muy eficaz para volver a dar que hablar. La tienda milanesa de referencia Slam Jam 8 preparó una edición gris-negra adornada con plata en 3M. Por último, el equipo Stray Rats 9 de Miami aportó un pequeño toque de locura a este modesto modelo. ∎

8 NB991 SLAM JAM

Una 991 de la tienda italiana fundada por Luca Benina en 1989.

9 NB991 STRAY RATS

Una base en ante negro y la N violeta componen esta NB presentada en 2021.

Three good reasons why New Balance makes running shoes in different widths.

Feet are remarkably like the people who own them.

Some are long and skinny. Some are short and broad. And others are everywhere in between.

At New Balance, we've always held the view that if feet come in different widths, so should our running shoes. It doesn't make it any easier for us to produce them. But it does make our shoes a lot better for a whole lot of runners.

The way we look at it, getting fit starts with your feet.

New Balance running shoes are available for men in four widths— B, D, EE and EEEE. And for women, in three—AA, B and D.

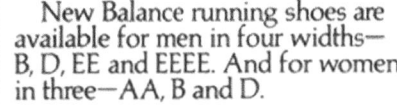

New Balance Athletic Shoe, Inc., Boston, MA 02134.

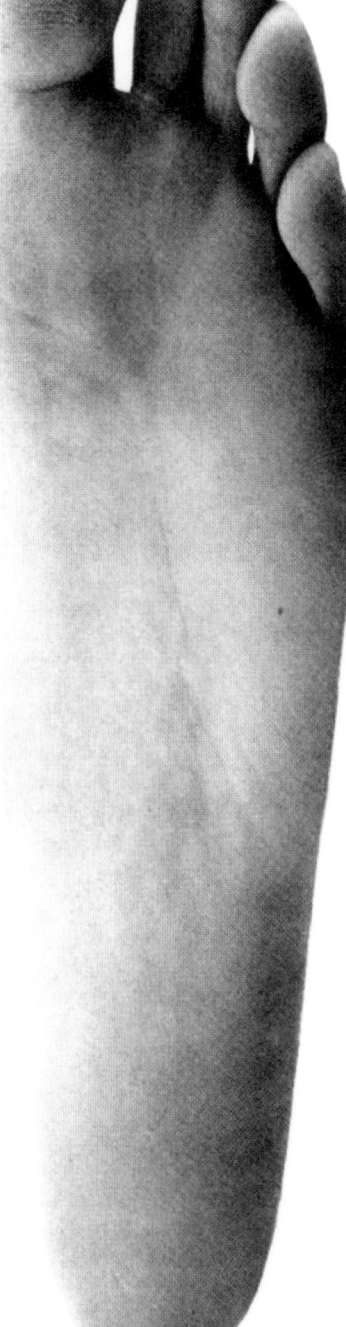

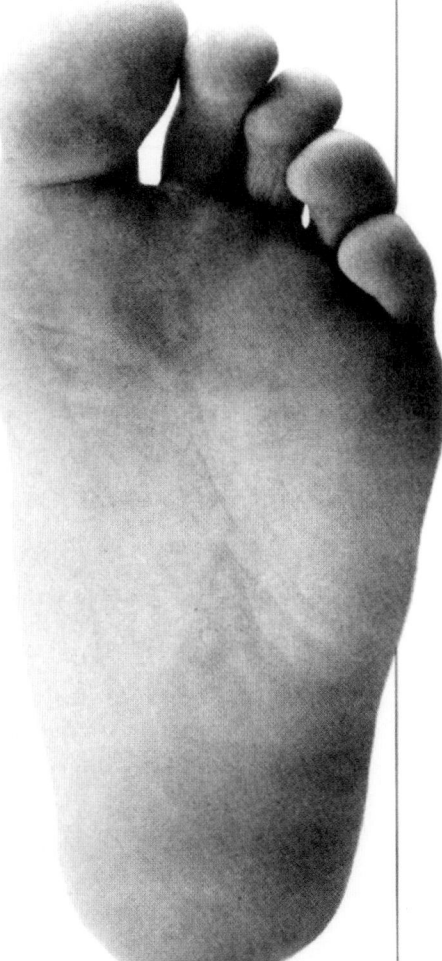

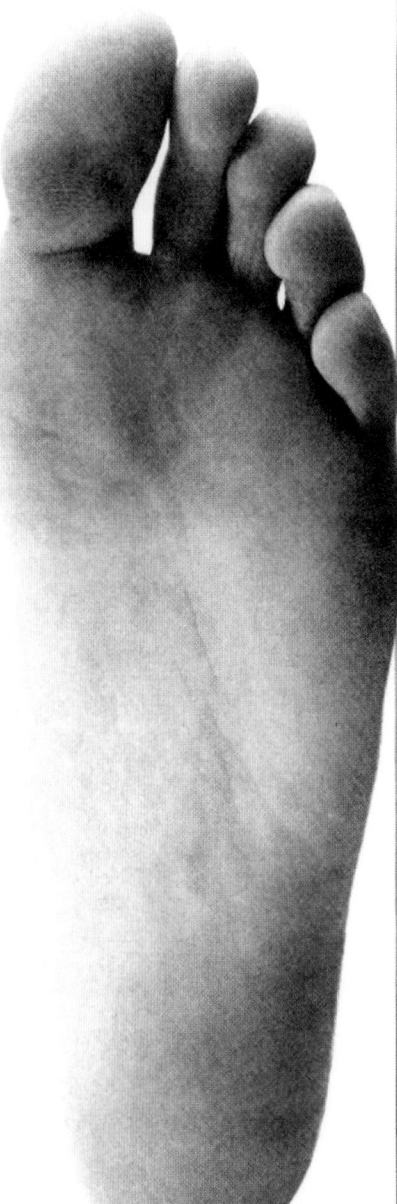

1500 Solebox
Toothpaste

M1500WTU | BERLÍN | 02/11/2007

1500 End Clothing
Rainbow Eucalyptus

M1500EUC | NEWCASTLE | 18/12/2020

1500 Norses Project™
Danish Weather

M1500N02 | COPENHAGUE | 01/01/2013

1500 SNS RGB Pack

M1500SNS | ESTOCOLMO | 29/10/09

1500 Colette x La MJC™

M1500CBP | PARÍS | 07/07/2007

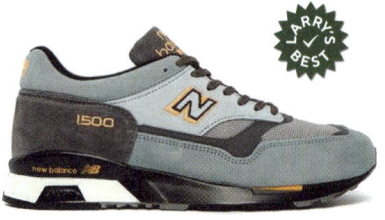

1500 Starcow

M1500SCB | PARÍS | 01/01/2013

1500 Hanon
Chosen Few

M1500CHF | ABERDEEN | 31/08/2012

1500 Crooked Tonges™
Black Beard

M1500BFR | LONDRES | 01/12/2006

577 Highsnobiety Ulam Spiral

M577HSNB | BERLÍN | 04/09/2019

577 Bodega Hypercat

CM577BGA | BOSTON | 21/09/2013

577 The Goodwill Out Autobahn

M577GW01 | COLONIA | 02/11/2013

577 SNS Milkrate Athletics

M577SN1 | ESTOCOLMO | 30/05/2012

577 Hanon™ Flimby Legend

M577HAN | ABERDEEN | 20/09/2020

577 Burn Rubber Joe Louis

CM577BR | DETROIT | 16/11/2013

577 Ronnie Fieg Americana

CM577KH | NUEVA YORK | 03/12/2013

577 Staple™ Pigeon Black

DM7866-140 | NUEVA YORK | 17/11/2012

991 Aries Neon Yellow

M991AFL | LONDRES | 29/10/2019

991 SNS
Secret Colorway

M991SNS | ESTOCOLMO | 26/02/2022

991 Harris Tweed

M991HT | 09/12/2021

991 Pink

W991PNK | 09/04/2021

991 Patta™

M991PAT | ÁMSTERDAM | 29/01/2021

991 Paperboy
x All Gone

M99AGPB | PARÍS | 21/01/2022

991 Dover Street Market
40th Anniversary

M991DSM | LONDRES | 14/04/2022

991 Aimé Leon Dore™
Made in UK

M991LIO | NUEVA YORK | 30/05/22

991 Run The Boroughs
London Marathon

M991LM/ 29/09/2021

991 Slam Jam

M991SJM | MILÁN | 07/05/2021

991 Stray Rats™ Black

M991SRP | MIAMI | 10/12/2021

The 1500 Series. The To Be Found In

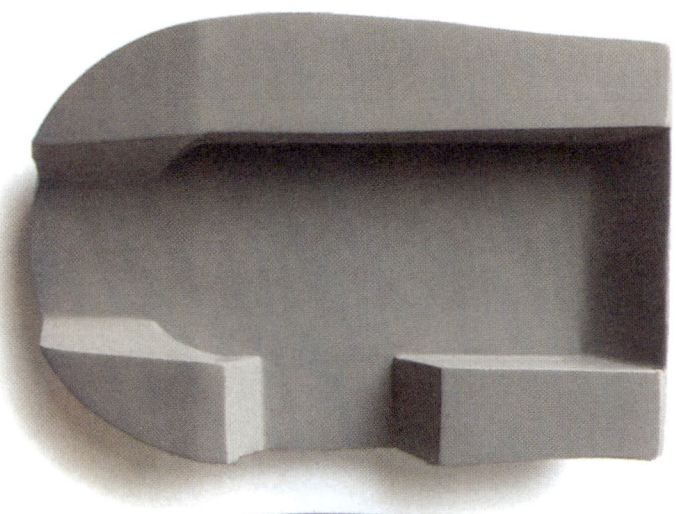

Most midsoles contain either one or two materials. Ours, on the other hand, are composed of a total of six. Two of these—an Evathane core and a polyurethane shell—have been joined together by our patented ENCAP® process. The result: a highly compression-resistant midsole that provides unprecedented cushioning, stability and energy return.

Our Metatarsal pad provides extra cushioning and forefoot flexibility.

Runners get additional support from our anatomically contoured, polyurethane heel wrap. This device provides a unique "cradle" for the upper, resulting in a more stable foot plant.

A specially designed, multi-density, polyure-thane insert—for running and tennis —retains its shape and cushioning much longer than traditional inserts.

A nylon ankle reinforcement strap provides exceptional support and stability where basketball players need it most.

Uncommon attention to detail is what makes the 1500 Series so remarkable. A case in point: a unique lace lock design on our tennis shoe.

Best Athletic Shoes These Parts.

Only the finest materials go into our uppers. Soft, yet supportive, full-grain leather. Supple and breathable pigskin. Durable reinforcing mesh panels. And a newly developed performance material called Syntech that's strong and water-resistant.

The lightweight, abrasion-resistant rubber outsole can take miles and miles of punishment—whether you put on your miles by going straight ahead, sideways, or back and forth.

Introducing the 1500 Series. Running, basketball and tennis shoes that contain the best components the material world has to offer, plus several materials we invented ourselves. So now, if you still want to consider alternatives, we have only this to add: *There aren't any.* At least not in these parts.

Shoes that fit better, perform better. So, to insure a more perfect fit, each of our shoes is available in a variety of widths—another New Balance trademark.

new balance®

M991 Y 1500 ONE BLOCK DOWN

2020

La tienda milanesa One Block Down reinterpretó dos pares de New Balance inseparables del *lifestyle* italiano.

PARTE SUPERIOR

PARTE POSTERIOR

SUELA

SKU: **M1500RMAGRY**	DISEÑADOR: **One Block Down**	C: **gris pardo / gris / rojo**
MATERIAL: **ante + malla**	PRECIO DE SALIDA: **170 €**	FECHA DE LANZAMIENTO: **16 dic. 2020**

Una vez introducidas en el mercado, las *sneakers* New Balance supusieron una revelación para los italianos, que pudieron imitar los estilos hasta entonces reservados a los estadounidenses, los británicos y los japoneses.

Quien así lo afirma es Patrizio Vita, fundador de la tienda One Block Down, instalada desde 2009 cerca de la Piazza del Duomo de Milán. Capital discutida de la moda, pero indiscutible del diseño, la ciudad hizo de la M991 el símbolo de cierto estatus social muy apreciado por la burguesía.

Para esta colaboración Marble Grey, la palabra «Milán» está bordada en la parte trasera del talón, y el conjunto es una mezcla de ante, cuero y malla. Un par ideal para un pequeño crucero por el Riva durante un fin de semana o unas vacaciones en el lago

Como. Junto a esta reinterpretación de las M991, el fabricante americano también confió a One Block Down el lavado de cara de las 1500, otra punta de lanza de la producción británica. Esta Roma está dedicada a la capital italiana, donde OBD abrió una segunda tienda. El par, que combina diferentes tonos de gris, supone un guiño al impacto que ha tenido el *running* en los hinchas romanos, fans del *made in UK*. Sin dejar de respetar al original, esta versión de la 1500 se distingue por su acabado, con pasacintas «One Block Down» en amarillo fosforito y la inscripción «Rome» bordada en rojo en el guardabarros. ∎

GUARDABARROS

CORDONES

Parte superior
*Tratamiento en ante
y malla gris, fiel al ADN
de New Balance.*

Contrafuerte
*Bordado en color
rojo en el talón.*

Cordones
*Pasacintas en plástico
de color amarillo fosforito
con la inscripción «One
Block Down».*

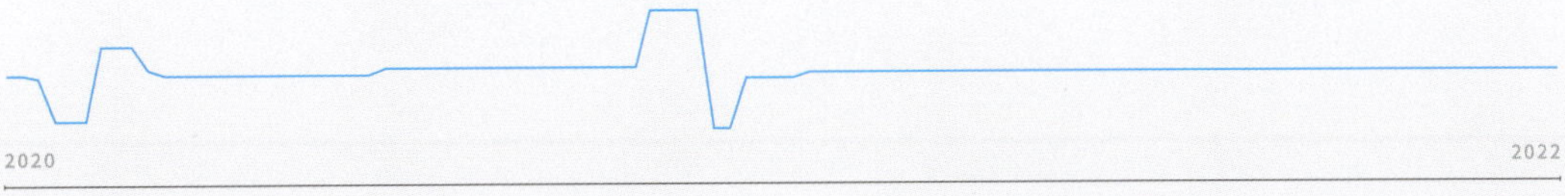

220 € - 460 €
PRECIO MÍNIMO / MÁXIMO

15%
VOLATILIDAD

350 €
PRECIO MEDIO DE VENTA

270%
COTIZACIÓN MÁXIMA

2020

2022

EL PACK

Las M1500 Rome y las M991 Milan
simbolizan la cultura y la presencia
de New Balance en Italia.

MADE IN ASIA

NEW BALANCE

NB	THE CLASSIC TRUE BANGER HYPE TICKS	CAP. 15

NOMBRE	NB 2002R Protection Pack
REEDICIÓN	20 de agosto de 2021
DISEÑADOR	Yue Wu
COLOR	Nube de lluvia / gris
MATERIAL	Ante sintético + malla
PRECIO DE SALIDA	150 USD

PERLAS CULTIVADAS

DESDE 1992

Como la inmensa mayoría de las empresas que componen la industria del calzado deportivo, New Balance trasladó parte de su producción a Asia, y más concretamente a China, Indonesia y Vietnam. El *made in Asia* corresponde en la mayoría de los casos a modelos de gama básica o versiones de bajo coste de NB, como las anodinas 420. No obstante, hay algunas sorpresas agradables dignas de mención.

B 550	
LANZAMIENTO: **1989**	COLOR OG: **Blanco**

[1] NB550
AIMÉ LEON DORE

Tratamiento sobrio propuesto por la marca de Teddy Santis.

[2] NB550 RICH PAUL

El agente deportivo seleccionó un cuero blanco roto perforado con detalles en azul eclipse.

La herencia del baloncesto. Recuperada del armario por Teddy Santis, la 550 es un modelo nacido en 1989 que volvió con una comunicación perfeccionada que revolucionó el programa de NB en 2020. La silueta que bebe de la herencia del baloncesto de la marca (la firma de Boston patrocinó al alero estrella de los Lakers, James Worthy, en la década de 1980) es una interesante alternativa a las omnipresentes Nike Air Force 1 y Dunk. Respaldada por la estrella emergente del *sportswear* neoyorquino Aimé Leon Dorea [1], el modelo se presentó como una colaboración en tonos *hipster*: una base de cuero blanco o crema, versiones en cuatro colores y una suela amarillenta para un toque *vintage*. La guinda del pastel *old school* la puso DJ Premier, invitado de honor en algunos anuncios de la línea. Tras un lanzamiento a escondidas, New Balance suministró a grandes cadenas como Foot Locker y JD Sports, aunque sin dejar de limitar ciertos colores rentables. El modelo fue cobrando protagonismo y la clientela femenina mordió el anzuelo. Seguiría una colaboración con el poderoso agente deportivo estadounidense Rich Paul [2], gestor de los derechos de LeBron James. Hablando de baloncesto: Kawhi Leonard, la estrella NBA de los Clippers de Los Ángeles, tiene contrato con New Balance desde 2018. ∎

1600	
LANZAMIENTO: **1994**	COLOR OG: **Gris azulado / azul marino**

En el panteón de la *sneaker*. La 1600, un modelo versátil del catálogo de New Balance lanzado en 1994, es una de las escasas zapatillas de esta serie de cuatro dígitos que utiliza el sistema ABZORB, mención discretamente bordada en el talón. La 1600 disfrutó de una segunda juventud a partir de 2012 gracias a una serie de reediciones y colaboraciones pensadas para el mercado estadounidense. A la cabeza, la 1600 Daytona ③ de Ronnie Fieg, un modelo con buenos resultados en el mercado de la reventa que entraría en el panteón de la *sneaker,* como demuestra la reutilización en una 990 V3 de su código de colores en un programa de aniversario que celebró los 15 años de Kith en 2022. En un registro más colorido, cabe destacar la UBIQ The Benjamin ④, creada en homenaje a Benjamin Franklin, figura histórica de Filadelfia (ciudad en la que tiene su sede la tienda). ∎

③ **NB1600 DAYTONA**

Uno de los mayores éxitos de la asociación entre Ronnie Fieg y New Balance.

④ **NB 1600 UBIQ THE BENJAMIN**

Colaboración homenaje a la historia americana con la tienda de referencia de Filadelfia.

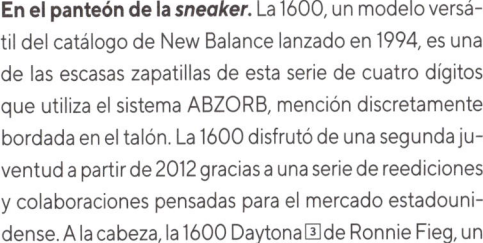

MT580	
LANZAMIENTO: **1996**	COLOR OG: **Azul marino / gris claro**

Una silueta *trail* musculada. Adaptación de la 585 *made in USA*, la MT580 presenta una silueta *trail* musculada y altamente tecnológica con influencia directa de las Nike Air Max 95. La zapatilla está equipada con una suela de fibra de carbono «Rollbar» elevada que al principio no convenció a nadie... a excepción de la juventud de Tokio, que se abalanzó sin dudarlo sobre las estanterías repletas de MT580 rebajadas. Un excelente arreglo para los fans del *streetwear* sin dinero. En 1999, New Balance Japón organizó una asociación pionera con Mita Sneakers, un distribuidor del barrio de Ueno de la capital nipona, y Real Mad Hectic, una marca local de *streetwear* con sede en Tokio. Tras comprender la tendencia expresada por la calle, Mita Sneakers propuso la MT580 a New Balance en un momento en el que las colaboraciones entre una marca y una tienda de *sneakers* no existían. Mita y Real Mad Hectic siguieron colaborando con New Balance en varias ocasiones durante la década siguiente, con Stüssy ⑤ y Undefeated ⑥ como invitadas.

A principios de la década de 2000, los coleccionistas de zapatillas estadounidenses y europeos se volvieron locos por estos productos «exclusivos de Japón», muy difíciles de conseguir sin una buena red local. A partir de 2007, las MT580 se introdujeron por fin en el mercado americano con un buen programa de colaboraciones: West NYC en Nueva York, Burn Rubber en Detroit, Shoe Gallery en Miami y Capsule en Toronto ⑦. ∎

⑤ **NB580 STÜSSY X MAD HECTIC**

Modelo propuesto por la marca japonesa de *streetwear*, ya desaparecida.

⑥ **NB580 STÜSSY X UNDFTD PESTO**

Colaboración muy colorida que reunió a Real Mad Hectic, Stüssy y Undefeated en 2008.

⑦ **NBMT580 CAPSULE**

Un guiño de la tienda de Toronto al esmoquin canadiense, el *total look* vaquero.

8 NB1700
UNITED ARROWS

Minimalismo de rigor para
la marca japonesa creada
en 1989.

9 NB1700
MITA SNEAKERS

Versión creada por la tienda
Mita Sneakers, situada en
el barrio de Ueno, Tokio.

IB 1700	
LANZAMIENTO: **1999**	COLOR OG: **Gris / azul marino**

¡Se ama o se odia! Fabricada en Estados Unidos y en Asia, la 1700 es una zapatilla muy apreciada en Japón. Este modelo creado en 1999 no deja indiferente a nadie con su línea robusta a lo *dad shoe,* sus numerosas piezas en cuero y su puntera atípica: ¡se ama o se odia! Existen numerosas colaboraciones para el mercado japonés, en particular con Atmos, United Arrows 8 y Mita Sneakers 9. ∎

10 NB2002R WATER BE
THE GUIDE

Para esta paleta, Salehe
Bembury se inspiró en
las cataratas de Havasu,
en Arizona.

11 NB PROTECTION PACK
RAIN CLOUD

Uno de los modelos más
atractivos de New Balance.

12 NB 1906R
THISISNEVERTHAT

Notable colaboración
con la marca de Seúl.

IB 2002R	
LANZAMIENTO: **2012**	COLOR OG: **Castle Grey**

Éxito rotundo para la «Protection Pack». La 2002R apareció en 2012 en versión made in USA, repleta de tecnología y dedicada al rendimiento, con un precio de 250 dólares. En aquel momento, el par permaneció en las estanterías de las tiendas de *running.* En 2019, New Balance se apuntó a la tendencia de las *running neovintage* y reeditó el OG Castle Grey de las 2002R. En aquella ocasión, la zapatilla se fabricó en Asia y se puso a la venta por 140 dólares únicamente en tiendas de *sneakers.* New Balance se acercó a continuación a Salehe Bembury, la estrella ascendente del diseño, que ofreció dos magníficos tratamientos inspirados en su pasión por el senderismo: la Peace Be The Journey y la Water Be The Guide 10. No obstante, el modelo estrella fue la «Protection Pack» (2021): un éxito rotundo de las 2002R Rain Cloud 11 con su parte superior de malla gris reforzada con piezas superpuestas de ante y sus líneas irregulares que dan la impresión de que el material se ha erosionado con el paso del tiempo. La lengüeta de espuma acentúa el aspecto deconstruido. El *pack* incluye una versión Phantom en negro. De la familia «R», me pido la 1906R, prima de la 2002R, diseñada como homenaje al año de la creación de New Balance. Lanzada en 2009, la 1906R tuvo una magnífica reinterpretación en 2022 por parte de los coreanos de thisisneverthat 12 y anunció claramente la tendencia de las zapatillas de *running* de alta tecnología que estaba por llegar. ∎

550 Auralee
BB550AR | TOKIO | 26/07/2021

550 Joe FreshGoods
Conversations Amongst us
BB550BH1 | CHICAGO | 15/04/2022

550 Au Lait
BBW550WA | 15/03/2022

550 Seasalt Varsity Gold
BB550LA1 | 07/05/2021

550 Aimé Leon Dore™
Natural Green
BB550A2 | NUEVA YORK | 16/04/21

550 Rich Paul
BB550RP1 | 10/12/2021

550 Size?™ College Pack
BB550SIZ | 08/07/2021

550 Aimé Leon Dore™
White Red
BB550AE1 | NUEVA YORK | 09/10/2020

580 Real Mad Hectic™ x Stüssy™ « Mad Stüssy »

MT580TB | 23/09/2003

580 Colette™

MRT580C6 | PARÍS | 09/07/2016

580 Capsule Canadian Tuxedo

MT580CBU | TORONTO | 04/10/2014

580 Shoe gallery Tour de Miami

MRT580SG | MIAMI | 22/11/2014

580 La MJC x Colette x UNDFTD™ PSG™

MT580XCO | PARÍS | 29/09/2012

580 West NYC Alpine Guide

MT580WST | NUEVA YORK | 22/09/2012

580 Mita Sneakers x SBTG™

MRT580SM | TOKIO-SINGAPUR | 18/01/2014

580 Wings and Horns

MT580WH | VANCOUVER | 13/12/2014

1600 Ronnie Fieg
Daytona

CM1600KH | NUEVA YORK | 29/11/2013

1700 Kith™
The Colorist Pink Toe

M1700K1 | NUEVA YORK | 31/01/2020

1600 UBIQ
The Benjamin

CM1600BN | FILADELFIA | 29/06/2013

1600 Nice Kicks
Grand Anse

CM1600NK | AUSTIN | 14/03/2014

1700 Japan Limited

CM1700NJ | 10/07/2020

1700 SNS RGB Pack

M1700SNS | ESTOCOLMO | 29/10/2009

1700 Kith™
the Colorist Blue Toe

M1700K2 | NUEVA YORK | 31/01/2020

1700 JP

M1700JP | 15/10/2021

2002R Protection Pack Sea Salt
M2002RDC | 20/08/2021

2002R ThisIsNeverThat™
M2002RTH | SEÚL | 21/09/2020

2002R Protection Pack Rain Cloud
M2002RDA | 20/08/21

2002R Protection Pack Pink
M2002RDH | 02/09/2022

2002R Ssense
M2002RSS | MONTREAL | 01/04/2022

2002R Jd Sport™ Grey Black
M2002RC1 | 01/01/2022

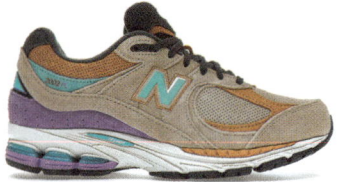

2002R JCREW™ Incense
M2002RWA | 20/09/2021

2002R Salehe Bembury Peace Be the Journey
ML2002R1 | 23/10/2020

2002R Salehe Bembury Water Be the Guide
ML2002RJ | 25/06/2021

2002R OG Light Grey
ML2002RA | 03/09/2020

2002R Bryant Gilles What now?
M2002RAG | CHICAGO | 14/07/2022

2002R The Basement Olive Black
M2002RRBA | LONDRES | 26/06/2022

2002R Bape™ Camo Black
M2002RBF | TOKIO | 22/05/2021

2002R Protection Pack Phantom
M2002RDB | 20/08/2021

2002R FDMTL™ x COSTS™
ML2002RS | TOKIO-SHENZEN | 20/11/2020

SALEHE BEMBURY

«UNA NEW BALANCE CON UN SILBATO INTEGRADO ES UNA NOVEDAD HISTÓRICA».

Impulsado por Kanye West, el brillante diseñador neoyorquino instalado en Los Ángeles camina sobre el agua. Yeezy, Versace, New Balance, Crocs... Salehe Bembury es el responsable de algunas de las siluetas más innovadoras de los últimos años gracias a un proceso creativo extremadamente elaborado. A ese ritmo no tardará en entrar en la competición por el título oficial de GOAT (*Greatest Of All Time*, «El mejor de todos los tiempos) del diseño de *sneakers*... y de zapatillas de espuma.

¿Qué recuerdos guarda de las primeras *sneakers* que llevó?

S . B . : No estoy seguro de recordar mis primeras *sneakers*. Pero creo que la primera vez que sentí una emoción fue cuando descubrí las Jordan 3. De hecho, me tatué la suela en el brazo, lo que dice algo de mi apego con este par. Lo que me atrajo de esta cultura en primer lugar fue la diversidad de marcas y universos, las zapatillas de baloncesto, las de *running*... pero no necesariamente un modelo específico. Este campo me resultó realmente apasionante en su totalidad. Crecí en Nueva York, una ciudad donde las *sneakers* están ligadas a la cultura pop, el hiphop y la televisión. Estaban tan presentes a mi alrededor que lo absorbí todo. Una persona procedente del extrarradio o del campo puede dejarse influir por un par de zapatillas que ha visto en una revista o en internet. En mi caso, las *sneakers* eran una fuente constante de inspiración.

Desde Payless, una cadena de calzado barato, hasta Yeezy, la primera mitad de su carrera ha sido rica en experiencias muy diversas. El punto de inflexión llegó cuando trabajó en las Boost 350 [1] y después en las Boost 750 [2]. ¿Qué aprendió del contacto con Kanye West?

S . B . : Lo que aprendí trabajando con Kanye es que no hay reglas. Al principio de mi carrera pasé mucho tiempo siguiendo de manera escrupulosa una serie de reglas sobre diseño, *marketing* y *merchandising*. Pero Kanye desafía las reglas, además de ser un verdadero pionero. En Yeezy me pidieron que hiciera cosas que se suponía que no debía hacer si me ceñía a mi formación tradicional. Verme ante alguien que innova constantemente me permitió explorar espacios que todavía no había explorado como diseñador. Kanye estimuló mi creatividad y me dio las herramientas para mejorar como diseñador y ser capaz de trabajar de manera autónoma.

¿Cómo incorporó su filosofía a su proceso creativo?

S . B . : Recuerdo haber leído una entrevista a Kanye en la que le preguntaban por su talento como diseñador y respondió: «Tienes que ser capaz de crear un producto ante el que la gente tenga que pararse y decir: "*What the fuck?*"». Es una declaración tan pragmática como poética: la posibilidad de idear un producto que provoque emociones es una oportunidad excepcional. Ahora, cuando creo un diseño, siempre intento aplicar esta doctrina desde un punto de vista del *storytelling,* del aspecto utilitario y funcional del zapato.

¿Se ha convertido este enfoque en un mantra?

S . B . : Sin duda, inconscientemente. Lo más difícil es conseguir un efecto «*what the fuck*» que vaya en la dirección que quiere el diseñador. Siempre me planteo la pregunta del «por qué». Hay tantos productos que carecen de armonía... El éxito de un zapato depende de los detalles. Una suela demasiado grande por tres milímetros puede marcar una enorme diferencia. Las proporciones y la silueta son probablemente los dos elementos más importantes. Prefiero cuando una *sneaker* despierta la curiosidad y empuja a la reflexión, y busco el equilibrio justo entre el aspecto irresistible de un diseño y su dimensión intelectual. Hay que ampliar los límites continuamente, eso es lo que da fuerza a un buen diseñador.

Después de Yeezy, fue contratado por Versace como jefe de diseño y después vicepresidente del departamento de *sneakers* y calzado. ¿Cómo se adaptó a una marca de lujo?

S . B . : Estudié diseño industrial en la Universidad de Syracuse, en el estado de Nueva York, así que realmente no veo ninguna diferencia entre trabajar en un producto para Versace, Payless o Yeezy. Cada problema tiene su solución, y depende del diseñador encontrar un proyecto que encaje con la historia de la marca. Al principio

[1] YEEZY BOOST 350

Modelo de culto de la galaxia Yeezy para Adidas.

[2] YEEZY BOOST 750

El cierre de velcro de las 750 recuerda al de las Nike Air Yeezy 1.

de mi carrera, puede que mi opinión de consumidor estuviese demasiado presente en mi trabajo, y creo que he progresado mucho en este terreno al desprenderme de esas consideraciones personales para saber analizar mejor lo que va a gustar o desagradar al consumidor. Versace fue un regalo del cielo para mí, porque la casa de moda italiana nunca había explorado el mundo de la *sneaker* de manera significativa, solo dos o tres pares. Eso me dio un gran espacio para crear.

¿Qué margen de maniobra tenía?

S. B.: Llegué con mi experiencia en *sneakers* y tuve mucha libertad. Mi objetivo era crear zapatos que llamasen la atención de la industria del calzado, pero también del mundo de la moda. El primer par que creé en 2018 fue la Chain Reaction ③, un éxito que cumplía todos los requisitos para gustar tanto a los coleccionistas de zapatillas como a la esfera de la moda. La vi mucho por las calles de Milán y en Estados Unidos. Creé esta zapatilla de manera específica e intencionada para competir con la Triple S de Balenciaga, lo más de la época.

Ya libre de cualquier contrato, ha creado su propia estructura, Spunge, y trabaja como diseñador independiente. Por el momento, le está saliendo muy bien si tenemos en cuenta el éxito de las New Balance 574 Yurt ④, con su silbato integrado, un guiño ingenioso y estrafalario a su pasión por el senderismo. ¿De dónde surgió exactamente esa idea?

S. B.: Tengo unas Nike Air Zoom Vomero x A-Cold-Wall ⑤, y esta zapatilla tiene un enorme trozo de plástico en el talón. Para mi sorpresa, ¡me encantan! Cuando me las pongo, todo el mundo me pregunta: «Oye tío, ¿qué es esa cosa de detrás?». Por extraño que parezca, este par me abrió los ojos al hecho de que se puede explotar el talón de un zapato. Quería imaginar algo similar mediante la incorporación de una nueva funcionalidad. Estoy familiarizado con el desarrollo de zapatillas, así que sé que se puede integrar electrónica o cosas disparatadas. Me pregunté cómo distorsionar la función, y mi primera idea fue un silbato. Camino mucho, y tenía sentido insertar un instrumento de seguridad en

una *sneaker* inspirada en el senderismo. Para la reunión con la gente de New Balance pegué un silbato a una 574 y les hablé de mi idea de una excursión en la que un amigo se hace notar después de perderse en el bosque. Y la idea les sedujo de inmediato.

Imaginamos que sería todo un reto montar un accesorio así en una zapatilla sin restar credibilidad ni perder de vista la funcionalidad del producto...

S. B.: Tuvimos que desarrollar un silbato con una forma adaptada, y las primeras pruebas no fueron concluyentes: ¡la zapatilla era fálica, parecía un pene! Otra faceta del reto consistió en desarrollar un producto al que se pudiesen pegar los labios, en un contexto de una pandemia mundial, con contactos más limitados. Sé que The North Face ya había creado una mochila y una chaqueta con un silbato integrado, pero hasta donde yo sabía, esto fue una novedad en el campo de las *sneakers*.

Su fructuosa asociación con New Balance estuvo marcada por otro par excepcional cuyo precio se disparó en el mercado de la reventa: las 2002R Peace Be The Journey en versión Water Be The Guide, una vez más inspirada en sus actividades al aire libre...

S. B.: En un principio tenía que crear un nuevo color y ya está. Pero realmente quería insistir en mi experiencia del senderismo. Para la Peace Be The Journey, fui a Antelope Canyon, en Arizona, y me inspiré en los colores que me rodeaban, en el entorno, el cielo... para reintroducirlos en el zapato y el embalaje. Hay malla amarilla, ante naranja y piezas de cuero granate. Para la Water Be The Guide elegí las cataratas de Havasu, también en Arizona, con esa maravillosa agua turquesa cuyos tonos recoge la zapatilla. En cuanto a la reventa, es un indicador que proporciona información en el ámbito de la moda.

Actualmente, la ropa técnica y las marcas de *outerwear* se cuelan en el *streetwear* y hasta en el mundo de la moda. Supongo que usted, que es un apasionado, aprecia esta tendencia.

S. B.: ¡Es posible tener un buen *look* llevando ropa técnica! El senderismo es una disciplina que practico con

③ VERSACE CHAIN REACTION

Sneaker de diseño con una suela imponente, competidora de la Triple S.

④ NB 574 YURT

New Balance se dejó seducir por esta versión experimental de la 574.

⑤ NIKE AIR ZOOM VOMERO X A-COLD-WALL

El modelo de Nike que dio a Salehe Bembury la idea de incluir una función en el talón de la 574.

Versión de la NB 574 Yurt con dominio de verde y azul
diseñada por Salehe Bembury.

«Normalmente, cuando diseño un par, lo utilizo durante dos semanas y luego vuelvo a mi rotación habitual, ¡pero ahora hace más de seis meses que llevo mis Crocs!».

asiduidad, sobre todo por el esfuerzo físico y por mi salud mental. Intento inyectar esta pasión en mi trabajo. Lo veo como una oportunidad para modificar la cultura y fomentar la diversidad, porque en el imaginario colectivo el excursionista es un señor mayor blanco. Sin embargo, hay muchos deportes que son muy exclusivos, como el esquí, y creo que mediante un producto podemos invitar a la gente a descubrir una disciplina. No sé si «diversión» es la palabra adecuada, pero el senderismo es un deporte muy accesible; basta con salir de casa para probarlo.

Hablemos de su increíble colaboración con la marca Crocs, que le ha permitido llegar al gran público. ¿Sintió que salía de su zona de confort al diseñar zapatos de espuma en lugar de *sneakers*?

S. B.: No, creo que fue incluso más cómodo para mí. El diseño industrial es una cuestión de formas y no creo que haya creado nunca un producto más armonioso que este. La colaboración con Crocs es un matrimonio perfecto que me ha permitido expresar mi visión del diseño en tres dimensiones y dejar huella. Normalmente, cuando diseño un par, lo utilizo durante dos semanas y luego vuelvo a mi rotación habitual, ¡pero ahora hace más de seis meses que llevo mis Crocs! Nunca me abandonan. Asistí al desfile de Louis Vuitton en la semana de la moda de París en junio de 2022 y el 95 % de las modelos llevaban las *sneakers* LV Foam. Eso demuestra que las zapatillas de espuma no son solo una tendencia, sino una nueva categoría de producto.

Lo más increíble es que consiguió introducir las Crocs en las tiendas de *sneakers*...

S. B.: Mi colaboración ⑥ permitió que mucha gente descubriese una marca, y eso es muy poderoso y gratificante, porque convertir a un consumidor en los tiempos que corren, sobre todo en el sector del calzado, es muy difícil. Con las redes sociales es posible cuantificar el número de personas que publican una foto y dicen:

«¡Oh, Dios mío, estas son mis primeras Crocs!». Obviamente, soy consciente de todas esas repercusiones y es una buena razón para continuar esta asociación en el futuro.

¿En qué momento sabe si una colaboración ha tenido éxito?

S. B.: Cuando dos entidades se aventuran hacia un lugar al que no podrían ir solas. Este es realmente el elemento fundamental de una colaboración. El mejor ejemplo es mi experiencia con Crocs; es una excelente empresa que quiere crecer, con gente guay y una base de seguidores importante. Y yo he creado un nuevo negocio con un diseño original de zapatos de espuma. Es un buen ejemplo de colaboración exitosa.

¿Cuál es el mejor cumplido que le pueden hacer?

S. B.: Hace poco, una persona que llevaba mis Crocs me etiquetó en una foto en Instagram diciendo que se habían convertido en sus «zapatos para pensar», y me pareció increíble imaginar a alguien usando mis zapatos para meditar. Así se crea una relación especial entre mi trabajo y el consumidor. ∎

⑥ CROCS X SALEHE BEMBURY

Una reinterpretación vanguardista de las Crocs en varios colores.

2002R SALEHE BEMBURY

2020

El diseñador neoyorquino Salehe Bembury, un excursionista experimentado, rediseña la NB 2002R. ¡Una jugada maestra!

PARTE SUPERIOR

PARTE POSTERIOR

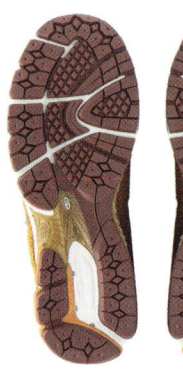

SUELA

SKU: **M2002R**	DISEÑADOR: **Salehe Bembury**	C: **Peace Be The Journey**
MATERIAL: **ante + malla**	PRECIO DE SALIDA: **150 €**	FECHA DE LANZAMIENTO: **23 feb. 2021**

B **Para recuperar la 2002, un modelo de *running* lanzado en 2010 que se salvó por los pelos de ser descatalogado, New Balance recurrió a Salehe Bembury, considerado por Donatella Versace como «el mejor diseñador de *sneakers* del mundo».**

Para esta 2002R Peace Be The Journey, este gran aficionado al senderismo se inspiró en el Antelope Canyon, un desfiladero en el norte de Arizona que ofrece una gama de rojos, naranjas y ocres. Son los colores que encontramos en la zapatilla, que en el empeine combina un ante peludo naranja con una malla amplia en amarillo azafrán y una «N» azul cielo.

El nombre de la firma se encuentra en el pasacintas y la famosa marca, en el talón. Su precio de venta al público es de 150 euros, el par fabricado en Vietnam y creado por un diseñador poco conocido por el gran público en aquella época no llamó la atención de la reventa en un principio. Las cosas cambiaron con la segunda versión, denominada Water Be The Guide. En aquella ocasión, la inspiración llegó desde las cataratas de Havasu, también en Arizona. En un azul turquesa acuático, el par se combinó con blanco y toques de verde fosforito. «Realmente quería insistir en mi experiencia con el senderismo», explicó Salehe Bembury. Una buena idea, a juzgar por la popularidad de las 2002R (en Instagram), cuyo precio se disparó. ∎

CONTRAFUERTE

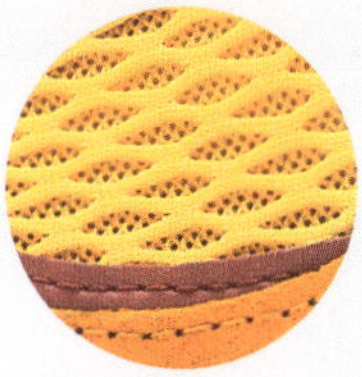

PUNTERA

Marca

Mención vertical «Salehe Bembury» inscrito en vertical en el pasacintas, en tono sobre tono.

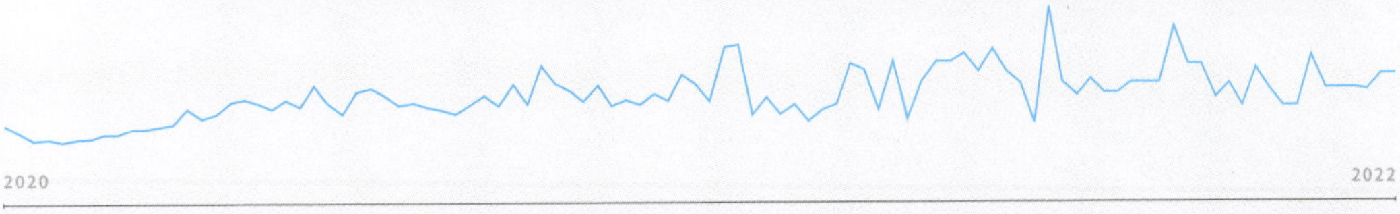

Media suela

Efecto speckle (moteado) en la media suela.

Contrafuerte

Elemento de material plástico que retoma uno de los códigos de Salehe: la huella digital.

2020

2022

220 € - 800 €
PRECIO MÍNIMO / MÁXIMO

15%
VOLATILIDAD

550 €
PRECIO MEDIO DE VENTA

530%
COTIZACIÓN MÁXIMA

EL *PACK*

Esta primera versión de la 2002R Peace Be The Journey fue seguida por una segunda colaboración, la Water Be The Guide.

ADIDAS

en 10 fechas clave

1949

ADOLF DASSLER FUNDA ADIDAS

1969

LANZAMIENTO DE LA SUPERSTAR

1978

LANZAMIENTO DE LA STAN SMITH

1986

ACUERDO DE PATROCINIO CON RUN DMC

En la década de 1990 seguirían Missy Elliott y Snoop Dog, y Pharrell Williams en la década de 2010.

1990

ADQUISICIÓN DE ADIDAS POR BERNARD TAPIE

1991

**PETER MOORE LLEGA A ADIDAS PARA LANZAR
LA GAMA EQUIPMENT**

Se crea un nuevo logotipo: las tres rayas sustituyen al trébol.

2003

**INICIO DE LA COLABORACIÓN
CON YOHJI YAMAMOTO EN LA LÍNEA Y3**

2005

CREACIÓN DE LA CUENTA CONSORTIUM

Se asigna a tiendas especializadas que distribuyen programas de colaboración y las reediciones icónicas.

2015

ASOCIACIÓN CON YEEZY, LA MARCA DE KANYE WEST

2022

**COLABORACIÓN CON GUCCI,
DOS AÑOS DESPUÉS DE PRADA**

ADIDAS

DESDE 1949

adidas	THE CLASSIC OVER RATED	CAP. 16

NOMBRE	Adidas Superstar
REEDICIÓN	4 de diciembre de 2019
DISEÑADOR	Adidas + Daddy K
COLOR	Nube blanca / núcleo negro
MATERIAL	Cuero
PRECIO DE SALIDA	80 USD

«LA JORDAN 1 SE HABRÍA FABRICADO EN FRANCIA».

POR
THOMAS GIORGETTI

¿Zapatillas Adidas fabricadas en Francia?
Sí, existieron hasta finales de la década de 1980,
cuando el fabricante alemán produjo varios de sus
superventas, incluidas las Stan Smith y las Superstar,
en sus fábricas alsacianas. Es más: Adidas Francia
fue la joya de la corona de la marca de las tres rayas hasta
la muerte de Horst Dassler, explica Thomas Giorgetti,
coleccionista y cofundador de Bleu de Paname.

LOS VETERANOS DE adidas EXPLICAN QUE SU SUCURSAL FRANCESA FUE LA JOYA DE LA CORONA DE LA MARCA.

EN LA DÉCADA DE 1990 SE DEJÓ DE HABLAR DE "MADE IN FRANCE" EN REFERENCIA A LOS PRODUCTOS DE ADIDAS (SALVO ALGUNOS MODELOS DE LUJO...)

A veces es difícil dirigir un negocio familiar. Los hermanos Dassler llevaban fabricando zapatos, en particular para atletas, desde finales de los años veinte. Entonces, un desacuerdo rompió aquel delicado equilibrio y dio lugar al nacimiento de Adidas...

T. G.: Cuenta la historia que los hermanos Dassler, Rudolf y Adolf, estaban muy unidos. Después de la guerra, sin embargo, un desacuerdo sobre la dirección de la empresa familiar echó a perder su relación. De aquella ruptura nacería Puma, obra de Rudolf, en 1948, y Adidas, fundada por Adolf («Adi») en 1949. Las dos sedes principales estaban separadas por un río en la región de Núremberg. Adidas fue pionera en el campo del *running* y contó con el apoyo de deportistas durante los Juegos Olímpicos. En 1963, el fabricante alemán trabajó en la zapatilla del tenista francés Robert Haillet, que serviría como prototipo para las Stan Smith, ligeramente rediseñadas, que se convirtieron en un auténtico estandarte comercial a partir de 1978.

¿Por qué Adidas optó por el *made in France* a partir de principios de los años sesenta?

T. G.: Horst Dassler, hijo de Adi Dassler, fue el responsable de esa decisión estratégica. Decidió implantar una unidad en Francia a partir de la década de 1960 de acuerdo con su padre. Quería disfrutar de autonomía para controlar sus ideas y su producción. Alsacia era conocida por la fabricación de calzado. Había muchas fábricas y Dassler intuyó el potencial del departamento fronterizo con Alemania. Muchos de los desarrollos tuvieron lugar en Francia para experimentar después una proyección internacional. Los franceses, como Jacques Chassaing (diseñador de la ZX 8000), siempre ganaron muchos concursos internos. Los diseños de Adidas France a menudo iban por delante del resto del mercado.

Hoy en día, cuando hablamos de productos técnicos, pensamos primero en Nike y en las marcas japonesas. Conviene recordar que Adidas lleva mucho tiempo a la vanguardia de la innovación...

T. G.: Los antiguos empleados de Adidas Francia explican que su unidad era la joya de la corona de la marca. Muchos microsistemas y ajustes técnicos salieron de su oficina de diseño: por ejemplo, el D-Ring, ese refuerzo

en los cordones en forma de dado, permite atar rápidamente las zapatillas sin deformar el ante, o el Shell Toe, una pieza con forma de concha que protege los dedos de los pies en la puntera de la Superstar. Hoy puede parecer obvio, pero fue una pequeña revolución. Como los tacos moldeados, algo que también les debemos a ellos. La Copa Mundial 1 fue durante mucho tiempo el par de referencia para jugar al fútbol. Cabe señalar que su rival, la Puma King de Diego Maradona, también se fabricaba en Alsacia.

Cuando recordamos el *made in France* de Adidas, lo primero que mencionamos son las poblaciones alsacianas donde se fabricaron modelos icónicos...

T. G.: Adidas tuvo su apogeo en el tenis y el baloncesto. Y una serie de superventas como las Stan Smith, las Superstar, las Forum, las Artillery, las Kareem Abdul-Jabbar 2, las Rivalry, salieron de las fábricas de Alsacia, sobre todo de Dettwiller, una de las ciudades emblemáticas de fabricación de Adidas en Francia, y de Landersheim. En esa región existe una gran experiencia en diferentes tipos de costura. En términos más generales, estamos en una época en la que la industria francesa del calzado continúa muy presente en el territorio con marcas como Noël, Le Coq Sportif, Patrick, Palladium, Spring Court... →

1 COPA MUNDIAL

El par con tacos moldeados que hizo las delicias de todos los futbolistas de la década de 1980.

2 KAREEM ABDUL-JABBAR

La zapatilla firmada por el pívot de los Lakers, y rey del gancho, en los ochenta.

«La llegada de las Jordan 5 al mercado europeo coincidiría unos años más tarde con el inicio del declive de Adidas en el baloncesto».

Una de las grandes oportunidades perdidas por Adidas fue el fichaje de Michael Jordan a mediados de la década de 1980. Es muy posible que si MJ hubiese firmado con la marca de las tres rayas, su zapatilla se habría fabricado en Francia...

T. G.: Eso es casi seguro. Las Adidas Jordan 1, al mismo nivel que las Rivalry ③ (las zapatillas de firma de Patrick Ewing, el pívot estrella de los Knicks de Nueva York), se habrían fabricado en Francia. Por extensión, eso incluye la oficina de diseño y desarrollo técnico de Alemania, que habría aprobado el proyecto. Michael Jordan quiso fichar por Adidas, que demostró su valía en el baloncesto a principios de la década de 1980. De hecho, MJ jugó en el Forum durante un partido de preparación olímpica con el Team USA en 1984 ④. En retrospectiva, aquella oportunidad perdida resultó más perjudicial para Adidas si tenemos en cuenta que la llegada de las Nike Air Jordan 5 al mercado europeo coincidió pocos años después con el principio del declive de la marca alemana en el sector del baloncesto.

La muerte de Horst Dassler supuso el fin de las fábricas alsacianas de Adidas, y la empresa se embarcó en un enorme plan de reestructuración dirigido por Bernard Tapie. Irónicamente, fue un empresario francés quien pondría fin al *made in France* en Adidas...

T. G.: Horst Dassler murió en 1987 y las fábricas francesas fueron cerrando gradualmente. Las cifras no eran buenas. Bernard Tapie compró Adidas en 1990 y se embarcó en importantes reformas de reestructuración, incluida la deslocalización de parte de la plantilla, igual que sus principales competidores (como Nike), que ya habían realizado la transición a Asia porque los costes de fabricación eran menores, lo que generaba unos enormes márgenes brutos. A partir de 1993, Adidas Francia se reestructuró por completo: se cerraron el área de producción y la oficina de diseño, y solo se mantuvo el departamento de *marketing*. El negocio se centró principalmente en las *sneakers*, con las que Adidas trató de recuperar su margen. En la década de 1990, la reedición de la Superstar se fabricó en Vietnam y China. Ya no se volvería a hablar de *made in France* respecto a los productos Adidas.

Habría que esperar hasta 2014 y el 45.º aniversario de la Superstar para que Adidas reconectase con su pasado francés al reservar un tratamiento de lujo a su superventas en las fábricas alsacianas de Heschung...

T. G.: Con motivo de un homenaje, Adidas relanzó el *made in France* relocalizando la fabricación de la Superstar para una serie limitada de 200 unidades en colaboración con Heschung, una marca de calzado urbano que domina las costuras noruegas, las suelas de madera... Adidas ya se había acercado a los diseñadores de moda con la línea Y3 ⑤, pero al reactivar el *made in France* dio su primer paso hacia el lujo con un producto caro, de alrededor de 200 euros, vendido en Colette (que entonces era el templo de lo último y de la creación de tendencias). Es una pena que no repitiesen la experiencia del *made in France* con otros modelos, pero aquel primer paso desembocó en 2020 en una Superstar Prada ⑥ *made in Italy* cuyo precio se acercó a los 400 euros en StockX. ∎

③ ADIDAS RIVALRY
Zapatilla firmada por Patrick Ewing, pívot dominante de los Knicks de Nueva York.

④ BLOOMINGTON, 1984
Michael Jordan durante una prueba con la preselección olímpica del Team USA.

⑤ Y3
La línea desarrollada por el creador japonés Yohji Yamamoto y Adidas.

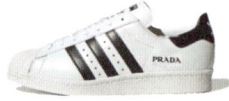

⑥ SUPERSTAR PRADA
Versión de lujo de la Superstar confeccionada en las fábricas italianas de Prada.

LAS CLÁSICAS

ADIDAS

Nuestra selección de modelos icónicos
de la marca de las tres rayas.

🔱 **ADIDAS STAN SMITH**	
LANZAMIENTO: **1978**	PRECIO: **200 FRF aprox.**

Stan Smith en los pies, la mirada fría. En 1964, Adidas apeló al tenista número 1 de Francia, Robert Haillet, para colaborar en la creación del primer par en cuero de la marca alemana. Fabricadas en Alsacia, las Adidas Robert Haillet tuvieron unos comienzos anodinos en Francia antes de ser exportadas en 1971 a Estados Unidos, donde Adidas quería expandirse. Dos años más tarde, firmó un contrato con el californiano Stanley Roger Smith, ganador de Wimbledon el año anterior. Sin embargo, habría que esperar hasta 1978 para que este modelo sencillo con tres bandas perforadas se rebautizase definitivamente como Stan Smith. Las ventas se dispararon y las Stan Smith salieron rápidamente de las pistas de tenis. Recuperadas por la contracultura anglosajona a principios de los ochenta, las vimos en los pies de bailarines de *breakdance, rude boys* y aficionados en los estadios de fútbol.

En Francia, la «Stan» es un icono en los barrios populares, como subraya el realizador y director artístico de Quai 54, Thibaut de Longeville: «Junto con el Levi's 501 y abrigo tres cuartos de cuero, la Stan Smith es una pieza esencial de la vestimenta de los barrios, incluso de los ladrones de poca monta de los años ochenta. Al principio,

los raperos franceses vestían según los códigos del hiphop americano. Pero ese estilo de vestir típico de la cultura urbana francesa se impuso con grupos como Expression Direkt y Ministère A.M.E.R., que afirmaron su identidad suburbana». A partir de la década de 2000, la Stan Smith atravesó la periferia hasta los centros urbanos modernos y se encontró, treinta años después de su creación, en espacios abiertos y tiendas orgánicas. La zapatilla se convirtió *de facto* en objeto de estudio sociológico.

La Stan es ahora «el emblema de los jóvenes diplomados urbanos activos», analizó el ensayista Jean-Laurent Cassely en *Slate* en 2018. Es curioso cuando se piensa en «Ando por ahí con mis Stan Smith blancas, con los moros negros de mi grupo, caminando en silencio», las palabras del rapero Ali, de Lunatic, en *HLM 3*, o «Stan Smith en los pies, la mirada fría» de Akhenaton en la canción de culto «Je danse le Mia» de IAM. Si la Stan Smith se ha convertido en una zapatilla *mainstream*, con más de 70 millones de pares vendidos en todo el mundo según el *Libro Guinness de los Récords*, Adidas tampoco se privó de colaborar en proyectos más vanguardistas, como hizo en 2014 con Club 75 [1] o en 2017 con Alife y Starcow [2]. ∎

[1] STAN SMITH CLUB 75

Un tratamiento sobrio, pero eficaz, de la marca parisina.

[2] SNEAKER EXCHANGE PACK

Una Stan Smith blanca revisitada por Alife y Starcow.

ADIDAS SUPERSTAR

LANZAMIENTO: **1969**	PRECIO: **220 FRF aprox.**

Una asociación histórica. Desarrollada para jugadores de baloncesto, la Superstar fue utilizada al principio por grandes nombres de la NBA, como Kareem Abdul-Jabbar ③, el legendario pívot de los Bucks de Milwaukee, y posteriormente de Los Angeles Lakers, elegido MVP en seis ocasiones y mejor marcador de la historia de la liga de baloncesto estadounidense. Como la Stan Smith, la Superstar disfrutaría de una segunda vida fuera del ámbito deportivo, sobre todo gracias al grupo de rap neoyorquino Run-DMC ④, estrella de la década de 1980. En 1986, Run-DMC compuso una canción titulada *MyAdidas* en la que ensalzaba las virtudes de las Superstar. No hizo falta nada

más para convencer a los dirigentes alemanes de aceptar la propuesta del mánager Russell Simmons, cofundador del sello Def Jam, para firmar un contrato de patrocinio. Una asociación histórica entre artistas y un fabricante de material deportivo estimada en 1 millón de euros. Adidas se llevó el premio gordo con la gira promocional que siguió por Norteamérica. Una particularidad estilística: los miembros de Run-DMC llevaban sus Superstar sin cordones, lo que las hacía todavía más atractivas visualmente. En 2020, para celebrar los 50 años de las Superstar, Adidas lanzó un modelo especial con el nombre de la banda inscrito en la lengüeta. ∎

③ KAREEM ABDUL-JABBAR

Kareem Abdul-Jabbar contra Patrick Ewing, dos jugadores de la NBA contratados por Adidas en la década de 1980.

④ NUEVA YORK, 1984

Joseph Simmons y Darryl McDaniels, dos de los tres miembros de RUN-DMC, posan con unas Adidas Superstar en Central Park.

ADIDAS ZX TORSION

LANZAMIENTO: **1984**	PRECIO: **700 FRF aprox.**

La maravilla de Jacques Chassaing. La ZX es obra de un diseñador francés, Jacques Chassaing, un alsaciano aficionado al deporte que empezó en el sector del calzado urbano y se incorporó a Adidas en 1981. «En aquella época, la creación de una zapatilla deportiva estaba dirigida por el rendimiento. Una nueva zapatilla de baloncesto tenía que ser forzosamente innovadora en términos de rendimiento. La parte de la calle, la parte cultural, no pensábamos en eso», afirmó el interesado en una entrevista con *Views* treinta años después. Chassaing, que prefiere el término «creador» a «diseñador»,

lanzó la ZX 500 en 1984, seguida de varios modelos de *running*, como la ZX Torsion, la ZX 5000 ⑤ y la ZX 8000. El «creador» trabajó en estrecha colaboración con Markus Thaler, ingeniero técnico de los modelos. Las siglas ZX están vinculadas directamente a una moto, la Kawasaki ZX 500. Como homenaje a esa conexión, en 2002 salió a la venta la colaboración Adidas ZX 8000 X Kawasaki Ninja ⑥ con los colores clásicos de la moto (negro y verde fosforito). A finales de la década de 1980, con la llegada de la tecnología «Torsion» (que mejoraba la flexibilidad y la estabilidad de la zapatilla), Adidas dejó →

⑤ ZX5000 BAPE

Las tres rayas tricolores adornan este tratamiento de camuflaje de la marca japonesa A Bathing Ape en colaboración con Undefeated.

⑥ ZX8000 KAWASAKI NINJA

Una colaboración inspirada en la moto japonesa.

⑦ ZX800 FOOTPATROL

El color Aqua reinterpretado por la tienda londinense.

8 ZX 8500
GRAFFITI OVERKILL
Reinterpretación del
modelo de los grafiteros
berlineses.

de fabricar el modelo ZX de tres cifras. La ZX 930, lanzada junto a la ZX 1000, con sus colores llamativos, sería un gran éxito en determinados barrios. En 2008, Adidas lanzó un programa llamado «AZX» que incluía 26 colaboraciones con diferentes socios, entre ellos 22 tiendas repartidas por todo el mundo (Bodega, Colette, Footpatrol **7**, Goodfoot, HUF, Wood Wood, Undefeated...). Como extra, Adidas sorteó un par de ZX 8000 Jacques Chassaing y Markus Thaler, de color amarillo y con los rostros de los dos padres fundadores de la gama en la lengüeta. Más tarde llegaron otros programas, como la muy militar y celebrada ZX 5000 en asociación con Bape y Undefeated. Muy apreciada en Alemania, la ZX fue retocada en varias ocasiones por el equipo de Overkill **8**, la famosa tienda berlinesa. ■

9 ULTRABOOST
HYPEBEAST
Creado en 2015 por los
diez años de la revista web
dedicada a la cultura callejera.

ADIDAS ULTRABOOST	
LANZAMIENTO: **2013**	PRECIO: **180 €**

10 ULTRABOOST
HIGHSNOBIETY
En 2016, Highsnobiety quedó
representada con una
Ultraboost Consortium.

El efecto Kanye. La tecnología Boost apareció en 2013 acompañada de una serie de modelos que transformaron el mundo del deporte y la cultura callejera, y permitieron que Adidas recuperase el control del mercado. La tecnología Boost, desarrollada por BASF (el gigante alemán de la industria química), se compone de poliuretano termoplástico. Consiste en pequeños gránulos que se pueden moldear en varias cámaras de aire para mejorar cada zancada. Predestinada para el *running* con su plantilla Primeknit sin costuras que se adapta a la forma del pie, la Ultraboost cuenta con una suela cómoda y ofrece una sujeción óptima. La tecnología también se incorporaría a la gama Yeezy.

Como zapatilla orientada al rendimiento, la Ultraboost se lanzó en un primer momento a través de tiendas especializadas antes de llegar al gran público. Mientras que algunas exclusivas de Foot Locker (las Olive en Europa y las Cream en Estados Unidos) disfrutaron de sus «quince minutos de fama», en realidad fue Kanye West

11 ULTRABOOST SNS
Branding creado por los
suecos de Sneakersnstuff.

quien sacudió el mercado. En 2015, el autor de *I Am a God* salió al escenario de los Billboard Music Awards con unas Ultraboost blancas, y así dio que hablar sobre el par.

Fue un auténtico maremoto para Adidas, que vio cómo aumentaron sus cifras de ventas de manera exponencial. El famoso «efecto Kanye» hizo que los precios de reventa rondasen los 500 euros. La firma alemana no dejó pasar una oportunidad tan buena y continuó lanzando un sinfín de colaboraciones que perpetuaron el éxito del modelo: entre ellas, la innovadora asociación con Hypebeast **9** y Highsnobiety **10**, dos influyentes medios de comunicación sobre cultura callejera, que dio un nuevo impulso a la fama de las Ultraboost. La tendencia se consolidó gracias al éxito de acertadas colaboraciones con tiendas importantes como Wood Wood, SNS **11** y Solebox **12**. Algunos de esos pares se vendieron fácilmente por unos mil euros en eventos de zapatillas. ■

12 ULTRABOOST
UNCAGED SOLEBOX
Una de las últimas creaciones
de Hikmet, el carismático
jefe de Solebox.

 ADIDAS NMD	
LANZAMIENTO: **2015**	PRECIO: **170 €**

Pharrell Williams hace subir las apuestas. En diciembre de 2015, un ovni vio la luz en la continuidad de la Ultraboost: hablamos de la NMD, o «Nomad». Basada en la misma tecnología que su hermana mayor, la NMD parecía una zapatilla y contó con elementos de clásicos de Adidas como la Micropacer, la Boston Super o incluso la Rising Star. Su aspecto futurista, con un toque *vintage*, atrajo de inmediato el favor del público. Con una combinación de negro, azul y rojo, el modelo original se convirtió rápidamente en una pieza muy buscada que llegó a alcanzar un precio de 500 euros en la reventa. La situación se animaría con diversas colaboraciones: entre otros, con los estadounidenses de Nice Kicks [13], que idearon un estampado *tie and dye* en rojo y negro, y con los japoneses de Neighborhood y su motivo de cachemira en negro o azul marino [14]. Sin embargo, fue la NMD Human Race [15] de Pharrell Williams la que hizo subir las apuestas en 2016. El par amarillo, puesto a la venta en muy pequeñas cantidades a través los revendedores Consortium, se valoró entre 1000 y 1500 euros. La inflación continuó con la Human Race friends and family, revendida por 5000 euros. Punto culminante de la NMD: la colaboración con Chanel y Karl Lagerfeld. Ofrecida únicamente en Colette, en 2017 (inmediatamente antes del cierre de la tienda parisina), la zapatilla se puso a la venta a 1000 euros antes de alcanzar precios diez veces más altos en la reventa. ∎

[13] **NMD NICE KICKS**

Estampado *tie and dye* para el medio estadounidense.

[14] **NMD R1 PK NEIGHBORHOOD**

Colaboración con la marca japonesa de *streetwear*.

[15] **NMD HUMAN RACE**

Primer modelo de la gama con la mención «Human» en un pie y «Race» en el otro.

 **FUTURECRAFT 3D/4D**	
LANZAMIENTO: **2015/2017**	PRECIO: **220 €**

El primer par impreso en 3D. En 2015, Adidas presentó Futurecraft, una tecnología innovadora desarrollada en asociación con una *startup* californiana, Digital Light Synthesis, especializada en impresión 3D. Este procedimiento permite obtener una suela que se monta sobre una parte superior de Primeknit, muy similar a la Ultraboost. Solo un pequeño puñado de afortunados seleccionados al azar a través de la aplicación de Adidas tuvieron la suerte de calzarse estas zapatillas a un precio de venta al público de 250 euros. En la reventa llegarían a los 1000 o 1500 euros. En 2017 aparecieron las Futurecraft 4D, de nuevo en cantidades limitadas. Al principio fueron 500 pares en *friends and family* comercializados antes de la puesta a la venta de unos 5000 ejemplares a finales de año. Para popularizar el modelo, Adidas se asoció al año siguiente con SNS para producir las 4D Consortium [16], y después con Footpatrol para unas Carbon Green [17]. Estos dos modelos se convirtieron en objetivos muy codiciados por los coleccionistas y en el mundo de la moda. Surgirían otras colaboraciones; por ejemplo, con el artista estadounidense Daniel Arsharn en octubre de 2018 [18]. ∎

[16] **4D CONSORTIUM SNS**

Primera asociación para la Futurecraft 4D con la célebre tienda de Estocolmo.

[17] **4D CARBON GREEN**

Tratamiento militar de la tienda británica.

[18] **4D DANIEL ARSHAM**

El precio inicial de este par, de 450 euros, se triplicó en la reventa.

We've go
for wi

Marathon Trainer
Competition training flat.
Men's and women's models.

TRX Trainer
All-round training flat.
Men's and women's models.

adidas ®

a feeling
nning.

...raining shoe.

But don't just take our word for it.
Read the latest independent running shoe test results
in the major running magazines,
and you'll see for yourself. Take it from the experts:
of all competing brands, only adidas running shoes
got top ratings in all tested categories:
men's and women's racing flats, men's and women's training flats,
and children's training shoes. However seriously you take your running,
adidas has the right shoe for you.
So get into adidas, and you'll get that winning feeling too.

Marathon 80
Lightweight racing flat.
Men's and women's models.

Stan Smith OG

M20324 | 1964

Stan Smith Colette™

M29194 | PARÍS | 05/06/2014

Stan Smith Alife™ x Starcow™

CM8000 | PARÍS–NUEVA YORK | 20/07/2017

Campus Footpatrol™ B Side

G45941 | LONDRES | 01/01/2011

Campus House Of Pain™ x Concepts™

G05553 | BOSTON | 17/03/2009

Campus UNDFTD™ x Bape™ Green

G95033 | LOS ÁNGELES–TOKIO | 20/04/2013

Gazelle Gucci™ GG

HQ8850 | FLORENCIA | 07/06/2022

Gazelle Noah Cheetah

FY5378 | NUEVA YORK | 03/12/2020

Gazelle Wood Wood™

BB6876 | COPENHAGUE | 12/08/2017

Superstar RUNDMC 1996

G48910 | 12/11/2011

Superstar Union

B34079 | LOS ÁNGELES | 07/02/2015

Superstar Neighborhood™

B34070 | TOKIO | 07/02/2015

ZX 9000
Wood Wood™

361055 | COPENHAGUE | 18/10/2008

ZX5000 UNDFTD™
x Bape™ Camo

Q34751 | LOS ÁNGELES-TOKIO | 20/04/2013

ZX 10000 Simpsons™
Crusty Burger

H05783 | 12/02/2021

ZX 9000 Pulse Yellow

GY4680 | 13/05/2022

ZX 8500 Overkill™
Graffiti

GY7642 | BERLÍN | 30/04/2021

ZX 8000 Lego™

FZ3482 | 25/09/2020

ZX800 Footpatrol™

361054 | LONDRES | 01/01/2008

ZX 8000 Og Aqua

EG8784 | 02/01/2020

ZX 8000 Atmos™

FX8593 | TOKIO | 16/05/2020

ZX 7000 Patta™

360856 | ÁMSTERDAM | 01/01/2008

ZX 8000 Irak™ 2020
Grey

FX0371 | NUEVA YORK | 04/09/2020

ZX 8000 Bodega™

361031 | BOSTON | 01/01/2008

Micropacer OG

C75569 | 16/08/2014

Boston OG

M25419 | 08/06/2016

NMD OG Black

BY1909 | 20/05/2017

NMD R1 Pharell Human Race Yellow

BB0619 | 22/07/2016

NMD R1 Pharell Human Race Tangerine

BB3070 | 29/09/2016

NMD R1 Pharell Human Race Green

BB0620 | 29/09/2016

NMD R1 Primeknit Blue Camo

DA8598 | 09/04/2016

NMD R1 Nice Kicks

AQ4791 | DALLAS | 06/02/2016

NMD XR1 Mastermind

BA9726 | TOKIO | 20/09/2016

Futurecraft 4D Daniel Arsham

BD7400 | 12/10/2018

Futurecraft 4D Footpatrol™

BB9532 | LONDRES | 22/09/2018

Futurecraft 4D SNS™

B96533 | ESTOCOLMO | 20/06/2018

**Ultraboost 1.0 Light
Tan Cream**

AQ5559 | 12/12/2015

**Ultraboost Uncaged
Solebox™**

S80338 | BERLÍN | 12/03/2016

**Ultraboost Mid
Ronnie Fieg**

BY2592 | NUEVA YORK | 23/12/2016

**Ultraboost Nice Kicks™
Woodstock 50th**

EF7775 | DALLAS | 17/08/2019

Ultraboost 1.0 Solar

S77413 | 01/10/2016

**Ultraboost 1.0
Miami Hurricanes**

AQ7847 | 20/01/2016

**Ultraboost 1.0 Packer
Shoes OG**

EF1148 | JERSEY CITY | 10/05/2019

**Ultraboost 1.0 SNS
Tee Time**

AF5756 | ESTOCOLMO | 22/02/2016

Ultraboost 1.0 Olive

AF5837 | 09/09/2015

**Ultraboost 1.0
Highsnobiety™**

S74879 | BERLÍN | 19/04/2016

**Ultraboost 1.0
Wood Wood™**

AF5778 | COPENHAGUE | 27/02/2016

**Ultraboost Uncaged
Hypebeast™**

AQ8257 | HONG KONG | 12/12/2015

Attitude HI Ewing

D73897 | 01/01/2014

Mutombo

Q33018 | 24/08/2013

Superstar Pro Model

FV5723 | 01/02/2020

Streetball NBA Paris Game

FV8405 | 24/01/2020

YEEZY QNTM

FZ4362 | 01/09/2020

Crazy 97 EQT Kobe Slam Dunk Contest

Q33088 | 01/08/2013

Forum Hi

GW5451 | 24/03/2022

Forum Wings 1.0 Jeremy Scott Money

Q46154 | 24/08/2021

Forum Hi Prada™ Black

GY7040 | MILÁN | 13/01/2022

Forum lo Bad Bunny Easter Egg

GW0265 | PUERTO RICO | 04/04/2021

Forum lo Bad Bunny Blue Tint

GY4900 | PUERTO RICO | 29/04/2022

Forum lo Bad Bunny

GW0264 | PUERTO RICO | 17/03/2021

ZX 8000 IRAK

2020

El equipo de Nueva York
liderado por el grafitero radical
Kunle Martins remezcla un
clásico de Adidas.

PARTE SUPERIOR

PARTE POSTERIOR

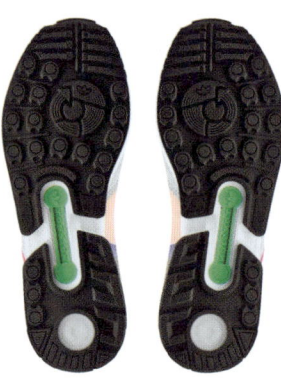

SUELA

SKU: **FX0371**	DISEÑADORES: **Earsnot + Irak**	C: **negro / rojo / gris**
MATERIAL: **ante + malla + Gore–Tex**	PRECIO DE SALIDA: **180 €**	FECHA DE LANZAMIENTO: **9 sept. 2020**

Fundado a finales de los noventa por el incendiario Kunle Martins, alias Earsnot, Irak es un grupo de artistas grafiteros neoyorquinos que defienden un estilo de vida anticonformista entre drogas, atracos y bisexualidad.

Producto puro del *underground*, Irak (de «I-rak», neologismo que hace referencia al chantaje y a la guerra de Irak) fue contactado por Adidas en 2008. Una primera colaboración dio lugar aquel mismo año a la RMX EQT Support Runner, exclusiva de la tienda Alife Rivington Club del Lower East Side de Nueva York. Doce años más tarde, las dos partes repitieron con la gama ZX del fabricante alemán. En aquella ocasión, el lanzamiento fue mundial, pero los ingredientes fueron similares (la ZX 8000 utilizó los mismos colores que la RMX). Se presentó una primera versión negro-gris-rojo sobre una base gris, con la parte delan-

tera y el guardabarros negros, y las tres franjas amarillas. Y una segunda versión gris-negro-rojo con una base negra, el guardabarros rojo, las tres rayas grises y cordones amarillos.

Ambos modelos recibieron un tratamiento Gore-Tex para proteger contra los elementos y las salpicaduras de pintura. Por último, la inscripción «Irak 2007» de la parte delantera izquierda fue sustituida por «Irak 2020». La ZX no tuvo el éxito que merecía y acabó rebajada, a diferencia del modelo OG, que podía encontrarse en el mercado de reventa por 700-800 euros. ■

GUARDABARROS

Parte superior
Membrana en Gore-Tex para garantizar el uso al aire libre.

Contrafuerte
Código de colores original de la colaboración con la marca en 2007 en la RMX EQT, vendida en exclusiva en Alife, Nueva York.

Guardabarros
3M con la mención impresa «IRAK 2020» en referencia a su primera colaboración, en 2007.

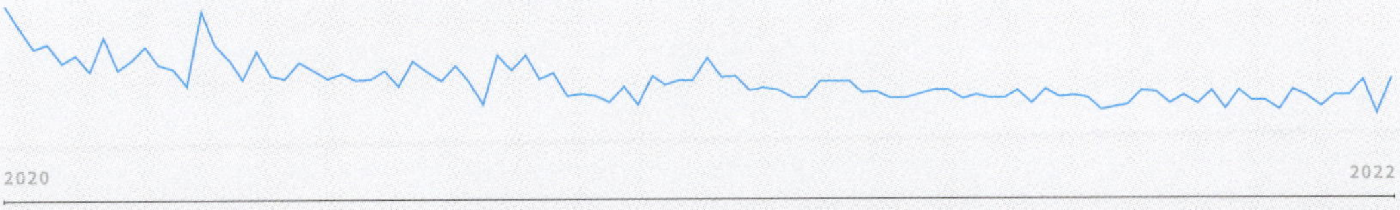

PARTE SUPERIOR

2020   2022

90 € - 250 €
PRECIO MÍNIMO / MÁXIMO

40%
VOLATILIDAD

180 €
PRECIO MEDIO DE VENTA

130%
COTIZACIÓN MÁXIMA

EL *PACK*
Presente en la primera asociación con Irak, la segunda paleta de esta ZX 2020 repite el código de colores de la versión de la RMX EQT de 2008.

YEEZY

DESDE 2015

YEEZY	TRUE BANGER / OVER RATED	CAP. 17

NOMBRE	Yeezy Boost 350 V2
LANZAMIENTO	11 de febrero de 2017
DISEÑADOR	Steven Smith
COLOR	Bred
MATERIAL	Primeknit
PRECIO DE SALIDA	220 USD

«KANYE WEST SIEMPRE HA QUERIDO DIRIGIRSE AL MAYOR NÚMERO POSIBLE DE PERSONAS».

POR
MEHDI MAÏZI

Después de dominar el mundo del rap, Kanye West se convirtió en un diseñador líder desarrollando su línea Yeezy. Para el periodista especializado en rap Mehdi Maïzi, esa renovación en la moda no es necesariamente una sorpresa si se repasan los primeros álbumes del artista de Chicago.

Tanto en el rap como en la moda, Kanye West necesitó tiempo para establecerse...

M. M.: Kanye siempre ha ocupado el puesto del que lleva las de perder. A principios de la década de 2000 no parecía un rapero, no tenía el equipo ni los códigos de la época. Primero se dio a conocer como productor, y cuando empezó a rapear, la gente lo miraba un poco raro: no era el primer *beatmaker* que lo hizo, pero tampoco era habitual que se expusiese tanto. Y cuando se embarcó en la moda, fue visto como un rapero. Kanye tampoco inventó eso; las relaciones entre raperos y las marcas ya existían... pero él se metió con un discurso más ambicioso y la voluntad de crear. ¡Hablaba como un diseñador! Del mismo modo que hablaba como un rapero cuando era *beatmaker*... Siempre es un poco así con Kanye, las ambiciones siempre parecen excesivas sobre el papel, aunque al final consigue lo que se propone porque tiene mucha confianza en sí mismo. Cuando dice «Voy a ser el mejor rapero del mundo», lo cree sinceramente. Y cuando dice «Voy a ser el mejor diseñador del mundo», también se lo cree.

La personalidad de Kanye West es compleja, a menudo esquiva. A veces tienes la impresión de que está cultivando su lado superdotado...

M. M.: Más que superdotado, creo que es muy trabajador. En el minidocumental que acompañó al lanzamiento de *Late Registration*, su segundo álbum en solitario, publicado en 2005, pronuncia esta frase: «El Señor no me ha concedido ningún don, salvo el de aprender muy rápido». Hay talento y probablemente originalidad, pero creo que es su capacidad de trabajo lo que marca la diferencia. Como un deportista que consigue ser genial a fuerza de repetición, Kanye es muy obsesivo. También tiene un ego enorme que le permite perseverar en sus ideas. Si en 2003 alguien me hubiese dicho que Kanye llegaría a ser un rapero respetado, sinceramente no lo habría creído.

Hoy se habla más de Kanye West como diseñador de moda que en su faceta anterior como rapero. ¿Cómo asimilan los oyentes de los inicios este giro en la carrera del artista?

M. M.: No es sorprendente porque, si echamos la vista atrás a su carrera como rapero en solitario, desde el principio habló mucho de moda. En la época de su primer álbum, *The College Dropout* [1], en 2004, era «The Louis Vuitton Don». Los conjuntos que llevaba parecen un poco anticuados ahora, pero fueron muy influyentes en aquella época. En un momento dado, Kanye realmente encarnó otro *look* en el rap de la década de 2000: vestía de rosa, llevaba polos, vaqueros ligeramente entallados y zapatos Louis Vuitton. Tenía un

lado casi friki y, al mismo tiempo, conectaba con el lujo y la alta costura. Era algo que los raperos no representaban. Vimos a 2Pac [2] de Versace en la década de 1990, pero los raperos llevaban sobre todo marcas de ropa deportiva. En aquel momento se produjo un cambio.

¿Cuál es el público objetivo de las zapatillas desarrolladas por Kanye West para su marca Yeezy?

M. M.: Soy fan de Kanye y de sus creaciones para Yeezy, pero se han convertido en una especie de calzado de la gente de la telerrealidad. Ya no son un producto de la cultura hiphop, sino más bien zapatillas un poco *cool* y un poco caras que vemos en los pies de gente que pide botellas en las discotecas al ritmo de la música de la Champions League. Eso también es Yeezy. Y es una victoria para Kanye, que siempre ha querido dirigirse al mayor número posible de personas, a gente que no necesariamente ha escuchado todos sus álbumes.

Pero eso no importa, porque el calzado pertenece a todo el mundo. Como Jordan, que también se convirtió en un logotipo para las nuevas generaciones. Yo no veo esto necesariamente como un problema, es la fuerza de estas marcas, que consiguen ir más allá del proyecto. Ya no hablamos de productos de fans, sino de líneas de artistas en toda regla. →

1 KANYE WEST

En 2004, Kanye West ganó el premio Grammy al Mejor Álbum de Rap por *The College Dropout*.

2 2PAC ET SNOOP DOG

Los dos raperos de Death Row en los MTV Video Music Awards, en 1996.

La curva de crecimiento de su marca Yeezy parece ser inversamente proporcional a la de su producción en el rap...

M. M.: Creo que cada vez lo será más, porque su música es cada vez menos unificadora: de *Donda* (2021) se habló mucho cuando salió, pero no es un álbum importante en la cultura pop de los últimos años. Ya es un artista que da que hablar por otras cosas aparte de su música. Creo que el vínculo entre la marca y el artista sigue ahí, pero menos para el artista que para el personaje público. Para mucha gente, Kanye es un Kardashian, del mismo modo que Jay-Z se convirtió en el marido de Beyoncé, no el tipo que lanzó *Reasonable Doubt* a mediados de la década de los noventa.

¿Qué papel jugó Kim Kardashian en el éxito de Kanye West?

M. M.: El éxito es de Kanye ante todo. Toda la inspiración y el deseo de triunfar son anteriores a su relación con Kim Kardashian. Ha habido diferentes etapas en la carrera de Kanye que lo han llevado a nuevas alturas: tiene temas como «Graduation» (2007), cuando empezó a hacer «música de estadios», que lo convirtieron en una estrella del pop y ya no solo un rapero. *My Beautiful Dark Twisted Fantasy,* en 2010, fue un álbum que le permitió llegar a todo el mundo. Además, su relación con Kim Kardashian le convirtió en una superestrella, alguien de quien casi todo el mundo conoce su cara, cosa que antes no ocurría necesariamente. Veíamos a Kim Kardashian luciendo zapatillas antes de que se lanzasen, y eso lo colocaba en un círculo de celebridades donde mucha gente *cool* llevaba Yeezy. De nuevo, no es el primer rapero que ha creado una marca, pero es uno de los pocos cuyas creaciones utilizan otras personalidades del rap, como miembros de Migos o DJ Khaled, y eso es una locura. Yeezy se integró rápidamente en la cultura pop y el rap, mientras que cuando Jay-Z creó Rocawear, no veíamos a todos los raperos llevándolas. Lo mismo cuando Drake sacó unas Nocta, no veías muchas. Por otra parte, hubo un momento en el que todo el mundo quería Yeezy. Su relación con Kardashian lo impulsó a otra dimensión en términos de visibilidad, así que obviamente eso le ayudó. Hay quien supo de la existencia de Yeezy gracias al Instagram de Kim Kardashian.

Casi se ha convertido en el *influencer* favorito de su *influencer* favorito, pero a través de las cuentas de otras personas...

M. M.: Es exactamente así, sobre todo porque él nunca ha jugado realmente el juego de las redes sociales. Por supuesto, ha tenido una cuenta de Instagram en la que publicó mucho después de su ruptura con Kim, pero no es alguien que publique muchas fotos en Instagram en comparación con Travis Scott, por ejemplo, que ha mostrado mucho sus colaboraciones con Nike. Kanye ha participado en Twitter de forma intermitente, pero sus productos han vivido sobre todo a través de la gente que los llevaba. Ha creado eventos manteniendo su papel de creador, no de *influencer*. Son los demás quienes hacen suyos sus productos.

Kanye West ha ayudado a poner de relieve a muchos talentos, como Virgil Abloh, Kid Cudi o Travis Scott. ¿Tiene este último el potencial para convertirse en el nuevo Kanye?

M. M.: En cuanto a Virgil Abloh, creo que muchos lo descubrimos gracias a Kanye, porque hay mucha gente creativa a su alrededor. Estoy de acuerdo en que casi todos los pares de Travis Scott son un éxito. Pero en términos de creación, yo no creo que estemos al mismo nivel. Cada par de Cactus Jack tiene estilo, pero no son tan rompedoras como las Yeezy. Si enseñas unas Yeezy a alguien que no las conoce, dirá «¿Qué es este par de marcianos?». Eso no significa que sea necesariamente bueno ser diferente, pero hay una identidad fuerte. Muchos modelos Yeezy han sido revolucionarios, ha habido un antes y un después. Travis Scott, en términos de colaboraciones y comercialización de productos, se quedará, pero por otro lado, no estoy seguro de que nadie recuerde los modelos dentro de diez años.

Kanye West ya es una figura polémica cuando se trata de sus lanzamientos de álbumes, y podemos encontrar ese espíritu rebelde en el diseño de las Yeezy...

M. M.: En 2015 comenzó su colaboración con Adidas y acababa de lanzar *Yeezus*, que es su disco más polémico. También fue una época bastante oscura en su música; se vestía completamente de negro [3], se reinventó en lo que respecta al estilo. En el momento en el que lanzó *Yeezus*, concedió una larga entrevista a la BBC en la que afirmó: «Está bien, ya hice el álbum perfecto con *My Beautiful Dark Twisted Fantasy*, así que, si quieren la perfección, escuchen eso, ahora la voy a liar bien liada». Y desde *Yeezus*, todo ha sido un caos. *Life of Pablo* es un álbum que se ha reelaborado varias veces; *Donda* fue un lío imposible de seguir. El lado polémico llegó con *Yeezus*; se metió en otra cosa, y eso coincide con su asociación con Adidas. Estoy bastante seguro de que Yeezy continuará, es una entidad lo suficientemente fuerte para existir por sí misma. ∎

[3] HOT 97'S SUMMER JAM
Kanye West con unas Yeezy 750 Glow (2016).

ANTES DE ADIDAS

YEEZY

Uno de los diseñadores más influyentes de nuestro tiempo.

En la década de 2010, la ola Yeezy revolucionó la industria de las zapatillas. Sin embargo, no olvidemos que Kanye West ya consiguió su entronización en el mundo del calzado allá por 2005 con un par que puso la web patas arriba: las Nike Air 180 The College Dropout [1], en referencia a su primer álbum de estudio, publicado el 10 de febrero de 2004. Una zapatilla creada por sus allegados, el diseñador de moda Christopher Bevans y el exdirector artístico del sello G.O.O.D. Music Don C. Solo se fabricaron cinco pares. Para muchos coleccionistas exigentes, la 180 College Dropout es una pieza imprescindible.

En 2007, Kanye West colaboró con A Bathing Ape (o Bape), la marca fundada por el diseñador japonés Nigo, en un par de Bapesta [2], una copia casi idéntica de las Nike Air Force 1. En el lateral derecho de la *sneaker* se puede ver la cabeza del oso de peluche que aparece en la portada de *The College Dropout*. El éxito arrollador de esa colaboración animó a Nike a ofrecer a Kanye West un contrato para las zapatillas. Muy implicado en el proceso creativo, hasta el punto de que le vieron dibujando bocetos, Kanye West se convirtió en el primer rapero que trabajó directamente en el diseño de un par de zapatillas con Nike. Hasta entonces, la firma de Beaverton no había colaborado con el mundo del rap por dos motivos principales: la imagen incendiaria que transmiten ciertos artistas y la promoción natural garantizada por los numerosos raperos que llevan Nike o Jordan Brand. En 2008, en los premios Grammy, se presentó la primera Nike Air Yeezy [3]. Bautizada como la «Air Yeezy Grammys», esta zapatilla se considera el santo grial. Al año siguiente se presentaron tres colores: gris zen, negro rosa y tostado. Esta línea se inspiró en las Jordan 3, con una suela que brilla en la oscuridad y el «estampado» en la enorme correa de velcro. En Nueva York y París se organizaron acampadas de más de veinticuatro horas. En algunas tiendas, los campistas nunca llegarían a ver el color de las zapatillas, ya que el gerente

y el personal reservaron todo el *stock*. Los clientes descontentos se enfrentaron a medidas más estrictas en los siguientes lanzamientos. Al no tener contrato exclusivo con Nike, Kanye se permitió dar un paso hacia el lujo colaborando ese mismo año con Louis Vuitton. De la fábrica salieron tres modelos: la Don, en referencia a su mánager por aquel entonces; la Mr. Hudson, un artista de su sello G.O.O.D. Music, y la Jasper, un estilista que en su día fue su barbero.

En 2012, las Nike Air Yeezy 2 salieron a la venta en dos colores: platino puro y rojo solar. Tomó prestada la suela de las Nike Air Tech Challenge 2, el famoso modelo de tenis de Andre Agassi. La suela presenta piel de reptil estriada en la parte posterior, una referencia a la cultura egipcia con jeroglíficos bajo la correa, e incluso hay una representación del dios egipcio Horus en la lengüeta y la plantilla. Por estos motivos, las Nike Air Yeezy 2 serían descritas como un par de *illuminati*... Solo se fabricaron 5000 unidades de cada color. En 2009 fue necesario esperar veinticuatro horas delante de una tienda para comprar un par. En aquella ocasión, la acampada duró una semana, ¡y se agotaron las tiendas de campaña! El 9 de octubre de 2014, para sorpresa de todos, la cuenta oficial de Nike.com en Twitter anunció el lanzamiento de las Air Yeezy 2 Red October [4]. El último par de Kanye con Nike se agotó en minutos y lanzó varias carreras de revendedores que nunca habían acampado para comprar un bombazo. El precio de las Red October alcanzó nuevas cotas rápidamente, sobre todo porque Kanye rompió su contrato con la marca del *swoosh* alegando que no había recibido la totalidad de sus derechos. Además, Kanye deseaba disponer de más libertad artística para expresar su creatividad. La noticia provocó estupor y dio inicio a una nueva aventura, a partir de 2015, con la marca de las tres rayas, que llegó a su fin en 2022 por una crisis de reputación. ∎

[1] AM180 THE COLLEGE DROPOUT

Par fabricado por Nike para Kanye West en 2005.

[2] BAPESTA KANYE WEST

Una asociación de éxito entre la marca de Nigo y el rapero de Chicago.

[3] NIKE AIR YEEZY 1

El par vendido en subasta en Sotheby's, en 2021, por 1,8 millones de dólares.

[4] NIKE AIR YEEZY 2

La Red October, el último par diseñado por Kanye West con Nike.

NUEVA YORK, 2011

Kanye West con unas Nike Air Yeezy 2 Solar Red y Jay-Z
durante el desfile de Victoria's Secret.

LA ETAPA ADIDAS

YEEZY

Nuestra selección de los pares
más emblemáticos de la galaxia Yeezy
bajo la bandera de Adidas.

YZY **YEEZY BOOST 750**		
LANZAMIENTO: **febrero de 2015**	PRECIO: **350 €**	REVENTA: **entre 800 y 2000 €**

1 BOOST 750 BROWN
Fecha de lanzamiento:
15 de octubre de 2016.

2 BOOST 750 BLACK
Fecha de lanzamiento:
12 de diciembre de 2015.

Un zapato de diseño. En febrero de 2015, Kanye West inauguró su colaboración con Adidas Yeezy con las Yeezy Boost 750. No obstante, incluso cambiando de palo, Kanye demostró que el poder de su marca seguía intacto. Las primeras imágenes filtradas eran borrosas y dejaron a los aficionados sin palabras. La incomprensión fue total: la Yeezy Boost 750 no parecía una zapatilla convencional. Sin embargo, se podía identificar la suela de las Adidas Tubular y la tecnología de amortiguación Boost, dotada de un cierre de velcro que recuerda al de las Nike Air Yeezy. Las Boost 750 son muy difíciles de poner y su sistema de cierre se rompe con facilidad. El color gris inauguró la serie y, a pesar de una acogida tibia y de un precio de venta al público de 350 euros, los pares se vendieron como rosquillas y acabaron en el mercado secundario a un precio multiplicado por cuatro. Las Brown 1, seguidas de las Charcoal Black 2, también alcanzarían un precio elevado. Considerada una zapatilla de diseño, la Boost 750 fue rechazada por los coleccionistas y encontró su público, lógicamente, en el sector de la moda. El rapero y productor neoyorquino Swizz Beatz, todo un caballero, describió a Kanye West como un «genio» en lo que respecta al éxito de la Boost 750. ∎

3 BOOST 350
PIRATE BLACK

Fecha de lanzamiento:
19 de febrero de 2016.

4 BOOST 350
MOONROCK

Fecha de lanzamiento:
14 de noviembre de 2015.

5 BOOST 350
OXFORD TAN

Fecha de lanzamiento:
29 de diciembre de 2015.

YƵY **YEEZY BOOST 350**		
LANZAMIENTO: **junio de 2015**	PRECIO: **200 €**	REVENTA: **entre 700 y 1000 €**

El inicio de una revolución. A mediados de 2015 apareció un bicho raro: la Yeezy Boost 350, que marcó el inicio de una revolución. Kanye sorprendió a la galaxia *sneakers*. A primera vista, uno piensa en una mopa montada en un aerodeslizador. En realidad, se trata de un empeine bajo en Primeknit con costuras visibles en la parte superior del pie. La tecnología Boost sigue presente bajo la suela. La Turtle Dove fue la primera zapatilla de una larga serie. Ridiculizada al principio, la Boost 350 se convirtió en un enorme éxito. Más fácil de llevar que su predecesora, la 350 se benefició de la promoción asegurada por Kim Kardashian en sus redes sociales. Fue necesario lanzar una versión 2.0 debido a la falta de acolchado a la altura del tendón de Aquiles. Le seguirían otros tres colores: la Pirate Black **3**, la Moonrock **4** y la Oxford Tan **5**. Fue todo un alboroto entre los revendedores de Adidas. Los primeros sorteos tuvieron lugar en Instagram, un sistema de venta en el que era preciso indicar la talla en los comentarios, etiquetar a tres amigos y... rezar mucho para que todo el *stock* no fuese *backdoor*. ■

6 BOOST 350 V2 BRED

Fecha de lanzamiento:
11 de febrero de 2017.

7 BOOST 350 V2 ZEBRA

Fecha de lanzamiento:
25 de febrero de 2017.

8 BOOST 350 V2 STATIC

Fecha de lanzamiento:
27 de diciembre de 2018.

YƵY **YEEZY BOOST 350 V2**		
LANZAMIENTO: **septiembre de 2016**	PRECIO: **220 €**	REVENTA: **600 €**

La gallina de los huevos de oro. En 2016, aprovechando el éxito de la primera versión, llegó el momento de que Kanye West evolucionase las Yeezy Boost 350. En su versión V2, la *sneaker* mantiene su composición en Primeknit y su forma general. Entre los cambios, la correa trasera desaparece y se optimiza la comodidad con un talón ligeramente más alto. A cada lado de la zapatilla figura la inscripción «SPLY-350» en una banda. El precio aumentó 20 euros y las cantidades se triplicaron, o incluso se cuadruplicaron en los minoristas. En unos años se crearon más de 120 combinaciones de colores: Beluga, Bred **6**, Zebra **7**, Static **8**, Blue Tint y Cream, por ejemplo, figuraron entre los colores más populares. El programa también incluyó versiones Region Exclusive y versiones infantiles o Reflective (con una combinación de hilos con propiedades reflectantes), entre otras. Fáciles de combinar, muy resistentes y agradables de llevar, las Boost 350 V2 gozaron de una gran popularidad entre los adolescentes hasta 2020. Aunque su silueta se haya quedado un poco pasada con el tiempo, la 350 V2 fue la gallina de los huevos de oro de la gama Yeezy, con reposiciones regulares de los colores más demandados. ■

9 BOOST 700 SALT

Fecha de lanzamiento:
23 de febrero de 2019.

10 BOOST 700 INERTIA

Fecha de lanzamiento:
9 de marzo de 2019.

11 BOOST 700
FADED AZURE

Fecha de lanzamiento:
27 de noviembre de 2021.

YZY YEEZY BOOST 700		
LANZAMIENTO: **noviembre de 2017**	PRECIO: **300 €**	REVENTA: **500 €**

En la frontera entre *dad shoes* y una Atemi. La llegada al timón de Steven Smith, un pez gordo internacional del diseño de zapatillas, insufló a Yeezy una nueva vida. Durante treinta años, el diseñador estadounidense trabajó para Reebok, Nike, New Balance, Adidas... y Kanye, entusiasmado por la nueva aventura, aseguró haber llevado varios modelos icónicos diseñados por Smith cuando era más joven. Smith comenzó su asociación con Kanye West con las Yeezy Boost 700 Wave Runner, a medio camino entre los *dad shoes* y un par de Atemi

en versión de lujo. El diseño vanguardista presenta un empeine de fieltro, una suela Boost ultragruesa, una plantilla OrthoLite y un par de cordones gruesos. El primer lanzamiento fue muy limitado, por lo que los precios se dispararon y se llegaron a pagar hasta 1000 euros en la reventa. Cuatro años más tarde, Adidas la repuso en diez ocasiones. La Yeezy Boost 700 y sus diferentes versiones Salt **9**, Inertia **10** y Faded Azure **11** inspiraron el diseño de varias *sneakers* fabricadas por marcas de lujo. ∎

12 BOOST 500
SUPER MOON YELLOW

Fecha de lanzamiento:
9 de junio de 2018.

13 BOOST 500 GRANITE

Fecha de lanzamiento:
14 de mayo de 2022.

14 BOOST 500
UTILITY BLACK

Fecha de lanzamiento:
7 de agosto de 2018.

YZY YEEZY BOOST 500		
LANZAMIENTO: **febrero de 2018**	PRECIO: **200 €**	REVENTA: **entre 300 y 400 €**

Un guiño a Kobe. La 500 salió de las fábricas de Adidas unos meses después de la 700, aprovechando una vez más la tendencia de los *dad shoes*, con su aspecto retro y su forma inusual. El par se compone de diferentes piezas en malla, ante o cuero, todo en un tono casi siempre monocromo. La silueta muestra la influencia de las zapatillas de *running* de los años noventa, y la suela se inspira en la de las Adidas KB8 3 que llevaba Kobe Bryant en 1999. La Super Moon Yellow **12**, la Granite **13**, la Utility Black **14** y la Blush son algunos de los colores más so-

licitados. En diciembre de 2019 se lanzó una versión abotinada, pero no tuvo el éxito esperado. Lejos de la acogida entusiasta de las 350 y las 700, las 500 no dejan de tener su lugar entre las zapatillas emblemáticas Yeezy versión Adidas. ∎

YZY YEEZY BOOST 700 V2		
LANZAMIENTO: **diciembre de 2018**	PRECIO: **300 €**	REVENTA: **entre 450 y 500 €**

Una nueva versión. La Yeezy Boost 700 V2 apareció un año después de su hermana mayor. A diferencia de la Boost 350, la V2 no pretendía sustituir a la primera versión: fue una nueva incorporación a la gama Yeezy 700 que más tarde pasaría por nuevas evoluciones. En cuanto a los materiales, esta *dad shoe* sobria pero eficaz se compone de elementos en malla, cuero, 3M y ante. Las tres bandas de Adidas también están presentes en esta zapatilla técnica. Los modelos más rentables son la Static,

la Vanta 15 y la Inertia. Por contra, las Hospital Blue 16 y las Geode 17 resultaron menos convincentes. Con este nuevo lanzamiento, Kanye West quiso aprovechar una fórmula ya probada: la zapatilla para padres, una tendencia clave de finales de la década de 2010. ∎

15 BOOST 700 V2 VANTA
Fecha de lanzamiento:
6 de junio de 2019.

16 BOOST 700 V2 HOSPITAL BLUE
Fecha de lanzamiento:
28 de septiembre de 2019.

17 BOOST 700 V2 GEODE
Fecha de lanzamiento:
23 de marzo de 2019.

YZY YEEZY BOOST 700 V3		
LANZAMIENTO: **diciembre de 2019**	PRECIO: **200 €**	REVENTA: **400 €**

Una evolución futurista. Turno de la tercera versión con una evolución decididamente futurista. El exoesqueleto de la 700 V3 prescinde de los materiales tradicionales como el cuero y el ante en favor de un empeine de malla con un estampado lineal. Descubrimos una jaula moldeada, un sistema de cordones personalizado y una suela bastante imponente. Algunos elementos brillan en la oscuridad. Reeditadas con regularidad, las 700 ya forman parte de las clásicas de Yeezy, igual que las 350.

Si las primeras versiones de las Yeezy 700 utilizaban la tecnología Boost, la V3 está equipada con Adiprene, que también forma parte de las 500. Esta opción, de producción menos costosa, permitió bajar el precio del par de 300 a 200 euros. La primera de la serie, la Azael, introdujo el modelo; le siguieron la Alvah 18, la Safflower 19 y la Arzareth 20. ∎

18 700 V3 ALVAH
Fecha de lanzamiento:
11 de abril de 2020.

19 700 V3 SAFFLOWER
Fecha de lanzamiento:
14 de noviembre de 2020.

20 700 V3 ARZARETH
Fecha de lanzamiento
29 de agosto de 2020.

21 SLIDE GLOW GREEN

Fecha de lanzamiento:
6 de septiembre de 2021.

22 SLIDE ORANGE

Fecha de lanzamiento:
21 de junio de 2021.

23 SLIDE ONYX

Fecha de lanzamiento:
26 de junio de 2020.

YƵY **YEEZY SLIDE**		
LANZAMIENTO: **diciembre de 2019**	PRECIO: **60 €**	REVENTA: **150 €**

¡Unas chanclas en una tienda de *sneakers*! Kanye West forma parte, junto con Salehe Bembury, de esa categoría de diseñadores capaces de llevar zapatillas de espuma a una tienda de deportivas. Diseño minimalista, *storytelling* a medida (en la fabricación del producto se utilizan algas), suela «dientes de tiburón», colores sobrios (Glow Green 21, Orange 22 y Onyx 23) y un confort óptimo son los ingredientes del éxito de la Slide, perfecta para relajarse en casa o para estar a la última en la temporada estival. Basándose en ese éxito, Adidas comercializó sus famosas chanclas Adilette, cuyos diseño y colores recuerdan sin duda a las Slide, y sobre todo al trabajo de Kanye en Yeezy. Y eso molestaría al rapero-diseñador. Esta chancla futurista ilustra a la perfección el talento de un diseñador capaz de revolucionar hábitos y crear nuevas tendencias. ∎

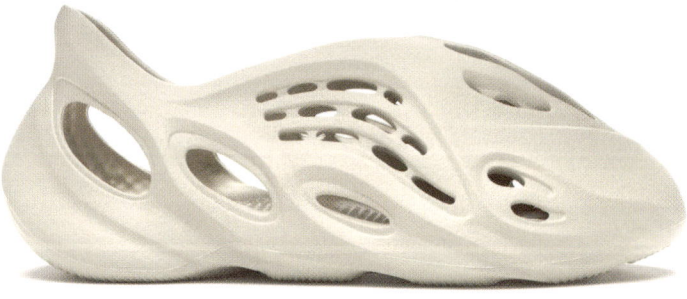

24 FOAM VERMILLION

Fecha de lanzamiento:
29 de octubre de 2021.

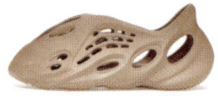

25 FOAM OCHRE

Fecha de lanzamiento:
2 de agosto de 2021.

26 FOAM ONYX

Fecha de lanzamiento:
8 de junio de 2022.

YƵY **YEEZY FOAM**		
LANZAMIENTO: **junio de 2020**	PRECIO: **80 €**	REVENTA: **200 €**

Una cabeza de dinosaurio. Al principio, y como suele ocurrir, el nuevo diseño de Yeezy provocó la risa de mucha gente: ¿qué es esa cabeza de dinosaurio? La Foam se fabrica a partir de un solo molde, de forma ovalada con orificios de ventilación repartidos por toda la pieza. Se pone como una zapatilla y tiene un diseño similar al de la media suela de las Yeezy 700. Los colores principales son Ararat, Vermillion 24, Ochre 25 y Onyx 26. ∎

LOS FRACASOS

YEEZY

La asociación entre Adidas y Yeezy fue un éxito en la mayoría de los casos. Sin embargo, algunos modelos apenas despertaron interés en la reventa.

Powerphase

LANZAMIENTO: MARZO 2017
PRECIO: 120 €
REVENTA: 180 €

950 Duckboot

LANZAMIENTO: OCTUBRE 2015
PRECIO: 500 €
REVENTA: 500 €

Desert Boot

LANZAMIENTO: ABRIL 2019
PRECIO: 200 €
REVENTA: 200 €

Boost 380

LANZAMIENTO: NOVIEMBRE 2019
PRECIO: 230 €
REVENTA: 300 €

QNTM BSKTBL

LANZAMIENTO: FEBRERO 2020
PRECIO: 250 €
REVENTA: 250 €

Boost 700 MNVN

LANZAMIENTO: FEBRERO 2020
PRECIO: 220 €
REVENTA: 220 €

450

LANZAMIENTO: MARZO 2021
PRECIO: 200 €
REVENTA: 200 €

YZY 950 DUCKBOOT

¿Solo para Kanye? Al inicio de la colaboración con Adidas, Yeezy presentó una «bota» disponible en tres colores, en tonos muy militares, a un precio de 500 euros. Conviene señalar que Ye es un gran fan de las botas, y casi se diría que creó ese modelo únicamente para él. Muchos pares acabaron rebajados, y no habrá secuela.

YZY POWERPHASE

Unas zapatillas de tenis. Inspiradas en las Adidas Continental 80 [1], un par de zapatillas nacidas en los años ochenta (en la misma época que las Reebok Workout [2]), las Powerphase se reeditaron en 2014 antes de ser confiadas en 2017 a Kanye, que les dio un pequeño cambio de imagen en la tradición de las zapatillas de *fitness*. Un par con aire retro que en el pasado habríamos descrito como «zapatillas de tenis». Pasaron ligeramente desapercibidas y tuvieron un éxito modesto.

YZY DESERT BOOT

Senderismo con estilo. ¿Probaría Kanye West un enfoque de las botas de montaña? El rapero convertido en diseñador dominó por completo el arte del contrapié con estas Yeezy que parecen perfectas para pasear por el bosque o subir la montaña con estilo.

YZY BOOST 380

Como un calcetín. Pensábamos que veríamos una nueva versión de la Yeezy 350, la V3, ¡pero no fue así! Se trata de las Yeezy Boost 380. Este par cuenta con cordones, pero se puede poner como un calcetín, más o menos como las Nike Air Huarache [3]. Observamos también una ligera elevación al nivel de la suela y perforaciones a cada lado del par. Aunque el color Alien recibió el favor del público cuando se lanzó, los otros colores propuestos dejaron indiferentes a la mayor parte de los fans más fieles.

YZY QNTM ET QNTM BSKTBL

No fue un fracaso total, pero casi. Con motivo del All-Star Game NBA 2020 en Chicago, ciudad natal de Kanye, se organizó un lanzamiento de *marketing* XXL para las Quantum, con vehículos militares recorriendo la «Windy City» para repartir pares gratis. La zapatilla se presentó en dos versiones, la QNTM para el *lifestyle,* y la BSKTBL para los baloncestistas. Ambos modelos, dotados de la tecnología Boost, parecían idénticos a primera vista, pero existía una diferencia en la elección de los materiales. El empeine de la versión *lifestyle* mezcla malla y ante, y se completa con un *high top* negro de neopreno y una suela translúcida. La versión baloncesto presenta una base en PrimeKnit y una jaula reforzada, así como un acolchado extra en el cuello negro del tobillo para mejorar la sujeción. El modelo se lanzó en una docena de colores. No podemos hablar de un fracaso estrepitoso, pero dos años después de su lanzamiento, la QNTM seguía sin aparecer en la mayor parte de los muros de *sneakers* de los revendedores.

YZY BOOST 700 MNVN

Un par de más. Tras un auténtico éxito, en lugar de lanzar cientos de colores como en el caso de las Yeezy 350, Adidas decidió crear modelos alternativos a las 700: las V2, las V3 y, finalmente, las MNVN. Este sería el par de más; a pesar del deseo de retomar las líneas del par OG, los materiales de nailon, la marca en 3M y el color llamativo hicieron que la zapatilla no resultase lo suficientemente aspiracional.

YZY 450

Raviolis chinos al vapor. Creímos vislumbrar una calavera de dinosaurio con las Yeezy Foam. En este caso se trata de ¡un ravioli chino al vapor! La 450 conforma uno de los pares más extraños de la gama Yeezy. Después de exprimir las 350 se instaló el agotamiento, y había llegado el momento de volver a dejar huella. La entresuela está moldeada alrededor del empeine, y la zapatilla da la sensación de estar contraída sobre sí misma cuando no se lleva puesta. Unos pocos valientes se aventuraron a llevar esta rareza, pero el gran público y los coleccionistas de zapatillas no le hicieron ningún caso. Como suele ocurrir con las creaciones de Kanye, la comprensión del diseño por parte de un público más amplio llegó más tarde, y hubo que esperar varios meses para que los modelos disparatados se convirtiesen en estándares. ∎

[1] CONTINENTAL 80
Un básico de la marca de las tres rayas.

[2] REEBOK WORKOUT
Una segunda inspiración de las Yeezy Powerphase.

[3] NIKE AIR HUARACHE
Al igual que las Yeezy 380, las Air Huarache se ponen como un calcetín.

¿YEEZY PARA TODOS?

YEEZY

Ya en 2015, cuando llegó a Adidas, Ye declaró su ambición: «Yeezys para todo el mundo». Al finalizar su contrato con Nike, que desde el punto de vista del fabricante estadounidense fue «una enésima joya de comunicación», el problema para Kanye West fue el siguiente: ¿cómo hacer algo exclusivo para las masas? Ese era el reto, incluso la paradoja de la marca Yeezy. Kanye era un coleccionista de *sneakers* experimentado que conocía muy bien los mecanismos para estimular al público objetivo. Con Adidas, Yeezy recuperó el control de toda la operación: acampadas, sorteos y series especiales, al tiempo que producía cada vez más pares, gamas y modelos, jugando con los matices de color y los nombres esotéricos. En 2017, una clienta estadounidense entró en nuestra tienda y preguntó por unas 350 V2; no teníamos su talla y le ofrecimos unas Nike React ⌊1⌋, que estaban muy de moda en aquel momento. «¡Eso es para hacer *fitness*, yo quiero *lifestyle*!», nos respondió. ¡Kanye siempre capta el espíritu de la época!

Al saber seducir a la comunidad *sneaker*, al mundo de la moda y al público en general, su sueño se ha hecho realidad. Gusten o no gusten el personaje mediático y sus creaciones, Kanye West no deja indiferente a nadie y Yeezy se ha convertido en una marca por derecho propio con Adidas, igual que Jordan Brand con Nike. A través de su marca, se renueva constantemente y ha sabido mostrarse como un visionario en más de una ocasión. Kanye parece plenamente realizado en Adidas, tanto en el plano creativo como en lo que respecta al negocio. El rapero y diseñador ha construido un imperio de zapatillas en poco más de una década. Las Yeezy figuran entre los pares más vendidos por los revendedores.

Desde 2020 ha habido menos éxito en el mercado secundario, donde Yeezy ha perdido terreno. En marzo de 2021, el francés Nur Abbas, exdirector de diseño de Nike ACG, fue contratado para dirigir los proyectos especiales, como la última colaboración textil entre Yeezy,

Balenciaga y Gap, presentada en julio de 2022. El futuro dirá si Kanye será capaz de prolongar la edad de oro de la que disfrutó su marca entre 2015 y 2020, en Adidas o en otro lugar (dado el conflicto entre el diseñador y la marca de las tres rayas). En octubre de 2022, Adidas declaró que rompía relaciones con Ye por sus declaraciones antisemitas, pero debido a las pérdidas millonarias volvió a comercializar sus modelos (mayo de 2023). Aunque también es cierto que es posible que, al acabar 2023, no venderán más sus modelos. Todo está en la cuerda floja. Las dos partes están vinculadas por contrato hasta 2026, pero Ye parece cada vez más deseoso de liberarse porque no está satisfecho con el trato recibido. ¿Ha llegado el momento de que Yeezy vuele solo? Por ahora, siempre ha sabido recuperarse, sorprender y renovarse. Imposible no es Kanye.

YŻY LA ANÉCDOTA DE LARRY

El 26 de abril de 2021, un modelo de Nike Air Yeezy 1 utilizado por su inspirador se vendió por 1,8 millones de dólares en una subasta organizada por Sotheby's. Según Brahm Wachter, jefe de *streetwear* y nuevas piezas de colección de Sotheby's, el precio alcanzado «es un testimonio de que Kanye West es uno de los diseñadores más influyentes de nuestro tiempo». El récord anterior, 615 000 dólares, lo tenía una Air Jordan 1, subastada por Christie's en 2020. ∎

⌊1⌋ NIKE REACT
Uno de los éxitos comerciales de Nike en 2017.

Boost 350 V2
Static Reflective

EF2367 | 26/12/2018

Boost 350 V2 Zebra

CP9654 | 25/02/2017

Boost 350 V2 Glow

EG5293 | 25/05/2019

Boost 350 V2 Clay

EG7490 | 19/03/2019

Boost 350 V2
Semi Frozen Yellow

B37572 | 18/11/2017

Boost 350
Oxford Tan

AQ2661 | 29/12/2015

Boost 350
Turtledove

AQ4832 | 27/06/2015

Boost 350 Moonrock

AQ2660 | 14/11/2015

Boost 350 V2
Beluga

BB1826 | 24/09/2016

Boost 350 V2
Core Black White

BY1604 | 17/12/2016

Boost 350 V2
Core Black Red

BY9612 | 23/11/2016

Boost 350 V2
Dazzling Blue

GY7164 | 26/02/2022

**Boost 350
Pirate Black**

AQ2659 | 19/02/2016

**Boost 350 V2
Static Black**

FU9007 | 06/06/2019

**Boost 350 V2
Black Red**

CP9652 | 11/02/2017

**Boost 750 Light Grey
Glow In the Dark**

BB1840 | 11/06/2016

**Boost 750 Light Brown
Gum (Chocolate)**

BY2456 | 15/10/2016

**Boost 750
Triple Black**

BB1839 | 19/12/2015

Boost 700 V2 Cream

GY7924 | 13/03/2021

Boost 700 V2 Static

EF2829 | 29/12/2018

700 V3 Safflower

G5485 | 14/11/2020

700 V3 Azael

FW4980 | 23/12/2019

700 V3 Arzareth

G54850 | 29/08/2020

**Boost 700
Wave Runner**

B75571 | 01/11/2017

Boost 700 Inertia

EG7597 | 09/03/2019

Boost 700 V2 Vanta

FU6684 | 06/06/2019

700 V3 Clay Brown

GY0189 | 21/12/2020

**Adidas™ x Yeezy™
Desert Boot Salt**

FV5677 | 14/09/2019

**Adidas™ x Yeezy™
Desert Boot Rock**

EG6462 | 13/04/2019

**Adidas™ x Yeezy™
Desert Boot Oil**

EG6463 | 20/04/2019

**Adidas™ x Yeezy™
Slide Bone**

FW6345 | 06/12/2019

**Adidas™ x Yeezy™
Slide Enflame Orange**

GZ0953 | 21/06/2021

**Adidas™ x Yeezy™
Slide Onyx**

HQ6448 | 07/03/2022

**Adidas™ x Yeezy™
Foam RNNR Ararat**

G55486 | 26/06/2020

**Adidas™ x Yeezy™
Foam RNNR MX
Cream Clay**

GX8774 | 02/08/2021

**Adidas™ x Yeezy™
Foam RNNR Vermillion**

GW3355 | 29/10/2021

asics®

diadora

saucony

PUMA

Reebok

VANS

ASICS

DESDE 1949

asics	TRUE BANGER · STREET CRED	CAP. 18

NOMBRE	Asics Gel–Kayano 14
LANZAMIENTO	30 de julio de 2021
DISEÑADOR	Asics + Angelo Baque
COLOR	Multicolor
MATERIAL	Cuero sintético + malla
PRECIO DE SALIDA	180 USD

AGRESIVA, TÉCNICA Y CÁRA

ASICS, 1949

HISTORIA

Tras la Segunda Guerra Mundial, el exsoldado japonés Kihachiro Onitsuka aprendió el oficio de zapatero en la región de Kobe. El 1 de septiembre de 1949 fundó la empresa Onitsuka Shōkai. Su primera ambición fue fabricar zapatillas de baloncesto para el mercado japonés. El concepto de su primera creación nació de una ensalada de pulpo en vinagre; su deseo consistía en inspirarse en el agarre de los tentáculos del animal. Onitsuka incorporó esta idea a sus proyectos de suelas de goma para crear una buena adherencia al suelo. La marca también se posicionó en el ámbito del *running,* y en 1951, el corredor japonés Shigeki Tanaka, que llevaba un par de Tiger ①, ganó la maratón de Boston. El atleta etíope Abebe Bikila ganó la medalla de oro en los Juegos Olímpicos de Tokio de 1964 con unas Tiger en los pies ②.

Los productos Onitsuka, entre los de mejor rendimiento en el mundo del *running*, aparecieron en Estados Unidos a mediados de la década de 1960. El excorredor de fondo Phil Knight y su entrenador, Bill Bowerman, distribuyeron los productos japoneses en el mercado estadounidense a través de su propia sociedad, Blue Ribbon (precursora de Nike). Una desavenencia comercial con la marca japonesa llevó a la creación de Nike. Los primeros modelos de *running* diseñados por la marca de la coma se inspiraron en gran medida en Onitsuka. Por ejemplo, las Cortez tienen un parecido sorprendente a una Corsaire ③.

Deporte, innovación tecnológica y bienestar mental y físico son temas centrales de la filosofía de la marca. En 1977, Onitsuka se fusionó con otras dos empresas especializadas en ropa: Jielink y GTO. Onitsuka se convirtió en ASICS, acrónimo de *Anima sana in corpore sano* («una mente sana en un cuerpo sano»), que es el motivo central de la marca: promover un estilo de vida saludable a través del deporte. La gama Onitsuka Tiger se mantuvo para los modelos retro. A partir de 1986, ASICS

desarrolló la suela Gel, una tecnología a base de Betagel, un invento japonés que contiene silicona y cuya función es la de amortiguar la onda de choque del pie durante la carrera.

En 1990, ASICS abrió un gran centro de investigación y desarrollo en Kobe con atletas y entrenadores para impulsar el sector del *running*. Ese mismo año, Shigeyuki Mitsui creó la Gel-Lyte III. Su misión consistía en diseñar una zapatilla eficaz, funcional y elegante. Al principio, sus superiores mostraron su desacuerdo con el diseño visual de la zapatilla a causa de la lengüeta abierta, muy innovadora, y de los materiales reflectantes. Al igual que las Air Max 1, se trata de un par que rompió con los códigos de la época. Mitsui luchó para establecer su diseño internamente, pero al final dejó su huella porque la Gel-Lyte III tenía el potencial para pasar al ámbito del *lifestyle*.

CULTURA

Durante mucho tiempo, ASICS continuó siendo una marca dedicada exclusivamente al deporte. Su única aparición notoria en la gran pantalla se debió a Bruce Lee en la película *Juego con la muerte*, de 1978. El rey de las artes marciales lleva unas Onitsuka Tiger Mexico 66 a juego con su mono amarillo y negro, tal como se ve en una escena de lucha de culto contra la estrella de la NBA Kareem Abdul-Jabbar. Una secuencia de lucha memorable: «Bruce Lee quería peleas realistas», afirmó Abdul-Jabbar en 2014 a la revista *So Film*. «Peleábamos como si estuviésemos entrenando. Él era un atleta increíble, muy rápido, con un enfoque ecléctico de las artes marciales». Los dos hombres se conocían bien, e incluso tenían una relación estrecha después de conocerse en Los Ángeles a finales de la década de 1960. El joven Lew Alcindor, todavía estudiante en la UCLA, buscaba un maestro para perfeccionarse en las artes marciales. Fue entonces cuando un amigo le sugirió que asistiera a las clases de un tal Bruce Lee. →

① SHIGEKI TANAKA

Tanaka fue el primer japonés que ganó la maratón de Boston, en 2 horas, 27 minutos y 45 segundos.

② ABEBE BIKILA

Es el primer atleta africano medallista que ganó una maratón olímpica con un tiempo de 2 horas, 12 minutos y 11 segundos.

③ CORTEZ *VS.* CORSAIRE

El parecido entre los dos pares ilustra los vínculos entre Nike y Asics.

This magazine probably weighs more than the ASICS GEL-Lyte III.

If you'd like to take issue with this, get out your scale. You'll find that the new ASICS GEL-Lyte III reads a mere 10 ounces, one of the lightest shoes you can train in.

However, there's more to this shoe than less weight. There's history. ASICS introduced the classic light training shoe, the GEL-Lyte, back in 1987.

There's high performance. ASICS incorporates technology that other light shoes simply

Encapsulated ASICS GEL effectively absorbs shock by dispersing vertical energy into a horizontal plane.

don't have. Like the innovative split-tongue™ for an incredibly comfortable fit. And the super durable AHAR rubber heel plug.

And there's GEL. The unique shock absorption system that has more people running to ASICS every year.

Of course there's more to tell you about our feather weight shoes. As well as our full line of running shoes. But please see your local ASICS retailer. In the interest of living up to our claim, we're trying to keep this reading material light.

asics. GEL
Do it Better.

Women's GEL-Lyte III   Men's GEL-Exult   Women's GEL-Exult   Men's GEL-MC

For the ASICS dealer nearest you call 1-800-766-ASICS

Serious Runners Don't Put On Airs.

GT-Xpress

They put on ASICS. And count on ASICS' GEL for serious shock absorption.

Want proof?

Run down to a local 10K race or marathon, and take a look at the crowd. Chances are you're going to find an abundance of ASICS running shoes, from the new GT-Xpress to the GEL-110. Worn by runners who rack up the miles. And depend on ASICS' GEL for excellent protection against injury.

If you're not convinced by the sheer number of

Encapsulated ASICS' GEL effectively disperses vertical energy into a horizontal plane. These special pads provide excellent shock absorption and make for a more comfortable stride.

runners wearing ASICS, talk to some of them. You'll hear more than you ever need to know about orthotic sock liners, torsional rigidity, compression molded EVA midsoles, and of course the unique properties of GEL.

We're sure that after you've picked their brain, you'll pick their brand.

asics
Don't Just Do It. Do It Better.

Women's GEL-110   Men's GEL-110   Women's GEL-Runner 90   Men's GEL-Runner 90

For the ASICS dealer nearest you, call 1-800-866-ASICS.

> «El joven Lew Alcindor, todavía estudiante en la UCLA, buscaba un maestro para perfeccionarse en las artes marciales. Fue entonces cuando un amigo le sugirió que asistiera a las clases de un tal Bruce Lee».

El creador del *jeet kune do*, visto por primera vez en la serie *El avispón verde*, tenía entre sus alumnos a Steve McQueen y Chuck Norris. Fibrado como nunca, Abdul-Jabbar aceptaría años después la invitación del actor chino-americano al plató de *Juego con la muerte* en Hong Kong para rodar una escena que ha pasado a la historia. En 2003, Uma Thurman llevó el mismo par en *Kill Bill*, de Quentin Tarantino, como homenaje a Bruce Lee.

REVENTA

A principios de la década de 2000, siguiendo el ejemplo de la colaboración de Nike con las tiendas japonesas, ASICS siguió el camino inverso y se acercó a las tiendas americanas que iban viento en popa. En 2004, la GT-II fue rediseñada por Proper, una tienda de *sneakers* independiente con sede en Long Beach, California.

En 2007, ASICS colaboró con Alife en una Gel-Lyte III Green Monster [4] y el joven Ronnie Fieg, gerente de David Z (una tienda y distribuidor de Nueva York). En el mismo año, Patta también se subió al carro con una Gel-Lyte III Amsterdam con los colores de la ciudad holandesa de la que procede el grupo.

A partir de 2008, ASICS promocionó las Gel-Lyte III en Europa con Colette (París) [5], Solebox (Berlín) [6] y Hanon (Aberdeen).

Después de 2015, los programas se agotaron. ASICS perdió impulso en el sector del *lifestyle*. Por otro lado, existe toda una gama de *running* de aspecto agresivo, muy tecnológica y cara. En términos de rendimiento deportivo, ASICS es uno de los mejores fabricantes de equipamiento, y eso atraía a los habitantes de los barrios periféricos de Francia. «¡Qué par más raro llevas, hermano!», «¡Sí, valen 200 billetes, tío!». En 2019, Angelo Baque, exdirector de Supreme que creó su propia marca, Awake NY, presentó unas Gel-Kayano 360 [7] clara-mente inspiradas en el estilismo de los jóvenes de los barrios populares, principalmente de las comunidades magrebí y africana. Se comercializaron dos versiones: la Paris, con su parte superior dorada y negra que remite a la luz amarilla de las farolas de la ciudad, y la New York, verde y plateada, que evoca el parque de Flushing Meadows.

Después de varias colaboraciones de éxito, ASICS contrató a Kiko Kostadinov, un diseñador que se convertiría en el director artístico de la sección *sport style* de la marca y que desarrolló la renovación de las gamas dedicadas al *lifestyle*. Pares muy futuristas dirigidos a un público joven interesado por la moda.

LA ANÉCDOTA DE LARRY

El día que Romain se creyó Tony Soprano: «En 2013, en un viaje a Nueva York, coincidí con Burak, un turco de Brooklyn que, como yo, era aficionado a las zapatillas de *running* de New Balance, Saucony, Asics... Una cosa rara para un yanqui en aquellos días. El trato era por unas ASICS GTII rojas del *pack* "RGB" en colaboración con la tienda sueca SNS. Le avisé de que las iba a entregar personalmente, un *"meet-up"* en nuestra jerga. La cita era en Grimaldi's, la famosa pizzería de mafiosos del barrio de Dumbo, en Brooklyn. Engullí una margarita y mi cliente llamó para decirme que estaba de camino. El trato se cerró en 300 dólares, a la luz de la luna bajo el puente de Brooklyn iluminado por las luces de la ciudad. ¡Aquel día marqué la casilla internacional de mi currículum de revendedor!». ∎

[4] GEL-LYTE III ALIFE GREEN MONSTER

Esta colaboración, lanzada en Halloween, se caracteriza por los ojos de plástico que se pueden quitar.

[5] GEL-LYTE III COLETTE

Colaboración entre Asics y Colette con motivo del 35.º aniversario del par.

[6] GL3 X SOLEBOX SUN

Gracias a un tratamiento técnico del tejido, el par cambia parcialmente de color cuando se expone al sol.

[7] GEL-KAYANO 360 AWAKE NYC

El color Silver Mint representa el parque neoyorquino de Flushing Meadows y su Unisphere.

GL3 Koi Afew

H51NK 0190 | BERLÍN | 30/05/2015

GL3 Colette x MJC

HQ82V 0198 | PARÍS | 13/12/2008

GL3 WOEI Cervidae

H20QK 0561 | RÓTERDAM | 30/06/2012

GL3 Comme des Garçons™ Shirt

1201A132 000 | TOKIO | 22/09/20

GL3 OG

1191A266–102 | 06/10/2022

GL3 RF David Z « Flip OG »

HQ81G 9001 | NUEVA YORK | 2007

GL3 Alife™ Monster

AQ4211–100 | NUEVA YORK | 28/10/2007

GL3 Slam Jam

H21SK 0484 | MILÁN | 19/01/2013

GL3 Hanon Wildcats

H11NK 0923 | ABERDEEN | 28/10/2011

GL3 Alife™ Rivington Club Curry

HK80F 0540 | NUEVA YORK | 01/06/2008

GL3 Sean Wotherspoon x Atmos

1203A019 000 | LOS ÁNGELES – TOKIO | 27/06/20

GL3 Kith™ Ecp Miami

H30AK 6130 | NUEVA YORK | 02/05/2013

GL3 Kith™ Flamingo

H30CK 162 | NUEVA YORK | 02/08/2013

GL3 Saint Alfred Olive Birch

H33LK 8016 | CHICAGO | 15/06/2013

GL3 Higs and Lows Mortar

H21YK 1399 | PERTH | 23/11/2014

GL3 Packer Dirty Buck

H50SK 1212 | JERSEY CITY | 07/03/2015

GL3 Solebox Sun

HQ80Q-7593 | BERLÍN | 23/08/2008

GL3 Kith™ Super Green

H60KK 6570 | NUEVA YORK | 21/05/2016

GL3 Ronnie Fieg Salmon Toe

H02AK 5001 | NUEVA YORK | 30/09/2011

GL3 Sneaker Freaker Alvin Purple

H42KK 3390 | MELBOURNE | 03/07/2014

GL3 Hanon Solstice

H51TK 4949 | ABERDEEN | 28/11/2015

GL3 Sneaker Freaker Atmos Alley Cats

1201A529 020 | MELBOURNE | 04/07/2022

GL3 Slam Jam 6THPRLL

H60TQ 1113 | MILÁN | 21/05/2016

GL3 GDLP Tropicalia

1201A755 021 | DALLAS | 21/07/2022

GL3 OG Awake™

1201A568-100 | NUEVA YORK | 03/09/2022

GL3 Footpatrol Squad

H51RK 8686 | LONDRES | 29/08/2015

GL3 Alife™ Rivington Club Grey

HK80F 1111 | NUEVA YORK | 01/06/2008

GL3 Sneaker Politics Always Ready

120A516-300 | DALLAS | 30/05/2022

GL3 Patta™ AMS

HK70W 1190 | ÁMSTERDAM | 15/06/2017

GL3 Titolo Papercut

H50VK-9001 | ZÚRICH | 28/03/2015

Gel Kayano 14
JJJJOUND™ Silver

1201A457 100 | MONTRÉAL | 26/08/2022

Gel MC Plus
Denim Tears™ Cream

1201A671 100 | NUEVA YORK | 28/09/2021

GT2 SNS™

H10VK 1111 | ESTOCOLMO | 18/06/2011

GT2 Ronnie Fieg
Rosegold

H10HK 3494 | NUEVA YORK | 02/03/2012

GT2 Higs and Lows™
Brick

H212K 2325 | PERTH | 23/11/2014

GLV Ronnie Fieg
Volcano

H31EK-3621 | NUEVA YORK | 25/10/2013

Gel MC Plus
Denim Tears™ Brick

1201A458 600 | NUEVA YORK |
28/09/2021

Gel MC Plus Bodega

1201A506 020 | BOSTON | 29/04/2022

Gel Kayano 21 Awake™
Aqua

1201A459 300 | NUEVA YORK | 02/12/2021

Gel Kayano 14
Icestudios Blue

1201A514 400 | NUEVA YORK | 12/08/2022

GT2 Ronnie Fieg
Ultra Marine

H10CK-4040 | NUEVA YORK | 02/03/2012

Gel Kayano 14
Angelo Baque
Rebirth of Cool

1201A375 001 | NUEVA YORK | 30/07/2021

Gel Kayano Bape™
Brown Camo

HQ50U8861 | TOKIO | 07/11/2015

Gel Sight Overkill
Desert Rose

H53RK 2578 | BERLÍN | 11/07/2015

GLV Kith™ Salmon Toe

1201A542-700 | NUEVA YORK | 24/11/2021

GT2 Colette x La MJC
Sold Out Chapter III

AQ4211 100 | PARÍS | 20/12/2008

GEL-KAYANO 5 360 AWAKE NY

2019

Un guiño del exdirector de Supreme, Angelo Baque, al parque de su infancia y a su ciudad de adopción.

PARTE SUPERIOR

PARTE POSTERIOR

SUELA

SKU: 1021A244–020	DISEÑADOR: Awake NY	C: plateado / verde menta
MATERIAL: ante + malla	PRECIO DE SALIDA: 180 USD	FECHA DE LANZAMIENTO: 20 junio 2019

Angelo Baque, un chico de Queens apasionado por las culturas urbanas y diplomado por la Escuela de Artes Visuales, fue director de Supreme durante diez años. En 2017 renunció para dedicarse a sus proyectos personales.

Entre ellos, Awake NY, lanzada en 2012. Con esta marca estableció el puente entre los fundamentos del *streetwear* y la cultura neoyorquina, y con ella se asoció ASICS para ofrecer las Gel-Kayano 5 360. La primera combinación cromática, gris metalizado y verde menta, supone un guiño a los paseos que el joven daba por Flushing Meadows Park, en Queens.

En el centro del parque se encuentra la Unisphere, la representación en acero de la Tierra que aparece en una escena de la película *Men in Black*. Gracias a su originalidad y a una buena co-

municación, el colorido fue un gran éxito. En la actualidad, el par se revende por unos 500 euros, o incluso más para ciertas tallas. El segundo color, inspirado en el velo dorado que se forma por la noche con la luz de las farolas, es una dedicatoria a París. Angelo Baque, que invitó al grupo PNL en marzo de 2016 con motivo de la apertura de la primera tienda Supreme en París, quedó impresionado por el aspecto de los jóvenes de los barrios populares, muchos de ellos ataviados con la Gel 360. Esta versión de las 5 360 se agotó en la mayoría de los minoristas, pero continúa siendo un modelo codiciado porque el Gel 360 es un acierto. ∎

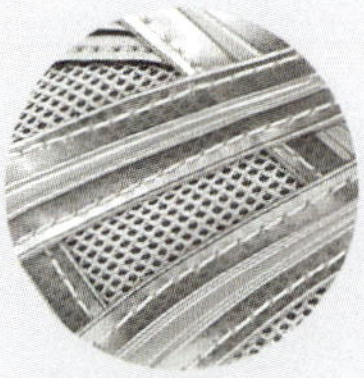

PARTE SUPERIOR

CONTRAFUERTE

Guardabarros

Logo Awake grabado en el nobuk.

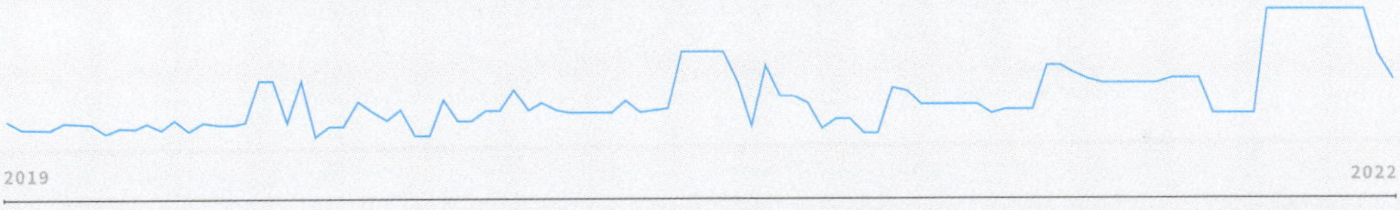

Media suela

Tecnología Gel dispuesta a 360 grados que crea una zona translúcida de color crema.

Contrafuerte

Logo Asics metalizado sobre malla plateada y ante verde menta.

2019   2022

250 € - 450 €
PRECIO MÍNIMO / MÁXIMO

25%
VOLATILIDAD

350 €
PRECIO MEDIO DE VENTA

250%
COTIZACIÓN MÁXIMA

EL *PACK*

El segundo colorido de este lanzamiento se compone de una malla y un logotipo dorado metálico sobre una base de ante negro. El conjunto sugiere las noches parisinas bajo el resplandor de las farolas.

HISTORIA FRANCESA DE LAS *SNEAKERS* APROBADAS POR LA CALLE

TOBACCO, ÉCLAT, «REQUIN», GEL-QUANTUM 360...

Estos pares son indisociables del *look* urbano *made in France*. La apropiación de ciertos modelos de culto sugiere que los fabricantes de equipamiento deportivo crearon diseños especialmente pensados para obtener la aprobación de los barrios populares. ¿Cómo influyen las *sneakers*, y por extensión el *streetwear* (literalmente, «lo que se lleva puesto en la calle»), en todos los estratos de la sociedad? Desde la década de 1980 hasta nuestros días, una mirada retrospectiva de las *sneakers* que han marcado la historia de la cultura callejera de la periferia.

«Las Tobacco eran el emblema
de la generación de origen magrebí que
tenía veinte años en la década de 1980».

HICHEM OG

Hichem Merahi, OG en la *sneaker* y en la calle, participó en la redacción de este capítulo. Precursor de la influencia del *streetwear*, en la actualidad es asesor de estrategia y comunicación.

STAN SMITH, LEVI'S 501 Y TRES CUARTOS DE CUERO
Década de 1980

En la década de 1980, el *streetwear* no existía como estilo de vestir. Los códigos imperantes dictaban que había que llevar ropa y calzado «urbanos» al trabajo, al centro educativo o incluso a la discoteca.

La ropa deportiva se reservaba para el gimnasio de la escuela, con la excepción de las viviendas sociales y las cárceles. La juventud procedente de las diferentes oleadas migratorias sufrió de lleno la crisis del petróleo y el racismo, mientras descubría el «desempleo en chándal y zapatillas de deporte». Fueron los «años de la pasta», pero no para todo el mundo...

En Francia, el mercado de la ropa deportiva estaba dominado por marcas galas que fabricaban sus productos localmente: Noël, Patrick, Dorcas, Tbs, Spring Court... Los gigantes Adidas y Le Coq Sportif equipaban a estrellas del tenis como Stefan Edberg, Ivan Lendl y Yannick Noah. Los catálogos de estos fabricantes, en ocasiones olvidados, están repletos de zapatillas clásicas que han marcado a varias generaciones.

La distribución de productos estadounidenses en Europa era muy marginal, lo que dejaba el campo libre a las marcas transalpinas (Sergio Tacchini, Fila, Ellesse, Kappa, Diadora, Panzeri, Lotto, etcétera). En busca de esa clase a la italiana, personificada en la pequeña pantalla por el actor Aldo Maccione, los jóvenes de los barrios desfavorecidos soñaban con tener un chándal italiano fabricado con materiales técnicos o en «piel de melocotón» de más de 700 francos (una fortuna en aquella época). En lo que respecta al calzado, lo que contaba era saber detectar las buenas ofertas y cambiar con frecuencia. Los *influencers* de la época eran los traficantes de heroína, «caballo» para los amigos. Los traficantes llevaban «tenis» blancos nuevos, de tendencia, combinados con un Peugeot 205 GTI o un Renault 5 Alpine. El primer

1 ADIDAS STAN SMITH
El clásico de la calle desde hace décadas.

2 ADIDAS TOBACCO
Uno de los símbolos del asfalto fabricado en Francia.

3 ADIDAS NASTASE
¿Zapatilla de tenis que nunca se ha reeditado a causa de las locuras de Ilie Năstase?

par que viene a la mente cuando pensamos en las ciudades de los ochenta es la **Adidas Stan Smith** 1, una zapatilla muy asequible (unos 200 francos) que calzó toda la juventud, pero también estrellas del pop como Jean-Jacques Goldman o Daniel Balavoine. La «Stan» tenía que estar nueva e inmaculada. Cuando el presupuesto era limitado y no era posible comprar un par nuevo, se «maquillaba» con betún Baranne blanco. Había que estar ociosos en la calle con estilo. Las Stan Smith, un accesorio indispensable del atuendo de los maleantes, se llevaban en el barrio con unos vaqueros Levi's 501 *brut*, un tres cuartos de cuero Mac Douglas o un chándal Tacchini. El precio del éxito: la Stan también facilitaba a los guardias de seguridad de Prisunic, el precursor de Monoprix, la identificación de los ladrones y era rechazada sistemáticamente en la entrada de Fun Raï, una discoteca magrebí situada en Évry, al sur de París.

Las **Tobacco** 2, salidas directamente de los barrios pobres de Nanterre, conforman el par más gamberro. Lanzadas en 1978, se inspiraron en otro modelo de culto de Adidas, las Gazelle. Zapatillas de referencia desde Vénissieux hasta Bobigny, las Tobacco eran a la vez resistentes, cómodas y asequibles (entre 150 y 200 francos). Su nombre hacía referencia a la hoja del tabaco y le daba un aire transgresor y masculino, con un marrón castaño que recordaba a las Desert Boots de Clarks. En el mundo de la delincuencia, las Adidas Achille adquirirían el mismo estatus, pero la Tobacco era la zapatilla por excelencia de los ladrones adeptos al método del tirón. Combinada con un jersey de cuello alto de Daniel Hechter, unos 501 desteñidos y una chaqueta de cuero marrón, y el recopilatorio Raïna Raï o de Shalamar en el *walkman*, las Adidas Tobacco eran el emblema de la generación de origen magrebí que tenía veinte años en la década de 1980.

Otro gran clásico de la marca de las tres rayas es una zapatilla de tenis destinada al gran público: la **Nastase** 3. Lanzada a finales de la década de 1970, esta zapatilla fue diseñada para Ilie Năstase, un tenista rumano de fuerte carácter, exnúmero uno del mundo y ganador del

CITÉ DES 3 000 EN AULNAY-SOUS-BOIS, CAFÉ DU GALION, HACIA 1980.

Roland Garros en 1973. La Nastase es una zapatilla de lona básica, sobria y más cómoda que la Stan Smith. Era habitual verla en los pies de Michel Gérard, con un Gitane en la boca, apoyada en la barra del bar del barrio, con *Hexagone* de Renaud sonando de fondo, combinada con un chándal Challenger de Adidas, también en azul marino, como el de la selección francesa de fútbol.

En la galaxia de las marcas francesas, Le Coq Sportif (o «le coq») también estaba muy presente en el tenis. En la década de 1970, el fabricante de equipamiento deportivo de Romilly-sur-Seine patrocinó al campeón afroamericano Arthur Ashe, ídolo de Yannick Noah. Este último, que también tenía un contrato con Le Coq, contaba con sus propias zapatillas firmadas, las elegantes Noah Club, con las que ganó el Roland Garros el 5 de junio de 1983 contra el sueco Mats Wilander. La final dio lugar a uno de los momentos más emblemáticos del deporte francés cuando Zacharie Noah, el padre de Yannick, abrazó a su hijo entre lágrimas al final del partido. Aquella victoria desató la locura por Le Coq entre los jóvenes de los suburbios, que se identificaron fácilmente con Noah, un carismático bocazas que reivindicaba sus orígenes cameruneses dos años antes de la creación del eslogan «Touche pas à mon pote» («No toques a mi colega») por parte de la asociación SOS Racisme.

Los modelos **Dynatec** [4] y **Éclat** [5], lanzados respectivamente en 1982 y 1984, saltaron al primer plano de la escena del *running*. La Éclat, con un aspecto similar a una New Balance, se convirtió en un éxito en los mercados de Vitry-sur-Seine y Sarcelles. Estaba disponible en azul petróleo o gris por un billete de 200 francos. Un buen recuerdo del perfume Drakkar Noir de Guy Laroche... La tienda londinense Footpatrol rindió homenaje al modelo

en 2014 con una edición limitada idéntica a la OG. A finales de la década de 1980 apareció la **Classic Leather** [6] de Reebok, una zapatilla de *running* para el gran público, en piel blanca o negra. Muy popular en Val-d'Oise, la «CL» fue objeto de robos en las tiendas Intersport y Sport 2000. También ocupó los puestos más visibles en el mercadillo de Clignancourt. La CL fue inmortalizada por Saïd Taghmaoui en *El odio*, la película de Mathieu Kassovitz de 1995. La llegada al paisaje musical de las portadas de rap en formato vinilo y casete allanó el camino para los *b-boys*, quienes vivían en bloques de pisos. Las gorras y zapatillas, sobre todo las que lucía Chignol, un violento líder de una banda *zoulou*, desplazaron a las sudaderas Blanc Bleu y **Fila F13** [7] en la calle. Otros soñaban con las Air Jordan desde que Canal+ retransmitió el primer partido de la NBA, el 5 de marzo de 1985.

AIR MAX BW, GORRA Y RIÑONERA LACOSTE
Década de 1990

La década siguiente estuvo marcada por la explosión de Nike y la confirmación de Reebok, dos firmas estadounidenses que tuvieron muy buena acogida. El telón de fondo de aquel enfrentamiento fueron las nuevas tecnologías: la burbuja de aire frente al sistema Pump.

Y una consecuencia importante: el aumento de los precios de venta. Por aquel entonces circulaba una pulla referente al rendimiento: «Voy en BM doble pie». Como una señal exterior de riqueza, las zapatillas se equiparaban a una lujosa berlina alemana. Adidas, el monstruo de la década de 1980, dio mucha guerra con la gama Torsion **ZX 8000** [8], con un precio de 780 francos en su versión OG en color Aqua. Un éxito entre las subculturas *hooligan* de Mánchester y las fiestas *rave* de Berlín. →

[4] COQ SPORTIF DYNATEC

Uno de los éxitos de la marca francesa.

[5] COQ SPORTIF ÉCLAT

Zapatilla de *running* oficial del Inter-club Galère (ICG).

[6] REEBOK CLASSIC LEATHER

¡Garges-Sarcelles presente!

[7] FILA F13

Una zapatilla sujeta a robos en la época *zoulou*.

[8] ADIDAS ZX8000

¡Torsion Aqua!
El color de los *nineties*.

⑫ AIR MAX 95 NEON

EL COLECTIVO UV-TPK, PARÍS, HACIA 2000.

En Francia, la combinación con una parte de arriba de chándal de nailon estilo Adidas Terminator y unos vaqueros «nieve» era de rigor. La creatividad del competidor estadounidense Nike, con colores fosforito y diseños visionarios, tuvo en vilo a hordas de adolescentes llegados de los suburbios de las grandes capitales. En la década de 1990 se convirtió en la marca número 1 de la calle. Las **Air Max 90** ⑨ y las **Air Max BW** de 1991 son modelos emblemáticos de principios de la década. Dos siluetas agresivas, un atrevido color Infrared para las AM90 y una burbuja de aire todavía más grande en la Big Window. Esta última, que fue muy popular en los ambientes de barrio, también integró a comunidades tan variadas como los *skinheads* y los *yuppies* de las finanzas. Las BW calzaron a Pascal Légitimus en un *sketch* de Les Inconnus que parodiaba la sección de deportes de Antenne 2, antiguo nombre de France 2... pero «eso no es asunto nuestro». En sus colores Persian ⑩ o

Marina, la BW encajaba a la perfección con la estética delincuente de la década de 1990: la trilogía de chándal, gorra y riñonera Lacoste. Reeditada y rediseñada en diversas ocasiones, la BW tuvo una larga carrera en las ciudades dormitorio a pesar de un final algo doloroso entre los folloneros de domingo. La vida en el gueto a veces es dura, así que hay que equiparse con zapatillas fáciles de llevar. Las Nike Air **Huarache OG** de 1992 ⑪, en versión fosforito o completamente negras, constituyen el ejemplo perfecto: una auténtica zapatilla de neopreno que se puede calzar prácticamente sin atar los cordones. Con un confort óptimo, las Huarache se convirtieron en el calzado de los marginados a la moda que se pasaban todo el día en la calle, entre el banco y la tienda de comestibles, con un dos papeles y una lata de Tropico.

Otro par imprescindible: las **Air Max 95**, con su color OG fosforito ⑫, siguiendo los pasos de Wu-Tang Clan, el le-

«AM95, Tam-tam Itineris sujeto al cinturón o al calcetín, apostados delante de la cabina telefónica».

gendario grupo de rap neoyorquino con un universo disparatado. Su aspecto, emblemático del rap americano de la Costa Este, sacudió los barrios y las ventas de pares todoterreno se dispararon. Enormes, cómodas, ultrarresistentes y, por primera vez, dotadas de burbujas de aire en la parte delantera, las AM95 Neon se adaptaban perfectamente al estilo *baggy*. Ocurría lo mismo con su competidora, la Air Force 1, aunque con un sello más «*zoulou*». A medida que el precio de las zapatillas fue subiendo, solo los grandes traficantes de cánnabis se las podían permitir, Tam-tam Itineris sujeto al cinturón o al calcetín, apostados delante de la cabina telefónica.

Las **Air Max 97** [13], adoptadas por las «*sisters*» de la rue des Rosiers, encarnan el *look* a la italiana y la elegancia que lo acompaña. Burbuja de aire interminable, CW Silver o Gold, 3M brillante para brillar: las AM97 conforman un par que luce muy arreglado al estilo de «la tchi-tchi» (la juventud dorada de Argelia), hecha para relajarse en vacaciones en la costa española. Algunos golfillos se pasaron poco a poco a la delincuencia e introdujeron tímidamente un pie en el lujo, el de verdad. No era raro ver zapatillas Prada Nevada o **America's Cup** [14] en el 92.

El año 1998 marcó un gran punto de inflexión con la llegada de la línea **Air Max Plus** [15], Tuned o «TN», diseñada por Sean McDowell en exclusiva para Foot Locker. ¿Los ingredientes de esta polémica zapatilla de *running*? Coloridas OG crepusculares (Hyper Blue, Voltage Purple y Pimento) inspirados en la puesta de sol de Florida, suelas llenas de burbujas, un *swoosh* no muy corporativo inclinado hacia dentro y bandas reflectantes colocadas en la parte delantera de la zapatilla para que resulten claramente visibles. En Francia, la «TN» se convirtió en el tótem de inmunidad de los suburbios, el par de la calle por excelencia, rebautizada como «la Tiburón» por su aspecto ultraagresivo. El comercio minorista fue igual de violento: se superó la barrera de los 1000 francos. El precio llegó a 1600 francos en Sneakers Fashion, una tienda pionera de la reventa en la *rue du* Faubourg-Saint-Antoine de París que detectó el negocio y decidió vender modelos exclusivos importados directamente de Estados Unidos. Delincuentes, traficantes, ladrones... La «Tiburón» abarcó todo

el extrarradio a finales de la década de 1990 y Jamel Debbouze, el principal *influencer* de la época, lucía las zapatillas con orgullo en la televisión y en sus espectáculos. Dos décadas más tarde, las Air Max Plus habían tenido varias vidas, la más notable en los pies de *youtubers* femeninas de Dubái en versión rosa satinado, aunque continúan siendo una garantía cuando se trata de dar los primeros pasos en el barrio, de París a Marsella, donde el dicho «TN cuesta la sangre» está muy arraigado. Se han creado más de cien versiones: íntegramente de cuero, sin cordones o como homenaje a Seine-Saint-Denis (2022). «*Air Max TN, le rain-te, les affaires*», rapea Rim'K en el megaéxito «Air Max», con la colaboración de Ninho en el último homenaje del rap francés a una zapatilla de culto.

EL «SHOX» DE LAS CULTURAS
Década de 2000

En el año 2000 no se produjo el anunciado fallo informático. Y, sin duda, las Nike Shox R4 sirvieron de cortafuegos. Sergio Lozano y Bruce Kilgore, dos diseñadores experimentados y creadores de la Air Max 95 y la Air Force 1, respectivamente, idearon una zapatilla futurista con una parte superior metalizada y el impresionante sistema Shox en el talón. Esta tecnología que requirió dieciséis años de investigación permite absorber el impacto con el suelo de una forma revolucionaria.

Las **Shox R4** [16] fueron un éxito instantáneo entre los jóvenes trabajadores de las ciudades, y en especial entre los «mayoristas» de los porros (los camellos), un *look* claramente reivindicado por los chavales de Nanterre, en el 92. Acaparada por la calle, la R4 en los colores OG blanco-plata-rojo fue bautizada como «muelle», y también se conocía como «Boeing» en un guiño a la campaña publicitaria.

El éxito de una zapatilla se mide casi siempre por las falsificaciones resultantes: entre las TN y las Shox se produjo un choque de titanes de lo falso cuyo núcleo parisino fue el mercadillo de Saint-Ouen. Las Shox continuarían siendo un fenómeno secundario que esperaría pacientemente su reedición de aniversario en 2020. →

[13] AIR MAX 97
Le fric, c'est chic.

[14] PRADA AMERICA'S CUP
Tercer piso al fondo, rue de Ponthieu.

[15] AIR MAX PLUS
Patrimonio del gueto.

[16] NIKE SHOX R4
La estrella del mercadillo de Clignancourt.

[17] NIKE PRESTO
Capucha, guantes y Presto en los pies.

[18] NIKE AIR RIFT
Un par *tah les ninjas*.

«El precedente Huarache».

El comienzo de la década también estuvo marcado por la llegada de las Nike de confort, con la gama **Presto** 17 a la cabeza, seguida de cerca por el regreso de las **Air Rift** 18 o «Ninja» y otras Air Kukini. El precedente creado por el éxito de las Air Huarache, respaldado por un precio más atractivo, dio lugar a pares de colores llamativos y estampados con la ambición de no pasar desapercibidos.

Estas zapatillas se llevan con pantalones de camuflaje de Aem'Kei, Bullrot y Triiad, y sudaderas Homecore o Com8. Era la edad de oro de la moda *streetwear* del rap francés. A principios de la década de 2000, las Adidas Galaxy conocieron un éxito efímero, pero muy pronunciado. Un modelo tradicional o incluso *vintage* en cuero perforado Gold o Silver: sencillo y divertido para chicos y chicas que buscan un estilo más elegante. En esa misma onda de pedrería y lentejuelas, Puma salió del apuro con dos modelos famosos: la Mostro, una rareza con velcro lanzada en 1999, y la **Sparco** 19, vinculada al deporte del motor (2000), que se vendió como rosquillas en Courir y Foot Locker.

GEL 360, CHÁNDAL DEL BORUSSIA Y RUEDA TRASERA
Década de 2010

A principios de la década de 2010, el *streetwear* se encontraba en fase de democratización. Del *underground* al *mainstream*, las culturas de la calle fueron calando de manera progresiva en todos los estratos de la sociedad. ¿Quién hubiese predicho que el rap se convertiría en una música popular? ¿Que todo el mundo llevaría Jordan 1? ¿Que las casas de moda de lujo adoptarían los códigos de la calle? En 2020, Gucci o Louis Vuitton vendían bandoleras a «microbios» por el precio de un salario mínimo...

En los barrios populares, las Air Max son una institución. En cuanto sale un nuevo modelo, el objetivo consiste en hacerse con él el sábado por la tarde antes del cierre de Rosny 2 o «Bel Ép'». La evolución de las gamas TN, con las **Air Max Plus 2** 20, las **TN Plus 3** 21 y las **Vapormax** 22 prolongó la historia de éxitos, pero sin destronar a la «Tiburón» original íntegramente negra. Nike no escatimó para acentuar ese efecto de «chico malo» del diseño de sus zapatillas, que tenían su lugar en el vestidor junto a un chándal del Borussia Dortmund listo para «servir un buen chocolate de amarillo» a los compradores de drogas del Bat 7. Las **Air Max 270** 23 transformaron el ensayo en 2018. Nike cedió las llaves de la comunicación a la agencia parisina Yard, que ideó un lanzamiento *pop-up* en los vestíbulos de algunos edificios, al estilo de una venta de drogas organizada. La campaña fue difundida por el medio callejero Booska-P. Las cosas estaban claras: el objetivo principal era el extrarradio. Este par contribuyó a resituar a Nike a la vanguardia de la escena local de los barrios, las cuotas de mercado de la que poco a poco se había ido adueñando ASICS y sus gamas de rendimiento *high-tech* a más de 200 euros el par.

A mediados de la década de 2010, ASICS resurgió de sus cenizas, y no solo en las pasarelas del diseñador Kiko Kostadinov. Las **ASICS Gel-Quantum 360** 24, un modelo dirigido principalmente a atletas experimentados, se vio en los pies de los camellos o de los que se tomaban una hamburguesa como desayuno de trabajo en G La Dalle. El primero en detectar el impacto y convertirla en una de sus superventas fue Birame N'Diaye, fundador de la cadena de tiendas Footkorner. El eslogan era muy claro: «La calle viste a la calle». Además de chándales de los principales clubes de fútbol europeos y ASICS Gel de todo tipo que marcaron el tono de la campaña, Footkorner apostó por figuras de la escena del rap francés como Kaaris, Niska y Médine.

Cuando se instaló en el Marais, París, en 2016, Supreme (marca neoyorquina pionera de la cultura *streetwear* y *skatewear*) era muy consciente de la tendencia y la omnipresencia del barrio en la cultura francesa. Bajo la dirección de miembros de su equipo local, la marca diseñó anuncios ilustrados con imágenes crudas a base de ruedas traseras en cross, miradas desencantadas y caras terribles de Seine-Saint-Denis... ¡por Dios! La guinda del gueto, PNL, el principal grupo de rap francés de la década de 2010, siempre dispuesto a representar a los barrios, fue invitado a participar en un *showcase* en la noche de apertura de la tienda parisina. Médine y su grupo tenían razón: «Los suburbios influyen en París, París influye en el mundo». ∎

DIADORA

DESDE 1948

diadora	TRUE BANGER / UNDER × RATED	CAP. 19

NOMBRE	N9000 Azzuri
LANZAMIENTO	12 de marzo de 2015
DISEÑADOR	Diadora + Packer Shoes
COLOR	Azul olímpico / oro
MATERIAL	Piel de canguro + ante
PRECIO DE SALIDA	200 USD

UN *LOOK* DE MAFIOSO

DIADORA, 1948

1 B. ELITE

Par emblemático de Björn Borg, el tenista sueco que ganó 11 torneos de Grand Slam.

2 N9000 PATTA COLONEL BLUE

Como de costumbre, Patta fue el detonante de la locura en torno a las N9000.

3 N9000 EXTRA BUTTER

Par inspirado en el *giallo*, un género cinematográfico italiano que mezcla crimen, terror y erotismo.

4 RAEKWON

El rapero luciendo su par en la fiesta del 20.º aniversario de su álbum *The Purple Tape*.

HISTORIA

En 1948, tras la Segunda Guerra Mundial, Marcello Danieli fundó Diadora en la región de Venecia. El italiano tenía experiencia como zapatero en empresas que fabricaban zapatos para soldados. Los primeros modelos de la marca transalpina fueron botas de senderismo. La empresa producía en pequeñas cantidades fabricadas en Italia, característica que se mantendría como marca de fábrica. En la década de 1960, Danieli traspasó su empresa a sus tres hijos: Roberto, Pierluigi y Diego. Diadora se diversificó y empezó a fabricar calzado para atletismo, tenis y fútbol, incluida la *Squadra azzurra*. Pionera en *marketing* deportivo, la empresa se asoció con grandes atletas como Björn Borg, Ayrton Senna, Roberto Bettega, Jennifer Capriati... No obstante, Diadora se debilitó tras su adquisición por parte de un fabricante de mochilas en 1998. Los primeros años de la década de 2000 fueron difíciles. Habría que esperar a que Geox entrase en el capital en 2009 para relanzar la marca. Destacó un par de botas de fútbol, la Brazil, ligera gracias a la piel de canguro muy flexible. Una auténtica «zapatilla de casa», según los jugadores. Este material también se utilizó en las zapatillas de tenis Borg Elite **1**. En la década de 1990, Diadora creó un centro de investigación y desarrollo con médicos especializados en ortopedia y expertos de la Escuela Politécnica de Milán. Diadora desarrolló la N9000, fabricada en Italia con una imagen de alta calidad y una suela de Vibrasorb, popular entre los corredores.

CULTURA

Diadora se abrió paso en Estados Unidos gracias al aprecio de la comunidad italiana, en particular la mafia. En las calles se estilaba llevar marcas italianas. Algunos miembros de los Wu-Tang llevaban zapatillas Diadora. En 2015, la marca diseñó las N9000 Purple Tape con Raekwon, alias «The Chef», que explicó que Diadora tenía credibilidad en la calle: por ejemplo, en Staten Island, donde vivían muchos italianos.

REVENTA

A finales de la década de 2000, Diadora preparó un programa de colaboraciones *made in Italy*, de calidad *premium*, y buscó todas las tiendas importantes de *sneakers* de la época, empezando por Patta **2**, que lanzó tres modelos para conmemorar su 10.º aniversario. La mayoría de las colaboraciones guardaron relación con la cultura italiana. La tienda Concepts de Boston utilizó detalles del billete de 500 000 liras.

En Nueva York, Extra Butter **3**, situada en el Lower East Side, estaba regentada por amantes del séptimo arte que recurrieron al *giallo*, un género cinematográfico italiano entre el policial, el terror y el erotismo. Su colaboración apeló a los colores de la sangre seca. En París, Colette se unió con la MJC para rendir homenaje a Marco Verratti, el futbolista italiano del PSG, con un par en piel de canguro, como las botas Brazil. Diadora ganó presencia en el mercado con una imagen sinónimo de calidad y originalidad.

LA ANÉCDOTA DE LARRY

Romain tiene una anécdota que contarnos: «En 2015, estaba trabajando a distancia con revendedores de Nueva York para recuperar exclusivas de Estados Unidos. Una noche, a eso de las 4 o 5 de la madrugada, suena mi teléfono y mi colega Brian me dice: "Eh, Romain, estamos en una discoteca en Manhattan, en un fiestón, y está Raekwon firmando sus Diadora N9000 para la fiesta de lanzamiento **4**. ¿Quieres unas?". "¡Por supuesto!", le respondí. "¡Un 10,5 US, please!". Una semana más tarde recibí el par de mi talla firmado por The Chef. Unos años más tarde lo revendí por una fortuna a un fan suizo de Wu-Tang en un evento en Alemania. Tenía dos N9000 y no me quedé con el par autografiado. ¡Ahora me arrepiento!». ∎

DIADORA
EXCELLENCE IN ATHLETIC SHOES

Diadora...over one hundred years of European craftsmanship.

Diadora...the only full line of athletic shoes with natural gum rubber soles, the finest material available.

Diadora...comfortable uppers of nylon, baby veal, leathers, or wild boar. They're double stitched and double reinforced.

Diadora...for long lasting durability and attention to detail.

Diadora...athletic shoes specially designed for every event.

Diadora is excellence...compare them... you'll wear them.

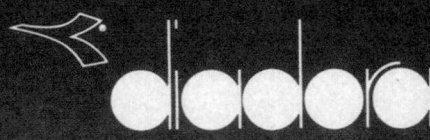

Italian Atletica Shoes

SPRINT SPIKE

SPEED FLAT

DISTANCE SPIKE

LONG JUMP

TARTAN SPIKE

HAMMER THROW

JAVELIN BOOT

DISCUS

HIGH JUMP

RALLY TRAINING FLAT

SHOT PUT

TRIPLE JUMP

N9000 Colette x La MJC Gufetto

PARÍS | 03/07/2015

N9000 Xlarge Copito

501.171758 | LOS ÁNGELES | 17/12/2016

N9000 A Ma Maniére Novelle

170612-2 | ATLANTA | 14/05/2016

N9000 All Gone (Pink)

501.171355 | PARÍS | 23/07/2016

N9000 Feature Pistachio

501.170658 | LAS VEGAS | 08/07/2016

N9000 Concepts Lira

501.161981 | BOSTON | 03/10/2015

N9000 Patta™ Italia

160413-06-20006 | ÁMSTERDAM | 20/09/2014

N9000 24 Kilates Sol

161393-06-25135 | BARCELONA | 15/11/2014

N9000 Solebox Ferro

161556-06-C584 | BERLÍN | 24/01/2015

N9000 TGWO SPQR

501.171218 | COLONIA | 08/07/2017

N9000 A Ma Maniére Sugar Peach

170612-1 | ATLANTA | 14/05/2016

N9000 Hanon Saturday Special II

160628-06-60104 | ABERDEEN | 01/11/2014

N9000 OG Espresso Ristretto

160741 01 C5681 | 12/07/2014

N9000 Packers Azzuri

501.161764 | JERSEY CITY | 12/03/2015

N9000 Hanon Saturday Special I

160630-06-65178 | ABERDEEN | 31/05/2014

N9000 Patta™ Colonel Blue

160411 06–60072 | ÁMSTERDAM | 25/01/2014

N9000 Bait Skeletor

501.17124 | LOS ÁNGELES | 13/08/2016

N9000 Extrabutter Giallo

501.170371 | NUEVA YORK | 23/04/2016

N9000 Colette x La MJC Gufetto

501-170564-01 | PARÍS | 03/07/2015

N9000 24 Kilates Sombra

161393-06-75072 | BARCELONA | 13/12/2014

N9000 LTD EDT Casteller

501.170179 | BARCELONA | 26/09/2015

N9000 Concepts Tuxedo

501-170082-80013 | BOSTON | 13/02/2016

N9000 24 Kilates Toro

501.1611512 | BARCELONA | 25/04/2015

N9000 Patta™ 9

160409-06-80013 | ÁMSTERDAM | 21/06/2016

V7000 Afew Highly Addictive

501 171769 | DÜSSELDORF | 22/04/2017

V7000 Footpatrol Macchiato

501.171340 | LONDRES | 25/11/2016

V7000 Kith™ x Slam Jam Primo

501.170081 | NUEVA YORK | 23/10/2015

V7000 Hanon Inter City

501.170657 | ABERDEEN | 09/07/2016

V7000 Slam Jam x Kith™ Yvan

501.170195 | MILÁN | 23/10/2015

V7000 Solebox Azzuro

501.170531 | BERLÍN | 07/11/2015

N9000 PACKER SHOES & RAEKWON

2015

Para celebrar el 20.º aniversario de su álbum de culto, el rapero de Wu-Tang Clan se asoció con el fabricante italiano.

PARTE SUPERIOR

PARTE POSTERIOR

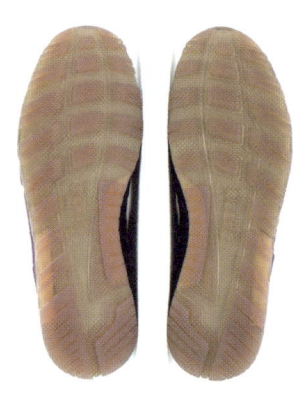

SUELA

SKU: **501–161965**	DISEÑADOR: **Packer Shoes + Raekwon**	C: **púrpura**
MATERIAL: **ante + malla**	PRECIO DE SALIDA: **170 USD**	FECHA DE LANZAMIENTO: **20 agosto 2015**

En 2015, con motivo del 20.º aniversario del lanzamiento de *Only Built 4 Cuban Linx*, el primer álbum en solitario de Raekwon, se presentó una colaboración histórica. Supuso la unión entre el rapero de Wu-Tang, la tienda neoyorquina Packer Shoes (un negocio familiar histórico fundado en 1907) y Diadora, la marca de zapatillas más famosa de Italia.

Hombre de gustos y colores, Raekwon se dio a conocer en 1995 rompiendo con la monotonía de los casetes blancos y negros. Aunque el CD ya estaba de moda en aquella época, no se abandonó la producción de casetes. Raekwon decidió comercializar el de *Only Built 4 Cuban Linx* en un violeta transparente, un color que encontramos en estas Diadora N9000 Purple Tape, adornada con los números 1 y 2 en el talón en referencia a las caras de una K7. Encontramos también un logotipo de estilo *Parental*

Advisory Explicit Content («Advertencia para padres: contenido explícito») en la lengüeta y los títulos de algunas canciones en las plantillas. El lanzamiento tuvo lugar en el club neoyorquino SOB's, donde Raekwon dio un concierto y los más afortunados se fueron a casa con un par firmado. Unas cuantas tiendas europeas dispusieron a continuación de algunos pares. Fan empedernido de las *sneakers,* The Chef también lanzó las Cuban Linx con motivo del 25.º aniversario del álbum, seguidas de una serie «Community Linx» de siete pares que representan a siete grandes ciudades en colaboración con Foot Locker. ■

PARTE SUPERIOR

CONTRAFUERTE

Lengüeta

Etiqueta en la lengüeta al estilo Parental advisory explicit content con las menciones «Raekwon», «Packer» y «Diadora N9000».

Contrafuerte

«1995» bordado, la fecha de lanzamiento del álbum del «Chef» titulado Only Built 4 Cuban Lynx.

Plantilla

Impresa con títulos de las caras 1 y 2 del casete mítico.

1995

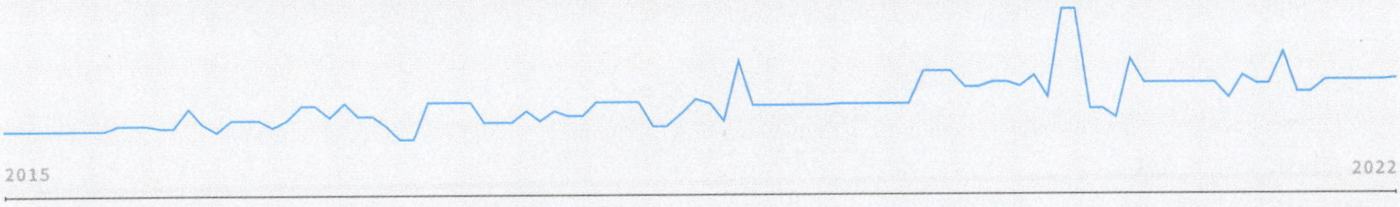

2015   2022

250 € - 800 €
PRECIO MÍNIMO / MÁXIMO

25%
VOLATILIDAD

500 €
PRECIO MEDIO DE VENTA

470%
COTIZACIÓN MÁXIMA

PACKER
RAEKWON
DIADORA N.9000

SAUCONY

DESDE 1898

saucony	THE CLASSIC	CAP. 20

NOMBRE	Shadow 6000 «Only in Soho»
LANZAMIENTO	16 de noviembre de 2013
DISEÑADOR	Saucony + Footpatrol
COLOR	Negro / azul
MATERIAL	Ante + 3M
PRECIO DE SALIDA	200 USD

THE LOGO

SAUCONY, 1898

∿ HISTORIA

Saucony es un fabricante de calzado y ropa deportiva cuya historia comenzó en 1898 en Kutztown, un pequeño pueblo de Pensilvania, en el noreste de Estados Unidos. La marca tomó su nombre del arroyo que bordeaba la primera fábrica, el Saucony Creek. En la primera mitad del siglo xx, el atletismo estaba en pleno auge en el mercado norteamericano y el fabricante produjo modelos muy básicos para corredores, básicamente zapatillas de cuero con tacos (las precursoras de las zapatillas con clavos). Habría que esperar hasta 1958 para ver el primer modelo realmente logrado, la Spike 7446 ①. El responsable de aquel cambio de rumbo deportivo fue Cobbler Abraham Hyde, empresario responsable de Hyde Athletic Industries, que compró Saucony. Más tarde, hacia finales de la década de 1960, trasladó la producción a Cambridge, cerca de Boston, en el Estado de Massachusetts. En 1972, un atleta estadounidense llamado Frank Shorter ganó la medalla de oro de la maratón en los Juegos Olímpicos de Múnich con un par de Saucony en los pies. La influencia de la marca destinada a los corredores actuó principalmente en Estados Unidos, y durante mucho tiempo se mantuvo en el ámbito del atletismo.

Saucony empezó a seducir al gran público a partir de la década de 1980. Las marcas de *running* se enzarzaron en una carrera tecnológica y fue en esa época cuando Saucony desarrolló sus modelos más conocidos, en particular la Trainer 80, una de las primeras zapatillas con suela antideslizante. La parte superior está cosida directamente a la suela para conseguir una zapatilla más ligera. En 1981, Saucony presentó una de sus zapatillas más populares: las Jazz, con sus hormas triangulares incorporadas a la suela, una especie de marca de fábrica. En 1985 le llegó el turno a la Shadow Original, que sufriría varias evoluciones: la 5000 en 1989 y la 6000 dos años más tarde, para integrarse en la colección de *running* centrada en la tecnología de los años noventa.

Con problemas desde mediados de la década de 2000, la empresa fue vendida a Stride Rite Corporation, comprada a su vez por la cadena de calzado Payless Shoe-Source. En Francia, Saucony es una marca de nicho, popular sobre todo entre los aficionados al triatlón. Se produjo un repunte en la década de 2010, cuando Saucony colaboró con Bodega ②, una tienda de Boston (donde la cultura del *running* es muy sólida), en la reedición de una Shadow 5000 con un espíritu muy *vintage* en perfecta sintonía con la tendencia de la época. Fue el punto de entrada de los coleccionistas de *sneakers* en el catálogo de la marca. A continuación, el programa de colaboraciones se apoyó en las tiendas de zapatillas. Primero con West NYC, una tienda de puristas de Nueva York. El fabricante trabajó en su gama Shadow con minoristas estadounidenses de fama modesta como Premier, Feature LV o Extra Butter. En Europa, Saucony subió de categoría con Footpatrol ③, End Clothing y Solebox, tiendas de primer nivel con productos de calidad sobre temas bastante originales: gastronomía, cócteles, cultura pop estadounidense, etcétera. Entre 2010 y 2015, Saucony se hizo un hueco en la era del *running*, dominada por ASICS y New Balance. En 2021, la marca intentó un colorido regreso para la Jazz con Trinidad James, rapero de Atlanta ④.

∿ LA ANÉCDOTA DE LARRY

En 2013, Saucony estaba en su mejor momento con unas Shadow 6000 Only in Soho en colaboración con la tienda londinense de referencia, Footpatrol. Inicialmente se distribuyó solo en la capital inglesa, y después en una red de tiendas muy confidenciales. Este modelo inspiró claramente nuestro logotipo en lo que respecta a los colores: negro, azul y rojo. Teníamos este par en mente cuando quisimos crear nuestra identidad visual. Y siempre ocupará un lugar especial. Figuran entre las Saucony más caras del mercado junto con las Burger d'End Clothing. ∎

① SPIKE 7446
Este modelo en piel de canguro cuenta con clavos metálicos.

② SHADOW 5000 BODEGA
Esta colaboración de 2016 retoma dos de los cuatro colores lanzados en 2010.

③ SHADOW 6000 FOOTPATROL
El ambiente del Soho, el distrito londinense donde se encuentra Footpatrol, se refleja en la elección de los colores.

④ JAZZ 81 TRINIDAD JAMES
Este amarillo intenso es una referencia directa a la fiambrera que el rapero llevaba a la escuela en Trinidad y Tobago.

The Jazz Rides Again.

The Jazz is back. With the ride that made it an all-time favorite.

We run, too, so we know that all the technology, cosmetics and "shoe speak" don't count if the shoe doesn't deliver the ride.

Not just in the heel or the midsole, or the toe box or the outsole. But all over, all together. For the feel that the shoe is moving with you, working with you as your foot goes through the motions.

Now, if you've never heard anybody talk about the ride like this, maybe it's because nobody else makes shoes that ride like ours.

Give it a try.   Take us along for the ride.

Saucony.

Our Latest Riding Vehicle For Women: The Lady Jazz 2000.

Our Latest Riding Vehicle For Men: The Jazz 2000.

Available At **foot Locker** / **Lady foot Locker** *And Other Fine Stores Everywhere.*

CRAFTED WITH PRIDE IN USA

Shadow 5000 Extra Butter For the People

S70337 1 | NUEVA YORK | 08/11/2016

Shadow 6000 Alife™

S70679 1 | NUEVA YORK | 10/12/2021

Shadow 5000 Epitome Big Fish

S70200 1 | ATLANTA | 06/06/2015

Shadow 5000 Play Cloth™ Cotton Candy Coral

70119 3 | VIRGINIA BEACH | 08/06/2013

Shadow 5000 Play Cloth™ Cotton Candy Mimosa

70119 1 | VIRGINIA BEACH | 08/06/2013

Shadow 5000 Play Cloth™ Cotton Candy Dream Blue

70119 2 | VIRGINIA BEACH | 08/06/2013

Shadow 6000 Food Fight

S70595 1 | 09/10/2021

Shadow Original 24 Kilates Mar

70118 2 | BARCELONA | 20/07/2013

Azura Bleu de Paname™

S70479 1 | PARÍS | 03/08/2019

Shadow 5000 West NYC Tequila Sunrise

70128 2 | NUEVA YORK | 07/09/2013

Shadow 6000 Premier Life on Mars

70148 2 | GRAND RAPIDS MI | 29/03/2014

Shadow 6000 Bodega Tribal Red

W600 RGR | BOSTON | 21/10/2013

Shadow 5000 Bodega

70045 1 | BOSTON | 08/10/2016

Shadow 6000 Babochka

S70152 1 | MOSCÚ | 11/09/2014

Shadow 6000 Footpatrol Only in Soho

70115 1 | LONDRES | 16/11/2013

Shadow Master Hanon Midnight Runner

0093 2 | ABERDEEN | 29/06/2013

Grid 9000 Extra Butter ACES

70145 1 | NUEVA YORK | 24/04/2014

JAZZ 81 Trinidad James Homework

S70605-1 | ATLANTA | 07/12/21

Grid SD Mr Foamer Simpson Bubba Gump

S70377 2 | 25/08/2017

JAZZ Solebox

70017-1 | BERLÍN | 25/10/2008

Grid 9000 Just Blaze x Packer Snowbeach

70147 1 | JERSEY CITY | 08/08/2014

Grid 9000 Ubiq Dirty Martini

70131-1 | FILADELFIA | 08/03/2014

Shadow 5000 Quiet Life™

S70261 1 | LOS ÁNGELES | 11/06/2016

Shadow 5000 West NYC Cabin Fever

70128 3 | NUEVA YORK | 30/11/2013

SHADOW 5000 END CLOTHING

2014

Una de las colaboraciones más divertidas del año 2014 entre la tienda inglesa y el fabricante de equipamiento estadounidense.

PARTE SUPERIOR

PARTE POSTERIOR

SUELA

SKU: 7014201-1	DISEÑADOR: END Clothing	C: marrón claro / rojo / verde
MATERIAL: ante	PRECIO DE SALIDA: 125 €	FECHA DE LANZAMIENTO: 1 mayo 2014

¿Unas zapatillas inspiradas en una hamburguesa? ¿Por qué no? Al menos, esa es la apuesta de la colaboración entre Saucony y END Clothing, una tienda electrónica con sede en Newcastle, en el noreste de Inglaterra.

Pionera del comercio en línea, la estructura fundada en 2005 por Christian Ashworth y John Parker distribuye *streetwear* japonés y marcas de lujo europeas. END dispone de una cuenta de zapatillas *premium,* lo que le ha permitido colaborar con los principales fabricantes (New Balance, Vans, etcétera).

Las Shadow 5000 son, sin duda, el par más divertido de 2014. Todos los ingredientes de una buena hamburguesa se reproducen en la *sneaker:* una guarnición completa, cordones cuidadosamente precintados como bolsas de kétchup y mayonesa, y

una caja que recuerda al envoltorio tradicional del sándwich. A esto se añade un papel de seda con los colores de un mantel de cuadritos digno de los mejores bocadillos. Suficiente para satisfacer a los estómagos pedigüeños. Este modelo es uno de los tres más buscados de la marca junto con la Shadow 5000 Pink Devil (2012) y la Shadow 6000 Only in Soho (2013), en colaboración con Footpatrol.

Para prolongar la moda de la comida basura, END publicaba regularmente fotos de hamburguesas chorreantes enviadas por sus seguidores en su cuenta de Instagram. ∎

PLANTILLA

CONTRAFUERTE

Parte superior
Carne 100 % de vacuno argentino.

Talón
Hoja de lechuga, de agricultura bio certificada, seleccionada por la casa Caesar Salad.

Parte superior
Panecillo de calidad, harina bio y cocción al gusto.

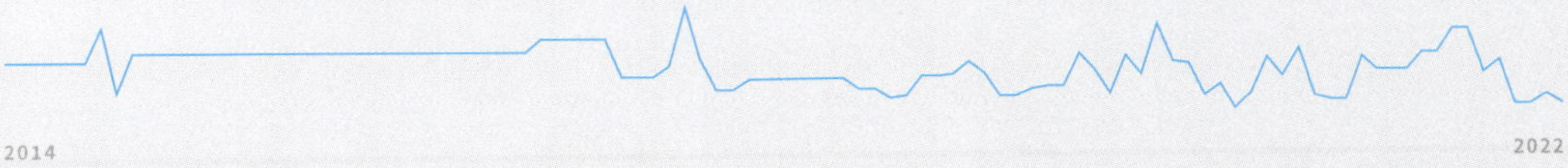

2014   2022

300 € - 450 €
PRECIO MÍNIMO / MÁXIMO

40%
VOLATILIDAD

350 €
PRECIO MEDIO DE VENTA

360%
COTIZACIÓN MÁXIMA

REEBOK

DESDE 1958

Reebok	THE CLASSIC	CAP. 21

NOMBRE	Instapump Fury OG
REEDICIÓN	22 de marzo de 2019
DISEÑADOR	Steven Smith
COLOR	Amarillo limón / negro / rojo
MATERIAL	Malla + cuero
PRECIO DE SALIDA	200 USD

STREET WORKOUT

REEBOK, 1958

⟫ HISTORIA

Todo empezó en 1895 en Bolton, una pequeña ciudad inglesa al noroeste de Mánchester. La empresa J. W. Foster & Sons Limited fabricaba calzado deportivo a mano. Su fundador, Joseph William Foster, fue pionero en la fabricación de zapatillas de correr con clavos. En 1924, durante los Juegos Olímpicos de París, numerosos atletas internacionales calzaron modelos de la marca. En 1958, la empresa pasó a llamarse Reebok por decisión de los dos nietos del fundador: Joseph, que se llamaba como su abuelo, y Jeffery, su hermano mayor. Reebok deriva de la palabra *rhebok,* que designa una variedad de antílope en afrikáans. La empresa continuó abriéndose camino en el mercado del calzado para correr con una red de distribución más amplia y con siluetas innovadoras. En 1969, Reebok lanzó las World 10 en ante naranja, y los corredores se las quitaron de las manos. Un año después, Ron Hill ganó la maratón de Boston equipado con unas Reebok. Supuso un gran foco de atención sobre la marca.

En 1978, el multimillonario estadounidense Paul Fireman conoció a Joseph Foster en el salón de la National Sporting Goods Association, en Chicago. El empresario, especializado en material de acampada, quedó impresionado por la exposición de zapatillas de cuero cosidas a mano. Un año más tarde consiguió el derecho exclusivo para distribuir la marca en Estados Unidos, Canadá y México. El éxito se hizo esperar, ya que la industria era feroz, con Nike y Adidas compitiendo con costosas innovaciones técnicas. Las tornas cambiaron a principios de la década de 1980 con el auge de los gimnasios y las clases de aeróbic. Mucha gente de la industria pensó que se trataba de una moda pasajera, pero la práctica perduró. Reebok olfateó la oportunidad y en 1982 comercializó la Freestyle ①, unas zapatillas de deporte diseñadas específicamente para mujeres. Se presentó en una versión de caña baja y otra de caña alta, cerrada en el tobillo con tiras de velcro. Se trata de un modelo flexible de piel elástica con refuerzo de nailon y forro de rizo. La Freestyle se convirtió rápidamente en un icono de la moda en una década marcada por el desarrollo del *sportswear* y el culto al cuerpo. En Francia, el programa *Gym Tonic* de Véronique y Davina fue un éxito cada domingo por la mañana en Antenne 2. Cabe mencionar que la sintonía de la versión estadounidense fue sampleada en 1998 por Thomas Bangalter, la mitad de Daft Punk, para un recopilatorio de Bob Sinclar. Esta industria generó miles de millones de dólares de ingresos. Dos años después de su lanzamiento, la Freestyle suponía más de la mitad de las ventas de Reebok.

Basándose en ese éxito, Reebok presentó un año más tarde la Ex-O-Fit ②, una versión masculina con una sola tira de velcro. Inmediatamente después se presentaron las Classic Leather, unas zapatillas de *running* que se convirtieron en un clásico, como su nombre indica. Se trataba de unas zapatillas íntegramente en cuero para lograr un aspecto con más clase, en contraste con otros modelos del momento, la mayoría en malla o nailon. Aunque insistió durante años en que la marca luciese la Union Jack (la bandera británica), Fireman convirtió a Reebok en una empresa estadounidense en 1984 con la adquisición de la ahora famosa marca a los hermanos Foster. En aquella época se lanzaron los modelos Workout Lo y Workout Mid ③. Diseñados para un uso versátil en el gimnasio, se convirtieron en emblemas de la marca. Un año más tarde, el gran público descubrió la Newport Classic, popularizada por dos embajadores de renombre: John McEnroe y Boris Becker. Discreto y minimalista, este modelo encajaba a la perfección con la sobriedad típica de los códigos de vestimenta del tenis. Reebok continuó sin demora con las Revenge Plus ④, que se convirtieron en uno de los pares favoritos de los atletas. También logró las mejores ventas entre los deportistas aficionados. El éxito fue tal que, en 1986, Reebok superó en ventas a Nike. Se había declarado la guerra entre los dos grupos, que no dudaron en denigrarse →

① FREESTYLE
En 1984, este éxito representó la mitad de las ventas de Reebok.

② EX-O-FIT
Cuando se lanzó, este modelo fue a contracorriente del mercado al proponer cuero en lugar del ante habitual.

③ WORKOUT LO
Un par que hizo sudar a más de uno durante el entrenamiento.

If it's not one thing, it's another.

Which is precisely why you should get yourself a pair of CXT Plus Cross Trainers. They're equally at home on the court, on the track or in the gym. Just like you. As soon as you get yourself a pair of CXT Plus Cross Trainers.

© 1990 Reebok International Ltd. All Rights Reserved. REEBOK is a registered trademark of Reebok International Limited.

Reebok

..la solution est souvent plus bas.

THE pump
Performance Under Maximum Pressure.

C'est parce que tous les pieds sont différents, y compris le droit du gauche chez un même individu, que Reebok a imaginé une nouvelle conception de la chaussure.

Pump de Reebok est actuellement la seule technologie qui permet à une chaussure de sport d'épouser parfaitement la forme du pied.

Grâce à un système de chambre gonflable intégrée, le pied bénéficie d'un maintien, d'une protection et d'une sécurité maximum dans toutes les situations, même les plus difficiles.

Désormais, plus la peine de souffrir pour "faire" ses chaussures, il suffit d'ajuster la Pump à son pied !

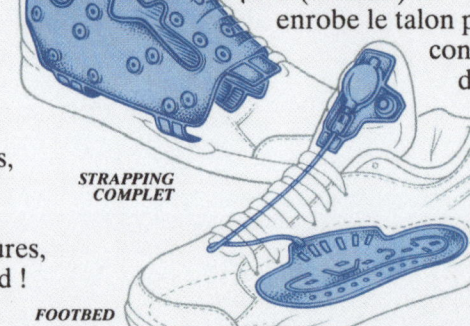

STRAPPING COMPLET

FOOTBED

Mettez la pression.

En basket, la mobilité et la rapidité du jeu sollicitent particulièrement le dynamisme du pied dans les déplacements défensifs comme dans les actions d'appui.

Dès l'entraînement, testez vous-même l'adaptabilité de la chaussure à votre pied en comprimant une petite balle de latex située sur la languette de vos baskets.

Selon la morphologie du pied, l'air se répartit naturellement autour des points anatomiques nécessitant un soutien personnalisé. La pression ainsi exercée prévient les risques de traumatismes, assurant aussi bien la protection des ligaments et des tendons que le maintien des articulations pendant l'effort.

Répartissez la pression.

Sur les chaussures de basket, le système Pump de Reebok agit simultanément sur un strapping médian ou complet et sous la semelle intérieure de la chaussure.

L'air que vous injectez maintient le coup de pied (médian) et enrobe le talon pour un meilleur contrôle directionnel des appuis (complet).

Le soutien de la voûte plantaire permet de personnaliser le support des arches longitudinales et métatarsiennes.

A ce niveau, la compression de la chambre autorise un rehaussement de l'assise en fonction des préférences de jeu.

STRAPPING MEDIAN

Evacuez la pression.

Morphologiquement, vos pieds ne sont pas rigoureusement identiques avant et après l'effort.

Après l'échauffement, une petite valve vous permet de moduler la pression exercée en libérant une partie de l'air injecté.

En toutes circonstances, la chaussure fait "corps" avec votre pied, comme un prolongement naturel que vous ne tarderez pas à oublier.

Changez de réflexe et abordez la compétition en toute sérénité. La haute précision technologique du système Pump de Reebok casse les standards et vous offre le loisir de concentrer vos efforts sur le match, et uniquement sur le match !

TRANSIT ZONE PUMP

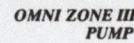

OMNI ZONE III PUMP

«En el Slam Dunk Contest de 1991, Dee Brown encendió al público de Charlotte agachándose para inflar sus Pump Omni Zone II inmediatamente antes de marcarse un mate invertido tras un rebote en el suelo».

mutuamente en los anuncios. El *marketing* extremadamente agresivo y la tecnología se convirtieron en los mejores argumentos de venta. Nike se recuperó a finales de una década en la que las ventas de pares blancos de cuero empezaron a tener dificultades frente a modelos más llamativos. El blanco sobreviviría, no obstante, e iría cumpliendo años gracias a los discotequeros británicos, que lo llevaban según sus propios códigos y su estilo. ¡Para mover el esqueleto al ritmo del *garage* británico había que llevar las zapatillas limpias! Ya no era necesaria una estrategia de *marketing* ni un gran despliegue publicitario. Sencillas y eficaces, las Classics se convirtieron en un símbolo de autenticidad.

La década de 2000 estuvo marcada por la implantación de Reebok en el mundo del deporte con mayor o menor éxito. La marca multiplicó sus colaboraciones con deportistas como Venus Williams justo después de su doble título olímpico en Sídney, en individuales y dobles junto a su hermana Serena ⑤. También se firmaron contratos con la NFL y varias franquicias de la NBA. Reebok se convirtió en el proveedor oficial de uniformes y prendas de vestir de la Liga canadiense de Fútbol. A pesar de ello, la marca continuó perdiendo terreno ante la competencia de dos gigantes, Nike y Adidas. Tanto es así que, en 2005, Adidas decidió comprar Reebok por 3100 millones de euros en un intento de recortar distancias con Nike. La aventura con Adidas terminó en agosto de 2021. El fabricante alemán no logró devolver a Reebok sus días de gloria de las décadas de 1980 y 1990, y vendió la empresa por 2100 millones de euros. «Siempre hemos apreciado a Reebok y estamos agradecidos por las contribuciones de la marca y sus equipos a nuestra empresa», declaró el jefe de Adidas, Kasper Rorsted, en un comunicado. Las Classic, las Ex-O-Fit y las Workout siguen siendo los tres pares más vendidos en la historia de Reebok.

▷ EL SISTEMA PUMP

En 1989, para competir con Nike y su burbuja de aire, Reebok sorprendió al mundo de la zapatilla deportiva con una tecnología innovadora, visualmente espectacular, llamada «Pump» ⑥. Todas las miradas estaban puestas en aquel revolucionario procedimiento basado en un principio muy simple. Gracias a una bomba colocada en la lengüeta, con forma de pelota más o menos grande según el deporte practicado, se podía introducir aire en la lengüeta para que la zapatilla se adaptase perfectamente al pie, además de ofrecer una sujeción óptima. El inventor de este sistema, licenciado en bioquímica, fue Paul Litchfield. Se había incorporado a Reebok procedente de Nike cuatro años atrás. No era diseñador en sentido estricto, pero sí capaz de respetar el proceso creativo de una zapatilla. Inspirándose en una bota de esquí de la marca italiana Ellesse, anteriormente adquirida por Reebok, Litchfield incorporó un sistema de sujeción hinchable y deshinchable. Además del sistema Pump, la suela incorporaba las tecnologías ERS (Energy Return System) y Hexalite, identificable por su forma de panal. Las Reebok Pump Bringback se convirtieron en el rival perfecto para destronar a las Nike Air Pressure, cuya caja en forma de nevera portátil gustaba más, pero que adolecía de un sistema de inflado externo complejo. Todo lo contrario que la Pump, con la que bastaban unas pocas presiones en la lengüeta.

Con este modelo, Reebok aumentó sus ventas en un 27 % entre 1990 y 1991, hasta alcanzar los 3000 millones de dólares. En 1992 se vendieron 6 millones de unidades de las Pump. Si el precio medio de un par de zapatillas era de 100 dólares, las Pump se vendían a 170 dólares. Para transmitir el concepto, la marca contó con jugadores de la NBA como Shaquille O'Neal y sus Shaq Attack, y Dominique Wilkins y sus Twilight Zone. No obstante, el mejor movimiento de *marketing* fue obra de Dee Brown, el enclenque base de los Celtics de Boston. En el Slam Dunk Contest de 1991 ⑦, el novato encendió al público de Charlotte cuando se agachó para inflar sus Pump Omni Zone II inmediatamente antes de marcarse un mate invertido tras un rebote en el suelo que le colocó directamente entre los favoritos del concurso.

Además de en los parqués, las Pump también se encontraron en las pistas de tenis a través del intermediario de Michael Chang, el pequeño insolente que tiró por tierra todos los pronósticos al ganar el torneo de Roland Garros el 11 de junio de 1989 con solo 17 años. Al año siguiente lució unas Pump Court Victory con una pelota de tenis amarilla en lugar de la pelota naranja de baloncesto. →

④ REVENGE PLUS

El estilo depurado de este modelo contribuyó a la democratización de la marca en las pistas de tenis.

⑤ LAS HERMANAS WILLIAMS

Venus y Serena se coronaron campeonas olímpicas en dobles en Sídney.

⑥ PUMP

Zapatillas equipadas con almohadillas hinchables para ajustarla a los pies.

⑦ DEE BROWN

El jugador de los Boston Celtics durante el Slam Dunk Contest de 1991.

8 INSTAPUMP FURY

Además de sistema Pump, este par cuenta con la amortiguación Hexalite.

9 S. CARTER

Este modelo se inspiró en la Gucci Tennis 84, un éxito de la década de 1980.

10 VENTILATOR X CAM'RON

Esta colaboración, titulada Supreme, luce el color Killa Pink, firma del rapero.

11 FURIKAZE X FUTURE

Este diseño se inspiró directamente en la Instapump y la Kamikaze 2.

12 ANGELO RUGGIERO

Ruggiero, arrestado por el FBI, es escoltado hasta el juzgado.

En 1993, Reebok lanzó al mercado un modelo pensado para el *running,* la Instapump Fury, diseñado por Steven Smith. La zapatilla se convertiría en un clásico 8. Sin cordones y con solo la burbuja de aire, fue la competidora directa de la Puma Disc. El primer modelo se podía inflar con una pistola dotada de una cápsula de aire. Fue un enorme éxito en Asia y daría lugar a múltiples colaboraciones con tiendas locales como Atmos, Mita, Bape o Beams. El sistema Pump se amplió más tarde a otros deportes, como el fútbol americano, el ciclismo o el *hockey* sobre hielo.

En el ámbito del hiphop, y en la cultura pop en general, el modelo apareció de forma regular y se impuso como un auténtico marcador de la época. En la película *Juice,* estrenada en 1992, vemos a Tupac con las Bringback. En *Solo en casa,* el actor Macaulay Culkin va con unas Blacktop. En una foto mítica aparece con Michael Jordan y Michael Jackson calzados con las zapatillas. El «rey del pop», por su parte, firmó un contrato de 28 millones con L.A. Gear. La colaboración no salió bien, igual que la historia de la Regulator, el modelo de L.A. Gear que copiaba exactamente el sistema Pump. Ese error condenó a L.A. Gear a pagar un millón de dólares a Reebok en 1992. En la actualidad, la Pump continúa siendo el modelo más elegido por las tiendas o los diseñadores para sus colaboraciones con Reebok.

CULTURA

En medio de un palmarés ya muy generoso, Jay-Z también puede presumir de ser el primer no deportista que colaboró con Reebok, y no es para menos. Volvamos a la primavera de 2003. A pesar de una firma prestigiosa con Allen Iverson, la marca del antílope se puso como una furia: Lebron James, la futura superestrella de la NBA que entonces tenía 18 años, rechazó el cheque de 10 millones de euros ofrecidos por Paul Fireman antes de firmar con Nike. Esa decepción se vio compensada en parte por el lanzamiento, el 18 de abril, del modelo S. Carter 9, inspirado en la zapatilla Gucci 84. Un embalaje cuidado, un CD con temas inéditos del rapero como regalo con la compra, y la S. Carter se vendió como rosquillas. En solo una semana se vendieron casi 10 000 pares, un récord en la historia de Reebok. Jay-Z, ¿el primero para siempre? Reebok entró de lleno en la escena del rap estadounidense, y 50 Cent recibió una oferta inmediatamente después. Su G-Unit también fue un éxito, tanto o más que la S. Carter a la larga. La marca recibió elogios en las letras de Soulja Slim, que mencionaba a menudo el modelo Workout (el par acabó siendo rebautizado como

Soulja). Una referencia que también puede encontramos en Lil Wayne y Juvenile. En 2013 se rompió el contrato con Rick Ross (el nuevo embajador de la marca) después de que este hiciese apología de la violación en el tema «U.O.E.N.O.». Al año siguiente, fue Kendrick Lamar el que se subió al carro con una importante colaboración que trató de unificar a Bloods y Crips, las dos principales bandas rivales de Los Ángeles. En abril de 2016, Reebok y Cameront lanzaron la Ventilator Supreme 10, fruto de la colaboración entre la marca y el exlíder del grupo The Diplomats. Más tarde, el mismo año, le llegó el turno a Future y su Furikaze 11, un modelo híbrido que no se benefició de un gran trabajo de comunicación.

En Francia, las Reebok Classics formaron parte indisoluble de la cultura popular del extrarradio, en parte gracias al rap. Fiel entre los fieles, Lino (del grupo Arsenik) rapea en «VLB»: «*White Reebok Classic, pas de boue, tu peux te faire droiter si tu l'abîmes*» («White Reebok Classic, nada de barro, te ganas un puñetazo si las estropeas»). En la portada del mítico álbum *95200,* Passi y Stomy Bugsy lucen el mismo modelo. En 2020 se presentó una gran colaboración con motivo de los 25 años de la película *El odio* (*La haine*): cinco pares históricos, entre ellos unas Club C y dos Classic Leather con numerosos detalles que aparecen en la cinta. A principios de aquel año, fue el rapero Jul quien presentó una colección con Reebok. En lo que respecta a la gran pantalla, muchos lo han olvidado, pero Sigourney Weaver llevaba unas Reebok futuristas en la segunda parte de la saga *Aliens,* estrenada en 1986.

REVENTA

Todo esto sigue siendo muy anecdótico hoy en día, aparte de un puñado de cuarentones apasionados que aún pueden buscar tesoros. Algunas colaboraciones se revendían al vuelo, pero no habrían perdurado.

LA ANÉCDOTA DE LARRY

Igual que las Air Force 1 blancas inmaculadas, las Reebok de ese mismo color se asociaron a los traficantes de drogas. En uno de sus dos juicios de 1986, el jefe de la familia Gambino, John Gotti (apodado Dapper Don por su extravagante estilo), se presentó ante el tribunal con unas Reebok NPC blancas. Aquel mismo año, su fiel amigo Angel Ruggiero fue detenido por el FBI por una serie de delitos, y más tarde lo citaron a comparecen en juicio. En las fotos de archivo 12 se le ve vestido con un chándal Reebok. No hace falta decir el color. ∎

Loved Ones

Funny, these shoes haven't been around that long—less than ten years in fact—but in that time, they've captured people's hearts and become one very nice part of the American lifestyle. It's no big surprise. They're timeless. You might even call them classics. We do.

The Reebok Classic Collection. Men's Ex-O-Fit™ fitness shoes, men's and women's Phase I™ tennis and Classic Leather™ running shoes, and women's Freestyle™ aerobic shoes.

Reebok

Dee Brown infla su par de
Pump antes de despegar para
hacer un mate. El jugador de
los Celtics ganó el concurso
del All-Star Game.

Club C Awake NY™ Snakeskin

H03328 | NUEVA YORK | 13/03/2021

Club C 85 Amongst Few Magic Carpet

GY8938 | 05/03/2022

Ex–O–Fit Low

AR3169 | 26/06/2022

Ex–O–Fit Hi

3477 | 26/06/2022

Club C 85 Patta™

G57680 | ÁMSTERDAM | 05/12/2020

Classic Leather White

GY0953 | 05/12/2020

Club C 85 JJJJound™

DV7763 | MONTREAL | 16/05/2019

Classic Nylon JJJJound™

FY6070 | MONTREAL | 25/09/2020

**Classic Leather Pump
Palace White**

FY4715 | LONDRES | 23/10/2020

CLUB C x La Haine

FZ4831 | PARÍS | 15/10/2020

**Club C Maison Margiela™
Tan**

GX5142 | 25/06/2021

**Classic Leather Hanon
Aberdeen Leopards**

V53108 | ABERDEEN | 30/07/2013

**Classic Leather R12
Shoe Gallery
Flamingoes at War**

V54303 | MIAMI | 30/11/13

**Club C 85 Eames™
Monotone Pack Black**

GY1067 | 15/10/2021

**Club C 85 Core Black
Patta™**

GY8269 | ÁMSTERDAM | 11/06/2021

Club C Revenge Adsum

FZ1229 | 25/09/2020

Instapump Fury
Vetements™ Doodle

BS7031 | 01/01/17

Instapump Fury
Colette™ x MJC™

M48252 | PARÍS | 14/12/2014

Instapump Fury OG

V47514 | 22/03/2019

Instapump Fury
x Stash

V61215 | NUEVA YORK | 15/03/2014

Instapump Fury
x Concepts™

M42930 | BOSTON | 20/08/2014

Instapump Fury Mita
Sneakers x Bape Camo

V61765 | 20/08/2014

Court Victory Pump
Michael Chang

J-14306 | 01/01/2013

Pump Omni Zone II White

G57540 | 21/05/21

Pump OG Bringback
25th Anniversary

J09095 | 28/11/2014

Pump Omni Lite Dee
Brown Black

J15298 | 17/02/2017

Pump Blacktop
Battleground Black
Extreme Purple

V56091 | 01/06/2014

Pump Shaq Attaq
Azure Blue

V55083 | 30/08/2013

INSTAPUMP FURY CONCEPTS

2014

La tienda bostoniana se apuntó
a la tendencia del hiphop
de los noventa con una silueta
icónica diseñada por Steven Smith.

PARTE SUPERIOR

PARTE POSTERIOR

SUELA

SKU: **M42930**	DISEÑADOR: **CNCPTS**	C: **Collegiate**
MATERIAL: **neopreno**	PRECIO DE SALIDA: **170 €**	LANZAMIENTO: **26 junio 2014**

Inaugurada en 1996 como «una tienda dentro de otra tienda» Concepts se impuso localmente en Boston antes de emprender su expansión internacional con tiendas en Nueva York, Dubái e incluso China.

En pocos años se han multiplicado las colaboraciones con las mayores marcas de ropa deportiva, lo que ha contribuido a dar credibilidad y reforzar la imagen del minorista de Boston en el sector del calzado.

Con motivo del 20.º aniversario de las Pump Fury, en 2014, Concepts respondió de manera positiva a la oferta de colaboración de Reebok jugando a fondo la carta del hiphop en la década de 1990, una época en la que determinados raperos estaban obsesionados con el lujo, con sus llamativas camisas. El modelo presenta estampados florales al estilo Versace, muy vistosos. Su diseñador, Steven Smith, antiguo empleado de New Balance, se inspiró en la NB Super Comp para la silueta. La mezcla de inspiraciones aporta un aspecto atípico, sin cordones, con una bomba de inflado en la lengüeta. Las piezas, que dejan entrever el calcetín, y la suela partida en dos dejaron perpleja a mucha gente. Un par polémico que suscita atracción o repulsa. ■

LENGÜETA

Lengüeta

Sistema de inflado Reebok Pump rosa con el logo de Concepts.

Guardabarros

Estampado no oficial de estilo Versace que recuerda a las camisas de seda de Notorious B.I.G.

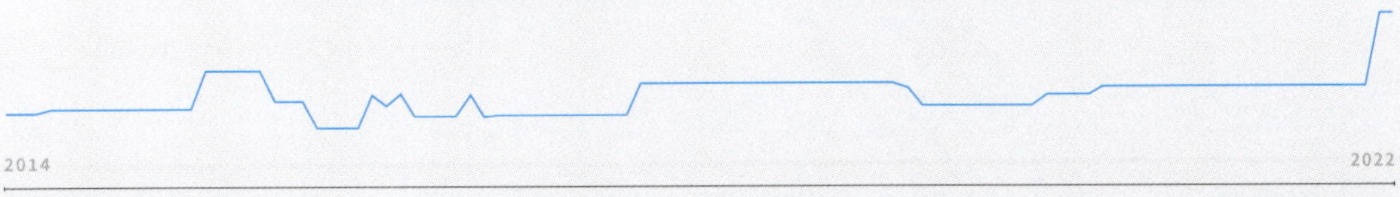

Plantilla

Sistema de zapatilla en neopreno que intensifica las características de los modelos Fury de running.

PARTE SUPERIOR

2014   2022

300 € - 600 €
PRECIO MÍNIMO / MÁXIMO

—
VOLATILIDAD

400 €
PRECIO MEDIO DE VENTA

350%
COTIZACIÓN MÁXIMA

PUMA

DESDE 1948

PUMA		CAP. 22

NOMBRE	Clyde
LANZAMIENTO	15 de agosto de 2016
DISEÑADOR	Puma + Bobitto García
COLOR	Gris / verde
MATERIAL	Ante
PRECIO DE SALIDA	95 USD

PANTERA NEGRA

PUMA, 1948

HISTORIA

Como Adidas, Puma es el fruto de una querella: la que enfrentó a dos hermanos, Adolf y Rudolf Dassler, cuya historia demuestra que los negocios y la familia no siempre casan bien. Hijos de un zapatero y una lavandera, estos dos bávaros se criaron en Herzogenaurach, una ciudad cercana a Núremberg conocida por su industria zapatera. En 1924 unieron sus fuerzas para formar Dasslor Frères, una empresa especializada en calzado deportivo. Los negocios iban bien en un país que había hecho de la actividad deportiva una herramienta de recuperación física y moral. Sin embargo, la Segunda Guerra Mundial echó por tierra la relación entre los hermanos y sus esposas, que vivían en la misma villa. Entre rumores de adulterio y diferencias políticas, «Adi» y «Rudi» se separaron definitivamente en plena guerra. Tras una sucesión de jugarretas entre los dos empresarios de éxito, Rudolf dejó la empresa matriz en 1948 para instalar su fábrica al otro lado del río que separa Herzogenaurach. Inmediatamente nació Ruda, rebautizada muy pronto como Puma. Ese nombre, más comercial, se eligió tanto por el simbolismo que evoca como por su fácil pronunciación en todos los idiomas.

Ya solo al frente de su marca, Rudi dio prioridad al mundo del fútbol. Como resultado, los jugadores de Brasil y Suecia que se enfrentaron en la final de la Copa del Mundo de 1958 (la Seleção ganó el partido 5-2 al país anfitrión) utilizaron botas Puma. La década siguiente, marcada por la explosión de retransmisiones televisivas de los grandes eventos, vio a Adidas y Puma enzarzadas en importantes batallas contractuales para equipar a las estrellas del deporte, que no dudaron en subir las apuestas. Fue así como las dos firmas alemanas se neutralizaron ante el caso de Pelé y llegaron incluso a firmar un acuerdo en vísperas del Mundial de 1970 que iba a celebrarse en México. Aquel «pacto Pelé» prohibió una sobrepuja disparatada para fichar al prodigio brasileño. Puma acabó rompiendo el acuerdo al negociar con el jugador, entonces bajo contrato con la marca de tacos Stylo, gracias a un periodista alemán infiltrado en la Seleção. ¿El acuerdo? 25 000 dólares durante el Mundial y 100 000 más durante los cuatro años siguientes, más un 10 % de *royalties* sobre las zapatillas con su firma. Se trataba de las Puma King [1], que previamente dio a conocer el genio portugués Eusébio. La firma de aquel contrato dio lugar a una campaña de *marketing* histórica unos días más tarde. En el saque inicial de cuartos de final contra Perú, de acuerdo con una estrategia urdida previamente con el periodista infiltrado, Pelé interrumpió al árbitro para pedirle que le permitiese atarse bien los cordones. Lo que siguió fue una imagen fija de las botas del «rey» en mundovisión [2]. «Treinta segundos de publicidad clandestina con una exposición universal que a Puma no le costó ni un céntimo», escribió Chérif Ghemmour en la revista *So Foot*.

MARADONA, EL PREMIO GORDO

La década siguiente estuvo marcada por el fichaje de otro jugador con carácter, Diego Maradona. Otro premio gordo para Puma, que puede presumir de haber calzado a los tres mejores futbolistas de la historia. Mientras que el argentino nunca jugó en Francia, el OM de Bernard Tapie intentó reclutarlo sin éxito en el verano de 1989. Sus Puma King salieron de una fábrica de Alsacia. Habitual de los rectángulos verdes de todo el mundo, la marca alemana no renunció a otros terrenos deportivos. Empecemos por las pistas de atletismo. En los Juegos Olímpicos de 1968, el estado universitario de México acogió la presentación de las Puma Suède con gran fanfarria. Dos años antes de la jugada de *marketing* de Pelé, fue una jugada política lo que llevó a otra dimensión a aquella *sneaker* lanzada unos meses antes. El 16 de octubre, después de batir el récord mundial de los 200 metros con 19,83 segundos, el velocista estadounidense Tommie Smith subió al escalón más alto del podio en calcetines, con su par de Suede en una mano [3]. La otra mano, con un guante negro, se tensa y se levanta cuando suena el himno nacional. Su compatriota John Carlos, medallista de bronce que también se había quitado sus Suede, adoptó la misma actitud. La imagen →

[1] PUMA KING
Los tacos más emblemáticos de la marca, reeditados todavía a día de hoy.

[2] PELÉ SE ATA LAS BOTAS
Pelé y sus Puma King en las televisiones de todo el mundo.

[3] 16 DE OCTUBRE DE 1968, JJ. OO. DE MÉXICO
Tommie Smith y John Carlos, medallistas de oro y bronce, con el puño enguantado en alto mientras suena el himno estadounidense. El medallista de plata, el australiano Peter Norman, también luce una insignia contra la segregación racial.

PUMA– SOFTEST TOUCH IN RUNNING!

It's easier to experience Puma than you think. In fact, we're the softest touch in running. Puma people know Puma shoes give something beyond 5-Star performance, finest quality and innovative design— something wild and free. You can capture it today at your favorite running store.

SUEDE BY PUMA. **PUMA**
puma.com

> «Tommie Smith subió al escalón más alto del podio en calcetines, con su par de Suède en una mano. La otra mano, con un guante negro, se tensa y se levanta cuando suena el himno nacional».

de aquellos dos puños levantados en apoyo a los afroamericanos víctimas de la discriminación marcó el final de la carrera de los dos atletas, pero quedó grabada en la memoria colectiva del deporte moderno. El modelo, que toma su nombre del material que compone la parte superior de la zapatilla, se asocia desde entonces a una forma de radicalismo político. Su versión totalmente negra ③ gozó del favor especial de los Panteras Negras.

LAS CLYDE: UN PAR HIPHOP

En 1972, cuatro años después de la Suède, Puma lanzó la Clyde. A diferencia de su hermana mayor, carecía del logotipo de la marca en el talón y presentaba una suela más ancha y fina. Este modelo es el resultado del encuentro entre Rudolf Dassler y Walt Frazier, el baloncestista que llevó a los New York Knicks a conseguir el título de la NBA de 1970 contra Los Angeles Lakers de Jerry West y Wilt Chamberlain. Frazier consiguió convencer al veterano jefe de Puma para que le convirtiese en uno de los primeros jugadores de baloncesto a los que se pagaba por llevar sus zapatillas durante los partidos. Tan elegante en la cancha como divertido era en la calle, Frazier se ganó el apodo de «Clyde» en referencia a su singular indumentaria, que recordaba a la del famoso gánster compañero de Bonnie. Calzado con un modelo que llevaba por nombre su apodo, ofreció a la Gran Manzana un segundo título en 1973, el último hasta la fecha... En los años que siguieron, la Clyde se convirtió en un elemento imprescindible de la floreciente cultura del hiphop. El par se labró tranquilamente su camino hacia el panteón de los básicos junto a la Stan Smith de Adidas o la Cortez de Nike. No obstante, la Suède no se queda atrás entre los bailarines de *breakdance*, los grafiteros y los raperos. En 2007, como homenaje al legendario programa *Yo! MTV Raps* emitido entre 1988 y 1995, Puma se asoció con Foot Locker para revisitar los dos modelos, añadiendo el nombre de algunos de los pioneros del hiphop. El resultado fueron las Suède DJ Cash Money y MC Shan, y la Clyde Big Daddy Kane.

Otro producto imprescindible, imposible de pasar por alto, es la Blaze of Glory ④. Lanzado en 1993, este par de diseño enigmático recuerda a la Nike Air Huarache Light. Muy popular en el momento de su lanzamiento, la Blaze of Glory desapareció con el cambio de siglo antes de volver a la palestra en 2007 gracias a una colaboración notable con la famosa revista australiana *Sneaker Freaker*.

BOLT EL RAYO

Si bien este par dejó huella por su innovador sistema de lazada, otra zapatilla de Puma destaca por su ausencia de cordones. Hablamos, por supuesto, de la Puma Disc. Lanzada en 1991 como respuesta a la Reebok Pump, incorpora una rueda dentada a la altura del empeine para ajustar al máximo la fijación. Como era de esperar, surgieron diversas colaboraciones interesantes, como la Puma Disc Coa Coral, diseñada por Ronnie Fieg en 2014, y la Puma Disc Blaze Bape Camo ⑤ en 2015. Casi ochenta años después de su nacimiento, la marca bávara es el tercer fabricante de equipamientos deportivos por detrás de Nike y Adidas. Entre las decenas de deportistas y artistas bajo su bandera destacan dos contratos. El primero concierne al velocista jamaicano Usain Bolt.

En 2022, el hombre más rápido del planeta celebró los 20 años de su fructuosa colaboración con Puma. Cinco años después de guardar los clavos, continuaba siendo uno de los atletas mejor pagados del mundo. El segundo contrato tiene como protagonista a Rihanna, que se convirtió en embajadora de Puma en 2015. Aquejada de un estancamiento y con ASICS y Under Armour pisándole los talones, la marca decidió apostar por la cantante, que tiene 152 millones de seguidores en Instagram, para llegar a un nuevo público, sobre todo femenino. Un giro estratégico que dio sus frutos, ya que Puma volvió a brillar y fichó al futbolista brasileño Neymar en 2020, a raíz de la retirada del deporte de Usain Bolt ⑥. En el campo del baloncesto, la marca del felino también se llevó el premio gordo tras su regreso a la NBA en 2018. Dos años más tarde, cuando todavía no se había presentado a la Draft, fue el futuro novato del año 2021, LaMelo Ball ⑦, quien rubricó un contrato. También en 2020, Puma entró en el campo de las MMA fichando a Israel Adesanya, la invicta estrella de la UFC. Durante varios años, el contrato fue el primero de ese tipo para un luchador de MMA. Ahora, vestido y calzado por la marca del felino, «The Last Stylebender» no puede utilizar Puma en el octágono, ya que Reebok y después Venum se convirtieron en las marcas de la UFC. ∎

④ BLAZE OF GLORY SNEAKER FREAKER

Colaboración con la revista especializada australiana.

⑤ DISC BLAZE BAPE CAMO GREEN

Este par se caracteriza por presentar un logotipo diferente en cada talón.

⑥ USAIN BOLD

Puma también patrocina al equipo jamaicano de atletismo.

⑦ PUMA LAMELO BALL

La zapatilla de firma de LaMelo Ball luce las palabras «*Not from here*» en la parte delantera.

Clyde Mita Sneakers $1000

364303-02 | JAPÓN | 23/12/2016

Suède Atmos x Three Tides Tattoo

381246-01 | JAPÓN | 30/10/2020

Clyde NYC Knicks

361355-01 | 18/11/2016

Clyde Public Enemy

374539-01 | 14/02/2020

Clyde Coogi Sweater

364907-01 | 09/03/2017

Clyde Bobitto Collaboration

361052-01 | 30/11/2013

Clyde UNDFTD™ Canvas Hemp

352768-04 | LOS ÁNGELES | 20/08/2011

Clyde Staple Pigeon

356506-01 | NUEVA YORK | 17/04/2013

Suède Diamond Supply™ Co. Black

365650-01 | 25/01/2018

Clyde Solebox

34455501 | BERLÍN | 15/06/2007

Blaze Of Glory Sneaker Freaker Great White

356683-01 | MELBOURNE | 30/11/2013

Blaze Of Glory Sneaker Freaker Teal Sharkbait

35668501 | MELBOURNE | 12/12/2013

Blaze Of Glory Staple Pigeon

361616-01 | NUEVA YORK | 19/02/2016

Blaze of Glory Sneaker Freaker Bloodbath

361044-01 | MELBOURNE | 10/10/2015

Blaze Of Glory Highsnobiety™ x Ronnie Fieg

360322 01 | NUEVA YORK | 26/09/2015

Blaze of Glory Sneaker Freaker Black beast

356683-02 | MELBOURNE | 30/11/2013

Disc Blaze Ronnie Fieg Colette™

360325-01 | PARÍS | 15/06/2016

Disc Blaze RF OG Cove

355762-01 | 23/11/2012

Disc Blaze Bape Camo Green

358846-01 | JAPÓN | 12/12/2015

Disc Blaze RF Coa Atlantis

356609-01 | PARÍS | 16/01/2014

Disc OG Ronnie Fieg COA Coral

356608-01 | PARÍS | 16/01/2014

Disc Blaze Bape Camo Black

358846-02 | JAPÓN | 12/12/2015

BLAZE OF GLORY
SNEAKER FREAKER

2013

La revista australiana de referencia
propone una relectura de la Blaze of Glory
con un tema sangriento.

PARTE POSTERIOR

PARTE SUPERIOR

SUELA

SKU: **356683–01**	DISEÑADOR: *Sneaker Freaker Magazine*	C: **gris violeta / gris acero**
MATERIAL: **tela + caucho**	PRECIO DE SALIDA: **130 €**	FECHA DE LANZAMIENTO: **30 nov. 2013**

En 2007, Puma se asoció con la revista especializada australiana *Sneaker Freaker*, fundada en 2002 por el australiano Simon Wood. Esta asociación dio lugar a las Blaze of Glory, un modelo de 1993 con una silueta similar a la de las Nike Air Huarache Light.

La zapatilla, que se presentó en cuatro colores, cuenta la historia de un submarinista que sobrevive a la mordedura de un tiburón. La primera zapatilla que nos deja boquiabiertos es la Great White, un modelo predominantemente gris que sugiere los colores del gran blanco. Le sigue la Black Beast, en malla negra y nobuk arrugado, con detalles en rojo, turquesa y rosa. Se produjo una versión limitada a 30 unidades, adornadas con auténtica piel de tiburón, que se distribuyeron entre amigos y familiares. Estos modelos se venderán por varios miles de dólares, lo que no es

nada habitual tratándose de unas Puma. En 2013, para celebrar los cinco años desde la primera colaboración, Puma reeditó las Great White y las Black Beast. En ese mismo año que se presentó un color previsto inicialmente en FF. Con solo 75 unidades, la Sharkbait presenta una magnífica parte superior turquesa, una entresuela gris y detalles dorados.

Aquel tercer asalto llegó con el embalaje habitual: una plantilla, cordones, un gorro, dos dientes de tiburón dorados y el número 29 de *Sneaker Freaker*. En 2015, coincidiendo con el 40.º aniversario del estreno de la película *Tiburón, Sneaker Freaker* y la tienda de los Nueva Jersey Packers colaboraron en un nuevo color, la Bloodbath. Con un rojo sangre dominante, como su nombre indica, y con toques de turquesa, este modelo fue la guinda perfecta para esta tetralogía. ∎

CONTRAFUERTE

LENGÜETA

Parte superior

Silueta general y colores inspirados en los grandes tiburones blancos que recorren el fondo marino de las costas australianas.

Entresuela

Suela tricolor blanca y azul, con un toque de rosa que recuerda a las encías de los peces carnívoros.

Contrafuerte

Lengüeta de talón con la marca Sneaker Freaker.

2013   2022

250 € - 400 €
PRECIO MÍNIMO / MÁXIMO

—
VOLATILIDAD

300 €
PRECIO MEDIO DE VENTA

300%
COTIZACIÓN MÁXIMA

VANS

DESDE 1966

VANS	HYPE KICKS · THE CLASSIC	CAP. 23

NOMBRE	SK8 HI OG o «Style 38»
1ER. LANZAMIENTO	1978
DISEÑADOR	Paul van Doren
COLOR	Negro / blanco
MATERIAL	Tela + cuero + caucho
PRECIO ACTUAL	90 USD

MADE IN ANAHEIM

VANS, 1966

⌐ HISTORIA

Es el 16 de marzo de 1966 y la pequeña tienda Van Doren Rubber Company abre sus puertas en Anaheim, al sur de Los Ángeles, California. Los hermanos Van Doren, Paul y James, originarios de los Países Bajos, están a punto de revolucionar el pequeño mundo de las zapatillas de *skate* económicas. La fórmula es sencilla: vender zapatillas a los clientes sin intermediario, directamente del productor al consumidor. Unos adelantados del producto de proximidad.

El primer día se vendieron 12 pares de la futura Authentic. Se comercializaron tres modelos de la zapatilla. El rango de precios era razonable: entre 2,49 y 4,99 dólares para hacerse con un par de Vans.

James, que había estudiado ingeniería mecánica, colaboró con un químico para desarrollar la receta del caucho vulcanizado. También diseñó una banda de rodadura específica: rombos interrumpidos por pequeñas estrellas de seis puntas. Había nacido la suela en relieve que mejoraba el agarre al monopatín.

En la década de 1970, el *skate* se encontraba en plena expansión y Vans abrió varias decenas de tiendas en California. Las ventas despegaron literalmente en 1976 con la primera zapatilla de la marca realmente diseñada para el *skate,* la Era, en azul y rojo ①. Fue concebida por el «Zephyr Competition Team», un grupo pionero de *skaters* originarios del barrio de Venice, en Los Ángeles. Apodados los Z-Boys de Dogtown ②, aquellos surferos utilizaban las piscinas vacías para matar el tiempo cuando escaseaban las olas, como se explica en la película *Los amos de Dogtown,* de Catherine Hardwicke (2005).

La mayoría de los *skaters* de la primera generación, incluidos los futuros iconos Tony Alva, Stacy Peralta y Jay Adams, eran unos adolescentes sin blanca que adopta-

ron la marca de Anaheim con toda naturalidad. Vans se convirtió en una referencia en el mundo del *skate.*

Las Era compitieron directamente con las Chuck Taylor de Converse. A partir de finales de la década de 1970, Vans encadenó varios éxitos: las Old Skool, las Slip-On y las Sk8-Hi, que treinta años más tarde continúa encarnando el estilo del *skater* californiano. Vans entró en la cultura pop en 1982 de la mano del actor Sean Penn, protagonista de la película *Aquel excitante curso,* dirigida por Amy Heckerling. Era el par que había que llevar en el instituto.

En la primera mitad de la década de 1980, la marca californiana se diversificó con la producción de numerosos modelos para baloncesto, béisbol, lucha e incluso... paracaidismo. La euforia se desvaneció en 1983: una mala gestión llevó a la empresa a la quiebra. En 1988, tras varias adquisiciones sucesivas, VF Corporation (una empresa de ropa con sede en Carolina del Norte que también era propietaria de las marcas de vaqueros Wrangler y Lee) tomó el control e insufló nueva vida a Vans. Identificada en un principio como una marca de *skate* y BMX, Vans se convirtió en una pieza imprescindible del *streetwear* gracias a la popularidad de sus productos, que fueron más allá del marco original.

Un par para cada tribu. Sinónimo de contracultura, las Vans fueron definitivamente adoptadas por una juventud alternativa que quería liberarse de los códigos de la sociedad capitalista. En una colección, Vans rindió homenaje al libro de Jim Goldberg *Raised by Wolves* (1995) ③, en el que el fotógrafo estadounidense relata el recorrido de jóvenes sin techo que deambulan por las calles de Los Ángeles. La serie se hizo un enorme eco en *Tulsa,* la impactante obra de Larry Clark de 1971 en la que el fotógrafo y director de la película de culto *Kids* (1995) inmortaliza la vida cotidiana de sus colegas frikis de Oklahoma. →

① VANS ERA
La Era es el par más versionado de la marca.

② JAY ADAMS
Escena del documental *Dogtown and Z Boys,* estrenado en 2001.

③ JIM GOLDBERG SLIP-ON
Colección creada en homenaje al libro de Jim Goldberg.

DESIERTO DE CALIFORNIA, 1978

Tony Alva, la leyenda del *skate,* en acción
en un tubo improvisado.

«Vans rindió homenaje al libro de Jim Goldberg *Raised by Wolves* (1995), en el que el fotógrafo estadounidense relata el recorrido de jóvenes sin techo que deambulan por las calles de Los Ángeles».

A finales de la década de 1990, los amantes de la marca, como Henry Davies (de la tienda londinense Pillow Heat) y el embajador Dimitri Coste, empezaron a coleccionar Vans made in USA, justo cuando la empresa decidió trasladar una parte de su producción a Asia, a Vietnam y China.

PRINCIPALES COLABORACIONES DESPUÉS DE 2010

A años luz de sus orígenes populares y económicos, Vans empezó a relacionarse con marcas de lujo como Marc Jacobs. En 2011, inspirándose en Hermès, el diseñador Robert Verdi personalizó unas Slip-On con el famoso fular. Se necesitaban dos semanas de trabajo para que cada par fuese único. Para tener la oportunidad de adquirir aquella joya era preciso apuntarse a una lista de espera y desembolsar 280 euros.

Para enfatizar sus raíces rockeras, Vans fabricó en 2012 una Slip-On y una Sk8-Hi inspiradas en la portada de *The Number of the Beast*, el álbum de los metaleros británicos Iron Maiden, que celebraba su 30.º aniversario.

Por supuesto, el rock está muy presente en el ADN de Vans, pero también hay rap alternativo, y Tyler the Creator (exlíder del colectivo Odd Future) lo representa a la perfección con su música. De acuerdo con su *look*, Tyler imaginó en 2016 un par hipercolorido, con rosquillas rosas y amarillas, una lona de ante azul de calidad superior y un auténtico diseño de Odd Future en los modelos Sk8-Hi 4 y Authentic. Apenas se ven en el mercado secundario.

La cultura pop hace que sea difícil ignorar a los clásicos del séptimo arte. En 2016, Vans abordó un importante pedazo de la historia del cine mundial: la saga *Star Wars* se plasmó con un toque de modernidad mezclando flores hawaianas y estampados de camuflaje. En el año 2021 se produjo un tsunami que inundó el planeta de

Slip-On blancas. ¿La causa? El éxito arrollador de la serie surcoreana de Netflix *El juego del calamar*, número 1 en la plataforma de *streaming* en 90 países. Los protagonistas, prisioneros de un juego a muerte, visten el mismo uniforme: pantalones de *jogging* verdes numerados y un par de Slip-On. Consecuencia: ¡las ventas se dispararon un 7800 %!

Y MÁS

En 2005, el célebre *tattoo artist* estadounidense Mister Cartoon presentó unas Authentic que reflejaban su universo a la perfección: un ambiente pandillero con payasos tristes y personajes tatuados con lágrimas en los ojos.

Vans ha trabajado en varias ocasiones con el templo del *streetwear* Supreme. En 2006, por ejemplo, el líder de Public Enemy, Chuck D, supervisó el diseño de unas Sk8-Hi 5 con los colores del álbum *It Takes a Nation of Millions to Hold Us Back,* un clásico de 1988.

En 2016, la Era 95 estampada con la leyenda Fear of God, la marca del diseñador de moda estadounidense Jerry Lorenzo, salió de las fábricas de Vans. Un año después se comercializaron otras dos versiones: una roja y una blanca. Los dos modelos están adornados con las palabras Fear of God 6 desde la puntera hasta el talón. Son las Vans que mejor se revenden en Larry Deadstock.

Por parte francesa, una gran colaboración con la tienda parisina Starcow, en asociación con Vans Vault (la línea *premium* de Vans), vio la luz en 2018 con dos modelos: una Old-Skool Lite LX y una Chukka LX. El grafitero parisino Funco es el autor del diseño de las plantillas 7. ∎

4 OLDSKOOL ODD FUTURE

Estampado californiano de rosquillas para este modelo en colaboración con el sello de Tyler the Creator.

5 SK8-HI PUBLIC ENEMY X SUPREME

Colaboración de Supreme para celebrar el álbum de culto del grupo de rap estadounidense.

6 ERA 95 FEAR OF GOD

Éxito inmediato en el segundo mercado, donde puede superar los 1000 dólares.

7 OLD SKOOL VAULT STARCOW

Vans se asoció con la tienda de París, que ofreció dos modelos distintos.

DIMITRI COSTE

« ¡VANS HACE COLABORACIONES DESDE SIEMPRE! ».

Era, Authentic, Slip-On, Old Skool, Sk8-Hi...
Pocas marcas de zapatillas han desarrollado tantos éxitos.
El fotógrafo Dimitri Coste, embajador de Vans,
sabe algo de eso: con su colección única de más de
300 pares *made in USA,* es el único francés al que
se le dedica una doble página en el libro oficial
de la marca californiana, fundada por los hermanos
Van Doren en 1966.

Cuando la fábrica de Anaheim abrió sus puertas, en 1966, los hermanos Paul y Jim van Doren no habían previsto fabricar zapatillas de *skate*...

D. C.: Ese escenario no estaba escrito de antemano. Sus zapatillas, que eran ligeras y baratas, fueron adoptadas de forma bastante natural por el *skate* y el BMX debido a la suela de goma tan particular que se adhiere tan bien a la tabla como a los pedales, y los Van Doren fueron lo bastante avispados para contribuir al desarrollo de esas actividades. En el momento del nacimiento del BMX, a principios de la década de 1970, comenzaron a patrocinar a corredores. En el *skate*, Vans hizo lo mismo con los Z-Boys. La marca se implicó inmediatamente embarcándose en lo que se cruzaba en su camino.

Estrellas del *skate* como Tony Alva y Stacy Peralta aprobaron la marca desde el principio. Es difícil conseguir un *storytelling* más auténtico...

D. C.: El *skate* y el BMX son parte integrante de la cultura del surf, característica del sur de California, donde nació Vans. Los Van Doren encarnan ese espíritu *cool* que siempre ha inspirado a Vans. Tienen ese algo súper sincero y nunca pretencioso, *low class*... No se añade nada, no hay necesidad de exagerar. Un par de Vans es el equivalente de unas Chuck Taylor de Converse o unos vaqueros 501 de Levi's, es decir, un básico que trasciende modas y tendencias y que se puede llevar con cualquier cosa. Eso es lo que hace que pueda tener unas Vans de 1971, sacarlas de mi armario y ponérmelas hoy aunque la lona esté deteriorada, algo que no puedo hacer con unas Nike de 1989 porque las colas y la burbuja de aire tienen una duración limitada.

Además de la apropiación por parte de las escenas del *skate* y el BMX, ¿cuál fue el acontecimiento más importante que sacó a las Vans del *underground*?

D. C.: Lo que cambió las reglas del juego fue la película *Aquel excitante curso,* de 1982, protagonizada por Sean

Penn, que interpreta a un surfista que fuma hierba en su furgoneta. De repente, las Slip-On a cuadros ① que llevaba el actor se hicieron populares. De hecho, Vans participó en una colaboración relacionada con la película en la época ②. Ahora todo el mundo habla de colaboraciones, pero Vans las hace desde siempre. Después hubo asociaciones con Marc Jacobs, Hermès, Supreme... ¡Incluso tengo unas Vans Liberto en casa! Es una marca pionera.

Vans siempre ha desarrollado un número incalculable de combinaciones de colores. Hay que decir que los modelos se prestan a ello...

D. C.: Por eso siempre me ha entusiasmado. Me di cuenta de que mi colección no tenía fin. Es imposible llevar la cuenta de todo lo que se ha hecho. Al principio podías ir a la tienda Vans de Anaheim con tu propia tela ¡y te fabricaban un par personalizado!

En su caso, contrajo el virus Vans gracias a su padre, que era periodista en la revista *Moto verte* y encadenaba los viajes por Estados Unidos...

D. C.: Mi padre fue la primera persona a la que vi con unas Vans, unas Era grises. Acostumbraba a traernos pares a mi hermano mayor, mi hermana y yo, pero fue sobre todo porque a principios de los ochenta, como muchos niños, soñaba con hacer ciclocrós. Y en todas las fotos de las revistas de la época, los tíos llevaban Vans. Mi padre me regaló mi primer par a los seis años, en 1984: unas Slip-On blancas con rayas rojas ③ de un viaje a California. Me las puse en clase y me llamaban payaso... Años después, cuando conocí a Henry Davies de Pillow Heat, otro coleccionista de Vans *vintage* que tiene una tienda en Londres, le pedí que me avisara si alguna vez las encontraba en mi talla, ya que quería volver a comprar mi primer par. El día que lo encontró, lo puso a la venta en su página web a un precio de 2000 libras... ¡Pasé! →

① SEAN PENN EN *AQUEL EXCITANTE CURSO*
Sean Penn con unas Slip-On Checkerboard.

② SLIP-ON FAST TIMES
Zapatilla original y promocional de la película.

③ SLIP-ON 98 DX
El diseño insignia de la marca, hoy reeditado como parte de la colección «Factory Authentic».

«Cuando coloqué todos mis pares en el suelo, llegué a la conclusión de que tenía que consumirlos, como el tipo que tiene un coche clásico y lo saca a pasear el fin de semana».

¿Cómo se aficionó a coleccionar Vans *made in USA*?

D. C.: De forma totalmente inconsciente. Nunca tuve el deseo de coleccionar Vans, ya que solo las compraba para ponérmelas. Pero cuando empecé a hacer reportajes en Estados Unidos, a finales de la década de 1990, había tiendas de Vans por toda California y, un día, pasé junto a una tienda que estaba haciendo una *sidewalk sale*. Es una especie de liquidación en la que el comerciante saca su *stock* a la acera. Estaba todo a 5 dólares o menos. Encontré un montón de viejos modelos en muy buen estado. Mientras viajaba por ahí, siempre buscaba los estampados más raros, las cosas reservadas a los *skaters*. ¿Un estampado con papagayos? ¡Para mí! Más tarde, en Francia, empecé a inspeccionar todas las tiendas de liquidación de los suburbios de París y en las antiguas tiendas de vaqueros, de las que vendían Liberto y Chevignon. En mi pequeño estudio instalé estantes que ocupaban todas las paredes para exponer mis zapatillas. Los amigos que pasaban por mi piso tenían la impresión de estar en una zapatería de 30 m².

A finales de la década de 2000 era el único francés que aparecía en el libro oficial de Vans por su increíble colección *made in USA*...

D. C.: Cuando coloqué todos mis pares en el suelo para la gran foto que ilustra el artículo, llegué a la conclusión de que tenía que consumirlos, como el tipo que tiene un coche clásico y lo saca a pasear el fin de semana. Fue entonces cuando dejé de buscar gangas. Tenía suficiente. ¡Hay que decir que al principio me negaba a llevar Vans que no fuesen *made in USA*! Luego me convertí en embajador de la marca y me vi obligado a empezar a llevar Vans fabricadas en Asia. Ahora ya no me molesta tanto porque hay algunas colecciones que están muy bien hechas, casi como las *made in USA*.

Háblenos de Vans por dentro. ¿Es una empresa que ha sabido conservar su espíritu familiar?

D. C.: Hay algo genial en la casa que ellos llaman la «Vans Family». Un núcleo duro de personajes que la marca nunca ha soltado. Conocí a Paul van Doren ④ en 2017. Fue un momento realmente importante para mí. Su hijo Steve es una persona muy accesible. Esta relación con Vans es valiosísima para mí porque al mismo tiempo nunca les pido nada, yo hago lo mío. Pero ellos saben que el día que me necesiten, allí estaré. Existe esa noción de familia que es bastante genial aparte de todas las consideraciones relacionadas con la parte correspondiente al negocio.

En la actualidad, esta marca que se construyó en una contracultura, como el *skate*, se ha convertido en *mainstream*. Es una paradoja.

D. C.: Me alegra muchísimo ver a gente de todos los estilos con Vans en los pies. Cualquiera puede llevarlas. Cuando era pequeño había tíos que solo escuchaban metal, otros solo rap... Ahora todo se ha abierto mucho, es una de las cosas buenas del siglo XXI. A la mayoría de la gente le molestan menos los códigos y la historia de las cosas. ∎

④ STEVE VAN DOREN
El hijo del cofundador de Vans, Paul van Doren.

PARÍS, 2009

La colección de Vans *made in USA* de Dimitri Coste mostrada con
motivo de la publicación del libro *Stories of Sole*.

SK8 HI Patta™ Mean Eyed Cat Grey

VN0A4BVH5WY1 | ÁMSTERDAM | 15/07/2021

SK8 HI Odd Future Donuts

VN0A32QGNHC | LOS ÁNGELES | 23/09/2016

SK8 HI Supreme™ Red Checker Logo

VN0A38Z3JLY | NUEVA YORK | 20/10/2016

SK8 HI Bape™ Multi Camo

MULTI/MULTI | TOKIO | 26/02/2022

SK8 HI Supreme™ x Playboy™ Green

VN-0TVMD7N | NUEVA YORK | 06/03/2014

SK8 HI Blends Chilli Pepper

VN-0ZSJG3S | LOS ÁNGELES | 19/12/2014

SK8 HI Supreme™ Public Enemy

5781576 | NUEVA YORK | 01/10/2016

SK8 HI Supreme™ x CDG™ Shirt

VN 099N70V | NUEVA YORK | 08/12/2012

SK8 HI Disney™ x Mr Cartoon

VA38FYRNN | LOS ÁNGELES | 25/08/2018

SK8 HI Supreme™ x CDG™ Harold Hunter

VN 0QG2EG7 | NUEVA YORK | 27/06/2014

SK8 HI WTAPS™ Cross Bone Black

VN0003T0KBC | TOKIO | 10/09/2016

SK8 HI Mastermind™

V38MASTERMIND | TOKIO 25/06/2016

Old Skool Style 36
Joe FreshGoods
Honeymoon

VN0A4BVE6X7 | CHICAGO | 01/07/2022

Old Skool Size?™
Factory Floor 2018

VN0A38G1RFP | LONDRES | 13/04/2018

Old Skool Krink™

VN0A4BVF173 | NUEVA YORK | 25/03/2022

Old Skool Concepts
Jamaica Green

VN000ZD4NQU | BOSTON | 20/04/2017

Old Skool Style 36
Modernica™

VN0A3MVMVQJ | LOS ÁNGELES | 23/02/2019

Old Skool Style 36
Notre Espresso

VN0A4BVEBRO-35 | CHICAGO | 02/03/2022

Old Skool Peanuts
Charlie Brown

VN0A38G1OHJ | 02/06/2017

Old Skool Supreme™
Andres Serrano Blood
& Semen

VN000ZD4RZW | NUEVA YORK | 21/09/2017

Old Skool Style 36
Blends Bones

VN0A3AUUJ9G | LOS ÁNGELES | 11/03/2017

Starcow

VN0A3DPYRFN | PARÍS | 28/05/2013

Old Skool
Tribe Called Quest

VN0A38G1Q4B | 06/04/2018

Old Skool Patta™ x
Beams Mean Eyed Cats

VN0A4BVF5X6 | ÁMSTERDAM–TOKIO | 25/09/2015

Slip On Kith™ 10tH Anniversary

VN0A45JK6BR | NUEVA YORK | 24/05/2021

Slip On Bianca Chandon™

VN0A3QXYBA2 | 19/08/2022

Slip On Kith™ Moroccan Tile

VN0A45JK2CM | NUEVA YORK | 27/06/2020

Slip On Opening Ceremony™ Porcelain

VN0A32QNS4I | NUEVA YORK | 17/08/2018

Slip On Murakami Multi Flower

VN-0ZSIGQC | TOKIO | 27/07/2016

Slip On Geoff McFetridge

VN0A45JK92Q | 12/03/2021

Slip On Classic Checkboard

VN0A45JKT0A | DESDE 1977

Slip On Murakami Skulls

VN000ZSIGUE | TOKIO | 27/07/2016

Slip On FDMTL™ Distressed Sashiko

VN0A45JK5WP | TOKIO | 07/08/2021

Slip On Nigel Cabourn™

VN0A45JK9T91 | LONDRES | 10/10/2021

Slip On Porter Checkboard

VN0A45JKWW6 | TOKIO | 20/02/2021

Slip On Supreme™ Skulls

VN0A347V3FW | NUEVA YORK | 01/03/2018

Era Fear of God™

VN0A2XRYML6 | LOS ÁNGELES |
05/10/2016

Era 95 DX
Fear of God™

VN0A3MQ5PZP | LOS ÁNGELES |
18/11/2017

Era Supreme™ x CDG™
Harold Hunter

VN0W3CEG5 | NUEVA YORK |
13/03/2014

Era 95 DX Anaheim
Factory

VN0A2RR1VPK1 | LOS ÁNGELES |
01/01/2019

Era 95 DX
Fear of God™

VN0A3MQ5PZP | LOS ÁNGELES |
18/11/2017

Authentic Supreme™
Campbell Soup

OQOD6VL | NUEVA YORK |
12/05/2012

Authentic Bedwin
& The Heart Breakers™

VN0A4BV99QX | TOKIO | 24/07/2021

Authentic CDG™
Curved Rubber

VN0A4BV9SHM | TOKIO |
01/01/2019

Authentic WTAPS™
Crossbones Olive

VN000UDDKBD | TOKIO | 10/09/2016

Authentic NBHD™
x Mr Cartoon

VN0A38EN00G1 |
TOKIO-LOS ÁNGELES |
26/06/2020

Authentic Anti Social
Club™ Get Weird

VN000UDDOYN | SANTA FE |
29/07/2017

MONGOOSE OUR LEGENDS

2022

Tres entidades cuya historia se encuentra íntimamente ligada a la cultura BMX se asocian para lo bueno.

PARTE SUPERIOR

PARTE POSTERIOR

SUELA

SKU: **VN0A7Q5CFZP**	DISEÑADOR: **Our Legends**	C: **azul / rosa**
MATERIAL: **malla + ante sintético**	PRECIO DE SALIDA: **85 €**	FECHA DE LANZAMIENTO: **12 agosto 2022**

Como Skyway, Raleigh o GT, Mongoose es una marca imprescindible de la cultura BMX de la década de 1980, precursora de la «*bike life*» que, en 2020, inundó las calles de las grandes ciudades de chavales pedaleando con la rueda delantera en alto.

Cuando se piensa en Vans, inmediatamente se piensa en el *skate*, pero no podemos olvidar que el BMX está profundamente arraigado en el ADN de la marca californiana.

En 2022, Mongoose y Vans se asociaron con la marca californiana Our Legends para honrar su herencia común. Una colaboración a tres bandas que dio lugar a una colección de ropa y calzado, incluida la Authentic 44 DX, la última incorporación a la línea Anaheim Factory. El modelo, de color negro, se inspiró en los acabados de colores de las pegatinas que adornaban las bicicletas de los años setenta, y en particular el degradado naranja y amarillo tan de moda en la época. El segundo color, más inspirado en la década de 1980, recuerda los maillots del equipo Americana Mongoose BMX: un damero rojo y azul en toda la superficie de la zapatilla y la mascota, «Maurice la mangosta», impresa en la media suela y en la plantilla. En cuanto al último modelo, se trata de una combinación muy gráfica a base de un damero bicolor en turquesa y rosa que nos traslada a la publicidad de la marca en la década de 1990. Cada caja se vende con su lote de pegatinas, que despiertan muy buenos recuerdos entre los *bikers* de piñón libre. ∎

PARTE SUPERIOR

CORDONES

Media suela
Suela Vans clásica con la marca Mongoose Expert, como en las BMX de la década de 1990.

Forma
Telas bicolores y estampado a cuadros: dos clásicos de Vans en una combinación cromática muy de estilo «California».

Cordones
Cordones blancos con insertos punteados en 3M reflectante.

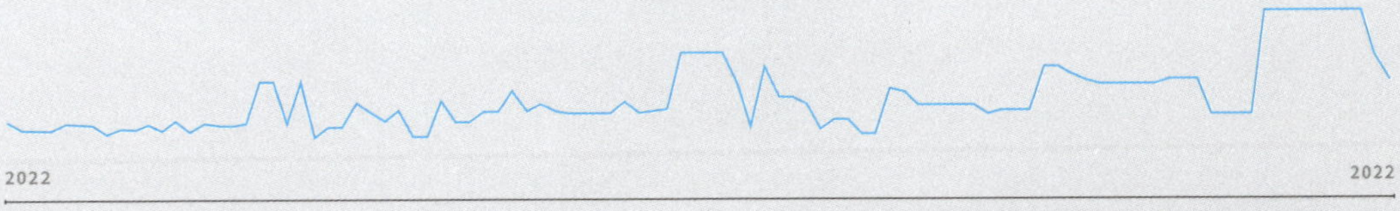

2022   2022

85 € - 100 €
PRECIO MÍNIMO / MÁXIMO

20 %
VOLATILIDAD

90 €
PRECIO MEDIO DE VENTA

110 %
COTIZACIÓN

EL *PACK*

Tres versiones del modelo ERA para tres generaciones de BMX estadounidenses.

«Los aficionados que coleccionan Air Jordan cuentan hasta 14, que corresponde a la segunda retirada de Michael Jordan de los Bulls después de su sexto título de la NBA, en 1998. Para mi generación, el atleta tenía que estar activo. Así nos lo enseñó Nike.

Si el jugador se retira, su calzado deja de ser visible. No olvidemos que, en aquella época, aunque se produjo una reedición en 1994, el consumidor no sabía que habría la oleada que zapatillas retro que apareció a principios de la década de 2000. Podría no haber funcionado. Gracias en parte a nosotros, los consumidores, hoy Jordan Brand puede frotarse las manos».

**MAX LIMOL, PIONERO DE LA CULTURA
SNEAKER EN FRANCIA,
ESCRITOR Y COLECCIONISTA DE ZAPATILLAS
CON EL LOGOTIPO JUMPMAN.**

AIR JORDAN 1

1985

NOMBRE	Jordan 1 Retro
REEDICIÓN	28 de diciembre de 2013
DISEÑADOR	Peter Moore
COLOR	Bred
MATERIAL	Cuero
PRECIO DE SALIDA	140 USD

EL PAR DE LA REBELIÓN

AIR JORDAN 1, 1985

🏀 HISTORIA

«Los Chicago Bulls eligen a Michael Jordan». 19 de junio de 1984, Madison Square Garden, Nueva York. David Stern, comisionado de la NBA, anunció por el micrófono que Michael Jordan, estudiante en Carolina del Norte, había sido elegido en el Draft con la tercera selección por la franquicia de Chicago [1]. En aquel momento, Nike todavía no había sido identificada como una gran marca de baloncesto, a excepción de las Blazer y las Air Force 1, cuyo abanderado era Moses Malone. De hecho, Adidas (Kareem Abdul-Jabbar) y Converse (Magic Johnson, Larry Bird, Julius Erving), que firmaron contratos con las superestrellas de la época, dominaban el mercado. Lo cierto es que el joven Michael Jordan creía ciegamente en esas dos marcas. Su sueño era firmar por Adidas, cuya oferta consideraría insuficiente, y no creía en el potencial de Nike, un joven fabricante que apenas conocía en el momento de negociar su futuro contrato de patrocinio. Su agente, David Falk, sondeó a las marcas en busca de la mejor oferta y de un *marketing* individualizado más próximo al que se practicaba en el mundo del tenis.

Tras los Juegos Olímpicos de 1984 en Los Ángeles, donde Jordan brilló con el Team USA, Nike quiso fichar al jugador de baloncesto de 21 años. Sonny Vaccaro, especialista en *marketing* deportivo y creador del ABCD Camp, un trampolín nacional para futuros prodigios del baloncesto estadounidense, desempeñó un papel determinante en las negociaciones al convencer a Nike de que apostase todo por MJ. «¡Apuesten todo por este chico!» exclamó Vaccaro en la recepción de Nike. Finalmente, los padres de Michael, Deloris y James Jordan, lograron convencer a su hijo de que si firmaba con Nike sería la imagen de la marca. El número 23 firmó con el *swoosh* por cinco años. La asociación de 2,5 millones de dólares incluía bonos y un 25 % de *royalties* por cada par vendido. Nike se apresuró a diseñar la zapatilla perfecta para su nuevo miembro. Peter Moore, director creativo

de la marca, se puso al mando del proyecto. Lo que ocurre es que Jordan no era fan de la tecnología y el diseño de las zapatillas de entonces, que le parecían demasiado anchas. Después de varias reuniones, Moore y su equipo decidieron reducir la burbuja de aire y crear una zapatilla más fina que la Dunk, que él mismo había creado. David Falk sugirió llamar al par «Michael Jordan», sin más, pero a Rob Strasser no le convenció, ya que quería hacer hincapié en la tecnología Air. De manera espontánea, a Falk se le ocurrió «Air Jordan». ¡Bingo!

La zapatilla estaba en desarrollo y Jordan inició la temporada con unas Nike Air Ship. Ante su indecisión, también llevó unas Air Train. Llevó por primera vez las Air Jordan 1 PE White Black Red el 17 de noviembre de 1984, en un partido perdido en casa contra los Sixers. La combinación cromática (Black and Red, también llamada Bred) era atípica para la época. La elección dividió a los consumidores. El propio Jordan la asociaba con los «colores del diablo». Los jugadores de baloncesto acostumbran a utilizar zapatillas predominantemente blancas y, fuera de la cancha, zapatillas de calle. De hecho, las Jordan 1 rompieron con los códigos imperantes, ya que MJ las llevaba fuera del terreno de juego con un chándal de la línea en los inicios del *lifestyle*. El 9 de febrero de 1985, MJ lució las Jordan 1 Black and Red, Bred para los amigos, durante el Slam Dunk Contest NBA. El par planteó un problema para los dirigentes de la gran liga de baloncesto estadounidense.

El 25 de febrero de 1985, el puritano vicepresidente de la NBA, Russell T. Granik, envió una carta a Rob Strasser indicándole que «el reglamento de la NBA prohíbe a Michael Jordan el uso de Nike negras y rojas». En aquel momento, la Regla 51 exigía que los jugadores profesionales de baloncesto llevasen zapatillas con al menos un 51 % de color blanco. El fabricante no pedía tanto. Aquella «prohibición» dio origen a uno de los mayores golpes de *marketing* de la historia de Nike, que aprovechó la situación para crear un anuncio en el que Michael →

[1] DRAFT NIGHT, 1984
Michael Jordan con la camiseta de los Chicago Bulls durante la temporada 1984-1985.

SLAM DUNK CONTEST, 1985

El 9 de febrero, MJ participó en el All-Star Game de Indianápolis
y realizó su primer mate con las Jordan 1 Bred (Black and Red).

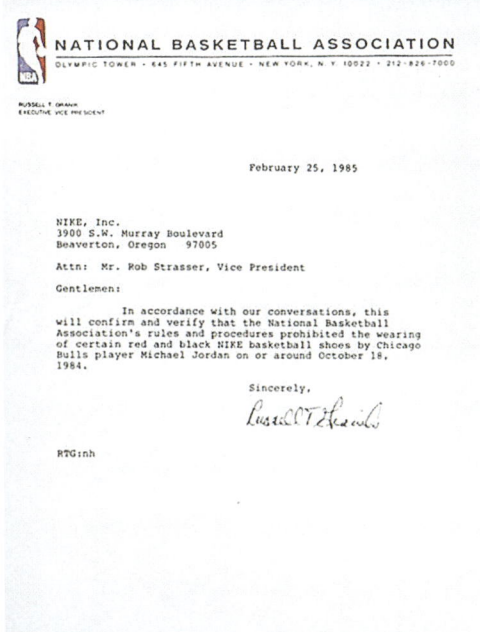

CARTA EN LA QUE LA NBA ANUNCIA A NIKE
QUE LA BRED INFRINGE EL REGLAMENTO.

20 DE ABRIL DE 1986: MJ BATE EL RÉCORD DE PUNTOS EN *PLAYOFFS*.

Jordan lleva el par «prohibido» poco después de su lanzamiento oficial, el 1 de abril de 1985. «Afortunadamente, la NBA no puede impedirte llevarlas», pregona el anuncio. Nike dio en el clavo. ¿Qué mejor argumento de *marketing* que poner un par prohibido a un precio asequible (65 dólares)? Las ventas de las Air Jordan 1 explotaron en Estados Unidos y generaron unos ingresos astronómicos: 100 millones de dólares en el primer año de comercialización.

En agosto de 1985, la Jordanmanía todavía no había llegado a Francia. El «novato del año», autor de una fantástica primera temporada con una media de 28,2 puntos, cruzó el Atlántico para su primer viaje promocional a París acompañado de su hermano mayor, Larry. Poco conocido por el gran público, el número 23 saboreó los placeres del anonimato: se hizo una foto en la plaza de Trocadéro [2], conoció a Coluche en un programa de Michel Denisot en Canal+ y participó en un partido de exhibición en la pista del Athletic Club de Boulogne-Billancourt (ACBB). Cinco años más tarde, la historia sería completamente distinta...

Al comienzo de la siguiente temporada regular, Jordan se lesionó cuando llevaban pocos partidos. El veredicto fue categórico: una fractura en el pie izquierdo que le mantendría fuera del parqué durante 64 partidos. En contra del consejo de los médicos, MJ volvió a ponerse sus AJ1 en la primavera de 1986, el tiempo suficiente para ofrecer una actuación histórica en la primera ronda de los *playoffs* contra los Celtics de Boston. Un récord de 63 puntos que todavía se mantiene. En una rueda de prensa, Larry Bird pronunció una frase ya de culto: «Era Dios disfrazado de Michael Jordan». Esta increíble

trayectoria convirtió a las Jordan 1 en el par de la rebelión, alimentada por la comunidad *skate* a mediados de los ochenta. El modelo pasaría a ser el más versionado de toda la línea Jordan. A principios de la década de 2010, las Jordan 1 regresaron al primer plano uniéndose a la ola *neovintage* que inundó la escena de la moda. Kanye West, con la Royal Blue, y su compañero Jay-Z con unas Bred [3] en el vídeo del tema «Otis» contribuyeron al renacimiento de las AJ1.

🏀 LA ANÉCDOTA DE LARRY

En 1994, yo tenía 15 años. Durante las vacaciones acompañaba a mi padre en sus viajes de negocios. Un día estábamos comiendo en el centro comercial Rosny 2. Ya me atraían las zapatillas de deporte y pedí permiso a mi padre para darme una vuelta por Foot Locker, que llevaba poco tiempo instalado en Francia. Para mi gran sorpresa, encontré unas Jordan 1 Chicago ¡por solo 59 francos! No tenía un duro, pero eran tan baratas que supliqué a mi padre que me las comprara. Cedió y, de camino a casa, admiré la magnífica caja, llena de fotos de tamaño postal de la línea Jordan. Me puse las AJ1 en cuanto llegué a casa, pero me desilusioné rápidamente... Tenía la impresión de haberme calzado unos zapatos de bolos y de parecer un payaso. Estábamos en plena época de las zapatillas de *running* y sabía que mis colegas me iban a machacar... Decidí guardar las zapatillas por un tiempo. En 1998 entré en una tienda del barrio de Marais. Charlé con el vendedor y le hablé de mis Jordan 1. Me propuso directamente dos opciones: 800 francos o los tres pares de zapatillas de *running* que yo quisiera. Al día siguiente, opté por la segunda solución: tres pares era perfecto para mí. ∎

[2] MJ EN PARÍS EN 1997

Michael Jordan durante su visita a París con motivo del Open McDonald's.

[3] JAY-Z Y KANYE

Jay-Z, embajador de las Jordan 1 Bred, en un clip del álbum *Watch the Throne*, de 2011.

High Off White™ White

AQ0818-100 | 03/03/2018

Turbo Green

555088-311 | 15/02/2019

Seafoam

CD0461-002 | 12/08/2021

Nigel Sylvester

BV1803-106 | 01/09/2018

Metallic Red

555088-103 | 06/05/2017

A Ma Maniére™

DO7097-100 | 03/12/2021

Dave White

237399-043 | 17/02/2011

Dior™

CN8607-002 | 06/04/2020

Mid Digital Pink

CW5379-600 | 25/06/2020

Hyper Royal

555088-402 | 17/04/2021

UNC High

555088-117 | 10/10/2015

University Blue

555088-134 | 06/03/2021

Pass the Torch
AQ7476-016 | 28/04/2018

Igloo
861428-100 | 07/12/2017

Rookie of the year
555088-700 | 17/11/2018

Mid Maison Château Rouge™
CU2803-200 | 30/11/2019

J Balvin™
DC3481-900 | 08/12/2020

Mid Melody Ehsani
CQ7629-100 | 15/11/2019

XQ China
316915-073 | 01/06/2007

Atmosphere
DD9335-641 | 22/12/2021

SBB
555088-005 | 27/06/2015

Union Blue Toe
BV1300-146 | 17/11/2018

Fragment™ x Travis Scott
DH3227-105 | 29/07/2021

UNC Patent
CD0461-401 | 14/02/2019

Lucky Green

4612-300 | 14/10/2020

Colette

836733-XC | 21/03/2018

**Quai 54
Friends & Family**

262-767119-XC | 01/07/2017

Obsidian

555088-140 | 31/08/2019

LA to Chicago

CD6578-507 | 25/05/2019

Court Purple

555088-500 | 11/04/2020

TOP3

555088-026 | 28/11/2016

Doernbecher

345204-041 | 14/11/2008

Chicago

555088-101 | 30/05/2015

Off White™ Chicago

AA3834-101 | 09/11/2017

Trophy Room

DA2728-100 | 10/02/2021

Union Black Toe

BV1300-106 | 17/11/2018

Rust Pink

861428-101 | 01/11/2017

Black Toe

555088-125 | 05/11/2016

Solefly Art Basel Sail

AV3905-138 | 08/12/2018

Bred Toe

555088-610 | 24/02/2018

Mocha

555088-105 | 31/10/2020

Travis Scott

CD4487-100 | 11/05/2019

Fragment™

716371-040 | 27/12/2014

Royal Toe

555088-041 | 09/05/2020

Not for Resale

861428-107 | 14/11/2018

Not for Resale

861428-106 | 07/11/2018

Bred

555088-001 | 03/09/2016

Royal blue

555088-007 | 01/04/2017

Tokyo Bio Hack

555088-201 | 04/09/2020

Aleali

AJ5991-062 | 28/10/2017

Shadow

555088-013 | 14/04/2018

Solefly Art Basel Black

AV3905-038 | 08/12/2018

Dover Street Market

789747-401 | 16/04/2015

Lance Mountain Black

555088-134 | 07/06/2014

A Tribe Called Quest

342132-062 | 01/02/2009

Black Metallic Gold

555088-032 | 30/11/2020

Los Primeros

AH7739-001 | 13/10/2017

Japan 2001

136060-002 | 01/10/2001

OG Neutral Grey

CZ0790-100 | 24/06/2021

White Varsity Red

705329-101 | 28/03/2015

Paris

CV3043-100 | 22/02/2020

Travis Scott
Reverse Mocha

DM7866-162 | 21/07/2022

SB UNC

CJ7891-401 | 12/08/2019

Low Fragment™
x Travis Scott

DM7866-140 | 17/06/2019

SB Eric Koston

CJ7891-400 | 17/06/2019

Starfish

CZ0790-801 | 26/08/2021

Low Chicago

705329-600 | 14/02/2016

Shadow

705329-003 | 30/12/2015

Travis Mocha

CQ4277-001 | 20/07/2019

CNY

DD2233-001 | 31/01/2021

Low Bred

705329-001 | 14/02/2015

Royal Blue

705329-004 | 07/10/2015

Solefly

DN3400-001 | 27/12/2021

AIR JORDAN 1 MAISON CHÂTEAU ROUGE

2019

Una de las creaciones más bellas de finales de la década de 2010.

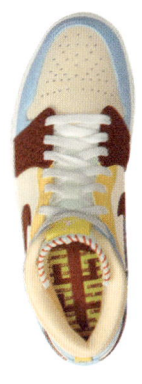

PARTE POSTERIOR

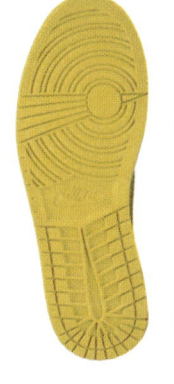

PARTE SUPERIOR

SUELA

SKU: **CU2803–200**	DISEÑADOR: **Maison Château Rouge**	C: **vainilla pálido / canela**
MATERIAL: **cuero**	PRECIO DE SALIDA: **130 €**	FECHA DE LANZAMIENTO: **30 nov. 2019**

Julio de 2017, pista de Reuilly, París. En el terreno de juego del Quai 54 se libra la batalla por el título, con el internacional francés Evan Fournier que juega prácticamente en casa, a dos pasos de su feudo en Charenton.

Entre bastidores, la gente se relaja y socializa. Así nacieron los primeros contactos entre Maison Château Rouge, la marca de *prêt-à-porter* creada dos años antes por Youssouf y Mamadou Fofana, y Jordan Brand, seducida por los valores que abanderan los hermanos. En 2019, la pareja se asoció con la nueva colección Air Jordan 1. El nombre de la colaboración, «Fearless Ones», refleja a la perfección el espíritu de la marca con sede en el barrio de Goutte-d'Or, una marca que predica la superación personal, entre otras cosas. Una base de Jordan 1 UNC fue la elegida para el cambio de imagen. La identidad colorista de MCR está presente en el par, igual que los motivos que remiten a las raíces senegalesas de los dos hermanos. Las costuras en rojo béisbol de la lengüeta y el talón simbolizan la pericia de los sastres del distrito 18.

Los grabados también aparecen discretamente en un magnífico tono sobre tono y recuerdan a las escarificaciones practicadas en África desde hace siglos. En un arranque de creatividad, Youssouf (encargado del estilismo) tuvo la excelente idea de aplicar los motivos en relieve en el cuero. Un sentido de la creación que, en nuestra opinión y con toda objetividad, sitúa a este par en el escalón más alto del podio entre el resto de versiones del *pack* «Fearless». Es fácil olvidar que se trata de unas AJ1. ∎

GUARDABARROS

CONTRAFUERTE

Suela

Suela higiénica de color amarillo canario.

Detalle

Costura lateral con hilo rojo grueso que realza el nacimiento del swoosh.

Parte superior

Alternancia de cuero y sintético gofrados, así como un swoosh con textura. Los colores recuerdan a los de la ropa que se lleva en Dakar o a la de Château-Rouge.

FEAR

AIR JORDAN

2019

2022

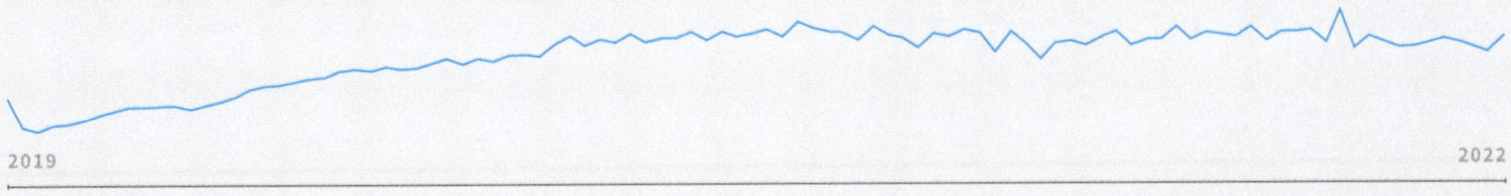

180 € - 850 €
PRECIO MÍNIMO / MÁXIMO

15 %
VOLATILIDAD

650 €
PRECIO MEDIO DE VENTA

650 %
COTIZACIÓN MÁXIMA

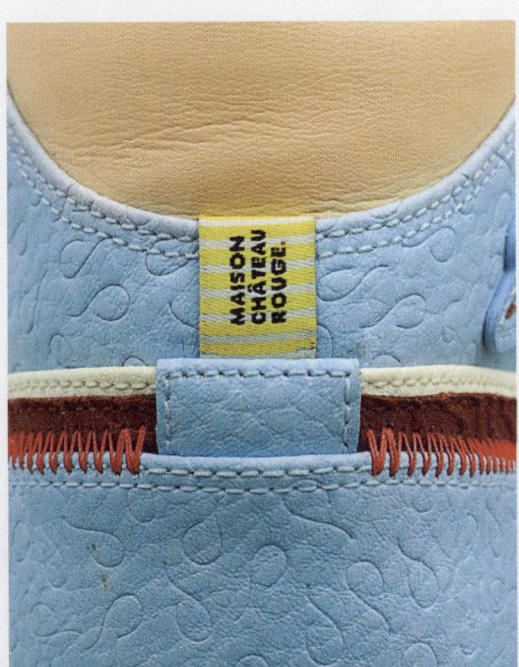

MAISON CHÂTEAU ROUGE.

SNEAKERS Y *HIGH FASHION*: UN MATRIMONIO DE CONVENIENCIA

« DESPUÉS DE VIRGIL ABLOH, PAGAR 1000 EUROS POR UN PAR SE HA CONVERTIDO EN ALGO NORMAL ».

Las *sneakers* han estado ausentes del *software* de las grandes marcas de lujo durante mucho tiempo. Esa situación cambió cuando los grandes diseñadores entraron en el juego y cambiaron radicalmente las reglas.

Desde principios de la década de 2000, Rick Owens, Marc Jacobs y Raf Simons participaron en la redefinición de las siluetas y el aumento de los precios, hasta el punto culminante que tuvo lugar veinte años más tarde: la colaboración Air Jordan 1 Dior, que hoy se venden por más de 10 000 euros en las páginas de reventa. Un repaso a los momentos más destacados de esta unión imprevista entre zapatillas y moda con dos expertos, Thibo y Salif, diseñador y asesor respectivamente.

> «Cuando vemos el éxito de una zapatilla como la B23, que es la Chuck Taylor de Dior, es increíble. Hay chavales que les piden a sus padres que se las compren... ¡un par por 990 euros!».

1 PETER MOORE Y BRUCE KILGORE: «LAS JORDAN 2, UN PRODUCTO EXCEPCIONAL»

Salif: Para mí, el punto de partida fueron las Jordan 2 en 1986, un par fabricado en Italia. Ya existía esa noción de lujo en la concepción, teniendo en cuenta que las Jordan 1 costaban 65 dólares y las Jordan 2 subieron a 100 dólares, el equivalente a 400 o 500 euros de ahora.

Thibo: Con esta idea de que los jugadores profesionales de baloncesto llevaban trajes italianos a medida.

Salif: Nike estaba trabajando desde esta óptica de concebir un producto cercano al universo de lujo, con cuero de primera calidad y un precio elevado.

Thibo: Y fue el propio Jordan quien sugirió la idea de fabricar su zapatilla de firma en Italia.

Salif: El par no tuvo el éxito esperado. Al final, a Michael Jordan no le entusiasmó el resultado. Fue un chasco, pero como visión era muy potente.

Thibo: En los noventa, otras Jordan, las 11, inspiraron el modelo de una casa de moda italiana con la Prada America's Cup.

2 HEDI SLIMANE: «GAME CHANGER»

Thibo: En el ámbito de la moda, algo sucedió en el año 2000 con Hedi Slimane cuando llegó a Dior como director creativo de moda masculina. En su primer desfile, la mitad de los modelos llevaron «GATs» 2 (German Army Trainer), inspiradas en las zapatillas del ejército alemán. Y eso cambió las reglas del juego, porque conseguías un *look* con una americana, unos vaqueros *slim* y un par de zapatillas finas.

Salif: Era una época en la que las casas de alta costura sabían fabricar zapatos y nada más. Todavía no tenían esa cultura transversal y el saber hacer que la acompaña. Se lanzaron a hacer zapatillas.

Thibo: Las zapatillas de Hedi Slimane se trabajaban como zapatos porque las fábricas italianas de Dior todavía no dominaban la fabricación de zapatillas.

Salif: Y luego la colección era muy rockera, con vaqueros y chaquetas de cuero. Hedi Slimane acompañó a la nueva generación de rockeros creando vestimentas para The Libertines, Franz Ferdinand...

Thibo: La Dior de Hedi Slimane no era una *sneaker* pura, no llegó a la calle, pero seguía habiendo una intención muy clara. Martin Margiela ya había utilizado una GAT en 1995, pero no logró el mismo impacto.

3 MARC JACOBS: «ATENTO A LA CALLE»

Thibo: En 2009, la colaboración de Kanye West con Louis Vuitton fue importante.

Salif: Marc Jacobs fue director creativo de Louis Vuitton.

Thibo: Después de haber tenido la oportunidad de hablar con Marc, está realmente atento a lo que pasa en la calle.

Salif: Él fue quien pidió la colaboración con Kanye. Las siluetas *high-top* con velcro, eso no se había hecho antes. Fue histórico. Fue la primera vez que un rapero entró en una casa de moda de lujo y tuvo su propia zapatilla. Kanye diseñó con los equipos de Louis Vuitton. Y los nombres de los tres pares corresponden a sus colegas: Don, Mr. Hudson y Jasper.

Thibo: Las marcas de lujo entendieron que podían aumentar su público objetivo trabajando con celebridades como Kanye West o Pharrell Williams.

Salif: Poco a poco, el departamento de zapatillas se ha ido desarrollando en las marcas de lujo, ya no es una pequeña entidad como antes... Es realmente una gama a tener en cuenta, como los bolsos.

Thibo: Cuando vemos el éxito de una zapatilla como la B23, que es la Chuck Taylor de Dior, es increíble. Hay chavales que les piden a sus padres que se las compren... ¡un par por 990 euros!

Salif: En términos de ventas, la *sneaker* no es nada despreciable. Es una industria que mueve miles de millones de euros. No es el mismo mercado que hace diez o quince años.

Thibo: Es comparable con la historia de los pantalones vaqueros, que al principio eran transgresores, una prenda vendida por *jeaners*, no era noble.

Salif: Lo mismo ocurre con las chupas negras, que tenían una connotación negativa. Hoy, la Perfecto se ha convertido en una pieza clásica. Incluso se puede combinar con chándal. Llevar un chándal en un desfile ya no escandaliza a nadie. →

1 AIR JORDAN II
Las primeras Jordan sin el *swoosh*.

2 GERMAN ARMY TRAINER
Creada por Margiela, sublimada por Dior.

3 LOUIS VUITTON JASPERS
Uno de los tres pares surgidos de la colaboración entre Kanye West y la casa de lujo francesa.

4 ADIDAS OZWEEGO X RAF SIMONS
Una versión revolucionaria del gran modisto belga.

Off-White x Nike
The Ten

Air Jordan 1 Chicago
AA3834-101 | 09/11/2017

Air Max 90
AA7923-100 | 09/09/2017

Air Presto
AA3830-001 | 09/09/2017

Air Force 1 Low
AO4606-100 | 01/11/2017

Air Max 97
AJ4585-100 | 01/11/2017

Converse Chuck Taylor Vulcanized
162204C | 12/05/2018

Zoom Fly
AJ4588-100 | 01/11/2017

React Hyperdunk
AJ4578-100 | 01/11/2017

Vapormax
AA3831-001 | 09/09/2017

Blazer mid
AA3832-100 | 09/09/2017

4 RAF SIMONS:
«SIN LAS OZWEEGO, NADA DE TRIPLE S»

Thibo: Cuando salieron las Adidas Ozweego de Raf Simons, en 2013, sin las tres rayas, la gente se reía y decía: «¿Qué son estas Atemi de La Halle Aux Chaussures?».

Salif: Se supone que las Ozweego fueron un fiasco, pero con el paso del tiempo, la silueta inspiró otras zapatillas.

Thibo: Es un modelo de negocio entre un diseñador y un fabricante de equipamientos deportivos, Adidas, que se prolongó durante varios años y que Nike no suscribió. Después de las Ozweego, Nike contactó con los mejores.

Salif: Es un par vanguardista...

Thibo: Sin las Ozweego de Raf Simons no habría Triple S en Balenciaga, que es feo, estéticamente hablando.

Salif: Un bloque de hormigón...

Thibo: El verdadero problema es que no se puede andar con ellas.

Salif: Al principio, la Triple S era una *made in Italy* que transformaron en *made in China*. ¡Solo que el cliente paga lo mismo!

Thibo: Además, la parte superior está copiada de las Nike Terra Albis. Hice la comparación, no hay duda.

5 RICK OWENS:
«LA DUNK POLÉMICA»

Salif: No hay que olvidar a Rick Owens, que creó unas zapatillas que se parecían mucho a unas Dunk con una especie de *swoosh* invertido. Creó polémica.

Thibo: Se detuvo la producción.

Salif: Nike amenazó con demandar al diseñador californiano.

Thibo: Ahora las Dunk valen 5000 euros en la reventa.

Salif: Antes de eso, reelaboró unas Vans Old Skool en 2007. En términos de moda, es difícil superar eso. Las Vans se reeditaron en 2022 ¡y se agotaron enseguida!

Thibo: Rick Owens nació en California y creció con la cultura *skate*. Tiene casi la misma edad que Tony Alva y Stacy Peralta. Es lógico para él. Karl Lagerfeld también se alimentaba de la calle. Aunque tuviese chófer privado, se tomaba su tiempo para sentarse en una terraza...

Salif: De hecho, compraba libros todos los sábados en Colette. Era superaccesible. Los tipos más creativos suelen ser así.

6 CHITOSE ABE:
«LA INFLUENCIA DE FRASER COOKE»

Thibo: El curro de Fraser Cooke consiste en buscar creadores para colaborar con Nike. Es director de proyectos especiales de la marca. Conoce a todo el mundo de la moda y el *streetwear*.

Salif: Fraser es un jefazo. Fue comprador para un distribuidor pionero de Londres, Gimme Five, una empresa fundada en 1989 por Michael Kopelman, que más tarde abrió The Hideout, la primera tienda que vendió Supreme y Stüssy en Inglaterra. No existen las casualidades...

Thibo: A él se le ocurren las ideas.

Salif: Off-White, Undercover, Fragment, Sacai... La colaboración entre Nike y Chitose Abe puso el foco en Sacai, que es una marca japonesa de nicho, y hoy en día, incluso un chaval de 15 años es capaz de situarla. Esto da una idea del impacto que puede tener una buena colaboración.

Thibo: La superposición de *waffles* o lengüetas es la marca de fábrica de Chitose Abe. La LD Waffle de 2019 es una colaboración magnífica.

7 VIRGIL ABLOH:
«UNA PRESTO DE *SKATER*»

Thibo: Sobre la colaboración Off-White x Nike The Ten, lo que resulta excepcional es que, en cierta manera, conocemos todas las siluetas de la serie: las Jordan 1, las Air Max 97, las Blazer... Y Virgil tuvo esa genial idea de deconstruir las zapatillas y mostrar cómo iban a envejecer.

Salif: La Presto es magnífica. No podría ser mejor.

Thibo: Hizo una Presto de *skater*. Virgil se abría en canal con lo que le gustaba. Encontramos elementos de Visvim, otros de Martin Margiela... Tenía unos conocimientos increíbles y no tenía miedo de compartirlos con el gran público.

Salif: Asumiendo el hecho de que compartía sus fuentes de inspiración.

Thibo: En la base del proyecto había cinco pares para Virgil Abloh y cinco pares para Hiroshi Fujiwara, de Fragment... Los dos diseñadores crearon sus prototipos de forma independiente con instrucciones diferentes. Y finalmente, cuando vieron la propuesta de Virgil, los de Nike se quedaron pasmados. Los colores, la firma, la parte de *art brut*... todo era perfecto. A partir de entonces, pagar 1000 euros por un par se convirtió en algo normal. ∎

5 RICK OWENS «OLD SKOOL»

El estilista estadounidense revisitó una silueta de Vans.

6 LD WAFFLE SACAI

El trabajo impecable de la diseñadora japonesa, entre clasicismo y originalidad.

7 PÁGINA ANTERIOR

Reinterpretación de Virgil Abloh de algunos de los grandes clásicos de Nike.

AIR JORDAN 2

1986

		CAP. 25

NOMBRE	Jordan 2 Retro
REEDICIÓN	8 de diciembre de 2010
DISEÑADORES	Bruce Kilgore + Peter Moore
COLOR	Blanco / rojo universitario / negro
MATERIAL	Cuero + caucho
PRECIO DE SALIDA	110 USD

LA OVEJA NEGRA DE LA LÍNEA JORDAN

AIR JORDAN 2, 1986

HISTORIA

Las Jordan 2 fueron diseñadas por Bruce Kilgore, al que ya debíamos las icónicas Air Force 1, y Peter Moore, autor de las Jordan 1 y las Dunk. Dado el éxito de la primera zapatilla de firma de la nueva estrella de los Chicago Bulls, las Jordan 2 se esperaban con impaciencia. Los dos diseñadores se arriesgaron proponiendo un modelo atrevido. La idea inicial era imaginar el mejor término medio entre las máximas prestaciones y el lujo; la zapatilla tenía que ser llevable en el terreno de juego, pero también con... un esmoquin. Ese enfoque fue sugerido por el perfil de Michael Jordan durante el concurso de mates del All-Star Game NBA de 1985. En aquella ocasión lució unas llamativas y relucientes cadenas de oro.

El primer prototipo fue una versión híbrida de las Jordan 1, la parte superior de una Jordan 1 montada sobre una suela de Jordan 2, un par que en realidad salió a la venta en 2015 con el nombre de Jordan 1.5. La zapatilla no estaba nada equilibrada. Se probó otro prototipo en versión *high* y *low* que no se parecía en nada al producto definitivo. Finalmente, la *low* se adjudicó a las animadoras de los Bulls.

Kilgore y Moore decidieron utilizar un cuero italiano inspirado en la piel de las iguanas para dar un aspecto lujoso a la zapatilla. El *swoosh* desapareció y no volvió a aparecer en la línea. El logotipo Jordan Wings figura en la lengüeta. La tecnología Air se encuentra integrada y Nike hizo honor a su preocupación por la excelencia haciendo que el par se fabricase en Italia, lo que explica el precio de venta al público relativamente elevado para la época: 100 dólares. Se fabricaron dos combinaciones OG originales: blanco, rojo y gris y blanco, rojo y negro en versión alta. En la temporada 1986-1987, para su regreso a la competición después de un año casi perdido debido a una fractura en un pie, Jordan se convirtió en el segundo jugador de la historia de la NBA, después de Wilt Chamberlain, que superó los 3000 puntos en el mismo año (3041 puntos, una media de 37,1 puntos por partido). Sin embargo, el par no tuvo un buen comienzo. Sin duda, la Jordan 2 es la zapatilla menos popular de la línea Jordan. Bruce Kilgore y Peter Moore no volverían a diseñar más modelos de Jordan para Nike.

CULTURA

A pesar de todo, la Jordan 2 es una de las tres primeras Jordan que Nike reeditó en 1994, junto con la 1 y la 3. El propio Jordan no era especialmente fan de los dos primeros modelos de la línea. La 2 le parecía demasiado pesada. Entre las colaboraciones más memorables figuran la Don C y la Eminem , valorada en varios miles de dólares.

LA ANÉCDOTA DE LARRY

En el año 2015, Nike lanzó las Jordan 2 con la imagen de Don C , alias Don Crawley, un diseñador cercano a Kanye West. Se trata de un par con un gran potencial de reventa; en Foot Locker Europa había 30 pares disponibles cuando escribimos estas líneas. Fue el comienzo de los *sneaker bots*, robots que escanean las páginas web y guardan los pares en la cesta de manera automática. Diez días antes del lanzamiento, un amigo consiguió piratear el modelo. Solo había un problema: ¡la página estaba bloqueada! Así que me dio la referencia interna del producto de Foot Locker para hacer un *sneaker finder* en la tienda. A la mañana siguiente, fui al Foot Locker más cercano a mi casa, en Belle Épine. Me hice pasar por el entrenador de un equipo de baloncesto que quería hacer felices a sus jugadores. ¡El dependiente me dijo que se podían encargar! El precio era de 250 euros. Mi colega compró 14 y yo me llevé ocho. Sabía que quedaban ocho pares disponibles en *stock,* así que me fui corriendo al Foot Locker de Créteil y lo repetí. Tres días después, recibí una llamada: «Buenos días, señor, han llegado sus zapatillas...». Cuando llegué a la tienda, me esperaban dos cajas enormes en el mostrador. Revendí todos los pares por 1200 euros cada uno. ¡El golpe del siglo! ∎

1 AJ2 EMINEM

Los colores de esta colaboración de 2008 celebran el tema «The Way I Am» de la estrella del rap de Detroit.

2 AJ2 DON C

El color azul es el que tuvo más éxito en el mercado de la reventa.

WING IT.

Air Jordan. Imagination. **NIKE**

WASHINGTON, 11 DE ABRIL DE 1986

En el parqué de los Bullets de Washington, el número 23
de los Bulls destaca con 31 puntos en el marcador.

Melo

308308-141 | 24/04/2004

Off-White™

DJ4375-106 | 12/11/2021

Chicago

130235-161 | 01/01/1994

Maison Château Rouge™

DO5254-180 | 14/07/2022

Union Rattan

DN3802-200 | 15/04/2022

Union Grey Fog

DN3802-001 | 15/04/2022

A Ma Maniére™

DO7216-100 | 04/06/2022

Just Don Artic Orange

834825-805 | 16/06/2017

Just Don Blue

717170-405 | 31/01/2015

Eminem

308308-002 | 18/12/2008

Doernbecher

318304-071 | 09/11/2007

Bin

398277-201 | 10/04/2010

AIR JORDAN 2 JUST DON

2015

Una de las colaboraciones
con la Jordan 2 más memorables
de la historia de la línea.

PARTE SUPERIOR

PARTE POSTERIOR

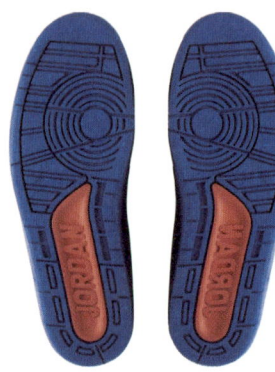

SUELA

SKU: **717170–405**	DISEÑADOR: **Just Don**	C: **azul universitario real / oro metalizado**
MATERIAL: **cuero**	PRECIO DE SALIDA: **350 USD**	FECHA DE LANZAMIENTO: **30 enero 2015**

2022 fue el año de la renovación de la Jordan 2. Se produjeron múltiples colaboraciones, en particular con Off-White, Union, A Ma Maniére y Maison Château Rouge.

En el pasado reciente, una de las más llamativas fue sin duda el par firmado Don C en 2015. Para entender el modelo es preciso entender al hombre que hay detrás. Don Crawley es la mano derecha de Kanye West. En 2008, Kanye bautizó uno de los tres pares surgidos de su colaboración con Louis Vuitton con el apodo de su amigo, «Don».

En 2011, Crawley fundó su propia marca, llamada Just Don, más conocida por sus gorras *snapback* con ribetes en piel de cocodrilo o serpiente. ¿Su precio? 450 dólares. La colaboración con Nike empezó a tomar forma en 2014.

La marca quería sacar un par *premium* con materiales nobles. Don C era el hombre indicado. La zapatilla está fabricada en Italia, como la versión OG de 1986. Compuesta por ante y cuero acolchado azul, se inspiró en un bolso de Chanel. Como ocurre con el calzado de lujo, la AJ2 se conserva cuidadosamente en una funda. Sin olvidar la reluciente caja roja decorada con alas doradas.

Lanzado en cantidades muy reducidas a un precio de venta al público de 275 dólares, el par se vendió por más de 1000 dólares el mismo día de su lanzamiento. Lo de ser amigo de Kanye ayuda. ∎

CONTRAFUERTE

PARTE SUPERIOR

Parte superior
Cuero acolchado al estilo Chanel.

Contrafuerte
Inscripción «Nike» en letras doradas.

Media suela
Media suela completamente azul, tono sobre tono.

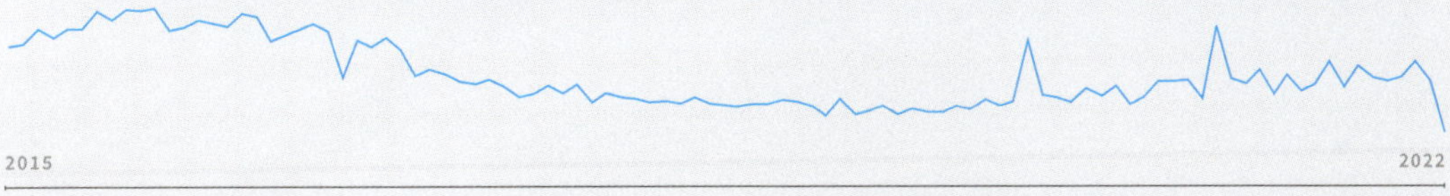

2015

2022

500 € - 1000 €
PRECIO MÍNIMO / MÁXIMO

30 %
VOLATILIDAD

800 €
PRECIO MEDIO DE VENTA

285 %
COTIZACIÓN MÁXIMA

AIR JORDAN 3

1988

CAP.	
	26

NOMBRE	Jordan 3 Retro
REEDICIÓN	17 de febrero de 2018
DISEÑADOR	Tinker Hatfield
COLOR	Negro cemento
MATERIAL	Cuero
PRECIO DE SALIDA	200 USD

DEL PLANETA MARTE

AIR JORDAN 3, 1988

1 PUBLICIDAD DE VAN GRACK

La marca lanzada por Peter Moore y Bruce Kilgore fue un fracaso.

2 SPIKE LEE Y MICHAEL JORDAN

Durante el rodaje de la publicidad de las Air Jordan 3.

3 AJ3 MOCHA

En 2001 aparecieron las primeras Air Jordan con la denominación Mocha.

4 AJ3 TINKER ENERGY

Para el 30.º aniversario de las Jordan 3, la coma reapareció y recordó a los bocetos originales.

HISTORIA

En 1988, Nike se hizo con el control del mercado de zapatillas de baloncesto con su nueva imagen, Michael Jordan. Moore y Bruce Kilgore abandonaron el barco con una semana de diferencia para lanzar su propia marca, Van Grack 1. Intentaron llevarse con ellos a Jordan, que también pensaba crear su propia marca. Ese fue el momento en el que Nike recurrió a Tinker Hatfield, que acababa de diseñar las Air Max 1, para dirigir el diseño de la línea Jordan. Hatfield convenció a Jordan para que se quedase con Nike ofreciéndole su implicación en el proceso creativo de los modelos. Sin embargo, Nike llevaba la agenda atrasada y Hatfield tuvo que encadenar los viajes de ida y vuelta a Asia con sus colaboradores para conseguir los primeros prototipos. El número 23 de los Bulls deseaba evolucionar con una zapatilla más ligera, de altura media y cómoda. Las Jordan 3 son una mezcla de sofisticación y estilo. Fue el primer par con el logotipo Jumpman en la lengüeta, una burbuja de aire visible y un estampado inspirado en la piel de un elefante, el icónico *elephant print*. Los cuatro colores OG son la White Cement Crey, que Jordan utilizó en el All-Star Game NBA de Chicago, en febrero de 1988 (MJ fue elegido MVP del partido y ganó el Slam Dunk Contest con una clavada inconfundible desde la línea de tiros libres); la Black Cement Grey, la White Fire Red y la True Blue Cement Grey. La AJ3 solo se lanzó en Estados Unidos y permaneció prácticamente intocable en Europa, a menos que se tuviesen los medios para viajar al extranjero.

Spike Lee promocionó las Jordan 3 a través del personaje de Mars Blackmon 2, el bocazas obsesionado con las zapatillas deportivas de su película *Nola Darling*. La campaña publicitaria, ideada por la agencia Wieden+Kennedy, presenta a un Michael Jordan sonriente que apoya una mano en la cabeza de Spike Lee. El eslogan «*The Best on Earth*» aparece debajo del jugador de los Bulls. En cuanto al director fan de los Knicks, recibe la mención «*The Best on Mars*». Las Jordan 3 fueron un éxito y el dúo se reunió de nuevo al año siguiente para promocionar las Jordan 4.

REVENTA

La 3 constituye una de las claves del éxito de la línea Jordan. Se trata de un modelo que ha influido en el diseño de numerosas zapatillas. Su reedición de 1994 en versión White Cement, una de las primeras versiones retro con un precio de 105 dólares, se vendía acompañada de una gran tarjeta que resume los momentos más destacados de la carrera de MJ23. En 2001, Nike comercializó la primera gama no OG, la Mocha 3, sustituyendo el logo de Nike Air en el talón por el logotipo Jumpman. En 2007 aparecieron numerosos colores nuevos: Pure Money, Black Cat, Do The Right Thing... Las Jordan 3 regresaron en 2013 con una White Cement que lucía el Nike Air de nuevo en el talón. Al año siguiente, Jordan Brand se asoció con la tienda de Miami Solefly para lanzar las Lotto. En 2017, Atmos presentó unas Jordan 3 con estampado Safari y unas Air Max 1 inspiradas en las Jordan 3 con motivo del Air Max Day. Una Retro de aniversario, llamada Free Throw Line para celebrar el legendario mate de Jordan en 1988, salió a la venta en 2018. La línea roja de la suela supone un guiño a la línea que Jordan pisó en su intervención en el Slam Dunk Contest de Chicago. También en 2018, la versión «Tinker Energy» 4, con su *swoosh* lateral, hizo referencia a uno de los primeros bocetos de Tinker Hatfield.

LA ANÉCDOTA DE LARRY

En agosto de 2006, en un concurso de *sneakers* organizado en Las Vegas por la revista *Sole Collector*, Orravan revisitó un par de Jordan 4 con una combinación en azul y amarillo inspirada en la película *Haz lo que debas* (*Do The Right Thing*). No ganó el concurso, pero el personal de Nike le dijo que «no tenía nada que ver con su talento, que tenía que seguir esforzándose y que daría sus frutos». Unos meses después, Nike lanzó unas Jordan 3 con el colorido creado por Orravan... ∎

Michael Jordan se enfrentó a Dominique Wilkins en uno de los mejores
concursos de mates de la historia de la NBA.

Pure Money

136064-103 | 12/05/2017

Harbor Blue

315296-142 | 03/03/2007

Mocha

136064-122 | 15/12/2018

Flip

315767-101 | 24/03/2007

A Ma Maniére™

DH3434-110 | 10/06/2021

White Cement

580775-160 | 06/02/2013

Korea

DC7310-100 | 12/10/2020

Kobe PE Pack

869802-907 | 14/02/2016

True Blue

854262-106 | 25/11/2016

Fragment™

DA3595-100 | 17/09/2020

Fire Red

136064-120 | 03/08/2013

JTH Bio

AV6683-200 | 28/08/2018

Do the Right Thing

315297-471 | 14/04/2007

We the Best Blue

MGDB-6329747 | 24/09/2018

We the Best Red

AJ3-770438 | 23/06/2017

SE Unite Fire Red

CK5692-600 | 15/02/2020

Doernbecher

437536-600 | 20/07/2013

Cool Grey

CT8532-012 | 20/02/2021

Black Cement

854262-001 | 17/02/2018

Oregon / Pit Crew Black

HO11-MNJDLS-5 | 11/10/2011

Atmos™

923096-001 | 18/03/2017

Animal Instinct

CK4344-002 | 19/12/2019

BHM

455657-001 | 26/02/2011

Black Cat

136064-002 | 16/06/2007

THE BEST ON EARTH.
Air Jordan from Nike.

THE BEST ON MARS.

Ditto.

AIR JORDAN 3
A MA MANIÉRE

2021

La tienda de Atlanta, propiedad de
James Whitner, colaboró con Jordan Brand
en un par dirigido a las mujeres.

PARTE SUPERIOR

PARTE POSTERIOR

SUELA

SKU: **DH3434–110**	DISEÑADOR: **A Ma Maniére**	C: **blanco / gris medio / violeta**
MATERIAL: **cuero + ante**	PRECIO DE SALIDA: **200 USD**	FECHA DE LANZAMIENTO: **10 junio 2021**

Después de una colaboración con Adidas y dos pares de Air Force 1 con Nike, James Whitner (cofundador de la tienda A Ma Maniére) tuvo el inmenso privilegio de contar por fin con su propia colaboración con la marca del Jumpman en 2021.

El establecimiento de Atlanta mostró su agradecimiento a las mujeres, nuestras madres, hermanas, maestras, enfermeras, dependientas o amas de casa que cada día cuidan de sus hijos, luchan por llegar a fin de mes, en muchos casos solas y, desafortunadamente, son olvidadas con demasiada frecuencia. Todo el *storytelling* del proyecto gira en torno a ellas, y se optó por una Jordan 3.

Raised by Women es una oda a las mujeres. La tienda de Atlanta produjo un magnífico cortometraje que muestra a todas las grandes damas de nuestro día a día de manera extraordinaria. En una alquimia perfecta entre cuero blanco, ante gris y un forro acolchado con un magnífico efecto, acompañados por una suela amarillenta con efecto *vintage*, la Jordan 3 «AMM» no tiene nada que envidiar a las AJ3 más bonitas de la historia.

A diferencia de numerosos lanzamientos recientes, tenemos la suerte de ver el famoso Nike Air en el talón. A algunos solo les parecerá un detalle, pero para nosotros significa mucho... Aunque se trate de un modelo disponible en talla femenina, Jordan Brand también pensó en los hombres altos a los que les gustan las mujeres altas, con tallaje hasta el número 50. ∎

LENGÜETA

PARTE SUPERIOR

Parte superior

Cuero de primera calidad ligeramente graneado.

Contrafuerte

Lengüeta trasera en plástico rígido amarilleado con la marca Nike Air, como el modelo original.

Media suela

Suela intermedia amarilleada para lograr un efecto vintage.

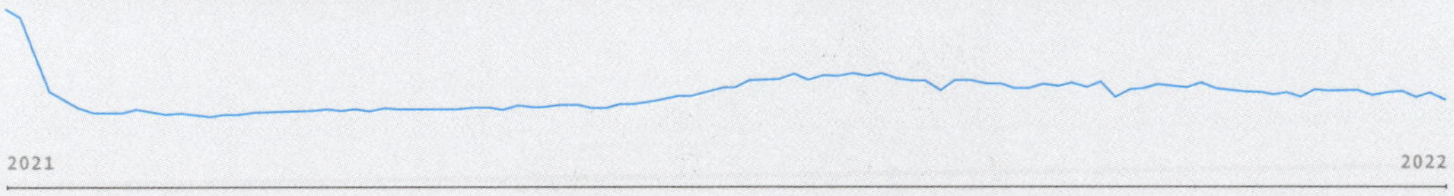

2021

2022

350 € - 850 €
PRECIO MÍNIMO / MÁXIMO

24%
VOLATILIDAD

600 €
PRECIO MEDIO DE VENTA

425%
COTIZACIÓN MÁXIMA

AIR JORDAN 4

1989

	CAP. 27

NOMBRE	**Jordan 4 Retro**
REEDICIÓN	**4 de mayo de 2019**
DISEÑADOR	**Tinker Hatfield**
COLOR	**Bred**
MATERIAL	**Nobuk + malla**
PRECIO DE SALIDA	**200 USD**

JUST DO THE RIGHT THING

AIR JORDAN 4, 1989

1 «THE SHOT»
En el último segundo, MJ metió a los Bulls en semifinales de la Conferencia Este.

2 HAZ LO QUE DEBAS
La cara de Chicharra cuando descubre su Jordan 4 pisada por un fan de los Boston Celtics.

3 SPIKE LEE
Mars Blackmon en el rodaje del anuncio de las Air Jordan 4.

🏀 HISTORIA

Michael Jordan se involucró en el proceso creativo de Tinker Hatfield haciendo partícipe al diseñador de su deseo de flexibilidad y ventilación para incrementar la libertad de movimiento y lograr un confort óptimo. Como de costumbre, Hatfield innovó respetando los códigos de la gama. Insertó diferentes piezas en malla con rejilla en la parte superior y el lateral de la zapatilla. Una primicia para un modelo que lucía el Jumpman. Esas piezas contrastan con el cuero del empeine sobre el que se asientan las correas de plástico características de las Jordan 4. La amortiguación de aire es la misma que la de las Jordan 3. Se trataba de conservar la amortiguación y el diseño moderno.

Las AJ4 empezaron siendo etiquetadas como Jordan Flight, y así permanecería inscrito en la lengüeta. Una de las grandes novedades de este par, que se centra en la transpirabilidad, la resistencia y la ligereza, es su parte superior, que combina malla de uretano y piel Durabuck (un material a base de nobuk). El sistema de cierre dividido en cuatro piezas ofrece 18 opciones de lazada.

En un principio, las Jordan 4 se propusieron en cuatro combinaciones de color: negro-blanco, negro cemento, rojo fuego y azul militar. El logotipo de Nike Air figuró en la parte inferior de la suela hasta 1999, año en el que apareció el Jumpman. Fue el primer par de la línea que se comercializó fuera de Estados Unidos.

Las AJ4 son sinónimo del tercer título consecutivo de máximo anotador de la NBA para MJ, que alcanzó el estatus de superestrella. Se trata del modelo que también calzó el 7 de mayo de 1989, en la primera ronda de los *playoffs* contra los Cavaliers de Cleveland, crucificados en la bocina por «His Airness». «The Shot» **1** fue uno de los grandes momentos en la carrera de MJ, ampliamente analizado en el tercer episodio de la serie *El último baile*, emitida en Netflix en 2020.

La historia de la Jordan 4, indisociable del jugador de los Bulls, también está ligada a *Haz lo que debas* (*Do The Right Thing*, 1989) **2**, película de culto de Spike Lee. En una escena que ha dejado huella en la cultura *sneaker*, el personaje de Chicharra (interpretado por Giancarlo Esposito) se enfurece después de que un hincha de los Celtics, interpretado por el actor estadounidense John Savage, le pise sus Jordan 4. «¡Eh, tío, te ha jodido las Jordans!», le advierte uno de sus colegas. Mediante ese choque de estilos (Esposito con unas Air Jordan frente a Savage con una camiseta de Larry Bird), Spike Lee pone en escena las tensiones raciales en el Brooklyn de la época.

Además de *Haz lo que debas*, el personaje de Mars Blackmon, de *Nola Darling* (*She's Gotta Have It*), reapareció en una serie de anuncios **3** que acompañaron el lanzamiento de las Jordan 4. En 2006, Nike le rindió homenaje con una edición de coleccionista de las zapatillas con los colores de los Bulls y un retrato de Mars Blackmon en la parte posterior. Las AJ4 también ocupan un lugar de honor en la escena introductoria de *Come Fly With Me* (1989), documental de referencia centrado en los inicios de la carrera de MJ.

🏀 REVENTA

En 1999, diez años después del lanzamiento de las Jordan 4 y en el momento de la segunda retirada de MJ, Nike lanzó las ediciones Retro+, que introdujeron combinaciones de cuero envejecido en la Black Cool Grey y la White Colombia Blue (recibidas inicialmente con recelo antes de ser plenamente aceptadas por la comunidad *sneaker*). Las Jordan 4 fueron el primer modelo de la línea que protagonizó una colaboración en 2005, con la tienda de zapatillas Undefeated, de Los Ángeles, que creó una versión de aire militar inspirada en la chaqueta de un piloto de caza, en color verde oliva con toques naranjas. Esta paleta se ha convertido en un clásico. →

EL JEFE DE NIKE, PHIL KNIGHT, POSA SONRIENTE CON UNAS JORDAN 4.

Limitada a 72 ejemplares en una bolsa Incase con el logotipo de Undefeated, se trata de uno de los pares más buscados entre los coleccionistas de Jordan 4. En la actualidad se vende por unos 50 000 dólares.

A partir de mediados de la década de 2010, dado que la tendencia no estaba centrada en este modelo, Nike intentó reeditar las White Cement con el logo de Nike Air en la parte posterior. No logró suscitar un gran entusiasmo entre los coleccionistas al tiempo que los puristas reclamaban el regreso de las OG.

Entre 2018 y 2019 se dieron colaboraciones de prestigio en el marco del programa «Heritage»: Eminem 4, Travis Scott, Kaws 5 y Drake 6 son solo algunas de las celebridades que revisitaron las Jordan 4. Los precios de reventa pueden alcanzar los 30 000 dólares en un mercado en constante crecimiento. Más recientemente, en 2020, la AJ4 Union 7, una tienda de zapatillas pionera de Los Ángeles, provocó un increíble revuelo entre los coleccionistas de *sneakers*. En 2021, la Jordan 4 sigue siendo una de las siluetas más vendidas en el mercado europeo.

LA ANÉCDOTA DE LARRY

En 2012, la Nike Store de Les Halles organizó un evento con motivo del lanzamiento de las Jordan 4 «White Cement» un viernes a medianoche. Fue la primera vez que compramos unas zapatillas por la noche. Inquietos por aquel lanzamiento nocturno, el personal de ventas se equivocó de precio: 120 francos en lugar de 140. ∎

4 AJ4 EMINEM CARHARTT
Un par muy codiciado, resultado de la colaboración entre Slim Shady y la marca de ropa de trabajo de Detroit.

5 AJ4 KAWS
Un modelo revestido de ante gris, creación del artista Kaws, para su primera colaboración con Nike.

6 AJ4 DRAKE
Unas Jordan 4 con los colores de los Raptors de Toronto, la franquicia de la NBA de la ciudad natal de Drake.

7 AJ4 UNION DESERT MOSS
Reinterpretación de Union, la tienda de Los Ángeles.

Metallic Silver

308497-100 | 13/05/2017

Bling

136030-111 | 29/04/2000

Metallic Green

CT8527-113 | 20/05/2020

Metallic Orange

CT8527-118 | 20/05/2020

Metallic Red

CT8527-112 | 20/06/2020

Metallic Purple

CT8527-115 | 20/05/2020

Levi's™ White

AO2571-100 | 30/06/2018

Oreo White

CT8527-100 | 03/07/2021

Military Blue

308497-105 | 09/06/2012

Columbia

314254-107 | 01/09/1999

Tour Yellow / Rare AIR

314254-171 | 20/05/2006

White Cement

840606-192 | 13/02/2016

What the
CI1184-146 | 23/11/2019

Fire Red
DC7770-160 | 28/11/2020

Mars Blackmon
308497-162 | 22/07/2006

White Laser
308497-161 | 14/05/2005

Motorsport
308497-117 | 26/03/2017

PSG™
CZ5624-100 | 10/10/2020

Off–White™ Sail
CV9388-100 | 25/07/2020

Laser
705333-105 | 13/02/2015

Union™ Guava
DC9533-800 | 29/08/2020

Union™ Desert Moss
DJ5718-300 | 24/06/2021

Shimmer
DJ0675-200 | 03/09/2021

Union™ Taupe Haze
DJ5718-242 | 20/06/2021

Lightning
CT8527-700 | 28/08/2021

University Blue
CT8527-400 | 28/04/2021

Eminem Blue
JBM231-M19-C1 | 01/01/2005

Taupe Haze
DB0732-200 | 27/02/2021

Cool Grey
308497-007 | 01/08/2019

Kaws Grey
930155-003 | 31/03/2017

Sashiko
CW0898-400 | 05/12/2020

Levis™ Blue
AO2571-401 | 17/01/2018

UNDFTD™
JBM351-M1 | 01/07/2005

Union™ Off Noir
DC9533-001 | 29/08/2020

Thunder
308497-008 | 22/12/2012

DB Superman
308497-015 | 08/11/2011

Red Thunder

CT8527-016 | 15/01/2022

CAVS

308497-027 | 12/05/2012

Raptors OVO™

AQ3816-056 | 02/06/2019

Oreo Black

314254-003 | 21/02/2015

Bred

308497-060 | 04/05/2019

Eminem Carhartt™

SP15-MNJDLS-879/582314
23/11/2015

Laser Black

312255-061 | 20/08/2005

Fear

626969-030 | 24/08/2013

Kaws Black

930155-001 | 27/11/2017

Black Cat

CU1110-010 | 22/01/2020

AIR JORDAN 4 UNION

2020

La tienda de Los Ángeles propone su versión de las Jordan 4 con un resultado sorprendente.

PARTE SUPERIOR

PARTE POSTERIOR

SUELA

SKU: **DC9533-001**	DISEÑADOR: **Union LA**	C: **negro / azul brigada**
MATERIAL: **malla + ante**	PRECIO DE SALIDA: **250 USD**	FECHA DE LANZAMIENTO: **20 agosto 2020**

En noviembre de 2018, la primera colaboración entre Jordan Brand y Union, la marca de *streetwear* con sede en Los Ángeles, causó impresión.

Y no tanto por el modelo en sí mismo como por el método de lanzamiento. En efecto, el público descubrió de manera anticipada, por primera vez y sin ninguna promoción, las Jordan 1 Black Toe en un *stand* del Rose Bowl Flea Market, el mercadillo *vintage* de Los Ángeles.

Dos años más tarde, la segunda asociación se esperaba con ansia. Sin embargo, las primeras imágenes resultaron decepcionantes. Aparte de la forma extraña, los fans pensaron que estaban ante un *fake* mal hecho cuando descubrieron que la lengüeta era minúscula. Chris Gibbs, el responsable de Union, se explicó.

Cuando era joven, tenía la costumbre de doblar y sujetar la lengüeta. La de su Jordan 4 puede recuperar su tamaño inicial retirando las puntadas de la costura. En cuanto a la forma, se introdujeron correcciones que mejoraron el aspecto del modelo cuando se observa desde arriba y permitieron equilibrar los materiales entre el ante y la malla. Una vez introducidos estos cambios, las Jordan 4 Union pasaron a figurar entre los mayores aciertos de la silueta. ∎

CONTRAFUERTE

PARTE SUPERIOR

Firma
Etiqueta amarilla pequeña y discreta con la mención «UN/LA».

Parte superior
Mezcla de ante y malla negra, pespuntes y rejillas laterales blancas que realzan los diferentes volúmenes.

Suela
Suela completa monotono blanquecino.

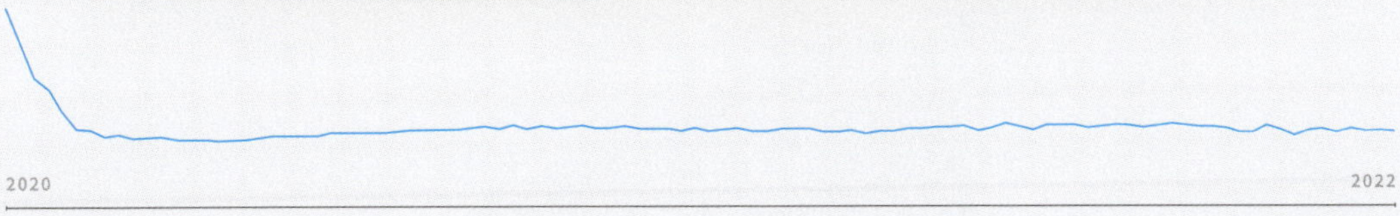

2020   2022

500 € - 1000 €
PRECIO MÍNIMO / MÁXIMO

10%
VOLATILIDAD

800 €
PRECIO MEDIO DE VENTA

400%
COTIZACIÓN MÁXIMA

AIR JORDAN 5

1990

AIR JORDAN	UNDER RATED x THE CLASSIC	CAP. 28

NOMBRE	Jordan 5 Retro
REEDICIÓN	15 de marzo de 2020
DISEÑADOR	Tinker Hatfield
COLOR	Negro y plata metalizada
MATERIAL	Cuero
PRECIO DE SALIDA	120 USD

REQUIN VICIEUX

AIR JORDAN 5, 1990

HISTORIA

Las Jordan 5 se lanzaron en cuatro colores: negro y rojo fuego; negro y plata metálica; color uva, y blanco y rojo fuego. Para el diseño, Tinker Hatfield se inspiró en el avión de combate americano P-51 *Mustang* , utilizado por las fuerzas aéreas de Estados Unidos durante la Segunda Guerra Mundial, tras ver un documental. «Esto me dio la oportunidad de impulsar la tecnología intentando crear un calzado más ligero y escuchar a Michael sobre lo que no funcionó en el modelo anterior. Pensé que esta zapatilla podría tener la forma de un avión sin alas», repasó Hatfield. Con la integración de material reflectante 3M en la lengüeta, que hizo las delicias de los fotógrafos en el borde de los parqués; el cierre de cordones y los dientes de tiburón en la suela, en un guiño a un escuadrón del ejército estadounidense, Hatfield creó un par «instagrameable» con 25 años de antelación.

El 28 de marzo de 1990, la superestrella de los Bulls estableció un récord de puntos en un partido de temporada regular con las Jordan 5: 69 puntos contra los Cavaliers en Cleveland. Pobre Craig Ehlo, el defensa de los Cavs martirizado una vez más. Al final de la temporada 1989-1990, Jordan también fue nombrado mejor marcador interceptor de la NBA. Las Jordan 5 fueron el primer par de la línea que se comercializó en el mercado francés. En septiembre de 1990, Nike organizó una gira de promoción por Europa con una escala en París: «His Airness» regresó con un estatus distinto al que tenía en 1985. Jordan iba camino de suceder a Magic Johnson y Larry en el corazón de los aficionados. Sin embargo, el fabricante subestimó la popularidad de su pupilo 2. La minúscula sala Géo-André, en el oeste de París, se llenó hasta los topes. Varios miles de personas se quedaron en la puerta. George Eddy, la voz de la NBA en Canal+, estaba allí aquel día: «Nike había reservado una sala para dos mil personas... ¡Pero vinieron diez mil! Hubo que rechazar a mucha gente y Jordan temió que se produjese un incidente. Después de una reunión en el

vestuario, conseguimos convencerle de que su protección estaba asegurada», resumió en 2019 en una entrevista con *Télérama*. Tiempo suficiente para anotar 37 puntos en una mitad de un partido amistoso e improvisar como jurado de un concurso de mates con Sonny Vaccaro ante una multitud enfervorizada. En Estados Unidos, una serie contribuyó al éxito del par. El primer episodio de *El príncipe de Bel-Air* (*The Fresh Prince of Bel-Air*) se emitió el 10 de septiembre de 1990. En la pantalla, Will Smith es un gran consumidor de Jordan 5 en todos los colores, y en ocasiones incluso sin cordones en homenaje a la forma en la que los miembros de Run-DMC llevaban las Adidas Superstar en la década de 1980. Esa costumbre daría lugar al lanzamiento de un modelo especial Fresh Prince sin cordones 3 en 2018. Las AJ5 también aparecieron en *Michael Jordan's Playground* (1990), un documental con elementos de ficción en el que vemos a Jordan dando consejos a un estudiante que ha sido despedido de su equipo de baloncesto. El chico en cuestión, Walt, es interpretado por Tyrin Turner («Kaydee» en *Menace to Society*, 1993).

En Francia tenías que ser muy fuerte o andar con una pandilla si querías llevar AJ5. En aquella época, un par costaba casi 1000 francos. Igual que en el metro de París, donde mandaban las bandas: los Requins Vicieux y otros Black Dragons hacían la ronda y se veían escenas de «desplume»: no era raro ver a chavales volviendo a casa en calcetines. Unos meses antes, en Estados Unidos, el lanzamiento de las Jordan 5 dio un giro dramático. Se produjeron altercados en los alrededores de las tiendas que vendían las zapatillas. ¡Escenas de robo a mano armada en plena calle! Lo peor es que el 2 de mayo de 1989, en un condado de Maryland, un adolescente de 15 años llamado Michael Eugene Thomas, fue estrangulado por un compañero de 17 años por un par de AJ5. La historia apareció en la portada de la respetada revista *Sports Illustrated* con el título «*Your Sneakers or Your Life*» («Las zapatillas o la vida»). →

1 P-51 *MUSTANG*
El avión de combate americano que inspiró el trabajo de Tinker Hatfield.

2 GYMNASE GÉO-ANDRÉ
MJ, jurado del concurso de mates, con Sonny Vaccaro, especialista en *marketing* deportivo.

3 AJ5 FRESH PRINCE
Un par especial, sin cordones, en homenaje a Will Smith en *El príncipe de Bel-Air*.

Will Smith, con unas Jordan 5, durante el rodaje de la primera
temporada de *El príncipe de Bel-Air*.

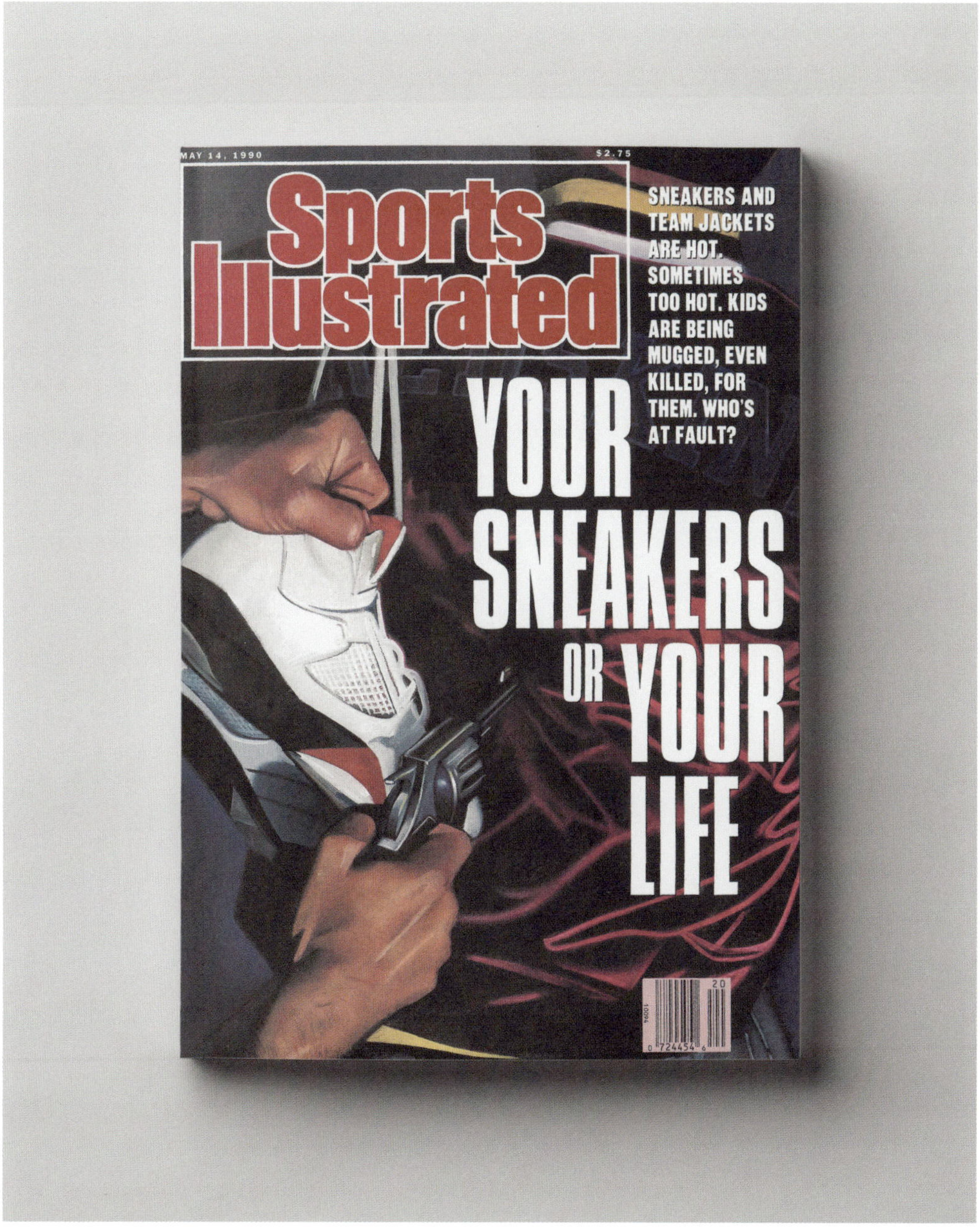

 PORTADA IMPACTANTE DE *SPORTS ILLUSTRATED*, 14 DE MAYO DE 1990.

4 **AJ 5 SUPREME DESERT CAMO**

Una reinterpretación personalizada de la marca de *streetwear* neoyorquina, fundada en 1994.

 **REVENTA**

En la década de 2000, los puristas ignoraron los pares con el Jumpman en la parte posterior en detrimento del histórico logo de Nike Air. En 2011, las Jordan 5 Quai 54 aparecieron en dos versiones, la blanca y la negra (muy rentable), para amigos y familiares (se limitó a 54 pares), que un cliente belga, un gran coleccionista, nos pidió que se la entregásemos en Thalys. ¡Ida y vuelta a Bruselas en un día! Para relanzar las Jordan 5, Nike recurrió en 2015 a Supreme con versiones en tres coloridos: Black, White y Desert Camo 4, que rompió todos los códigos del par. En el lateral aparece bordado el número 94, una referencia al año de creación de la marca fundada por James Jebbia. Este modelo se revende mucho en la tienda. En 2020, Off-White revitalizó la silueta con dos colores (blanco o negro).

LA ANÉCDOTA DE LARRY

En ocasiones, en el baloncesto europeo de la década de 1980, los jugadores estaban obligados por contrato a llevar zapatillas del fabricante que suministraba las camisetas del club. En Francia, por ejemplo, Richard Dacoury tenía que jugar con Adidas, que equipaba al Limoges CSP. Sin embargo, la estrella del equipo francés tenía debilidad por la línea Jordan, y especial por la 5. Así, le pidió a su zapatero personal que le personalizase sus Jordan 5 incorporando las tres rayas a cada lado. El Dac fue apodado «el rey del *tuning*» por James Blackthorn, un gran especialista en zapatillas *vintage* que posee una cuenta de Instagram llena de valiosos archivos de época. ∎

AJ5 BLACK METALLIC SILVER

Uno de los pares favoritos de el príncipe de Bel-Air, visto en el primer episodio de la serie.

Metallic White

136027-130 | 04/04/2015

Supreme™ White

824371-101 | 16/10/2015

Sunset

313551-161 | 23/09/2006

Poison Green

136027-115 | 06/06/2015

Laney

136045-141 | 10/05/2000

Grape Fresh Prince

AV3919-135 | 25/09/2018

Grape

136027-108 | 04/05/2013

Quai 54™ White

467827-105 | 02/07/2011

Fire Red

136027-100 | 26/01/2013

Dark Army

136027-121 | 27/06/2009

Alternate Bel-Air

DB3335-100 | 15/08/2020

Paris Saint-Germain™ White

FA18-MNJDLS-735 | 14/09/2018

Laser
315749-131 | 18/01/2007

Trophy Room Ice Blue
CI1899-400 | 18/05/2019

Bluebird
DD9336-400 | 07/10/2021

Green Bean
136027-031 | 23/09/2006

Stealth
313551-061 | 21/10/2006

Bel-Air
621958-090 | 05/10/2013

What The
CZ5725-700 | 12/11/2020

Tokyo T23
454783-701 | 29/04/2011

Supreme™ Camo
824371-201 | 16/10/2015

Oregon Ducks
H013 MNJDLS 535 | 01/01/2014

Raging Bull
DD0587-600 | 10/04/2021

Alternate Grape
136027-500 | 08/07/2020

Wolf Grey
136027-005 | 14/05/2011

Olive
314259-381 | 18/11/2006

Oreo
136027-035 | 29/11/2013

Shanghai Shen
136027-089 | 29/09/2013

Chinese New Year
840475-060 | 23/01/2016

Black Metallic Silver
845035-003 | 23/07/2016

Burgundy
314259-602 | 16/12/2006

Fear Pack
626971-350 | 24/08/2013

Paris Saint-Germain™
AV9175-001 | 14/09/2018

Supreme™ Black
824371-001 | 16/10/2015

Black
University Blue
314259-041 | 19/08/2006

DMP
Raging Bull 3M™
136027-061 | 30/05/2009

AIR JORDAN 5 OFF-WHITE

2020

Homenaje de Virgil Abloh
a la línea Jordan que marcó
su infancia.

PARTE SUPERIOR

PARTE POSTERIOR

SUELA

SKU: **CT8480–001**	DISEÑADOR: **Virgil Abloh + Off White**	C: **muselina negra**
MATERIAL: *ripstop*	PRECIO DE SALIDA: **225 USD**	FECHA DE LANZAMIENTO: **15 febrero 2020**

Después de añadir su toque personal a varias siluetas emblemáticas de Nike, el desaparecido Virgil Abloh se puso manos a la obra en 2020 con el par que hizo soñar a toda una generación de jóvenes a principios de los noventa. Nacido en la zona de Chicago, el diseñador era un niño cuando se calzó un par de su ídolo por primera vez.

Unas Jordan 5 Black Silver, una rareza por aquel entonces, con un diseño que sigue siendo ultrafuturista a día de hoy. A la hora de diseñar su versión del modelo, años más tarde, Abloh rindió homenaje a su manera a los expertos en tecnología de Nike añadiendo agujeros no solo en la plantilla, sino también en la zapatilla y la caja. Una blasfemia contra la obra de Tinker Hatfield para algunos, una genialidad para otros...

También incluye la firma de Off-White con la inevitable brida negra, así como inscripciones en los cordones y en el interior del pie, y el indispensable Nike Air en el talón, muy apreciado por Virgil y los coleccionistas de zapatillas del mundo. El aspecto de la zapatilla pasó a ser mucho más actual para un uso cotidiano, más al gusto de las nuevas generaciones, preservando al mismo tiempo la herencia cultural de la marca. Presentadas por primera vez en la Semana de la Moda de París de 2020, las Jordan Off-White se lanzarían oficialmente ese mismo año en el All-Star Weekend de Chicago. ∎

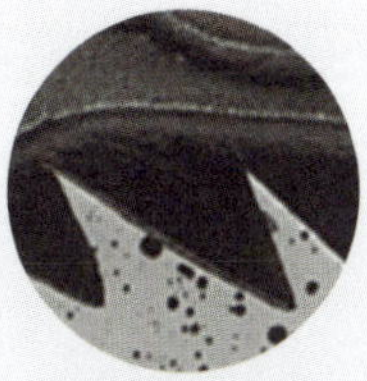

MEDIA SUELA

CONTRAFUERTE

Firma

Abertura lateral con forma de círculo, firma de la marca.

Etiqueta

Etiqueta con brida, elemento característico de los productos Off-White.

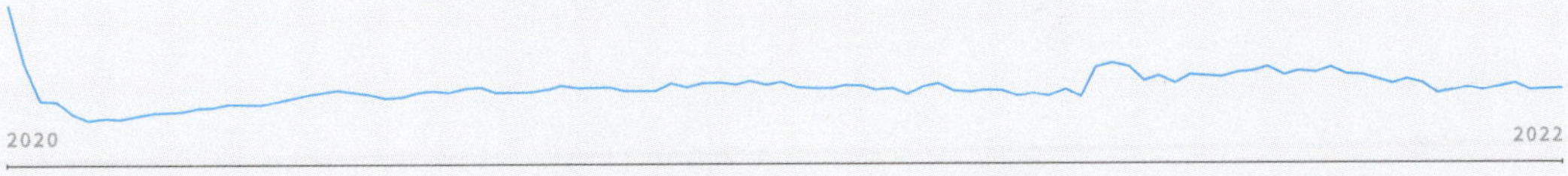

Parte superior

Material de tipo ripstop utilizado por primera vez en unas Jordan 5.

2020   2022

300 € - 1000 €
PRECIO MÍNIMO / MÁXIMO

15%
VOLATILIDAD

800 €
PRECIO MEDIO DE VENTA

450%
COTIZACIÓN MÁXIMA

"SHOELACES"

23

AIR JORDAN 6

1991

		CAP. 29

NOMBRE	Jordan 6 Retro
REEDICIÓN	13 de febrero de 2021
DISEÑADOR	Tinker Hatfield
COLOR	Carmín / blanco / negro
MATERIAL	Cuero + nobuk
PRECIO DE SALIDA	200 USD

SI SOLO TUVIESE QUE QUEDAR UNA

AIR JORDAN 6, 1991

HISTORIA

Este es el par del primer título de la NBA de Michael Jordan con los Bulls contra los Lakers de Magic Johnson. El modelo se presentó en cinco combinaciones de colores: negro-infrarrojo; blanco-infrarrojo; azul deportivo; granate, y carmín. Las Jordan 6 fueron el último par de la línea con la burbuja de aire visible en la media suela y el logotipo Nike Air escrito en el talón. La principal inspiración de la AJ6 fue un coche de carreras: el Porsche 964 Turbo.

En el lateral del pie se distinguen sutilmente los números 2 y 3, una referencia al célebre número 23 que llevaba MJ. Este fue el primer dotado del forro de neopreno que descubrimos el mismo año en las Nike Air Huarache, un modelo de *running* también diseñado por Tinker Hatfield. También incluye un bloqueador de cordones rojo con el logotipo Jumpman. Jordan quería un par elegante inspirado en el calzado italiano, por lo que las 6 son más finas que las 5. Están fabricadas con Durabuck (nobuk sintético) para aportar mayor flexibilidad y ligereza. El inconveniente es que este material da más calor, de ahí las perforaciones en algunos puntos. El 3M es visible solo en la Black Infrared, bajo el empeine. Para facilitar la puesta de las zapatillas, Hatfield incluyó una lengüeta en el talón.

Will Smith contribuyó a su popularidad en *El príncipe de Bel-Air*. Las Jordan 6 aparecieron en un anuncio de Gatorade que dio lugar al eslogan «*Be Like Mike*» . También protagonizó la última entrega de la serie publicitaria con Mars Blackmon. En el parqué, los Bulls vencieron por fin a su bestia negra, los Pinstons de Detroit, en la final de la Conferencia Este. Jordan fue elegido MVP de las finales y celebró el título de campeón de la NBA entre lágrimas en brazos de su padre, James Jordan. En Francia se retransmitió por primera vez en televisión, en Canal+, un partido de finales de la NBA. «Allí nos dimos cuenta de la dimensión histórica del acontecimiento.

1 PUBLICIDAD DE GATORADE

MJ con un niño en el rodaje del anuncio de Gatorade, 1992.

2 KANYE Y JAY-Z

Kanye West en primer plano con unas Jordan 6 Infrared.

3 AJ6 SLAM DUNK

Un modelo inspirado en el manga de Takehiko Inoue.

Fuimos testigos del comienzo de la globalización de la NBA», recordó George Eddy. Veinte años después, en 2011, Kanye West echó una mano importante al par luciendo las Black Infrared en el vídeo de «Otis» , un sencillo extraído de *Watch the Throne*, el álbum que comparte con Jay-Z.

REVENTA

La Black Infrared es el par que más rápido se vende en la tienda. En cuanto entra en *stock*, ¡se agota! Hay que tenerla en la colección. Es uno de los pares más futuristas de la historia.

En el año 2000 se reeditó con el Nike Air en la parte posterior, y en 2010 y 2014 con el Jumpman. Nike Air regresó en 2019.

Entre las colaboraciones más memorables figuran la Motorsports, en referencia al equipo de motociclismo de Jordan; la Slam Dunk , en relación con el manga; la Travis Scott, con su bolsillo lateral, y la PSG, con el logotipo del club de fútbol de París en la parte posterior.

LA ANÉCDOTA DE LARRY

El año pasado, a François le ocurrió una desgracia un día que iba a comprar su *baguette*... ¡Eso le enseñará a no jugar con fuego! «Quería darme un capricho y sacar de su caja la reedición 2000 de mi par de Jordan 6 Black Infrared. Error de novato... Hacía por lo menos quince años que no me las ponía. Cuando había caminado 100 metros, ¡me quedé en calcetines! Las suelas se deshicieron como la mierda. Una escabechina. Regla número 1: nunca te pongas un par que ha estado en su caja durante más de diez años». ∎

Low Coral Rose
304402-161 | 27/04/2002

Maroon
384664-116 | 05/12/2015

THE CLASSIC

White Infrared
384664-123 | 15/02/2014

Olympic Flag Beijing
325387-161 | 07/06/2008

Quai 54 Sail Brown
CZ4152-100 | 18/07/2020

Sport Blue
384664-107 | 30/08/2014

Midnight Navy
CT8529-141 | 11/05/2022

UNC
CT8529-410 | 05/03/2022

TRUE BANGER PURIST PAIR

Motorsport
395866-101 | 06/02/2010

UNDER RATED

Quai 54
CZ4152-101 | 08/08/2020

Gatorade™
384664-145 | 16/12/2017

STREET CRED THE CLASSIC

Carmine
CT8529-106 | 13/02/2021

Olympic

384664-130 | 07/07/2012

Oreo

384664-101 | 20/03/2010

Pinnacle Gold

854271-730 | 22/10/2016

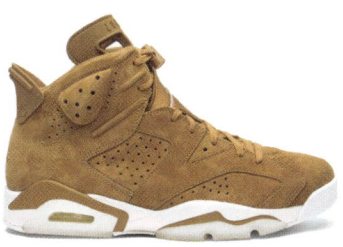

Wheat

384664-705 | 24/11/2017

**Travis Scott
British Kaki**

DH0690-200 | 30/04/2021

Aleali

CI0550-600 | 15/03/2019

Macklemore Red

522208-520 | 11/10/2014

Infrared 23

384664-623 | 15/02/2014

Spiz'Ike

694091-625 | 09/08/2014

Slam Dunk

717302-600 | 01/11/2014

Travis Scott

CN1084-200 | 11/10/2019

**Pinnacle Promo
Flight Jacket**

AH4614-303 | 26/09/2017

Cigar

384664-250 | 14/06/2014

Doernbecher

CI6293-416 | 23/02/2019

Lakers

384664-002 | 15/05/2010

Chinese NYE

AA2492-021 | 13/01/2018

Champaign

384664-350 | 14/06/2014

Brazil Pack

688446-020 | 21/06/2014

DMP

CT4954-007 | 18/04/2020

Electric Green

CT8529-003 | 05/06/2021

UNC Black

384664-006 | 02/12/2017

Black Infrared

384664-060 | 16/02/2019

Pistons

384664-001 | 17/04/2010

Low Black Chrome

768881-003 | 29/08/2015

AIR JORDAN 6 DOERNBECHER

2020

En el marco de una asociación con un hospital de Portland, Nike dejó en manos de un grupo de niños la revisión de algunos de sus modelos de culto.

PARTE SUPERIOR

PARTE POSTERIOR

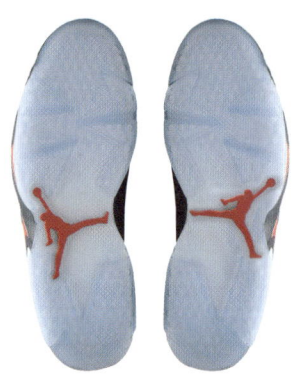

SUELA

SKU: **CT8480–001**	DISEÑADOR: **Jordan + Doernbecher inst.**	C: **azul medianoche / blanco / rojo**
MATERIAL: **ante**	PRECIO DE SALIDA: **165 USD**	FECHA DE LANZAMIENTO: **4 enero 2020**

El proyecto «DB» formó parte de una tendencia muy extendida en la década de 2000: las colaboraciones benéficas.

La fundación Livestrong, del exciclista Lance Armstrong, representa un modelo en su género y dio lugar a varias colaboraciones con artistas. Algunos ejemplos son las Air Force 1 de Mr. Cartoon y Busy P, y las Dunk de Futura 2000. En 2004, Nike lanzó una colaboración con OHSU Doernbecher, un hospital infantil situado en Portland. Los jóvenes pacientes que luchan contra la enfermedad hicieron llegar a la marca del *swoosh* un montón de ideas para revisitar modelos míticos.

Cinco años más tarde, Jordan Dark, un niño de 12 años aquejado de una forma rara de cáncer de huesos, recibió el encargo de diseñar las Jordan 6 DB en estrecha colaboración con el equipo de Nike. El producto final se compone de una combinación de azul medianoche, rojo universitario, oro metálico y blanco. La suela es la primera suela semitranslúcida utilizada en este modelo. En el empeine de ante figuran grabados los números 06/08 y 04/09, las fechas correspondientes al primer y último día de quimioterapia de Jordan Dark, que ya está fuera de peligro y encantado del éxito de su modelo. ∎

PARTE SUPERIOR

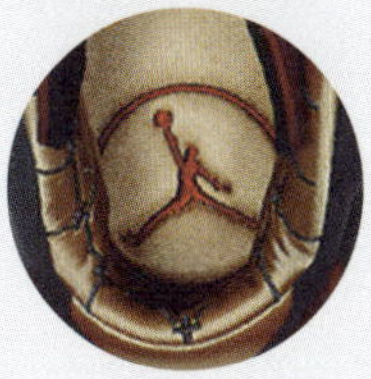

PLANTILLA

Parte superior

Fechas correspondientes al período de quimioterapia del niño responsable del diseño de las zapatillas.

Contrafuerte

Número 1 bordado en el talón como homenaje a su posición como primero de la clase.

Parte superior

Totalmente forrado en ante azul marino con una sección gofrada que aporta cierto relieve a la silueta.

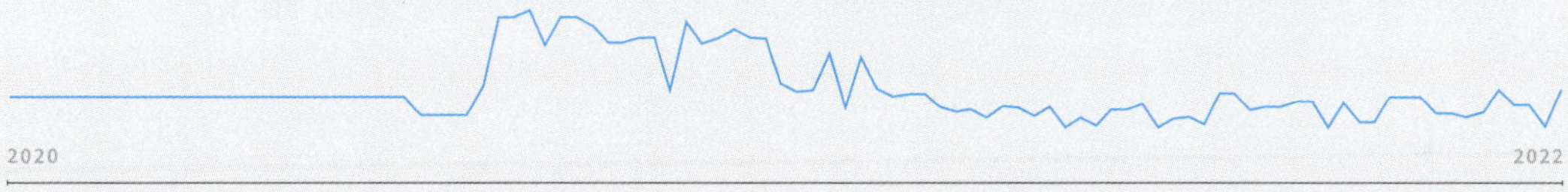

2020   2022

750 € - 1100 €
PRECIO MÍNIMO / MÁXIMO

30%
VOLATILIDAD

900 €
PRECIO MEDIO DE VENTA

560%
COTIZACIÓN MÁXIMA

TRAVIS SCOTT: UN IMÁN PARA LAS MARCAS

Un producto de *marketing* perfecto

PARÍS, 2019

Presentación de la colaboración entre Reese's Puffs y Travis Scott.

2 CACTUS JACK X REESE'S

Caja de cereales con la imagen del rapero, a la venta en supermercados.

3 TRAVIS SCOTT AF100

La lona blanca contrasta con las comas desmontables y los dubraes, una referencia a los *grillz* dentales del rapero.

Como Kanye West, uno de sus primeros mentores, Jacques Berman Webster (alias Travis Scott) se ha convertido en un imán para las colaboraciones. Es posible que algún día llegue a ser más conocido por su trabajo con marcas que por su talento como rapero. Originario de Houston, el artista comenzó a trabajar como *beatmaker* a los 16 años, lo que le llevó a ser fichado a principios de 2010 por GOOD Music, el sello de Kanye West (que fue su cuñado durante un tiempo).

Si *Rodeo*, el primer álbum de Travis Scott como rapero, se publicó en 2015, las cosas se pusieron serias en 2017 en lo que respecta a la notoriedad: el hombre apodado «La Flamme» conoció a su futura novia, Kylie Jenner. Scott compartiría su vida durante unos años con la influyente estrella de Instagram y medio hermana de Kim Kardashian. En 2018, el artista lanzó *Astroworld,* un proyecto en homenaje a su ciudad natal que le llevó a otra dimensión: a los 27 años se convirtió en una estrella del rap estadounidense. Con su universo que mezcla la energía del rock en directo, el regodeo ególatra e incluso *cloud* rap instrumental, Travis Scott es el epítome de una época en la que los artistas ya no tienen miedo a superponer estilos. El diseñador francés de zapatillas Thibo explicó su nivel de implicación en las colaboraciones: «Está muy implicado en el diseño de los productos que llevan su nombre. Por ejemplo, a él se le ocurrió la idea del *swoosh* al revés de las Jordan 1».

Otra ventaja que juega a su favor es que Travis Scott domina a la perfección su imagen y el entusiasmo que rodea a sus colaboraciones con Nike y Jordan Brand es constante. A diferencia de las colaboraciones entre Pharrell Williams y Adidas o entre Kendrick Lamar y Reebok, cuyo valor bajó con relativa rapidez, casi todas las zapatillas de Travis Scott son rentables y valen su peso en oro varios meses después. Para completar la parafernalia, el artista se inventó un alias, «Cactus Jack», en referencia a su nombre de pila, Jacques, y como guiño a sus orígenes tejanos mediante el personaje del villano de una parodia de western del director estadounidense Hal Needham. Este personaje permitió que las personas que no disfrutaban con su música no se sintiesen excluidas. Sin duda, se trata del rapero que mejor sabe venderse.

«Más allá de su talento como rapero, Travis Scott es el producto de *marketing* perfecto con su personalidad tan plana. Incluso en su música, no dice gran cosa. En el documental *Look Mom I Can Fly* (2019), codirigido por él mismo y White Trash Tyler, y en el que relata los inicios de su carrera hasta el lanzamiento de *Astroworld*, aparte de decir que es el mejor en el escenario y que hace pogos, se queda un poco en simple palabrería. No deja entrever ninguna opinión y creo que eso gusta mucho a las marcas. Por eso le vemos colaborando con PlayStation, McDonald's, Nike, Reese's 1 2...», reflexiona Mehdi Maïzi, periodista experto en rap.

LAS PRINCIPALES COLABORACIONES

La primera colaboración 3 con Nike apareció el 3 de diciembre de 2017 como parte del programa «AF 100» para celebrar el 35.º aniversario de las Air Force 1. Se trata de un par en lona blanca con un ribete reflectante en la suela de goma. Por primera vez, el *swoosh* era de velcro y se presentó en una gama de colores y materiales intercambiables, en cromo y carey. Otra novedad que provocó la reacción de los puristas: el Nike Air invertido en el talón... ¡una ofensa! También hay un *grillz* a la altura del pasacintas, y el logotipo de Cactus Jack aparece en los cordones. El precio de venta al público se fijó en 150 euros, y el precio de reventa puede alcanzar los 1500 euros en la actualidad. Antes de la publicidad, el par se podía comprar fácilmente por unos 350 euros. →

RAPERO, INFLUENCER

4 AJ4 CACTUS JACK
Este par de nobuk azul cuenta con el logo Jumpman en la derecha y Cactus Jack en la izquierda.

5 AJ1 CACTUS JACK
Este modelo dispone de un bolsillo secreto en el forro.

6 AJ1 LOW CACTUS JACK
Primera *low* de la serie, al principio no tuvo una gran aceptación.

7 AJ6 CACTUS JACK
Los pequeños bolsillos laterales aportan un plus a este par de aspecto militar.

8 AIR FORCE 1 LOW CACTUS JACK
Esta colaboración retoma los códigos del *patchwork* con piezas de terciopelo, lona, lana y cuero.

Al año siguiente, La Flamme empezó a trabajar con Jordan Brand en unas **Jordan 4** 4 que lucían con orgullo los colores de los Oilers, la franquicia de fútbol americano con sede en Houston entre 1960 y 1997, antes de su traslado a Tennessee. Se trataba de un par en ante azul con el logotipo Cactus Jack en el talón del pie izquierdo. Se lanzó el 9 de junio de 2018 a un precio de 200 euros. En la actualidad hay que desembolsar entre 1500 y 2000 euros para conseguirlas. El 10 de agosto de 2018, Nike presentó una nueva versión de las Air Force 1 Travis Scott que sustituyó la lona blanca por una de color arena, como si la zapatilla se hubiese bañado en café. Lanzado a 150 euros, resulta casi imposible encontrar este par en la actualidad.

La segunda colaboración con Jordan Brand vio la luz el 14 de febrero de 2019: las Jordan 33, compuestas por cuero negro, malla verde y ante marrón, con suela blanca. Este par de baloncesto, que costaba 200 euros en las tiendas, fue el que menos se vendió. Ahora se pueden encontrar por unos 300 en el segundo mercado. El par que provocó más entusiasmo fue la **Jordan 1 High** 5, en cuero blanco y ante marrón. Fue la primera vez en la historia de Nike que se invertía el *swoosh* en una Jordan 1. En el momento de su lanzamiento, algunos observadores pensaron que se trataba de una falsificación. También encontramos un bolsillo secreto en el interior de la lengüeta. Algunos aficionados pensaron que ese bolsillo se había diseñado para ocultar la hierba, un tema recurrente en las letras de Travis Scott. El rapero se defendió afirmando que su consumo era razonable y añadió que el bolsillo era para guardar caramelos. Lanzadas el 11 de mayo de 2019, las Jordan 1 Cactus Jack se vendieron en las tiendas por 190 euros. En Larry Deadstock todavía las vendemos de forma habitual por unos 2500 euros.

El 20 de julio de 2019, Nike presentó una versión **Low** a 130 euros 6, en los mismos colores que las High, con el icónico *swoosh* invertido (que pasó a ser blanco). El precio en la reventa alcanzó los 1500 euros en 2022.

El 11 de octubre de 2019, para su séptima colaboración, Travis Scott continuó con unas **Jordan 6** Olive 7, toda-

vía bastante oscura y sobria, en ante verde oliva con elementos negros, como la lengüeta y la media suela. También incluye detalles rojos en contrafuerte, el cierre de los cordones, la burbuja de aire y el logotipo Jumpman. Como pequeña coquetería, a la altura del tobillo hay un pequeño bolsillo en sustitución de la protección perforada. Que cada uno guarde lo que quiera... Se pusieron a la venta por 250 euros; en la actualidad cuestan en torno a 800 euros.

El 16 de noviembre de 2019 se lanzó una tercera **AF1** 8 en homenaje a la abuela de Travis Scott. El modelo presenta un estilo *patchwork,* con numerosas piezas (lona, cuero, ante, lana, pana, estampado de camuflaje). El diseño se completa con una cremallera extraíble que cubre los cordones, y que rara vez conservan los compradores que utilizan el par. Se puede encontrar en el mercado de reventa por unos 600 euros. ¿Su precio de salida? 130 euros. Gran consumidor de antiguos modelos de Nike SB de mediados de la década de 2000, Travis Scott contribuyó en gran medida a la fiebre por las Dunk SB. Lógicamente, Nike le ofreció una colaboración en 2020.

Las **Dunk SB Cactus Jack** 9 salieron a la venta el 20 de febrero de 2020 por un precio de 135 euros. Se compone de ante beis y un estampado de bandana. Los gruesos cordones redondos se asemejan a una cuerda. Cuando se utiliza el par, aparecen nuevos estampados de camuflaje, como una segunda piel. En la actualidad cuestan entre 1500 y 2000 euros.

Las **Air Max 270 React** 10 se lanzaron el 29 de mayo de 2020 a 170 euros. Acostumbrados a las zapatillas de baloncesto o de *skate*, los fans desde los inicios se llevaron una sorpresa. Esta zapatilla de *running* cambió la dirección de la asociación entre Nike y Travis Scott. El par híbrido cuenta con numerosos detalles: toques de azul y rojo en la lengüeta, y una media suela de color marrón claro. Se pueden encontrar en el mercado de reventa por 500 euros.

El lanzamiento de las **Air Max 1** 11 Travis Scott, previsto inicialmente para diciembre de 2021, se trasladó a mayo

CEREALISTA, RESTAURADOR

de 2022 (al mismo tiempo que se presentaba una Air-Trainer) debido a la tragedia del festival Astroworld. El 5 de noviembre de 2021, diez personas murieron en un concierto de Travis Scott en Houston a causa de una avalancha humana. La colaboración presenta los colores clásicos de Travis Scott: marrón, beis, ante, arena… y el famoso *swoosh* invertido. Para los puristas es casi un insulto; sin embargo, como siempre, Travis Scott rompió los códigos. También existe una versión dorada, llamada Saturn Gold. Los dos pares ya costaban más de 500 euros cada uno en la reventa unos días después de su lanzamiento. Otro modelo sorpresa (una mezcla de los dos pares) se vendía directamente en la página web del artista. Es el más caro de todos. Los precios alcanzaron directamente los 3500 euros. Los dos modelos Air Trainer quedaron eclipsados por las Air Max 1.

El 21 de julio de 2022, Travis Scott continuó su fructuosa colaboración con la marca de Beaverton reinterpretando las **Jordan 1** bajas en un llamativo color Reverse Mocha. En unos segundos se vendieron decenas de miles de pares.

LAS INTOCABLES

Las **Jordan 1 Low** Travis X PlayStation ⑫, se limitaron a 24 ejemplares en todo el mundo. Cinco de esos pares se pusieron a la venta el 13 de noviembre de 2020 en la página web del artista. Los precios de reventa: ¡hasta 125 000 euros en StockX! Uno de los pares más caros del mundo.

Las **Jordan 4** Friends and Family ⑬ en color oliva pueden llegar a costar 50 000 euros.

Las Jordan 6 Tour Yellow, vistas en los pies de Offset (uno de los tres miembros de Migos, el trío de rap estadounidense afincado en Atlanta), nunca se han puesto a la venta.

OTRAS COLABORACIONES

En 2019, el grupo estadounidense General Mills, un gigante de la alimentación que también posee la marca Wheaties (los cereales «favoritos» de Michael Jordan), se asoció con Travis Scott para presentar una caja de Reese's, una marca de cereales de mantequilla de cacahuete. Cuando el producto se puso a la venta en los supermercados, las existencias se compraron sistemáticamente para revenderlas. Nosotros vendimos un centenar de cajas importadas de Estados Unidos, por unos 40 euros cada una, para la apertura de nuestra tienda Larry et la chocolaterie. ¡Se agotaron en cuatro días! La asociación con McDonald's comenzó en septiembre de 2020, en un momento en el que las ventas de la cadena de comida rápida iban a la baja. «Mc Do» recurrió al rapero para crear un nuevo menú con su nombre. Solo Michael Jordan había tenido ese honor, en 1992. Scott desarrolló una gama de productos que incluía camisetas, un calzoncillo, una sudadera, una gorra, una maleta… e incluso un cojín con forma de *nugget*. El rapero y su equipo de Cactus Jack diseñaron incluso un uniforme para el personal de McDonald's. *Forbes* calculó que las ganancias del rapero por esa operación se elevaron a 20 millones de dólares, de los cuales serían 5 millones por el menú y 15 millones por el *merchandising*. La empresa de comida rápida aseguró estar «encantada con la demanda que esa asociación ha creado».

CIFRAS DE VÉRTIGO

Desde 2017, Travis Scott ha amasado más de 100 millones de dólares en ingresos gracias a la música. Su asociación con Nike le reporta 10 millones de dólares al año. En 2020, Travis Scott ofreció una serie de conciertos en Fortnite que le reportaron 20 millones de dólares. Se dice que Sony le pagó 1 millón de dólares por la promoción de la PS5. Su banquero está encantado.

LA ANÉCDOTA DE LARRY

En 2019, la agencia de comunicación Black Rainbow gestionó el evento en París que acompañó al lanzamiento de los Reese's en colaboración con Travis Scott. Para la ocasión se decoró íntegramente un local con los colores de las cajas de cereales. Irónicamente, en aquel momento los cereales no se podían vender en las tiendas en Francia debido a la presencia de ciertos aditivos. Así, se vendieron las cajas vacías, sin los cereales, ¡por el módico precio de 50 euros! ∎

⑨ DUNK SB CACTUS JACK

Un estampado a cuadros combinado con uno de bandana negra.

⑩ AM270 REACT CACTUS JACK

Un par híbrido con un ADN aventurero.

⑪ TRAVIS SCOTT CACTUS JACK BAROQUE BROWN

El suprarreciclaje en lo mejor de lo mejor. El éxito de la combinación entre unas Air Max 87 y unas Pocket Knife.

⑫ DUNK LOW TRAVIS X PLAYSTATION

Todavía estoy esperando un *cheatcode* para desbloquear el par.

⑬ AJ4 CACTUS JACK FRIENDS & FAMILY

El grial definitivo, el mayor éxito de las Jordan 4 Travis Scott.

AIR JORDAN 7

1992

AIR JORDAN	LARRY'S BEST / PURIST PAIR	CAP.
		30

NOMBRE	Jordan 7 Retro
REEDICIÓN	13 de julio de 2021
DISEÑADOR	Tinker Hatfield
COLOR	Burdeos / negro / grafito
MATERIAL	Nobuk
PRECIO DE SALIDA	190 USD

¿QUÉ HAY DE NUEVO, VIEJO?

AIR JORDAN 7, 1992

HISTORIA

Michael Jordan venía de una temporada en la que ganó su primer campeonato de la NBA en el parqué de Los Angeles Lakers de Magic Johnson. Las imágenes del número 23 de los Bulls llorando en el vestuario dieron la vuelta al mundo. La línea Jordan se ha establecido firmemente como un pilar de Nike gracias en particular al trabajo del genial diseñador Tinker Hatfield.

Valiéndose de ese éxito, la marca de la coma podría conformarse con reproducir las mismas recetas todos los años. Sin embargo, Hatfield continúa colocando la innovación y la audacia en el centro de su proceso creativo. Y eso, a lo largo de los años, es lo que ha dado tanta fuerza a la gama Jordan, cuyos nuevos modelos se esperan como los taquillazos en el cine. La silueta de las Jordan 7 volvió a ser atípica. En términos de evolución, inspiración y tecnología, el exsaltador de pértiga Hatfield colocó el listón muy alto. Entre los cambios radicales, la burbuja de aire dejó de ser visible. El Nike Air también desapareció de la parte posterior para quedar en la discretísima plantilla. Esa elección indicó una nueva dirección: el deseo de identificar el Jumpman como una marca por derecho propio.

La otra particularidad de la zapatilla fue su forro, adornado con motivos triangulares en los modelos OG (Burdeos y Hare). La 7 se inspiró en la estética de los atuendos tradicionales de África occidental. La idea del forro de neopreno pasaba por disponer de una forma que se adaptase perfectamente a cualquier pie, como un mono para montar en moto de agua. Encontramos formas triangulares en la suela. En la parte posterior de la zapatilla hay una sencilla correa para poder calzarse rápidamente; contrasta con el imponente contrafuerte de las Jordan 6. Justo debajo hay un triángulo con el número 23 . En 1991-1992, Michael Jordan disfrutó de una de las mejores temporadas de su carrera: campeón

de la NBA, MVP de las finales y de la temporada regular, All-NBA First Team, All-Defensive First Team y sexto título consecutivo de mejor anotador de la liga ¡con una media de 30,1 puntos por partido! El de 1992 fue también el año de los Juegos Olímpicos de Barcelona con el Dream Team, el único, el inigualable. Con el mejor equipo deportivo de todos los tiempos (Magic, Larry Legend, Sir Charles, Scottie Pippen, David Robinson, Patrick Ewing...), Jordan consiguió su segunda medalla de oro después de Los Ángeles en 1984, con una versión especial Olympic de las Jordan 7. Además de una combinación de colores Team USA , el número 9 de la camiseta de la superestrella del baloncesto estadounidense en el equipo nacional sustituyó, lógicamente, al número 23 en la parte posterior del par.

Para la campaña publicitaria, Nike dio un giro de 180 grados sustituyendo al personaje de Mars Blackmon por Bugs Bunny ③, el conejo más famoso de la historia de los dibujos animados. El anuncio es una especie de precuela de *Space Jam*, la famosa película de animación estrenada en 1996 con la pandilla de los Looney Tunes y un reparto impresionante: Charles Barkley, Patrick Ewing, Larry Johnson, Muggsy Bogues, Bill Murray, Danny DeVito...

LA ANÉCDOTA DE LARRY

El 21 de julio de 1992, pocos días antes de los Juegos Olímpicos de Barcelona, el Dream Team jugó un partido de preparación en Mónaco contra el equipo francés. Los Bleus de Stéphane Ostrowski (Jim Bilba, Hugues Occansey, etcétera) sufrieron una dura derrota por 40 puntos, pero lo recordarán durante el resto de sus vidas. Intrigado por los orígenes catalanes del seleccionador francés, un tal Francis Jordane, Michael Jordan anotó 21 puntos en partido desigual. A sus pies, unas espléndidas AJ7 Olympic. ∎

1 NÚMERO 23

El número de camiseta de la superestrella de los Bulls en la parte posterior de las zapatillas.

2 AJ7 OLYMPIC

La edición utilizada con el Dream Team en los Juegos Olímpicos de Barcelona, en 1992.

3 HARE JORDAN

Bugs Bunny, estrella de los Looney Tunes, apareció en la campaña publicitaria de las Jordan 7.

Chez Michael Jordan,
la question des
chaussures ne reste
jamais en suspens.

Michael Jordan porte des chaussures de
basket tellement légères qu'il a tendance à
oublier de revenir sur terre.
Mais quand exceptionnellement cela lui
arrive, il est tranquille : avec leur coussin
d'air Nike Air® pour assurer son amorti, ses
Air Jordan sont toujours prêtes à l'accueillir.

MONDIAL BASKET, MAYO DE 1992
La publicidad en versión francesa de las Jordan 7 OG,
en el número 14 de la revista especializada.

DMP Magic

304775-161 | 15/08/2009

Hare

304775-125 | 16/05/2015

French Blue

304775-107 | 24/01/2015

Varsity Maize

313358-172 | 27/05/2006

Champagne

725093-140 | 20/06/2015

Cardinal

304775-104 | 18/06/2011

Olympic

304775-171 | 21/08/2004

FLOTG

304775-103 | 14/08/2010

Tinker Alternate

304775-123 | 06/08/2016

Bin Premio

436206-101 | 26/11/2010

Flint

CU9307-100 | 08/05/2021

Nothing But Net

304774-142 | 14/11/2015

Pacific Blue

304775-281 | 15/04/2006

Pantone

304775-400 | 29/04/2017

Neutral Grey

CT8528-002 | 08/04/2020

J2K Filbert

543560-225 | 04/08/2012

**Reflection
of a Champion**

BV6281-006 | 08/06/2019

Quai 54

DV0577-500 | 08/07/2022

Miro

323213-161 | 03/07/2008

Patta™ Icicle

AT3375-100 | 18/10/2019

Patta™ Shimmer

AT3375-200 | 15/06/2019

Barcelone Days

304775-016 | 25/04/2015

J2K Filbert Obsidian

543560-415 | 04/08/2012

Cigar

725093-630 | 20/06/2015

Bordeaux

304775-034 | 18/07/2015

DB

898651-015 | 17/12/2016

Golden Moments Pack

304775-030 | 18/08/2012

Barcelone Nights

705350-007 | 07/03/2015

Marvin the Martian

304775-029 | 15/08/2015

DMP

304775-043 | 15/08/2009

Citrus

CU9307-081 | 13/08/2022

Raptors

304775-006 | 14/12/2002

Chambray

304775-042 | 25/02/2006

Ray Allen

304775-053 | 01/06/2019

AIR JORDAN 7 MIRO OLYMPIC

2008

Unas Jordan 7 Olympic inspiradas en la obra del célebre artista catalán, uno de los mayores representantes del surrealismo.

PARTE SUPERIOR

PARTE POSTERIOR

SUELA

SKU: 323213–161	DISEÑADOR: Joan Miró	C: blanco / rojo deportivo / negro
MATERIAL: cuero + nobuk	PRECIO DE SALIDA: 175 USD	FECHA DE LANZAMIENTO: 30 julio 2008

Para celebrar los Juegos Olímpicos de Pekín de 2008, Nike decidió rendir homenaje al evento a su manera lanzando un *remake* de las Air Jordan 7 Olympic, el icónico modelo que Jordan lució en los Juegos Olímpicos de Barcelona, en 1992.

La colorida silueta se inspira directamente en *Mujer y pájaro,* la obra del famoso pintor y escultor catalán Joan Miró, un barcelonés que se convirtió en uno de los principales exponentes del movimiento surrealista del siglo XX. La suela transparente deja entrever las banderas de varios países. Para mantenerse fieles al OG, el número 9 de Jordan con el Dream Team figura en el talón.

Las Miro cuentan con cordones multicolores cuidadosamente envueltos, formando cinco círculos que representan los anillos olímpicos. Se produjeron menos de 1000 pares y se pusieron a la venta exclusivamente en unas cuantas tiendas de Europa. Dicho de otro modo, el modelo tendría su lugar en las mayores casas de subastas. ¿Y por qué no en un museo? Tendría sentido: 500 metros separan la Fundación Miró del estadio olímpico, ambos en la montaña de Montjuïc de Barcelona. ■

CONTRAFUERTE

PARTE SUPERIOR

Cordones

Cordones multicolores en
referencia a los colores de
los anillos olímpicos.

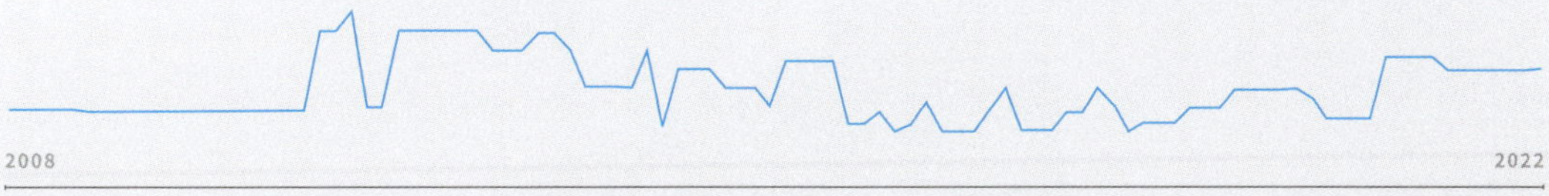

Parte superior

Paleta de colores que retoma
el universo del pintor catalán
Joan Miró.

Logotipo

Logo Jumpman bordado
en hilo dorado en referencia
al oro olímpico.

2008   2022

500 € - 1900 €
PRECIO MÍNIMO / MÁXIMO

15%
VOLATILIDAD

1700 €
PRECIO MEDIO DE VENTA

1090%
COTIZACIÓN MÁXIMA

AIR JORDAN 8

1993

CAP.	31

NOMBRE	Jordan 8 Retro
REEDICIÓN	27 de noviembre de 2015
DISEÑADOR	Tinker Hatfield
COLOR	Aqua
MATERIAL	Nobuk
PRECIO DE SALIDA	190 USD

LA MÁS PESADA

AIR JORDAN 8, 1993

HISTORIA

En 1993, los Bulls volvieron a las finales de la NBA por tercer año consecutivo y ganaron un Three-Peat al final de una emocionante serie contra los Suns de Phoenix, algo que no había ocurrido en la gran liga desde los Boston Celtics entre 1959 y 1961. Estos son los antecedentes históricos del lanzamiento de las Air Jordan 8. Después del éxito moderado de las Air Jordan 7, el GOAT del diseño Tinker Hatfield regresó con algunos cambios excéntricos: por ejemplo, la presencia de la doble correa, una novedad. Estas dos correas mantienen el pie en su sitio y aseguran el tobillo, un avance técnico que ya apareció en las primeras Air Raid de 1992 ①, unas zapatillas robustas diseñadas por Hatfield, una vez más, para la práctica del *streetball*. En las Air Raid 2, lanzadas al año siguiente, encontramos las mismas correas en una versión reforzada. El par guarda un parecido asombroso con el diseño final de las Jordan 8, tanto en la silueta como en los motivos impresos en la zapatilla.

En 2018, Jordan Brand lanzó unas AJ8 Retro Tinker ② con los colores de las Air Raid 2 OG. Encontramos unidades de Air tanto en la parte trasera como en la delantera de la zapatilla, aunque sin burbuja visible. Si tenemos en cuenta la calidad de los materiales, como el cuero natural y el ante; la comodidad o la sujeción del tobillo, el resultado es un producto de calidad superior, pero también relativamente caro. A eso hay que sumar el principal inconveniente del par: su peso. Las Jordan 8 son pesadas, muy pesadas. Una de las características más acertadas es el logotipo Jumpman en chenilla bordado en la parte superior de la lengüeta, muy colorida, suave y tejida como un tapiz. Las Jordan 8 están disponibles en tres combinaciones cromáticas OG: Bugs Bunny ③, Playoff y Aqua, la más bonita en nuestra opinión y utilizada en una sola ocasión por MJ en el All-Star Game NBA de febrero de 1993, que tuvo lugar en Salt Lake City. La zapatilla en cuestión retomó algunos de los colores más populares de la década de 1990. Warner Bros. continúa a bordo para promocionar el modelo.

Incluso se lanzó una combinación de colores especial Bugs Bunny atribuido al famoso conejo de dibujos animados. En Francia, Orelsan rindió homenaje a las Jordan 8 de su infancia en el tema «La Quête», extraído de su álbum *Civilisation* (2021). «Mi padre, mi héroe, me regaló las Jordan 8 con velcros».

REVENTA

En 2003, Jordan Brand produjo una versión baja que dio un aspecto más moderno a las Jordan 8, pero no fue un éxito comercial. Entre los colores no OG más interesantes figuraron las Pea Pods y las Chrome. Las 8 cuentan con algunas versiones *Player Exclusive* (PE) bonitas que hemos visto en los pies de Ray Allen, Quentin Richardson, Juwan Howard, Chris Paul e incluso Kobe Bryant en las canchas de la NBA. Rui Hachimura, el único jugador japonés que ha pisado los parqués de la NBA, también cuenta con su propio modelo personalizado, las 8 SE Black Samurai ④. En el sector de la música, Drake también conseguiría en 2018 dos modelos con el sello de la discográfica OVO, su empresa fundada en 2012 y con sede en Toronto (la ciudad de origen del gigante del rap canadiense).

LA ANÉCDOTA DE LARRY

La pasión por las *sneakers* es universal y, en ocasiones, podemos experimentar encuentros en lugares insólitos. Romain lo vivió en primera persona: «En 2010 estábamos al principio del *revival* de las Jordan OG. Yo acostumbraba a vender pares en Facebook y eBay. Y vendí unas AJ8 Retro Aqua 2007 usadas, pero muy limpias. Un tipo se puso en contacto conmigo y quedamos en el fuerte de Rosny-sous-Bois, que alberga un gran cuartel de la gendarmería. En aquel momento no caí. ¡Me di cuenta cuando iba de camino! Al llegar, pasé por el puesto de guardia dando el nombre de la persona. Me dirigieron a un edificio militar, y allí me recibió un policía de uniforme: "¿Es usted el que vende las Jordan 8? Son para mí". Esto demuestra que las zapatillas dan para mucho». ∎

① AIR RAID

El color OG Game Royal, menos común en las canchas que su homólogo Black Flint Grey White.

② AJ8 RETRO TINKER

Unas Jordan 8 mezcladas con los colores OG de las Nike Air Raid 2, lanzadas en 1993.

③ AJ8 BUGS BUNNY

Uno de los tres colores OG de las Air Jordan 8.

④ AJ8 BLACK SAMURAI

Modelo utilizado por Rui Hachimura, el primer japonés elegido en el Draft de la NBA (puesto 9.º en 2019).

PRENDRE L'AIR

Dans tes rêves... Tu t'élèves... Tu sens le souffle et c'est l'aspiration. Tu veux aller plus haut et tu iras plus haut. Avec tes Air Jordan® de Nike. Coussin d'air, soutien et confort. Tu es aussi le meilleur joueur du monde.

MJ en el aire durante su sexto y último partido de la final de 1993
contra los Suns. Los Bulls se proclamarían campeones de la NBA
por tercera vez consecutiva.

AIR JORDAN

Ovo White

AA1239-135 | 16/02/2018

Champagne

832821-030 | 25/06/2016

Bugs Bunny

305381-103 | 20/04/2013

Kobe Bryant PE

869802-907 | 14/02/2016

Black Toe

317258-104 | 17/11/2007

Three Peat

305381-142 | 24/10/2015

Ice Blue

316836-401 | 20/10/2007

Cool Grey

305381-014 | 26/08/2017

Doernbecher

729893-480 | 23/11/2014

Valentine's Day

AQ2449-614 | 09/02/2018

LS Pea Pods

316324-481 | 29/09/2007

Aqua

305381-025 | 27/11/2015

Ray Allen PE

H007 M JORD 962 48716 | 01/01/2008

Playoff

305381-061 | 29/06/2013

Chrome

305381-003 | 19/12/2015

Confetti

832821-004 | 25/06/2016

AIR JORDAN 8 AQUA

2015

Durante el All-Star Game de 1993, el número 23 de los Bulls pisó el parqué con unas Jordan 8 Aqua, una combinación de colores mítica.

PARTE SUPERIOR

PARTE POSTERIOR

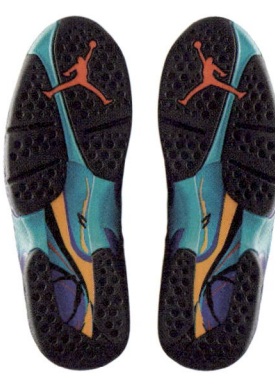

SUELA

SKU: **305381 025**	DISEÑADOR: **Tinker Hatfield**	C: **negro / Bright Concord / Aqua**
MATERIAL: **nobuk**	PRECIO DE SALIDA: **190 USD**	FECHA DE LANZAMIENTO: **27 nov. 2015**

El año 1993 fue crucial para el mejor jugador de baloncesto de la historia. Fue el año del primer triplete de los Bulls tras su victoria en la final frente a los Suns de Charles Barkley.

En ese mismo año murió James Jordan (en julio) y su hijo Michael se retiró por primera vez en octubre. Fue una temporada 1992-1993 que marcó la octava colaboración entre MJ y Nike. Solo se comercializaron tres ediciones de las Jordan 8: la True Red, también conocida como la «Bugs Bunny»; la Playoff, que Jordan llevó para su recital en la final, y la Aqua, vista una sola vez (en el All-Star Game celebrado en Salt Lake City).

Inspiradas en las Nike Air Raid en lo que respecta a las correas, las Jordan 8 retomaron el forro de las Huarache, mientras que el Jumpman, que se situó en la lengüeta, recuerda el símbolo de paz y amor. Aunque las Jordan 8 suponen un placer para la vista, no lo son tanto para los pies. Más pesadas que la media con su suela 100 % Air, resultan muy incómodas para los pies anchos. Para colmo, el empeine en Durabuck (un cuero sintético) no facilita la respiración del pie. A pesar de todo, este modelo es uno de los clásicos. Kanye West, por ejemplo, lo luciría en modo *lifestyle*, con las correas abiertas, a raíz de su reedición en 2007. Las Jordan 8 Aqua regresaron el 27 de noviembre de 2015 con ocasión del Black Friday a un precio de venta al público de 180 euros. ∎

PARTE SUPERIOR

Parte superior

*Correas cruzadas en
la Jordan 8, también
conocidas como «orejas
de conejo».*

Interior

*Forro interior en
neopreno, idea tomada
del diseño de las
Huarache.*

Combinación de colores

*El colorido característico
de la Aqua, mezcla de
azul y violeta.*

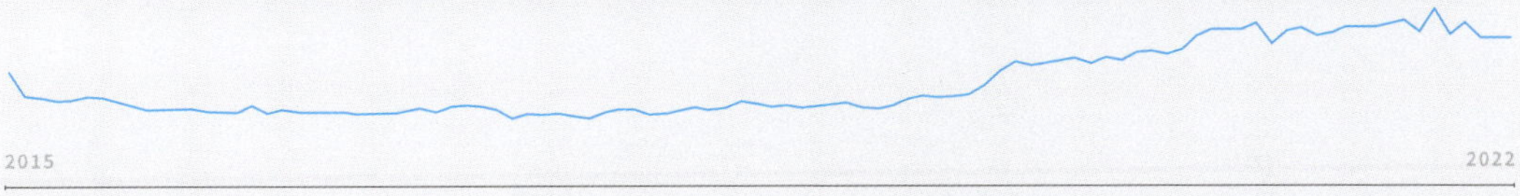

MEDIA SUELA

2015   2022

240 € - 475 €
PRECIO MÍNIMO / MÁXIMO

10%
VOLATILIDAD

380 €
PRECIO MEDIO DE VENTA

250%
COTIZACIÓN MÁXIMA

AIR JORDAN 9

1993

NOMBRE	Jordan 9 Retro
LANZAMIENTO	17 de noviembre de 2012
DISEÑADOR	Tinker Hatfield
COLOR	Verde aceituna
MATERIAL	Cuero + nobuk
PRECIO DE SALIDA	160 USD

CAP.

32

LARRY'S BEST

UNDER RATED

¿QUIÉN ES JOHNNY KILROY?

AIR JORDAN 9, 1993

HISTORIA

«Cuando pierda la motivación y el sentimiento de que tengo que demostrar algo como jugador de baloncesto, será el momento de marcharse». El 6 de octubre de 1993, Michael Jordan conmocionó al mundo al anunciar el final de su carrera deportiva, con solo 30 años, desgastado mentalmente por el ritmo infernal, el revuelo mediático y el asesinato de su padre, James Jordan, el 23 de julio de aquel mismo año.

Nacida en ese contexto surrealista, la AJ9 fue la primera zapatilla que «Su Majestad» no llevó en el terreno de juego el año de su lanzamiento. Se ofreció en solo cuatro combinaciones de colores originales que incluyeron la edición en blanco y negro (la más popular) Powder Blue ①, Olive y Charcoal. Originalmente no existió una versión baja de las Air Jordan 9, un tratamiento que se reveló en 2002. Diseñadas por Tinker Hatfield, como no podía ser de otro modo, las Jordan 9 deben su originalidad a la suela. Hatfield y su equipo empezaron a trabajar en las Air Jordan 9 mientras Jordan se encontraba en Asia de gira promocional con Nike, en el verano de 1993. El diseñador consideró que ese sería el par que marcaría la vertiente «mundial» de las Air Jordan, una línea reconocida en todo el mundo.

Cuando Hatfield recurrió al diseñador Mark Smith para que crease una suela nueva, la respuesta de Smith fue la siguiente: «Hagamos una suela que cuente la historia de un deporte con una grandeza planetaria». Así, se incluyeron palabras en diferentes idiomas en la suela exterior: *uhuru* («independencia» en suajili), *intenso* (en italiano), *liberté* («libertad» en francés), *anmutig* («encantador» en alemán). Los aspectos técnicos más destacados son la amortiguación Air en el talón y el antepié y un forro interior de tipo Huarache.

Las Jordan 9 se replantearían en una versión de béisbol con motivo de su experiencia con los White Sox y los Barons de Chicago. Son las zapatillas que calzan a la estatua de Michael Jordan frente al United Center ②, el nuevo estadio de los Bulls que sustituyó al Chicago Stadium y que se inauguró el 18 de agosto de 1994. Para dar visibilidad al modelo, Nike diseñó variantes de las Jordan 9 que hemos visto en los pies de varios jugadores de la NBA: Anfernee «Penny» Hardaway, Latrell Sprewell, B. J. Armstrong ③, Mitch Richmond, Kendall Gill y Harold Miner. Esta fue el acta de nacimiento de las *Player Exclusive* (PE), un concepto que más tarde sería ampliamente desarrollado por los fabricantes de equipaciones de baloncesto, sobre todo Nike y Jordan Brand. Habría que esperar hasta el segundo regreso de MJ a la NBA con los Wizards de Washington, en 2002, para verle con las Air Jordan 9 en una pista de la NBA y en una paleta Cool Grey. Jordan Brand no ha dejado de reincidir en las Air Jordan 9, una zapatilla cargada de historia por tratarse de uno de los modelos que lució Michael Jordan en la película *Space Jam* (1996).

También podemos recordar la originalísima campaña lanzada por Nike en 1994: un anuncio protagonizado por un misterioso jugador, Johnny Kilroy, responsable de actuaciones excepcionales (¡79 puntos en 12 minutos!) con la camiseta de los Bulls... En realidad, era Michael Jordan, jugando como disfrazado de Kilroy con una peluca afro. ¡Fingía estar retirado! El actor Steve Martin hacía de maestro de ceremonias en este engaño perfectamente escenificado.

El famoso anuncio con el personaje de Johnny Kilroy solo se pudo ver en la televisión estadounidense, sobre todo durante la Super Bowl, pero se emitió en exclusiva en Canal+ el sábado 5 de marzo de 1994 en *On fait le plein de super*. Aquel programa dedicado al baloncesto francés y americano ofrecía la oportunidad ideal para descubrir los mejores anuncios de zapatillas de este deporte. Cabe destacar la existencia en la gama OG del →

AJ9 POWDER BLUE
Un modelo con los colores de Carolina del Norte, en cuya universidad jugó Michael Jordan durante su juventud.

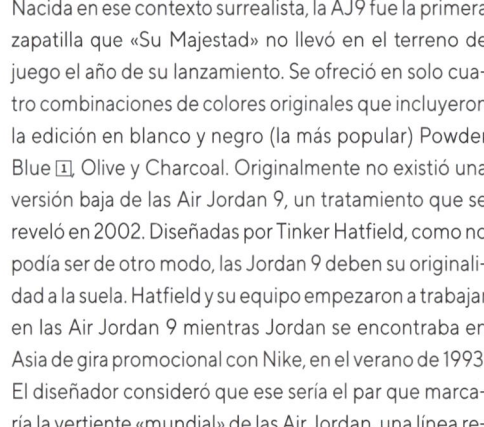
UNITED CENTER
La estatua de Michael Jordan ante el pabellón de Chicago.

AJ9 B.J. ARMSTRONG
Una *Player Exclusive* con el número 10 de B. J. Armstrong en la parte posterior.

MICHAEL JORDAN CON UNAS AJ9 COOL GREY, CON LA CAMISETA DE LOS WIZARDS.

modelo «Blue Powder» con los colores de Carolina del Norte, en cuya universidad jugó MJ23 entre 1981 y 1984. En su momento fue la primera vez que una combinación de colores hacía referencia a la carrera de Michael Jordan en la NCAA. Para apoyar el par, en las revistas francesas especializadas de la época (*Mondial Basket, 5 Majeur, Maxi Basket...*) se publicó un anuncio en el que Jordan aparecía con una camiseta de los Tar Heels.

REVENTA

En 2012, Jordan Brand comercializó un *pack* retro «Air Jordan 9» que contenía un modelo llamado Johnny Kilroy 4, en referencia al famoso anuncio de 1994. También existe una versión Quai 54 de las AJ9, inspirada en el color Citrus. La paleta Olive 5 continúa siendo la más rentable a día de hoy.

LA ANÉCDOTA DE LARRY

A principios de la década de 2000, Mehdi tuvo una desgracia con un par de Jordan 9 importado de Brooklyn: «En 2002 volví de un viaje a Nueva York con unas Jordan 9 totalmente negras con un Jumpman rojo en el talón. Aquel par solo estaba disponible en algunas tiendas de reventa de Brooklyn. Ya en Francia, provocó un revuelo considerable por su color raro, visto únicamente en los pies del jugador de la NBA Eddie Jones en versión PE. Después de un año llevándolas día y noche, me di cuenta de que las zapatillas estaban cambiando de color. El nobuk negro dio paso a un tono verdoso. ¡Descubrí que los vendedores de Brooklyn simplemente habían repintado un par de Jordan 9 "Olive" con betún! Un gran bravo para ellos por el truco de magia». ■

4 AJ9 JOHNNY KILROY
El colorido es un homenaje al jugador imaginario interpretado por Michael Jordan en un anuncio de Nike.

5 AJ9 OLIVE
Una de las cuatro combinaciones de colores OG de las Air Jordan 9.

Quai 54™
302370-105 | 02/07/2011

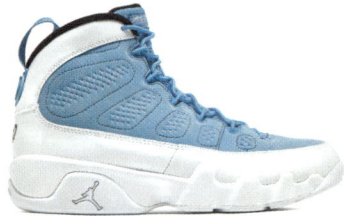

For the Love of the Game
302370-401 | 11/08/2010

Fontay Montana
302370-040 | 13/10/2012

Oregon State UN
FA10 M-JORD 835 231792 Y3
01/01/2010

Bin 23
410917-101 | 05/06/2010

Kobe
302370-121 | 19/11/2016

Bentley Crawfish Ellis
302370-140 | 27/10/2012

Pearl Blue
302370-145 | 09/02/2019

Mop Melo
302370-122 | 27/04/2018

OG
302370-112 | 03/12/2016

Low Pantone
832822-401 | 11/06/2016

Bright Mango
832822-805 | 07/05/2016

Motorboat Jones

302370-645 | 01/12/2012

Calvin Bailey

302370-445 | 10/11/2012

Chile Red

CT8019-600 | 07/05/2022

Doernbecher Pollito

580892-170 | 30/11/2012

Cool Grey

302370-015 | 15/12/2012

Baseball Glove Brown

897560-203 | 15/07/2017

City of Flight

302370-021 | 03/02/2018

Johnny Kilroy

302370-012 | 06/10/2012

Slim Jenkins

302370-045 | 24/11/2012

Dream It Do It

302370-065 | 09/03/2019

Olive

AR4491-012 | 06/12/2017

Bred Patent

302370-014 | 10/03/2018

AIR JORDAN 10

1994

		CAP.
AIR JORDAN	PURIST PAIR · UNDER × RATED	33

NOMBRE	**Jordan 10 Retro Double Nickel**
REEDICIÓN	**28 de marzo de 2015**
DISEÑADOR	**Tinker Hatfield**
COLOR	**Blanco / negro / rojo**
MATERIAL	**Cuero**
PRECIO DE SALIDA	**190 USD**

¡HA VUELTO!

AIR JORDAN 10, 1994

1 AJ10 SAMPLE

El prototipo propuesto por Tinker Hatfield a Michael Jordan.

2 AJ10 CHICAGO BULLS

Una edición especial con los colores de la franquicia de la NBA de los Bulls de Chicago.

3 AJ10 DOUBLE NICKEL

Un par que rinde homenaje a la legendaria actuación de MJ en su regreso en el Madison Square Garden, en 1995.

4 SCOTTIE PIPPEN

El número 33 de los Bulls pidió a su excompañero de equipo que volviese a ponerse las zapatillas.

HISTORIA

Michael Jordan continuaba en su primer retiro y jugando al béisbol. Nike seguía con la línea Jordan y Tinker Hatfield con el diseño de nuevos modelos. Sin embargo, por primera vez, no consultó con la superestrella del deporte mundial. El primer prototipo no fue del agrado de Jordan, que pidió a Hatfield que retirase una pieza de cuero de la parte delantera de la zapatilla 1. La suela, que enumera los mayores logros de Jordan durante su carrera, se conservó.

Jordan estaba ausente de los parqués en el momento del lanzamiento del par y Nike tuvo que buscar otros embajadores. Se diseñaron colores específicos para varias franquicias de la NBA: Seattle Supersonics, Charlotte Hornets, New York Knicks, Chicago Bulls 2, Orlando Magic y Sacramento Kings, el tratamiento más acertado según nuestro punto de vista. También se equipó a varios jugadores, entre ellos Kendall Gill, Nick Anderson, Harold Miner y Hubert Davis, como preludio del Team Jordan, que surgiría en la década de 2000.

Se planteó la fabricación de una versión con clavos diseñada para el béisbol, pero la huelga en las grandes ligas se alargó y Jordan decidió volver a su deporte favorito. «*I'm back*» («He vuelto»), rezaba sobriamente el documento que certificaba oficialmente el regreso de Jordan a la NBA. El 19 de marzo de 1995, en Indianápolis, MJ lució el número 45 en la espalda y las Jordan 10 en los pies para enfrentarse a los Pacers de Reggie Miller.

El 28 de marzo, solo diez días después de su regreso, Jordan protagonizó una actuación histórica en el Madison Square Garden: 55 puntos frente a los Knicks de Nueva York ante la mirada atónita de Spike Lee. El jefe volvía a mandar. Las Jordan 10 fueron el primer par de la línea que incorporó el 45 en referencia al número que llevó MJ durante solo 22 partidos de la temporada 1995-1996, antes de recuperar el mítico 23 en el segundo partido de la semifinal de los *playoffs* de la Conferencia Este contra Orlando. La NBA le impuso una multa de 25 000 dólares. Estaba prohibido cambiar de número en la misma temporada...

Las Jordan 10 remasterizadas en colores OG, como las Chicago alias «Double Nickel» 3 (apodo del legendario partido de «His Airness» contra los Knicks), salieron a la venta el 28 de marzo de 2012.

LA ANÉCDOTA DE LARRY

Unos días antes del regreso de Michael Jordan a los parqués, Scottie Pippen pidió públicamente al jefe que volviese a calzarse las zapatillas en una escena que ya es de culto. Sentado en el banquillo de los Bulls, Pippen señala la suela de sus Jordan 10 en pleno partido, ante la cámara, como para señalar al número 23 de los Bulls su inminente regreso 4. ■

Drake Ovo™ White

819955-100 | 12/09/2015

Solefly 10th Anniversary

CZ6599-100 | 10/05/2020

History of Flight (Sample)

CFM20091116 | 2008

Chicago Flag

310805-114 | 14/05/2016

Charlotte

310805-107 | 18/06/2016

Steel

310806-101 | 07/05/2005

I'm Back

310805-104 | 18/03/2018

Solefly Friends and Family

2020

Chicago

310805-100 | 21/01/2012

Powder Blue

310805-106 | 22/02/2014

Double Nickel

310805-102 | 28/03/2015

Seattle

310805-137 | 19/10/2019

Orlando

310805-108 | 01/12/2018

Pantone (Sample)

205342-576 | 2011

Retro Tinker

310805-408 | 20/10/2018

Cool Grey

310805-022 | 27/01/2018

Cool Grey Black Infrared

310805-023 | 25/01/2014

Dark Mocha

CT8011-200 | 26/09/2020

Paris

310805-018 | 09/04/2016

Shadow

310805-002 | 21/04/2018

Doernbecher

636214-066 | 23/11/2013

Sacramento

130209-051 | 01/06/1995

NYC

310805-012 | 27/04/2016

Ovo Black

819955-030 | 13/02/2016

AIR JORDAN 11

1995

		CAP.
AIR JORDAN	THE CLASSIC · STREET CRED	34

NOMBRE	**Jordan 11 Retro**
REEDICIÓN	**23 de diciembre de 2011**
DISEÑADOR	**Tinker Hatfield**
COLOR	**Concord**
MATERIAL	**Malla + cuero charolado**
PRECIO DE SALIDA	**175 USD**

ALFOMBRA ROJA

AIR JORDAN 11, 1995

HISTORIA

Tras una retirada que conmocionó al mundo del baloncesto, Nike se vio ante el dilema de seguir o no con la línea Jordan. En su interior, Tinker Hatfield esperaba el regreso de MJ al juego y trabajó en secreto en el diseño de las Jordan 11, una mezcla vanguardista de tecnología, materiales y comodidad. Varios elementos hacen de las Jordan 11 unas zapatillas icónicas, empezando por el guardabarros de charol negro y la malla balística que permite aligerar su peso.

El 7 de mayo de 1995, Jordan calzó por primera vez las Jordan 11 Concord en el primer partido de la semifinal de la Conferencia Este contra los Magic de Orlando de Shaquille O'Neal y Penny Hardaway. Tinker Hatfield afirmó que Nike quería esperar antes de revelar las Jordan 11, pero Michael ignoró las recomendaciones del fabricante.

Irónicamente, diez años después del asunto de las Jordan 1 Banned, MJ fue multado con 5000 dólares por violar el código de vestimenta impuesto por la NBA, ya que las Concord eran predominantemente blancas. Otra anécdota del tercer partido de aquella misma serie contra los Magic: el número 23 pidió a Nike que le pusiera un par de Air Flight One, el modelo que llevaba tradicionalmente Penny Hardaway.

Las Jordan 11 representan un caso especial en la historia de la línea. Su lanzamiento oficial tuvo lugar en noviembre de 1995, en una época en la que las novedades de Air Jordan se lanzaban a principios de año, en torno al mes de febrero. Seis meses después de su primera aparición en un partido, el lanzamiento de las Concord causó sensación entre los aficionados. Los colores Bred y Columbia se introdujeron al año siguiente, en 1996. El 16 de junio de ese mismo año, día del padre, Michael Jordan, balón en mano, se vino abajo en el vestuario de los Bulls. Acababa de ganar su cuarto título de la NBA en el United

Center contra los Supersonics de Seattle y el dolor por la ausencia de su padre era demasiado intenso. Esa escena íntima, que protagoniza el episodio 8 de *El último baile*, es uno de los momentos más conmovedores de la historia del deporte estadounidense. Para un coleccionista de zapatillas, los momentos culminantes de la carrera de Jordan suelen estar ligados a una silueta o a un color específico.

Por su aire retro que recuerda a un esmoquin, las AJ11 Concord, con su acabado de charol, probablemente sean el par con más clase de la gama. Incluso se ven en bodas y ceremonias de graduación en Estados Unidos. Un modelo rendiría homenaje a esa celebración.

REVENTA

Las Concord se presentaron en el año 2000 acompañadas de una nueva paleta de colores, ya mítica: la Cool Grey . Un año más tarde se produjo la comercialización de las Space Jam. El 23 de diciembre de 2012, la enésima reedición de las Jordan 11 Concord saltó a los titulares de los informativos: asistimos a escenas de disturbios en varias ciudades de Estados Unidos, desde Richmond (California) hasta Indianápolis (Indiana). Al mismo tiempo, en Europa (y París en particular), las acampadas eran más tranquilas. No obstante, el resurgimiento de la moda de las Jordan estableció definitivamente a Jordan Brand en el mercado de la reventa.

LA ANÉCDOTA DE LARRY

Relanzar las Jordan 11 Concord en Nochebuena no fue una buena idea. En Estados Unidos, la oferta fue notablemente inferior a la demanda y, pocas horas después de su lanzamiento, las AJ11 se podían encontrar en eBay por 500 dólares, frente a los 180 dólares de venta al público. Las tiendas, donde las existencias se limitaban a 150 pares, fueron objeto de asaltos. «No recuerdo haber visto nada igual, ni siquiera cuando salió el iPhone en 2007», señaló la portavoz de la policía de Indianápolis. ∎

1 AJ11 PE
Michael Jordan lleva las AJ11 por primera vez en un partido durante los *playoffs* de 1995.

2 AJ11 COLUMBIA
Un color que Michael Jordan vistió en el All-Star Game de 1996 en San Antonio.

3 AJ11 COOL GREY
La reedición de 2022 tuvo un «éxito arrollador», según John Donahoe, director ejecutivo de Nike.

Legend Blue
378037-117 | 20/12/2014

UNDER × RATED

Low Citrus
AH7860-139 | 06/05/2021

Low IE Cobalt
306008-102 | 01/08/2015

Low UNC
505835-106 | 15/04/2017

Low Pink Snake
AH7860-106 | 07/05/2019

Low Closing Ceremony
528895-103 | 27/08/2016

Low Cherry
528895-102 | 04/06/2016

Low Snake Navy
CD6846-102 | 19/04/2019

Win Like 82
378037-123 | 11/11/2017

TRUE BANGER · LARRY'S BEST · THE CLASSIC

Concord
378037-100 | 08/12/2018

Low GS Tuxedo
528896-110 | 08/06/2013

Pantone™
689479-405 | 23/12/2014

Cool Grey

CT8012-005 | 11/12/2021

Win Like 96

378037-623 | 09/12/2017

Pinnacle

914433-003 | 23/12/2016

Low Green Snakeskin

528895-033 | 19/04/2014

Low IE Bred

919712-023 | 17/09/2021

Jubile

CT8012-011 | 12/12/2020

Space Jam

378037-003 | 10/12/2016

Bred

378037-061 | 14/12/2019

Heiress Night Maroon

852625-650 | 17/12/2016

Gamma Blue

378037-006 | 21/12/2013

Cap and Gown

378037-005 | 26/05/2018

MARCHANDO UNAS PALOMITAS

Como las Air Jordan 5 de *El príncipe de Bel-Air*, en ocasiones las zapatillas forman parte integrante del reparto de una serie o una película. Un repaso a algunas escenas de culto con el director y coleccionista Romain Lévy, que asistió al preestreno de su primera película con unas Nike Mag.

«¡MARTY MCFLY CON UNAS MAG ES EL MEJOR MOMENTO DE LA PELÍCULA!».

TERMINATOR

ESTRENO: **1984**	DIRECCIÓN: **James Cameron**	*SNEAKER*: **Nike Vandal High**

Las Vandal High tuvieron su apogeo en la primera mitad de la década de 1980, en gran parte gracias a la película de James Cameron. El actor Michael Biehn, que interpreta al personaje de Kyle Reese, de la resistencia, es enviado al pasado e irrumpe en una tienda de segunda mano para elegir algo de ropa y un par de zapatillas.

R. L.: Las Vandal 1 son un par increíble. Después de un viaje en el tiempo, Michael Biehn llega a la tienda con el torso desnudo. Perseguido por la policía, se hace con algunas prendas a toda prisa (entre ellas, una gabardina que le da un toque wéstern, a lo guardapolvo largo). Más adelante hay un plano genial en el que se esconde tras la cortina de un fotomatón. La cámara se concentra en los pies y vemos al actor ajustando la correa plateada de la zapatilla. El gesto es perfecto, es un auténtico *packshot*, ¡los yanquis saben cómo hacerlo! El anuncio de Nike se sacaría directamente del primer episodio de *Terminator* con Schwarzy. ∎

1 VANDAL HIGH

La Vandal High utilizada por Kyle Reese.

HAZ LO QUE DEBAS

ESTRENO: **1989**	DIRECCIÓN: **Spike Lee**	*SNEAKER*: **Air Jordan 4**

Mucho más que una película con zapatillas, es una obra tan divertida como sutil que retrata el Brooklyn de finales de los ochenta en un contexto de tensiones en la comunidad. Presenta un momento *sneaker* legendario en la historia del cine: John Savage en el papel de Clifton, fan de los Celtics, pisa las flamantes Jordan 4 White Cement 2 de Chicharra, interpretado por Giancarlo Esposito. Su zapatilla está hecha un desastre y Chicharra entra en barrena...

R. L.: A finales de la década de 1980, las zapatillas ya eran un fenómeno cultural, y Spike Lee lo entendió. El realizador neoyorquino demostró su gran inteligencia al utilizar un símbolo de la cultura pop, las Jordan 4, para contar una historia política. Conecta el calzado con una escena que significa algo sociológicamente y que hace que, de repente, entren en la leyenda. Las Jordan 4 son mi auténtica magdalena de Proust, las zapatillas que cristalizan toda mi infancia. Todo el mundo se volvió loco cuando vio este par porque no se distribuía en el mercado francés y no existían reediciones. Las Jordan 4 solo se veían en las revistas, y *Haz lo que debas* nos hizo flipar con ellas. Vemos también las Jordan 4 Fire Red en *Solo en casa* (1990), en el póster gigante de Michael Jordan que el malvado hermano de Macaulay Culkin tiene en su habitación. La primera vez que vi *Haz lo que debas* fue por Public Enemy. La introducción con Rosie Perez bailando «Fight the Power», ¡qué bofetada! Spike Lee llevó la cultura callejera al cine. ∎

2 AJ4 WHITE CEMENT

La Jordan 4 de Chicharra.

REGRESO AL FUTURO II		
ESTRENO: **1989**	DIRECCIÓN: **Robert Zemeckis**	*SNEAKER:* **Nike Mag**

[3] NIKE MAG

El par *high-tech*
de Marty McFly.

Si tuviese que quedar solo una, sería la Nike Mag. En una escena de culto que hizo soñar a toda una generación de chavales, Marty McFly se pone las Nike Mag [3] antes de huir en su *hoverboard*. Diseñadas especialmente para la película por Tinker Hatfield, las Nike Mag fueron una fantasía durante mucho tiempo, antes de que apareciesen en 2011 (sin los cordones automáticos). Se pusieron a la venta por subasta 1500 pares cuya recaudación va a parar a la fundación de Michael J. Fox, que lucha contra la enfermedad de Parkinson que afecta al protagonista de la trilogía *Regreso al futuro*. **R. L.:** Tuve la suerte de comprar este par. ¡Un americano participó en la puja en mi nombre! La venta estaba abierta solo para ciudadanos estadounidenses. Llamé a mi amigo Josh y le dije: «Tío, tienes que ayudarme en esto, ¡quiero ese par!». Yo era un habitual en eBay y tenía un plan de ataque para asegurarme de conseguirlas al mejor precio. Si quería ganar, tenía que fijar mi precio final treinta segundos antes del final de la subasta. Cada día se ponían a la venta 150 pares. Sabía que al principio no tenía sentido intentarlo porque me iba a enfrentar a tipos con presupuestos ilimitados. Esperé tranquilamente a mitad de semana, ¡y funcionó! Me costaron 2200 euros, que es un precio muy bueno. Estaba como loco cuando abrí la caja. ∎

LO BLANCOS NO LA SABEN METER		
ESTRENO: **1992**	DIRECCIÓN: **Ron Shelton**	*SNEAKER:* **Nike Command Force**

[4] NIKE COMMAND FORCE

El par que llevaba
Billy Hoyle en las pistas
de Venice Beach.

Esta película de baloncesto es un auténtico escaparate de la cultura *sneaker*, con la presentación de los pares más emblemáticos de principios de los noventa: Nike Air Jordan 6, Adidas Artillery, LA Gear Catapult, Converse Pro Conquest, Reebok Pump Omni Zone... y, por supuesto, la Nike Air Command Force [4] de Billy Hoyle, interpretado por Woody Harrelson, que forma un llamativo dúo con Sidney Deane (Wesley Snipes) en las pistas callejeras de Los Ángeles. El par se integra plenamente en el guion, ya que vemos a Sidney Deane inflando las zapatillas de su compañero de juego antes de un intento de mate.

R. L.: Las Air Command Force son un bloque de hormigón, pero hay que ponerlas en contexto. Estaban de moda las zapatillas altas, y el par de David Robinson, el pívot supermusculoso de 2,16 metros de los San Antonio Spurs, era enorme. Iba a ir a verle jugar en Bercy en 1991, en el marco de una gira llamada «Tour de Force». Por desgracia, su franquicia se negó a dejarle jugar y «el Almirante» se quedó en el banquillo. Aun así, pude ver a Pippen y Barkley. ∎

SPACE JAM		
ESTRENO: **1996**	DIRECCIÓN: **Joe Pytka**	*SNEAKER:* **Air Jordan 11**

En esta película de animación que mezcla estrellas de la Warner y personajes reales con Michael Jordan como protagonista, el telespectador puede admirar unas llamativas Jordan 11 ⑤ en un partido. Como anécdota, Bill Murray optó por unas elegantes Air Jordan 2. **R. L.:** Además de varios clips para Michael Jackson («The Way You Make Me Feel», «Dirty Diana» y «Heal the World») hacia finales de la década de 1980, Joe Pytka dirigió un puñado de anuncios para Nike. Es uno de los mejores directores de publicidad de los noventa junto con Spike Lee. No fue casualidad que se encontrase detrás de la cámara para esta película con Michael Jordan. En aquella época era muy difícil ver los anuncios estadounidenses. Más allá del cine, la emisión de «Culture Pub» en M6 supuso una importante contribución a la cultura de las *sneakers* gracias a la difusión de anuncios inéditos en Francia. Recuerdo un especial de Nike en el que pudimos ver las series publicitarias de Spike Lee. ∎

⑤ AIR JORDAN 11
Las Jordan 11 utilizadas por MJ.

WINNING TIME: LA DINASTÍA DE LOS LAKERS		
ESTRENO: **2022**	DIRECCIÓN: **M. Borenstein y J. Hecht**	*SNEAKER:* **Nike Blazer**

La serie de ficción emitida por HBO recontextualiza la creación de la dinastía de los Lakers de Los Ángeles a principios de los años ochenta. No faltan los pilares del espectáculo: Magic Johnson, Kareem Abdul-Jabbar, Pat Riley... *Tiempo de victoria* revisa un doloroso episodio en la carrera del base estrella de LA: la firma de su contrato con Converse por 100 000 dólares y el acuerdo fallido con Nike... **R. L.:** ¡Es una gozada! Se nota que el objetivo era hacer la mejor serie posible sobre los años ochenta... Quincy Isaiah, el actor que interpreta a Magic, está perfecto. En una escena le vemos charlando en un salón con un hombre que se ocupa de su contrato de patrocinio. En un momento dado, Phil Knight, el jefe de Nike, aparece con un par de Blazer ⑥ y le dice a Magic: «¿Ves este par? Son las Blazer Magic». Pero el novato de los Lakers todavía es joven y su jugador favorito, Julius Erving, lleva Converse. Nike es una empresa que no tiene mucho peso en el baloncesto. Hay quien ha calculado lo que Magic ha perdido por no firmar con Nike... ¡una fortuna! Especialmente porque Magic nunca ha estado contento con sus zapatillas de firma. En 2023 se estrenó el biopic de Matt Damon y Ben Affleck sobre Sonny Vaccaro, el hombre que convenció a Nike para apostar por Michael Jordan. ∎

⑥ NIKE BLAZER MID 77
¿Y si Magic hubiese jugado con unas Blazer?

AIR JORDAN 12

1996

		CAP.
AIR JORDAN	THE CLASSIC · PURIST PAIR	35

NOMBRE	**Jordan 12 Retro**
REEDICIÓN	**14 de diciembre de 2013**
DISEÑADOR	**Tinker Hatfield**
COLOR	**Taxi**
MATERIAL	**Cuero**
PRECIO DE SALIDA	**170 USD**

TAXI BASKET

AIR JORDAN 12, 1996

1 AJ12 FLU GAME

Otro par asociado a un partido mítico del número 23 de los Chicago Bulls.

2 AJ12 PSNY

Magnífico tratamiento propuesto por la marca neoyorquina Public School.

3 AJ12 OVO

Las Jordan 12 October's Very Own, la marca de Drake, fueron objeto de deseo.

SALT LAKE CITY, 11 DE JUNIO 1997

Debilitado por una intoxicación alimentaria, el MVP de 1996 agotó sus reservas para ayudar a los Bulls a vencer a los Jazz de Karl Malone por 90 a 88.

HISTORIA

La décima creación de Tinker Hatfield para la línea Jordan es el resultado de una estrecha colaboración con la estrella de los Bulls. El diseño se inspira en la bandera japonesa del sol naciente, también conocida como «Nisshoki», que forma parte de la zapatilla en forma de pespuntes. En 1997 nació Jordan Brand en asociación con Nike, y las Jordan 12 serían el último par de la serie cuya caja luciría la coma. El modelo se comercializó en cinco colores OG: Taxi, Cherry, Obsidian, Bred y Playoff.

Entre las características de las 12 figuran una versión mejorada de la fibra de carbono ya utilizada en las Jordan 11 y la amortiguación *full zoom*, empleada por primera vez. En el imaginario colectivo, las Jordan 12 han quedado asociadas al 11 de junio de 1997, fecha en la que Michael Jordan sufrió una intoxicación alimentaria tras comer una pizza en mal estado la víspera del quinto partido de las finales de la NBA frente a los Jazz. Aquel encuentro de culto fue rebautizado como *Flu Game* («partido de la gripe»). A pesar de su estado, MJ anotó 38 puntos, con 5 asistencias decisivas y 7 rebotes. Desde entonces, la combinación de colores Bred se conoce como Flu Game en honor a aquella legendaria velada.

Las 12 también serían apreciadas por varios compañeros de equipo de Jordan: el fiel Scottie Pippen, así como Bill Wennington (el pívot con aspecto de leñador) y Luc Longley, el gran larguirucho australiano, curiosamente ausente del reparto de *El último baile*.

REVENTA

Desde 2009, las Retro de las 12 Bred se llama oficialmente Flu Game 1. La zapatilla luce en el talón un «97» en referencia al año en el que tuvo lugar el partido, y un «38» por el número de puntos anotados por la leyenda de los Bulls. También en 2009 se comercializó una versión totalmente blanca de las Jordan 12, las Rising Sun. El modelo fue rediseñado después de que la comunidad

japonesa manifestase su descontento al ver su bandera en la suela, como si estuviese siendo pisoteada.

Entre los lanzamientos más destacados se encuentran las versiones monocromas de las 12: las PSNY 2, en colaboración con la marca de ropa neoyorquina Public School, o las Gamma Blue y las OVO 3.

LA ANÉCDOTA DE LARRY

En febrero de 2014, durante un concierto en Bercy, Drake acudió a Colette para presentar una colección de su marca, OVO. Había montones de fans haciendo cola a las puertas de la tienda parisina de la *rue* Saint-Honoré, que cerró sus puertas en 2017. Entre la multitud, dos personas fueron elegidas al azar como ganadoras de un par de Jordan 10 OVO en la talla 46. Tenía que ponerme en contacto como fuese con los ganadores para ofrecerme a recomprar sus PE. Después de investigar un poco, encontré a una de las ganadoras en Instagram que había publicado un post con el par. Le ofrecí 1500 euros, pero rechazó la oferta. Una semana más tarde, vi las AJ12 OVO a la venta en Leboncoin ¡por 2000 euros! La poseedora de las zapatillas había cambiado de opinión y quería irse de vacaciones. Volví a contactar con ella y me tiré un farol: «Si no las vendes ahora y Nike las saca a la venta general dentro de una semana, tus Jordan no valdrán gran cosa (el modelo se comercializaría en noviembre de 2016). Puedo ir ahora mismo con 1000 euros en efectivo». Mi oferta fue aceptada. Quedamos en la estación de Corbeil-Essonnes y la joven me entregó el par en una bolsa de plástico de supermercado. Lo revendí por 5000 euros. Gracias, Instagram. ∎

Rising Sun

130690-WW163 | 21/11/2009

Ovo White

873864-102 | 01/10/2016

White University Blue

308243-142 | 14/02/2004

French Blue

130690-113 | 02/04/2016

Cherry

130690-110 | 19/12/2009

Taxi

130690-125 | 14/12/2013

Cool Grey

130690-012 | 19/05/2012

Obsidian

130690-410 | 23/06/2012

Playoff

CT8013-006 | 11/03/2022

University Gold

153265-070 | 24/07/2020

Gamma Blue

130690-027 | 26/12/2013

Flu Game

130690-002 | 28/05/2016

Game Royal

136027-005 | BODEGA STORE L.A. |
21/09/2019

The Master

930155-001 | CHICAGO | 27/12/2016

Dark Concord

CT8013-005 | 23/10/2020

Ovo™ Black

873864-032 | 18/02/2017

AIR JORDAN 13

1997

	CAP.
	36

NOMBRE	Jordan 13 Retro He Got Game
REEDICIÓN	4 de agosto de 2018
DISEÑADOR	Tinker Hatfield
COLOR	Blanco / rojo / negro
MATERIAL	Cuero + ante
PRECIO DE SALIDA	190 USD

EL JEFE DE ESTADO

AIR JORDAN 13, 1997

 HISTORIA

Tinker Hatfield siempre ha comparado a Michael Jordan con una pantera negra. Seguro de su inspiración, el diseñador presentó el modelo al jugador sin una reunión preliminar. Las Jordan 13 figuran entre las zapatillas más cómodas de la línea, con un antepié dotado de la tecnología Zoom Air. Coronado con cinco títulos de la NBA, Jordan se ha convertido en una superestrella mundial del deporte y el *marketing*. En octubre de 1997, los Bulls participaron en el Open McDonald's en el parqué de Bercy, en París. Jordan fue recibido «como un jefe de Estado», en palabras de George Eddy, en el plató de *Nulle part ailleurs*, el programa estrella de entrevistas de Canal+. MJ ya no viajaba nunca sin su servicio de seguridad y rechazó todas las peticiones de autógrafos.

«Era muy difícil conseguir una plaza para asistir al programa. Hubo muchas peticiones de última hora de famosos y estrellas del deporte. Además, toda la jerarquía de Canal+ acabó entre bastidores de la NPA: todos los directores de la cadena querían estrecharle la mano. Guillaume Durand le ofreció dos botellas de grandes vinos de Burdeos. El único que consiguió que le firmara una pelota fue Bruno Gaccio, pero ¡se arrodilló delante de las cámaras al final de su discurso introductorio!», explicó George Eddy en una entrevista con *Télérama* en 2019. También en Francia, el rapero Busta Flex, un apasionado de las *sneakers*, luce un par de AJ13 en la portada de su primer álbum, publicado en febrero de 1998.

Con su película *Una mala jugada*, estrenada en Estados Unidos el 1 de mayo de 1998, Spike Lee continuó su aventura con la línea Jordan. En este drama familiar, Denzel Washington interpreta a Jake Shuttlesworth, un padre acusado del asesinato de su mujer. Luce unas Jordan 13 . Para el papel de su hijo, una gran promesa del baloncesto americano llamado Jesus Shuttlesworth, se eligió a Ray Allen y no a Kobe Bryant, ya que este quería concentrarse en preparar su temporada en la NBA.

[1] UNA MALA JUGADA
Denzel Washington en el papel de Jake Shuttlesworth.

[2] AJ13 RAY ALLEN
La zapatilla causante el caos en House of Hoops de Châtelet, París.

 REVENTA

En 2011, las Jordan 13 Ray Allen [2] con los colores de los Celtics de Boston, limitadas a 12 pares para Francia, fueron objeto de deseo. En París, la tienda House of Hoops organizó la venta. Sin embargo, la situación derivó en caos cuando los compradores potenciales se enteraron de que todos los pares ya habían sido reservados. Estalló una pelea entre un vendedor y un cliente, lo que obligó a la policía a intervenir. Se presentó una denuncia. Tras este incidente, Max Limol y Mourad Bouchajra crearon la Union des consommateurs de sneakers (UCS) para intentar regular las ventas de estos modelos exclusivos.

 LA ANÉCDOTA DE LARRY

Max Limol, cofundador del «sindicato de la zapatilla deportiva», recontextualizó el lanzamiento de las Jordan 13 que provocó una manifestación delante de la tienda House of Hoops de Châtelet: «Cuando se lanzó la Jordan 13 Ray Allen en HOH, ya había pares a la venta en eBay. Luego me enteré de que el director de la tienda reservaba las ediciones limitadas para sus vendedores como un decimotercer mes de sueldo. Decidí crear la UCS para intentar hacer cumplir las reglas del trato. Queríamos ser el eslabón perdido entre el consumidor y las marcas para sacar a la luz lo que ocurría sobre el terreno. El día que nos manifestamos pacíficamente delante de la tienda, los abogados del grupo Foot Locker Europe nos grabaron. ¡Pasaron miedo! Contrataron guardias de seguridad adicionales porque pensaban que íbamos a invadir la tienda. Después de recibir amenazas, les pedí a todos que se comportasen. Foot Locker nos recibió en el Novotel des Halles el jueves 4 de agosto de 2011, y propusimos algunas resoluciones. Unos días más tarde, HOH recibió un nuevo reglamento con instrucciones. Pusimos las cosas en marcha. Sin nuestra acción, de la que informó *Le Monde*, podría haber habido alguna víctima mortal. Había mucha tensión y yo quería evitar un escenario a la americana». ∎

History of Flight
414571-103 | 22/07/2017

DMP
897561-900 | 14/06/2017

Low University Blue
310804-102 | 07/05/2005

Ray Allen
414571-125 | 23/07/2011

Cherry
414571-101 | 01/01/2010

Chicago
414571-122 | 18/02/2017

Grey Toe
414571-126 | 15/11/2014

He Got Game
414571-104 | 04/08/2018

Bin Premio
417212-601 | 21/08/2010

Flint
310004-441 | 19/04/2005

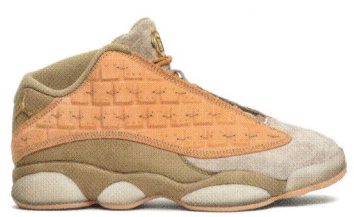

Clot Terracotta
AT3102-200 | 13/12/2018

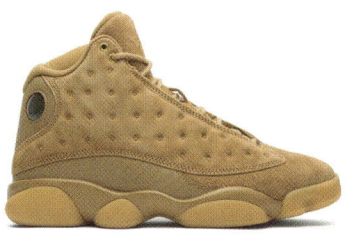

Wheat
414571-705 | 21/11/2017

Brave Blue Low

310810-407 | 08/04/2017

Chutney

310810-022 | 10/06/2017

Class of 2002 Melo

414571-035 | 15/09/2018

CP3 Away

823902-015 | 07/11/2015

Clot Infrared

AT3102-006 | 22/12/2018

Hyper Royal

414571-040 | 19/12/2020

Bred

414571-004 | 19/08/2017

Court Purple

DJ5982-015 | 08/01/2022

Playoff

414571-001 | 26/02/2011

Black Varsity Maize Low

310810-001 | 21/05/2005

Low Quai 54™

810551-050 | 13/06/2015

Altitude

414574-042 | 21/12/2017

«EL QUAI 54 ES NUESTRO PROPIO ROLAND-GARROS».

POR
HAMADOUN SIDIBÉ

Figura destacada del *streetball* parisino,
Hamadoun Sidibé cofundó el Quai 54 en 2003.
Desde entonces, el torneo no ha dejado de
crecer y puede enorgullecerse de ser la marca que
ha tejido la asociación más longeva con Jordan Brand.
Se trata de una fructífera colaboración que ya se
manifiesta en una colección anual con modelos
que llevan los colores del Quai 54.

Nike fue el patrocinador histórico de la primera edición del Quai 54. Jordan Brand tomó el relevo en 2007. ¿Cómo trabajan con la marca?

H. S.: La inteligencia de Jordan Brand radica en que aceptó que teníamos cierto conocimiento del mercado francés, porque el producto que puede gustar en nuestro país no es necesariamente el que se ajusta a los estándares estadounidenses. La marca tuvo que confiar en Thibaut (de Longeville), cofundador y director artístico del Quai 54, para la elaboración de la línea.

Empezamos nuestra propia colección en 2017. Como Thibaut era de origen senegalés y yo de Mali, para nosotros era importante crear un par con los colores representativos de África Occidental, conservando al mismo tiempo un diseño deportivo. Youssouf Fofana, de Maison Château Rouge, está en la misma línea de autenticidad, representa a París en toda su riqueza.

¿Cómo se produjo el cambio entre Nike y Jordan Brand?

H. S.: Fue Christophe Quiquandon, exdirector de *marketing* de Nike Francia, quien llamó a la gente de Jordan Brand en Estados Unidos para hablarles de Quai 54. Gentry Humphrey, exvicepresidente de Jordan Brand, acudió al evento y lo aprobó. Se enamoró del Quai 54. Viene casi todos los años. Es realmente nuestro mentor.

¿Qué par le ha marcado más y cuál sueña revisitar?

H. S.: El que sueño con revisitar es la Jordan 11. Por el momento, las Jordan 5 [1] de 2011 son mis favoritas. Cuando las vuelvo a ver, con el antiguo logotipo que forma parte de nuestra historia, me hace mucha ilusión. Era un par de fanáticos, un orgullo increíble para mí, que crecí en el 94. Nunca pensé que un día trabajaría con Jordan Brand. Nuestra autenticidad nos ha ayudado mucho en nuestras vidas. Somos la marca que ha trabajado más tiempo con Jordan Brand. Lo único que lamento es no haber tenido un patrocinador francés para el evento.

En Francia, la cultura del *streetball* explotó a principios de los noventa y los fabricantes de equipamientos deportivos siguieron sus pasos creando torneos: Adidas Streetball, Reebok Blacktop, Nike Raid Outdoor, etcétera. Es entonces cuando usted se mete en ello...

H. S.: Esos torneos eran operaciones de *marketing*, a diferencia del Quai 54, que celebrará su 20.º aniversario en 2023. Personalmente, llevo jugando al baloncesto toda mi vida. Empecé en 1991, después de un viaje a Nueva York. Hoy tengo 47 años y sigo jugando. No hay un jugador de baloncesto en París que no me haya visto en una cancha. La verdad es que he contribuido a mantener vivo el baloncesto en París. A finales de los noventa, todos los profesionales venían a jugar a la sala Georges-Carpentier porque yo había conseguido un hueco allí. A los 23 años conseguí que viniesen Amara Sy, Sacha Giffa... y todos mis colegas de hecho. Creamos ese campo, luego el torneo, y la cosa fue creciendo.

¿Cuáles son sus planes para el futuro del Quai 54 en términos de desarrollo?

H. S.: Hace veinte años, Mokobé ya dijo que «África era el futuro», y tenía razón. Lo vemos con el desarrollo de la NBA África. Me gustaría organizar torneos clasificatorios en África, y los dos finalistas vendrían a París el verano siguiente. Me encantaría empezar en Costa de Marfil en diciembre de 2022. Después, la gente me habla a menudo de Estados Unidos, pero justamente lo que mola es organizar un evento que ellos no tienen. Si lo llevamos allí, perdemos la magia. El Quai 54 es nuestro propio Roland Garros. Si quieren verlo, ¡vengan! ■

[1] JORDAN 5 QUAI 54
La *sneaker* favorita de Hamadoun Sidibé.

LOS 5 PRINCIPALES DEL QUAI 54

DESDE 2003

De la Jordan 5 a la Jordan 1, el torneo internacional de *streetball* celebró su asociación con Jordan Brand revisitando un modelo de la línea. He aquí un repaso de los pares más destacados.

AIR JORDAN 5 FUSION WINE & GRIND PACK		
LANZAMIENTO: **2008**	PRECIO: **150 €**	REVENTA: **entre 500 y 800 €**

1 PARÍS, 2022

La Fusion volvió a ganar el Quai 54.

El logotipo del Quai 54 no aparece en el par, pero se trata de la primera zapatilla que selló la colaboración entre Jordan Brand y el torneo parisino de streetball.

Lanzada en 2008, la «Wine & Grind Pack» es una fusión entre dos modelos emblemáticos: unas Jordan 5 montadas sobre una suela de Air Force 1. Se supone que su color burdeos representa la maestría de Francia en materia de grandes vinos. Se fabricaron únicamente 170 unidades que se vendieron exclusivamente en París, en Colette y Opium. La zapatilla se compone de materiales de primera calidad, con acabados inusualmente igualados. En un guiño a la historia, fue el equipo de La Fusion 1, liderado por Amara Sy, el que ganó la edición de 2008. Dato curioso: un error de traducción se coló en el *pack* de las AJ5 «Grind & Wind Pack»: el «*The best of both worlds*» («Lo mejor de ambos mundos») pasó a ser «*Le mieux des deux mondes*», en francés. ∎

JORDAN 5 QUAI 54	
LANZAMIENTO: **2011**	REVENTA: **en torno a 3000 €**

Una parte superior blanca, una media suela negra, toques de verde fosforito... ¡El primer *banger* de la dinastía Quai 54 había nacido! Esta paleta se aleja radicalmente de la herencia de Jordan Brand y encaja a la perfección con la identidad del torneo de París. El lanzamiento general hizo las delicias del público francés en detrimento de los estadounidenses, que no llegarían a ver esta combinación porque el par no se lanzó al otro lado del Atlántico. Con una producción de solo 54 unidades, la versión *Friends and Family* (con un magnífico acabado en ante negro y un reluciente verde criptonita) es todavía más bella que su media hermana gemela. Esta AJ5 FF se convirtió de inmediato en uno de los pares más codiciados entre los coleccionistas de AJ de todo el mundo después de ser vista en los pies de Ray Allen y del rapero Fabolous. Mención especial merece la versión 2021 de las segundas Jordan 5 «Quai 54» 2, menos carismáticas, pero con mucho éxito. ∎

2 AIR JORDAN 5 RETRO QUAI 54

Este par en cuero blanco cuenta con cordones bicolores y una lengüeta reflectante.

AIR JORDAN 13 LOW QUAI 54		
LANZAMIENTO: **2015**	PRECIO: **200 €**	REVENTA: **entre 300 y 500 €**

Para celebrar los 30 años de la asociación más prolífica de la historia del baloncesto, Michael Jordan visitó París. Se le dedicó una exposición en el Palais de Tokyo 3. Y se suponía que la leyenda se daría un baño de multitudes en el Quai 54, instalado en la Place de la Concorde. El espaldarazo definitivo para los organizadores. Por desgracia, Jordan no salió del vestuario, a diferencia de 1990, cuando George Eddy logró convencer a la estrella para que saliese al parqué del pabellón Géo-André. La culpa la tienen algunos energúmenos que menoscabaron la confianza de los guardaespaldas de MJ. Los aficionados se consolaron con unas Jordan 13 bajas, muy sobrias, predominantemente negras y que retomaban los materiales habituales de la silueta, con 3M, pero también con una suela de goma muy bonita. Encontramos también un detalle inusual: la estructura metálica de la torre Eiffel reproducida en la superficie de la zapatilla. Una excelente cosecha que suavizaría la amargura de algunos aficionados. ∎

3 PARÍS, 2015

Mark Smith, Michael Jordan y Tinker Hatfield celebran los 30 años de las Air Jordan 1.

KOBE 11 QUAI 54		
LANZAMIENTO: **2016**	PRECIO: **170 €**	REVENTA: **entre 500 y 800 €**

④ KOBE 6 QUAI 54 F

De este par solo
se produjeron
54 unidades.

⑤ KOBE 11 QUAI 54
FRIENDS AND FAMILY

La suela de esta Kobe 11
fue obra del artista
Wu Yue.

Un año después de la cancelación de la visita de Jordan al Quai 54, los fieles de Kobe Bryant recibieron una sorpresa. El Quai 54 tendría sus propias zapatillas con la firma de «Black Mamba». Y en realidad se lanzaron dos pares, uno de los cuales solo se distribuyó en versión *friends and family* ④. La Kobe se presentó con un *look* sobrio, pero muy eficaz. Con predominio de gris, negro y blanco, encontramos algunos detalles dorados sutiles aquí y allá. El Flyknit, utilizado generalmente en las Kobe 11, se sustituyó por la «engineered mesh», una tecnología diseñada para aumentar la flexibilidad y la ventilación de la zapatilla. El logotipo del Quai 54 en el talón, una magnífica suela íntegramente negra y un *miniswoosh* dorado en la parte delantera completan el conjunto. El detalle más llamativo se encuentra debajo de la zapatilla ⑤. Nike encargó al artista parisino Wu Yue el diseño de un mural sobre las canchas parisinas más emblemáticas. Saint-Paul, Stalingrad, Porte de Charenton. Luxembourg, Duperré, Bir-Hakeim: todos los lugares que han hecho de París una ciudad imprescindible en el mapa mundial del *streetball* son homenajeados. Por desgracia, la estrella de los Lakers no pisará el asfalto del Quai 54. El torneo se canceló por decisión de la Prefectura de Policía debido al ambiente de tensión unos días después de los atentados de Niza. ∎

AIR JORDAN 1 QUAI 54 FRIENDS AND FAMILY	
LANZAMIENTO: **2017**	REVENTA: **en torno a 1500 €**

⑥ AIR JORDAN 1 QUAI 54

Esta zapatilla de lanzamiento
general es predominantemente
negra, con toques de azul o
rojo, según el pie.

Seguimos surfeando por la herencia de la marca con el primer par de la línea que lució MJ. El código de color parece estar inspirado en la bandera francesa, con el negro sustituyendo al blanco. La versión que merece nuestra atención es la FF. Mucho más interesante que la GR ⑥, esta AJ1 acentúa la asimetría con el pie izquierdo predominantemente rojo y negro y el pie derecho predominantemente azul y negro (¿una inspiración para la AJ1 Homage to Home lanzada en 2018?). Las piezas de color son de un cuero de primera calidad, mientras que el negro utiliza el ante del lanzamiento general. Solo se produjeron 54 unidades y el modelo no sería del agrado de todo el mundo, aunque seguimos pensando que resulta muy eficaz. ∎

AIR JORDAN 14

1998

	CAP. 37

NOMBRE	Jordan 14 Retro Last Shot
REEDICIÓN	18 de febrero de 2017
DISEÑADOR	Tinker Hatfield
COLOR	Negro / rojo universitario
MATERIAL	Cuero + nobuk
PRECIO DE SALIDA	170 USD

EL ÚLTIMO TIRO

AIR JORDAN 14, 1998

1 AJ14 SUPREME
El color Black, uno de los dos tratamientos propuestos por Supreme.

2 AJ14 FERRARI
Unas Jordan 14 con los colores del prestigioso fabricante italiano de automóviles.

3 FINAL DE 1998
El devastador regate de Michael Jordan frente a Bryon Russell en el partido 6 contra los Jazz.

HISTORIA

El 13 de enero de 1999, al final del cierre patronal (una huelga que enfrentó a los jugadores con los propietarios de las franquicias de la NBA), MJ anunció oficialmente su segunda retirada. Habían pasado siete meses desde su último partido, en las finales contra los Jazz de Utah.

Las Jordan 14 son, por tanto, el último par utilizado durante un partido por el número 23 con la camiseta de los Bulls de Chicago. La versión Black Varsity Red se asocia inevitablemente con el 14 de junio de 1998, el día del legendario «último tiro» de Jordan, armado en la parte superior de la zona restringida tras un devastador regate sobre el defensa Bryon Russell. Para aquellos que gustan de los números simbólicos, aquel tiro increíble se produjo a casi 6 segundos de la bocina (5,2) en el sexto partido de las finales contra los Jazz. Así, Jordan ganó su sexto y último anillo de la NBA. Una actuación 2XL con 45 puntos en total para MJ, lo que contribuyó a que las AJ14 se convirtiesen en objeto de culto entre los aficionados al baloncesto.

La principal inspiración para las Jordan 14 procedió del Ferrari 550 Maranello, un coche de la colección personal de Michael Jordan. Varios elementos de las zapatillas recuerdan al deportivo italiano: la parte trasera de caucho en referencia a los neumáticos, el empeine acolchado para la tapicería de cuero italiano de los asientos, la lengüeta vendría a ser el alerón, el Jumpman sobre fondo amarillo equivaldría al logo del fabricante del automóvil... Las AJ14 están disponibles en ocho colores, incluidos tres modelos bajos. La zapatilla presenta catorce logotipos diferentes, siete en cada pie. Es uno de los pares más ligeros y cómodos de su generación, y cuenta con la tecnología Zoom Air en la parte anterior y posterior. Sin embargo, no están exento de defectos. Los coleccionistas de zapatillas y los baloncestistas han señalado que los materiales se despegan en la zona de los dedos. Al comienzo de la temporada 1998-1999 de la NBA, que en realidad se puso en marcha el 5 de febrero de 1999 debido al cierre patronal, Phil Knight pidió a todos los profesionales contratados por Nike que llevasen las Jordan 14 durante un partido como homenaje a MJ, que se acababa de retirar. Numerosas estrellas respondieron a la petición: Charles Barkley, Reggie Miller, Tim Duncan, David Robinson, Toni Kukoc...

REVENTA

Veintiún años después de «*The last shot*», las Jordan 14 fueron revisitadas con un *pack* Supreme . Aquel mismo año, en 2019, las Jordan 14 Ferrari presentaron el color con mayor potencial de reventa. Presenta el llamativo color rojo de la escudería transalpina. El 15 de septiembre de 2022, la camiseta utilizada por Michael Jordan en el primer partido de la final de 1998 se vendió en una subasta por 10,1 millones de dólares, un récord para un artículo deportivo. «Aquella camiseta histórica fue usada durante la que sin duda fue la temporada más famosa de la legendaria carrera de Jordan, cuando la superestrella consolidó su legado como el mejor jugador de baloncesto de todos los tiempos», declaró Sotheby's.

LA ANÉCDOTA DE LARRY

Michael Jordan era un competidor extraordinario al que convenía no hacer enfadar. Las provocaciones de sus adversarios alimentaban su motivación. Muchos de ellos pagaron el precio, empezando por Bryon Russell . «*The last shot*» no ocurrió por casualidad. Durante la primera retirada de MJ, el alero de los Jazz tuvo el valor de dirigir estas palabras a la superestrella de los Bulls: «Sabías que era capaz de defenderte y por eso dejaste de jugar al baloncesto». Evidentemente, Michael se lo tomó como algo personal. El imprudente Russell pasó a estar en «la lista» de las víctimas de MJ y en su punto de mira... ¡para siempre! ∎

Linen

312274-161 | 19/11/2005

Low Pacific Blue

312567-141 | 18/03/2006

Low Columbia

136019-101 | 04/08/1999

Candy Cane

487471-101 | 10/03/2012

Hyper Royal

487471-104 | 19/09/2020

Dark Cinder

311832-121 | 28/10/2005

Supreme™ White

BV7630-106 | 13/06/2019

Forest

311832-131 | 22/10/2005

Black Toe

487471-102 | 20/09/2014

Oxidized Green

487471-106 | 16/07/2016

Ginger

487471-701 | 17/08/2022

Desert Sand

487471-021 | 2018

Low Clot™ Terra Blush

DC9857-200 | 11/02/2021

Aleali

DJ1034-200 | 19/08/2021

Chartreuse

311832-031 | 24/09/2005

Low Laney

807511-405 | 03/10/2015

Challenge Red

654459-670 | 06/09/2014

Thunder

487471-070 | 04/07/2014

Black University Blue

311832-041 | 14/01/2006

Supreme™ Black

BV7630-004 | 13/06/2019

DB

CV2469-001 | 07/12/2019

Indiglo

487471-005 | 13/08/2016

DMP / Last Shot

897561-900 | 14/06/2017

Last Shot

487471-003 | 14/06/2018

EL EQUIPO LARRY DEADSTOCK
El libro

NOMBRE	Julien
ALIAS	Larry Deadstock
AÑO DE NACIMIENTO	1979
PAR FAVORITO	Air Max ST OG

Crecí entre Villeneuve-Saint-Georges y Valenton (94), en el extrarradio del sur de París. Cuando tenía 10 años veía rapear y taguear a MC Solaar y a toda su banda del Posse 501. Eran de mi barrio y soñaba con hacer lo mismo que ellos. Más tarde materialicé mis deseos practicando rap y *tag* con algunos colegas de mi zona. Me aficioné a las zapatillas viendo a los mayores de mi barrio con Patrick Ewing, Troop, British Knights (BK), LA Gear... Fue mi tío quien me regaló mi primer par de Reebok Pump, unas SXT. ¡Recuerdo que dormía con ellas! Como las zapatillas forman parte de la cultura hiphop, me han acompañado toda la vida.

NOMBRE	Romain
ALIAS	Le Doc
AÑO DE NACIMIENTO	1974
PAR FAVORITO	NB 993 OG Grey

Crecí en el barrio de Mont-Mesly, en Créteil, en el Val-de-Marne. Allí pasé toda mi juventud. De hecho, soy graduado por la universidad de los espacios vacíos (risas). Mi madre cuenta que a los 5 años me encapriché de unas Adidas Country, con rayas verdes. En los primeros tiempos del rap y el *ragga* en París, adopté los códigos que correspondían a ese estilo de vida: sonido neoyorquino o *dubplates* jamaicanos, ropa y zapatillas. En los años noventa me subí de cabeza a la ola del *running*: Air Max, Air Huarache, ZX Torsion... De las torres de hormigón a las torres de cristal de La Défense: en el año 2000, entré en el mundo del emprendimiento a través de los sectores de la construcción y la música. Al mismo tiempo, descubrí el mundo de las colaboraciones y las retrospectivas. En Larry Deadstock soy el «asesor» de *running*, especializado en New Balance y, por extensión, en todo lo coleccionable.

LARRY DEADSTOCK
65, rue de Saintonge,
París IIIe

LARRY LES BONS TUYAUX
63, rue de Saintonge,
París IIIe

LARRY ET LA CHOCOLATERIE
70, rue de Saintonge,
París IIIe

NOMBRE	Fakrel
ALIAS	Baron
AÑO DE NACIMIENTO	1981
PAR FAVORITO	Air Max 90 Infrared

Entré en el mundo de las zapatillas a través del barrio en el que crecí, la Cité des Pompiers, Asnières, en el 92. El primer par que me marcó fueron unas Air Max 90 Infrared que compró mi padre. En aquella época me compraban un par al año si sacaba buenas notas. Me las ponía todos los días, para todos los eventos: colegio, fútbol, bodas... Siempre he estado muy conectado al *running*. A los 16 años empecé a jugar al baloncesto en el Jeanne-d'Arc de Asnières (JDA). Me apasionaba este deporte y seguía la NBA en Canal+. Me gustaban mucho los Hornets de Charlotte, con Larry Johnson, Muggsy Bogues, Alonzo Mourning... A principios de 2000 empecé a coleccionar más y más pares. ¡Compro todo lo que se mueve!

NOMBRE	Mehdi
ALIAS	Ceasar Salad
AÑO DE NACIMIENTO	1979
PAR FAVORITO	AJ3 Black Cement

Soy hijo del 78, de Aubergenville más concretamente. Fue el deporte, sobre todo el baloncesto, lo que me aficionó a las zapatillas. Lo que me hizo seguir adelante fue la frustración de no poder comprarme las cosas cuando era joven. Si hubiese tenido acceso a las zapatillas con las que soñaba, a lo mejor me habría fijado en otra cosa. Mi primer par fueron unas Adidas EQT Basketball, con una plantilla intercambiable. No eran tan buenas como un par de Jordan, pero para mí ya era enorme. Devoraba revistas de baloncesto y practicaba mucho en las canchas. Era una parte muy importante de mi vida. No me perdía nada de los Knicks de Nueva York. Mi jugador favorito era John Starks. Más tarde encadené los viajes a Estados Unidos, viví en Nueva York y cofundé WallKicks, la primera tienda de compraventa de Europa, en 2007 en París.

Las tiendas

Yasmina

ALIAS MOSHIKURA | TIENDA LD

Mehdi

ALIAS CEASAR SALADE | TIENDA LD

Sadok

ALIAS SADOKBNZ | WEB DE LD

Jawed

ALIAS 0HOODINI | TIENDA LD

Fakrel

ALIAS BARONKIX | CHOCOLATERIE

Abdoulaye

ALIAS TOXISHOES | LARRY LES BONS TUYAUX

Rachid

ALIAS SUPSHEED | LARRY LES BONS TUYAUX

Bilal

ALIAS ALED | CHOCOLATERIE

ANATOMÍA

FUNDAMENTOS DE LA *SNEAKER*

Puntera, media suela, empeine...
Con la lectura de este libro habrá
(re)descubierto un vocabulario específico
relativo a las zapatillas. ¡A repasar!

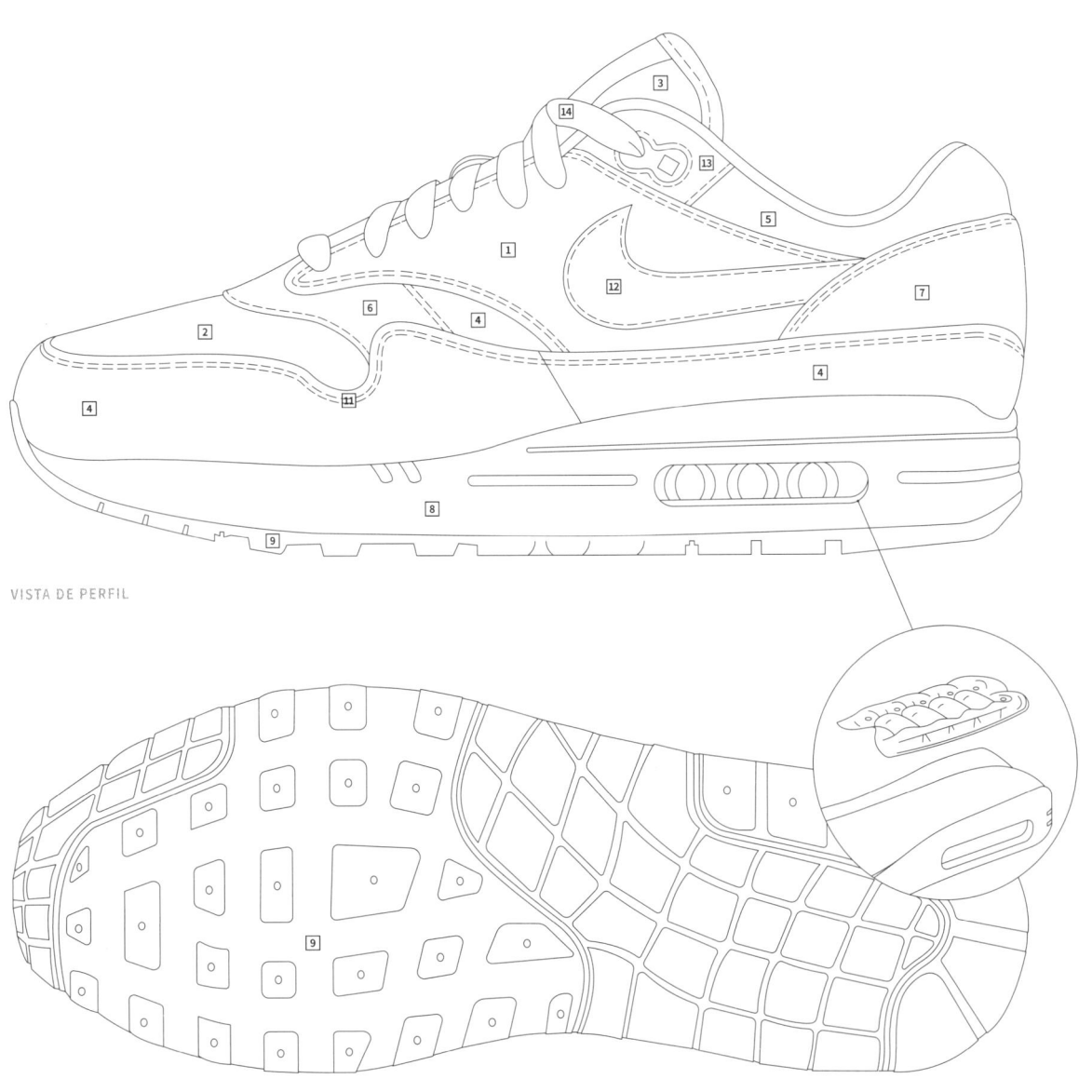

VISTA DE PERFIL

VISTA INFERIOR

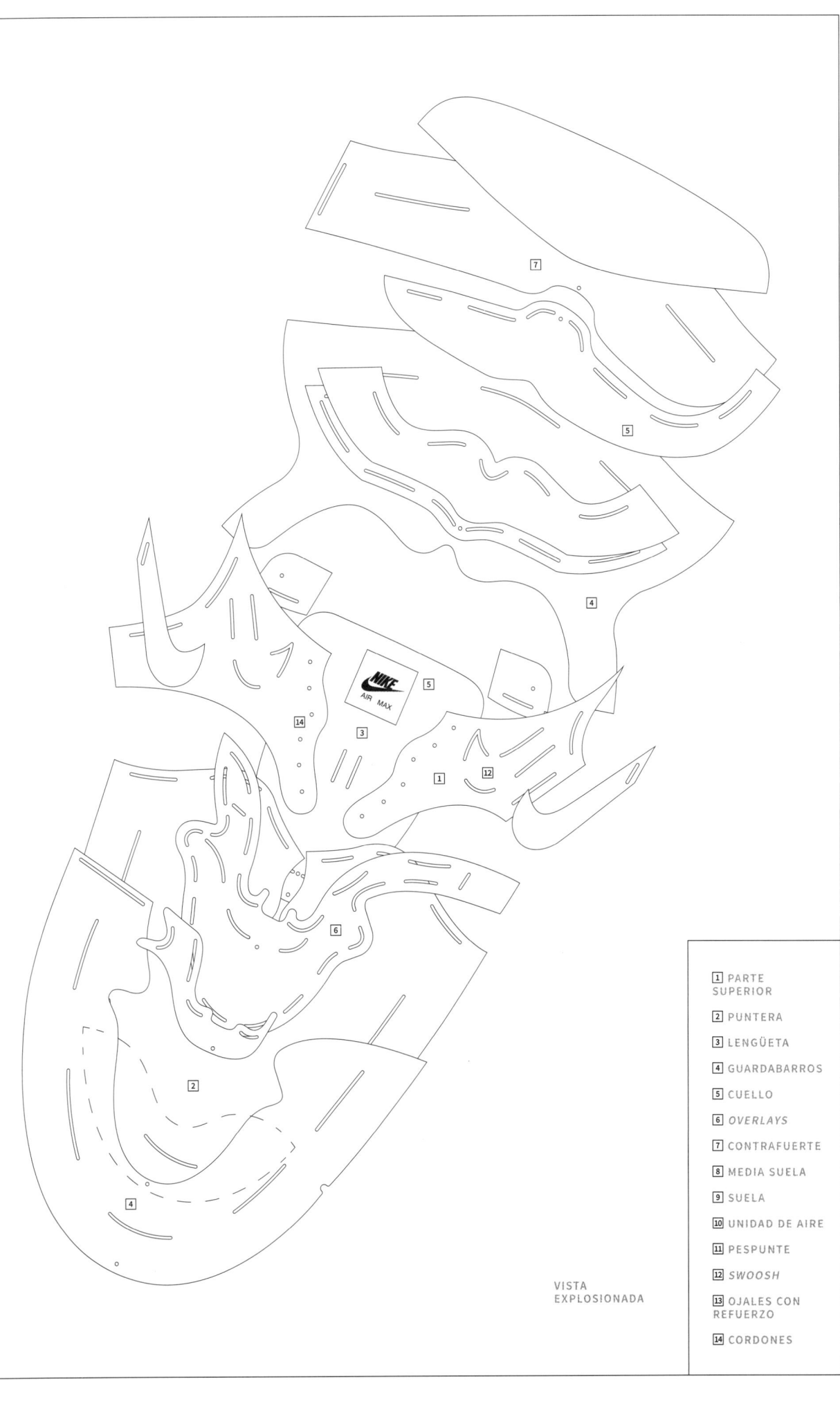

VISTA
EXPLOSIONADA

1 PARTE
SUPERIOR

2 PUNTERA

3 LENGÜETA

4 GUARDABARROS

5 CUELLO

6 *OVERLAYS*

7 CONTRAFUERTE

8 MEDIA SUELA

9 SUELA

10 UNIDAD DE AIRE

11 PESPUNTE

12 *SWOOSH*

13 OJALES CON
REFUERZO

14 CORDONES

VOCABULARIO

DICCIONARIO DE LAS ZAPATILLAS

3M: material reflectante.

Acampar (*camp out*): sentarse a las puertas de una tienda de zapatillas, una o varias noches antes del lanzamiento de un par exclusivo.

Ante: tipo de cuero con un aspecto aterciopelado.

Backdoor: acuerdo económico entre el propietario de una tienda de zapatillas sin escrúpulos y un revendedor... todavía menos escrupuloso.

Basket: término francés para designar al calzado deportivo, sucesor de la palabra «tennis».

B-grade: par con alguna tara; por lo general, se indica con un sello morado en la etiqueta de las tallas.

Colaboración (*collab*): asociación entre una marca de zapatillas y un diseñador, una tienda, un artista, etcétera.

Color: o C, el color o los colores del par.

Consortium: serie limitada de Adidas.

Contrafuerte: lengüeta situada en la parte posterior del par, a la altura del talón.

Cook group: comunidad de ayuda en Discord que intercambia información y facilita la compra de zapatillas.

Deadstock: o DS, par nuevo e inmaculado, en su caja original (primera acepción). Un par que ya no está disponible en el mercado primario (segunda acepción).

Denim: tejido vaquero.

Desajuste (*mismatched*): par desparejado o invertido voluntariamente en lo que respecta a los colores.

Dubraes: elemento decorativo situado en el centro de los dos primeros ojales.

Elephant print: cuero estampado inspirado en la piel agrietada de un elefante. Se utilizó por primera vez en las Air Jordan 3.

Fake: falso.

FCFC: «*First Come, First Served*», «¡el primero en llegar se lo lleva!».

Flyknit: material creado por Nike que se utiliza en la parte superior de las zapatillas, fabricado en una única pieza de poliéster por tejido numérico. El equivalente al Primeknit de Adidas.

Flywire: material termoplástico innovador ultraligero, creado por Nike, que contiene un sistema de cableado de «puente suspendido» para un mejor ajuste.

Forma: silueta de las zapatillas.

Friends and family: modelo fabricado en cantidades muy pequeñas y destinado al entorno más cercano.

Glow in the dark: tratamiento fosforescente utilizado en muchos casos para las suelas.

GOAT: «*Greatest Of All Time*», «los mejores de todos los tiempos».

Gore-Tex: membrana sintética termosellada, impermeable y transpirable.

Grial: el Santo Grial, un par icónico muy difícil de conseguir.

Guardabarros (*mudguard*): pieza situada en la parte delantera superior de la zapatilla.

Hook up: conseguir unas zapatillas al por menor para alguien con el único objetivo de hacerle un favor. Revendidas a precio de compra.

HTM: «H» de Hiroshi Fujiwara, «T» de Tinker Hatfield y «M» de Mark Parker.

Hype: un fenómeno del que todo el mundo habla.

Insole: plantilla.

Intermediario: persona que garantiza la transacción.

Kicks: término coloquial americano para designar a las zapatillas.

L (sacar una): *L* significa «*lose*», perder en el sorteo de un par distribuido en una edición limitada.

Ladrillo: error de producción, par invendible cuyas cajas acumuladas permitirían construir una pared...

Lanzamiento general (*general release*, o GR): modelo estándar destinado al gran público. Lo contrario de una colaboración o una serie limitada.

Legit: un par auténtico.

Legit check: comprobar si un par es auténtico o no.

Lifestyle: par destinado a lucirlo, no para el rendimiento deportivo.

Limpiar: comprar todo o parte del *stock* de un par a un minorista.

Lona: tela gruesa de algodón.

Malla (*mesh*): tejido de malla ancha con aspecto de red o redecilla. Se utiliza sobre todo en la parte superior de las zapatillas de correr.

Marbrer: precio de compra o venta excesivo por un par (primera aceptación). Trato que recibe un par después de utilizarlo mucho (segunda acepción).

Media suela: entresuela situada entre la suela y la parte superior.

Meet-up: encuentro entre un comprador y un vendedor para concluir una transacción.

Método del tirón: acto delictivo para robar muy extendido en los años noventa.

Muestra (*sample*): prototipo o versión no comercializada de un modelo.

Neopreno: caucho sintético diseñado para amoldarse a la forma del pie. Destaca su uso en el forro de las Nike Air Huarache.

NikeTalk: foro de referencia de los coleccionistas de zapatillas de principios de la década de 2000.

Nobuk: literalmente, «gamo nuevo» en referencia al tratamiento de lijado del cuero para darle un aspecto aterciopelado. Disponible también en versión sintética.

OG: primera edición de un par (primera acepción). «Original Gangster» (segunda acepción).

Pase: acceso facilitado a un par por parte de la tienda de zapatillas a raíz de un lanzamiento, a menudo mediante enchufe (primera acepción). Reparto entre minoristas del acceso a un par entre coleccionistas (segunda acepción).

Patent: charol.

Piel de serpiente: estampado de piel de serpiente.

Player exclusive: o PE, color inédito reservado a un jugador profesional, no destinado a la venta.

Puntera (*toe box*): parte delantera de una zapatilla.

Purista: ardiente defensor de una época olvidada y enemigo acérrimo del revendedor. ¿Su doctrina? «Las zapatillas eran mejores antes».

Quickstrike: o QS, lanzamiento de un par de Nike en edición limitada en una tienda con una cuenta del mismo nombre. *Hyperstrike*, todavía más limitada.

Reventa: reventa de zapatillas según la cotización del segundo mercado después de la compra inicial al precio de venta al público. Actividad principal de Larry Deadstock. No confundir el término inglés, *resell*, con el francés *recel*, que hace referencia a un delito.

Retail: precio de venta al público recomendado por los distribuidores.

Retro: reedición de un par.

Rocker: usar unas zapatillas, no guardarlas. De ahí la expresión «Rock, don't stock».

Safari: estampado relacionado con el *elephant print* inspirado en la sabana africana.

Segundo mercado: mercado de reventa de zapatillas.

SKU: código del producto.

Sneaker: par de *lifestyle* con potencial de reventa. Si no se revenden, son zapatillas. «En Larry Deadstock vendemos *sneakers*».

Sneaker bot: o *bot*, *software* utilizado para piratear páginas web comerciales.

Sold out: agotado.

Sorteo: rifa en línea o en la tienda.

Special make up: o SMU, modelo creado especialmente para una tienda.

StockX: la referencia del mercado de zapatillas.

Suela: suela en contacto con el suelo.

Swoosh: coma del logotipo de Nike.

Tenis: antepasado de las zapatillas deportivas.

Tienda de consignación: compraventa.

Tier Zero: o TZ, un tipo de cuenta todavía más limitada que Quickstrike hasta la década de 2010.

Trainer: sinónimo de *kicks*.

Unboxing: desembalaje de un par de zapatillas para presentarlas en vídeo.

Upper: parte superior o empeine de una *sneaker*.

Waffle: tipo de suela inspirada en la forma de un gofre.

Zapatilla de firma: modelo diseñado para un deportista, un artista, etcétera.

Zapatillas de padre (*dad shoes*): zapatillas cómodas con la suela gruesa.

TIENDAS DE *SNEAKERS*

LO MEJOR DE LO MEJOR

ALEMANIA

Overkill: tienda berlinesa impregnada de la cultura del grafiti de los noventa, con selección *premium* y colaboraciones de peso con Adidas.

Solebox: una tienda pionera en Berlín, fundada por el maravilloso Hikmet Sugoer y sus hermanos. Célebres colaboraciones con Asics y New Balance. Vendida a la cadena alemana Snipes, ahora franquicia europea.

43einhalb: minorista multimarca con sede en Fráncfort.

Afew: selección de *sneakers premium* de Düsseldorf, con varias colaboraciones en su haber.

DINAMARCA

Norse Store: cuenta de *sneakers premium* en Copenhague, selección multimarca y marca propia: Norses Projects.

Naked: en Copenhague, *women's only!*

ESPAÑA

Si vas descalzo: fundada por cinco amigos en Barcelona y con más de 10 años de experiencia, SVD se ha convertido en todo un referente para quienes aprecian la moda de vanguardia. Con su amplio catálogo, SVD ha unido el lujo con el *streetwear*, tanto de moda como de sneakers.

Footdistrict: es el segundo *ecommerce* que más crece en Europa. Gran variedad.

Lace it Store: nacida en Madrid durante la pandemia, sus dueños desean crear un concepto diferente de *sneakers* y de ropa *streetwear*, basado en la imagen y las tendencias.

Numbers Sneakers: tienda de zapatillas deportivas de ediciones limitadas en Madrid.

FRANCIA

PARÍS

Clockers: reventa para «pijos».

Colette: *concept store* y emporio de la moda en París durante veinte años. Una institución fundada por Colette Rousseaux que cerró sus puertas en 2017.

Meet Up: tienda de compraventa, selección *hype* para una clientela selecta.

Opium: tienda pionera de la cultura *sneakers* francesa con sede en París. Existen varias franquicias en Europa.

Starcow: veterana tienda parisina, referencia en *streetwear* y *skatewear*. Selección reconocida internacionalmente y varias colaboraciones con *sneakers* de alto nivel (New Balance, Adidas, Vans...).

Structure: tienda de reventa situada en el Marais.

The Next Door: tienda originaria de Avignon y también situada en París, en el X^e *arrondissement*. Selección de ropa llamativa y elegante, y zapatillas deportivas de primera calidad.

MARSELLA

Corner Street: tienda de *sneakers* próxima a la Canebiére.

Maison Mère: marca propia y selección *vintage* con algunos pares de reventa. ¡Es Marsella, nene!

LYON

Summer Store: selección *hype*.

Shoez gallery: figura entre las primeras tiendas de *sneakers*.

BURDEOS

Le Rayon Frais: tienda con una selección muy ordenada de *sneakers* y ropa. Sucursal en Biarritz.

GRAN BRETAÑA

Hanon Shop: tienda de referencia de la cultura *sneaker* en Aberdeen, Escocia. Importantes colaboraciones con New Balance, Asics y Adidas.

Footpatrol: Londres y París. Tienda de referencia para la cultura *kicks* británica, con numerosas colaboraciones con diversas marcas. Adquirida por el grupo JD Sport.

Size?: similar a Footpatrol, pero con más tiendas en Europa.

End Clothing: tienda en línea con sede en Newcastle y tienda física en Londres.

Streetwear y moda, varias colaboraciones de *sneakers* de alto nivel con Saucony, New Balance...

Presented By: tienda de reventa de referencia en Londres, trabaja con Crep Protect y Klekt.

ITALIA

Slam Jam: pionera de la cultura *sneaker* en Milán. Colaboraciones notables con Nike, Asics, New Balance...

Ageha: tienda en Turín con una selección de New Balance y de *running* de lo mejor.

One Block Down: Roma y Milán, multimarca en *sneakers* y ropa *streetwear*.

Suède: Roma en todo su esplendor, cuenta *premium*.

Sneakers 76: selección de multimarcas en Tarento, en la región de Apulia.

PAÍSES BAJOS

Patta: referencia holandesa (y mundial), minorista multimarca de zapatillas y marca propia, y colaboraciones de peso con las Air Max 1. También en Londres y Milán. *Family Own business...*

Woei: minorista multimarca veterana en Róterdam. Colaboración célebre con las ASICS Gel Lyte 3.

Prime: tienda de reventa OG en Utrecht.

SUECIA

SNS: cadena de tiendas de *sneakers* y ropa en Estocolmo (y también en Londres, París, Nueva York, Los Ángeles...). Numerosas colaboraciones en *sneakers* dignas de ser recordadas.

ESTADOS UNIDOS

NUEVA YORK

KITH: minorista multimarca y marca fundada por Ronnie Fieg, con sede en Manhattan y Brooklyn, y más tarde París, Los Ángeles, Tokio, Miami... Cuenta con un bar de cereales llamado Kith Treats. Colaboraciones famosas con ASICS y New Balance.

Supreme: marca de *skatewear* y *streetwear* fundada por James Jebbia. El templo de las colaboraciones (Nike, Vans, The North

Face...). También presente en Londres, París, Los Ángeles, Tokio...

Packers Shoes: *sneakers* multimarca y ropa en Nueva Jersey, con numerosas colaboraciones en su haber.

Extra Butter: tienda en el Lower East Side (LES) con una selección de *sneakers*, ropa y colaboraciones serias.

ALIFE: tienda pionera de la cultura *street* y marca propia, NYC Spirit.

Flight Club: la meca de las *sneakers* y la reventa creada por Damany Weir. También existe en Los Ángeles.

Stadium Goods: tienda de reventa de calidad en Soho. Cuenta con otros establecimientos, sobre todo en Chicago.

LOS ÁNGELES

Undefeated: cadena de tiendas y marca fundada por Eddie Cruz y James Bond, referencia en el sector, autora del Grial, las Jordan 4 y su *colorway* «UNDFTD». Sucursales en California y Japón.

Blends: tienda de *sneakers* con cuenta *premium*, colaboración notoria con Vans y varios establecimientos en Los Ángeles.

DripLA: tienda de reventa seria.

RIF LA: veterana de la reventa con sede en Downtown.

Round Two: cadena estadounidense de consignación y reventa fundada por Sean Wotherspoon; también en Chicago, Nueva York y Miami.

Solstage: tienda de reventa competente en Fairfax Avenue.

DETROIT

Burn Rubber: tienda de *sneakers* OG, selección muy cuidada y algunas colaboraciones con New Balance en el pasado. A tener en cuenta.

CHICAGO

Notre: selección de clase mundial, multimarcas en *sneakers* y ropa.

Saint Alfred: tienda pionera, un buen número de colaboraciones con New Balance, Asics, Vans y Adidas.

Endless Supply: tienda de reventa bien surtida.

TEXAS

Sneakers Politics: selección de primera y bonita tienda situada en Austin.

Nice Kicks: tienda OG, varias colaboraciones con New Balance, Adidas... Institución con sede en Austin, también con tienda en Los Ángeles.

Proper: tienda pionera en Long Beach, California. También ha abierto un establecimiento multimarca de *sneakers* y ropa en Houston.

LAS VEGAS

Feature LV: minorista multimarca muy serio.

Urban Necessities: monumental tienda de reventa de Jaysse Lopez para pulirse toda la pasta al salir del casino.

BOSTON

Concepts: tienda de referencia que empezó centrándose en el *skateboard* y ahora más generalista; ha abierto sus puertas en Dubái y Shanghái. Colaboraciones de renombre internacional con Nike SB, ASICS y, sobre todo, New Balance.

Bodega: una tienda pionera de la cultura *sneaker* con una puerta secreta tras la fachada de una tienda de ultramarinos... Selección cuidada y colaboraciones de alto nivel. Segundo establecimiento en Los Ángeles.

ATLANTA

A Ma Maniére: tienda multimarca de *sneakers* y ropa; selección *hype* e incluso de lujo. Colaboraciones con Jordan Brand y Nike.

Social Status: minorista multimarca con reputación internacional.

MIAMI

Solefly: minorista especializado en Jordan, varias colaboraciones con el Jumpman.

Shoe Gallery: *sneakers* y ropa multimarca, selección de vanguardia.

JAPÓN

TOKIO

Atmos: institución de la *sneaker* en Japón, minorista multimarca, autor de algunas colaboraciones muy famosas con Nike en la serie Air Max. Varios establecimientos en Asia (Tokio, Seúl...). También en Nueva York (Harlem).

Mita: tienda pionera de la cultura callejera, una de las primeras que pensó en términos de colaboración, multimarca y numerosos programas con Adidas.

Skit: tienda de reventa en Tokio, archivista de artículos raros.

Ginza Sneaker Hill: en la planta 8.ª de los grandes almacenes Hankyu de Tokio, dedicada a las *sneakers*.

Gusto Da Ninja: solo reventa en línea, proveedor de joyas, a seguir en Instagram.

Worm Tokyo: tienda de consignación y reventa dirigida por entusiastas.

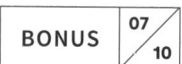

QUIÉN ES QUIÉN

50 PERSONALIDADES IMPRESCINDIBLES
DE LA CULTURA *SNEAKERS*

Virgil Abloh. «Tagueador».
Diseñador, creador de Off-White.

Eric Avar. «Revolucionario».
Diseñador estadounidense (Foamposite, Shox, Kobe 6, etcétera).

Salehe Bembury. «Croc Monsieur».
Diseñador estadounidense.

Chitose Abe. «Double Trouble».
Diseñadora japonesa, fundadora de Sacai.

Mister Cartoon. «Low rider».
Grafitero y tatuador estadounidense.

Jacques Chassaing. «Made in France».
Diseñador francés de la ZX.

Fraser Cooke. «El intermediario».
OG británico. Director de Operaciones Especiales en Nike.

Daddy K. «Bruxelles vie».
DJ belga, pionero de la cultura hiphop.

Drake. «Noctámbulo».
Rapero canadiense.

Fat Joe. «El Gordo».
Rapero estadounidense, fundador de la tienda UP NYC.

Futura 2000. «U.N.K.LE.».
Pionero del grafiti en Nueva York.

Eddie Cruz. «Invicto».
Cofundador estadounidense de Undefeated junto a James Bond (el otro).

Carolyn Davidson. «Diosa griega».
Diseñadora gráfica estadounidense, creadora del *swoosh*.

Jim Davis. «Daron».
Presidente estadounidense de New Balance.

Adolf Dassler. «Cazador de tréboles».
Fundador alemán de Adidas.

Mayor. «El alcalde de Nueva York».
Asesor y coleccionista de *sneakers*.

Michael Dupouy. «Monitor de juventud».
Cofundador de la MJC, autor de los libros *All Gone*.

Ronnie Fieg. «Pequeño comerciante neoyorquino».
Diseñador estadounidense, fundador de Kith.

Hiroshi Fujiwara. «El Padrino».
Diseñador japonés, fundador de Fragment.

Tinker Hatfield. «GOAT».
Arquitecto y diseñador estadounidense.

Greg Hervieux. «Rainbow Warrior».
Fundador de Triiad; cofundador de la agencia Blackrainbow con Jay Smith.

Errolson Hugh. «BDSM».
Diseñador, cofundador de Acronym.

Gentry Humphrey. «Jumpman».
Exvicepresidente de Jordan Brand.

James Jebbia. «Skateboard Genius».
Diseñador estadounidense, fundador de Supreme.

Peter Johansen. «El vikingo».
Cofundador de la tienda sueca Sneakersnstuff.

Kim Jones. «Me encanta».
Diseñador británico.

Clark Kent. «El DJ favorito de Dios».
DJ y productor de hiphop estadounidense.

Kaws. «Jouéclub».
Artista contemporáneo estadounidense.

Bruce Kilgore. «Ingeniero aeronáutico».
Diseñador estadounidense de las Nike Air Force 1 y las Air Jordan 2.

Kish Kash. «UK apache».
DJ y presentador de radio aficionado de Londres.

Phil Knight. «Shoe dog».
Empresario estadounidense, cofundador de Nike con Bill Bowerman.

Michael Lau. «Mr. Shoe».
Artista de Hong Kong, diseñador de figuritas.

Jerry Lorenzo. «Jesus».
Diseñador estadounidense de la marca Fear of God.

Sergio Lozano. «Estudiante de anatomía».
Diseñador estadounidense de las Air Max 95.

Mohamed Radji. «Buscador de gangas».
Consultor francés y pionero del *streetwear*.

Haruki Murakami. «Flower Power».
Artista japonés.

Peter Moore. «Give Me Some».
Diseñador estadounidense de las Air Jordan 1 y las Dunk.

Nigo. «Billionnaire Boy Club».
Diseñador japonés, fundador de Bape.

Colette Rousseaux. «Reina Madre».
Fundadora de la *concept store* parisina Colette.

Edson Sabajo. «Buscador de oro».
Cofundador, con Guillaume Schmitt, de la tienda de *sneakers* Patta.

Travis Scott. «Maestro cerealista».
Rapero estadounidense.

Jeff Staple. «Criador de palomas».
Diseñador estadounidense.

Stash. «Blue Boy».
Grafitero estadounidense.

Shawn Stussy. «Surfero de plata».
Diseñador estadounidense de la marca de *surfwear* Stüssy.

Hikmet Sugoer. «Charcutero turco».
Fundador de la tienda berlinesa Solebox y de la marca Sonra.

Texaco. «Jugador de polo».
Pionero francés de la cultura hiphop, consultor y DJ.

Paul Van Doren. «Gofrero».
Cofundador de Vans junto a su hermano James.

Teddy Santis. «Nostálgico».
Creador estadounidense de Aimé Leon Dore.

Sean Wotherspoon. «Vegano».
Revendedor estadounidense y fundador de Round Two.

Kanye West. «Llamadme Dios».
Rapero y diseñador estadounidense.

EL PAR QUE ME CAMBIÓ LA VIDA

François Chevalier,

periodista de *Télérama* y coautor de *Bonnes vacances!* (Entorse éditions, 2020)
y *Hors Piste* (Flammarion, 2021)

Mi primer recuerdo significativo ligado a la cultura *sneakers* se remonta a 1991. Yo tenía 11 años y el meteorito de la NBA se estrelló en Francia. La voz de George Eddy, la portada del primer número de *5 Majeur* con el Dream Team y, sobre todo, Michael Jordan me convencieron para abandonar el fútbol por el baloncesto. Para ello, tenía que reunir todo el arsenal. Al salir del colegio pasaba todos los días por delante del escaparate de The Athlete's Foot para contemplar el grial absoluto sin perder detalle: las Nike Air Jordan 6 Black Infrared. Aquel par ultrafuturista y *high tech* sacude mi imaginación y evoca algunas de las mejores jugadas de MJ con los Bulls. el surrealista mate sobre la cabeza de Patrick Ewing en el Madison Square Garden, descrito por el comentarista estadounidense Marv Albert como una «jugada espectacular» frente a los Lakers de Magic... Y no olvidemos a Predrag Danilović, el fantástico alero del Partizan Belgrado, uno de mis jugadores favoritos de Europa, que también utilizaba AJ6. En otras palabras, soñaba con ella por las noches y creía que verdad que las Jordan 6 permitían permanecer más tiempo en el aire. Además, la chica más guay de mi cole tenía unas, y eso me enfermaba de celos. Había un gran problema: a más de 900 pavos, las Jordan 6 eran un producto de lujo que me parecía intocable, sobre todo para un chaval que vivía en el Limousin en una época en la que no teníamos acceso a Internet.

Mis compañeros y yo estábamos tan obsesionados con aquella zapatilla que ideamos un plan para robar en la tienda... Se suponía que uno de nosotros se probaría un par y saldría corriendo con él mientras otro haría que el vendedor fuese al almacén con una excusa falsa: «Señor, ¿puedo usar su baño?». ¡Lo que sea! Obviamente, nadie tuvo la valentía de lanzarse. Tenía que replantearme mis planes. Después de reunir mis modestos ahorros y negociar un reñido acuerdo de financiación participativa con toda mi familia, convencí a mis padres de que para jugar al baloncesto necesitaba unas Jordan 6 de la talla 41. Una vez aprobado el proyecto, rompí mi hucha, entusiasmado como Marty McFly cuando descubre las Nike Mag. El logotipo Jumpman, los agujeros en la lengüeta, el cemento incrustado en la caja, el bloqueo de cordones rojo... ¡Tinker Hatfield pensó en todo! Aquella noche dormí con mi par a los pies de la cama.

Todavía me acuerdo del olor inconfundible del nobuk. A partir de aquel momento, llevé las mismas zapatillas que mi superhéroe favorito. ¿Ha intentado alguna vez sacar la lengua mientras mastica un chicle? Imagine la situación... De camino al colegio recitaba de memoria las primeras palabras de «MJ23» en el documental *Come Fly With Me*. Mejor que eso, además de una incipiente pasión por las zapatillas, cuyos lanzamientos esperábamos como un taquillazo, descubrí que un simple par de zapatillas me daba acceso ilimitado a la cultura callejera a través de los anuncios de Spike Lee y la serie *El príncipe de Bel-Air* con Will Smith y DJ Jazzy Jeff... Universos que cambiaron mi visión del mundo.

Debo mucho a las AJ6, y no tardé en aceptar la oferta de Éditions du Chêne para acompañar al *dream team* de Larry Deadstock en la redacción de su libro sobre las *sneakers* en la era de las colaboraciones y el segundo mercado. Entre uno y dos segundos, que es más o menos un *hang time* de Michael Jordan.

FUENTES

Arte, Basket USA, Basketball Reference, Boardroom, Boon, Canal+, 5 Majeur, Clark, Complex, L'Équipe, ESPN, Esquire, Forbes, Gigantes del Basket, GOAT, Go Out, Highsnobiety, HoopsHype, Hypebeast, INA, Instyle Shoes, Kicks On Fire, Kingpin, L'Abcdr du son, Le Monde, Les Échos, Les Inrockuptibles, Le Site de la sneaker, Libération, Maxi Basket, Mondial Basket, New York Post, Nice Kicks, Rap Genius, Reverse, Rolling Stone, Slam, Slate, Sneakers, Sneakers Actus, Sneakers Culture, Sneaker Freaker, So Foot, Sole Collector, Sports Illustrated, Street Jack, Street Tease, Ssense, StockX, Télérama, The Athletic, The Chicago Tribune, The Fader, The Guardian, The New York Times, The Sneakers Bible, The Source, TrashTalk, Vanity Fair, Vice, Views, Wave, Wethenew, Yard.

¡Al altísimo,
sin el cual nada es posible!

A NUESTRAS FAMILIAS

Hajji, Mjaiber, Odin, Ojea.
Madres, padres, progenitores, presentes y difuntos (que Dios se apiade de ellos).
A nuestras esposas, Émilie, Farida, Najah, Sonia, y a nuestros hijos,
Ismaïl, Lina, Manel, Nour M., Nour O., Selma, Shems, Waliya...
¡Un amor!

EQUIPO LARRY DEADSTOCK

Matthieu Antonini #604, Jack Ballgreen #1566,
Sadok Benzakour #156, Abdoulaye Drame #007, Bilal Goncalves #1707, Jawad Kamil #1565,
Rachid «Poupouche» Kamil #20, Yasmina Ouajou #10, Thomas Roland #221,
#21, #470, #1135, y a nuestros valiosos depositantes y clientes.

AGRADECIMIENTOS Y DEDICATORIAS

Sébastien Abdelhamid, Melchior Abeille, familia Achour, Afrokix, familia Ahlil, Airbienf, Boualem Aliouane, Alyas, Akhicoffeedenim, Toufik Amrouze, Salif y Princess Aniès, familia Antoine, Nabil Arbia, Aurel (BabtouwithAttitude), Anthony Alvarez y Air Biggie (Blue Marble), Appartement 235th, Team ASV/AMJ, Audemars (Piguet), Baptchill «Aka le Plug», Karim Belloucif, Ali y la familia Benamer, Marion Berger, Yassine Belattar, Benny B., Flore Biet, Malik Bentalha, Cabinet MCM, Christophe «Nuche» (Big Block), familia Boudon, Matthieu Bongers, Hichem Boubker, CaminoTV, Matthieu «le Touille» Camus, Chichi Cook, familia Chapuzet, Seb Charpentier, Julien «JUSB» Chatelain, Louise y Mona Chevalier, Chris (Retroshop), Arthur y Tom (Circle Movement), Babacar Cisse, Djibril Cisse, Nordine le Coach, Comer, Freeze Corleone, Salade Corporation, Elie Costa, Romain Cros, Crevette, Cyril OG, Dadoummmmm (Supreme), Daddy K., Milton Daoudou, Deck Two, De Tweede Kamer (Ámsterdam), DHL, Gaëtan Dianoux (Dc Jeans), Dom Dias, Dize, Doppio+ Delonghi, Doof, Driss (Maison Mère Marseille), Martial y Bertille Dumas, Fab Onet, Salvatore Falzone, Nikola Firga, Fitthemall, Busta Flex, Forbes, Forum Sneakers.fr, Papi Fredo, Clément Froissart, Fuzi, Generaldo (45 Scientific), Céline Genty y la Genty Family, Gérald (La Boîte Collector), Tonton Gibs, Swift Guad, Seth Gueko, Hamouda, Fouzia y familia Hadadi, Harry's Café, Mike Hirigoyen, Homiz de Clicli, hermanos Hiaoui (Hamed, Rachid, Reda), Kennedy, Cheikh Mustapha Khefif, Kith Paris Team, Funky Khalou, Kombo, Jules Kounde, Tex Lacroix, La Fouine, LaGuezz, Mourad Làtreche, L'étrangleur d'Amsterdam, Jaek El Diablo, JB, Anne Ly, Lamine l'Afghan, Raphael Liot, Lofty, Ganache, Rekia y Bilal Gueddou, Hakmiller, Irfan, Issam (Barbu), Jonathan «Que le MOF», Jr O Chrome, Mourad «Kamou» Kamil, Yazid «Tefah» Khetal, Uncle Mehdi (jjjjound), Mathieu Moula, Black M, Madame Sarfati Crew, Mailboxes, Antoine Malgouyres, ManuCustom, Vins Martins, Marvin & Enson (Colette) Gil McKenzie, Faouzi Mecheri, David «Mettoudman», Anouar & Brahim & Jihane Mjaiber, Le thé à la monte (avec di ptits gâteaux), Miaousbarskdale, Mathieu Mieulle, Milton, Mokobe, Clément Molton, François «Mo'signs» Morel, Rachid Morouche, Najib l'Américain, Thomas Ngijol, Nobru (l'Indis), familia de NY, Omar & Mourad (Reufs Colette), Karim Ouaffi, Gregory «Mistameth» Oudin, Paperboy, Smaïn Pcab, Yuko Petrelis, Pierre (Cafe Piha), Jacks Phael (Structure), Stelan Poyet, Presto Love, familia del Quai 54, Jean-Louis Queille, Les RDK, Abdair Retro, Yahia & Oualid + equipo Rivaterm, Romain (Le site de la sneaker), Rafik, Edson Sabajo (Patta), Richard Sabak, Thomas «Les Sablons», Tahsin Sabir, familia Sadia, familia Saïr, Saer (Wrung), Saladdin, Saloon, Samy (Baithaï), Savoir-Faire Paris, Rachid y familia Setta, Simplypaye, Skeo, Dj Snake, Sneakerness Family, Sneakers Event, Bryan & John (Sonny's Pizza), Samir & Michael + equipo Starcow, estaciones de servicio de la autopista del Nord, Fabien Sommer, James Starkx, Hikmet sugoer (Sonra), Superllalla, Arthur (Superstitch), Sylvhinino, Jeremy Szy, Sylvie Tarrieux, Rémy Teruel, Moussa y equipo TCA, Thierry (Visionarism), Thomas (Isakin), Jordan & Nabil (TND), Didier Trouvé, UPS, Benjamin Valarcher, Viny, vecinos de la rue de Saintonge, Lenna Vivas, Worm Tokyo, Yacine y Mounir (Opium), 25 G, el V60, 808 Mac-&Cheese, Waffa.

Y en un sentido más general: a todos los que nos han apoyado y respetado durante todos estos años.

RIP: Karim Fermas, Christophe «Centvinte» Jiménez, Mike «Penny Hardaway», SKEW.

Nota

Este libro contiene anuncios extraídos directamente de las páginas de revistas antiguas y de coleccionistas privados. La editorial ha hecho todo lo posible para obtener los derechos de los diferentes elementos expuestos en este libro. No obstante, si la presente obra infringiese los derechos de terceros, invitamos a estos a ponerse en contacto con Éditions du Chêne.

BLUME

Título original *1000 Sneakers Deadstock*

Dirección Emmanuel Le Vallois
Edición Faris Issad
Dirección artística Benoit Berger, Sabine Houplain
Diseño Bureau Berger
Edición de textos Jacques Le Péyédic, Odile Raoult, Suzy Cacheux, Pierre Jaskarzec
Preimpresión Chromostyle
Traducción Remedios Diéguez Diéguez
Revisión de la edición en lengua española
Estel Vilaseca Álvarez
Responsable del Área de Moda, LCI Barcelona
Coordinación de la edición en lengua española
Cristina Rodríguez Fischer

Primera edición en lengua española 2024

© 2024 Naturart, S.A. Editado por BLUME
Carrer de les Alberes, 52, 2.°, Vallvidrera
08017 Barcelona
Tel. 93 205 40 00 e-mail: info@blume.net
© 2022 Éditions du Chêne-Hachette Livre, Vanves (Francia)

ISBN: 978-84-19785-72-5
Depósito legal: B. 19281-2023
Impreso en China

WWW.BLUME.NET